# 中国知识产权报告

## 2021

STUDY ON INTELLECTUAL PROPERTY
DEVELOPMENTS OF CHINA

中国人民大学国际知识产权研究中心
主　编　张广良

中国人民大学出版社
· 北京 ·

**本书编委会**（以姓氏笔画为序）：

刁云芸　马　翔　王会卿　毛宏湖　田　龙
李永波　杨　旸　张广良　武　汉　康建忠

**各章主编**：

第一章　武　汉　　第二章　康建忠
第三章　马　翔　　第四章　刁云芸
第五章、第六章　李永波

**撰稿人**（以姓氏笔画为序）：

丁志程　王佳怡　毛宏湖　田　龙　巩　凡
李炫莹　杨　倩　何相颖　宋兆萌　张广良
陈笑薇　武　汉　周姝含　姜婧莹　袁啸坤
徐怡平　高瑞鑫　龚雨菁

# 前　言

我国知识产权法律已完成新一轮修正，知识产权的创造、运用、保护、管理与服务可谓日新月异。及时系统地把握知识产权的发展与变化，是充分发挥知识产权制度作用、提高专业水平与业务能力的重要路径。

中国人民大学国际知识产权研究中心在连续出版《国际知识产权发展报告》之后，推出了又一核心出版物《中国知识产权报告》。《中国知识产权报告》(2021)以我国知识产权2021年度发展动态为观察对象，从“法律、规范性文件与政策”、“案例”以及“数据”三个视角，全面、客观地展示了我国知识产权的发展状况。本报告包括总则、专利、商标、著作权、反不正当竞争、反垄断六章和附录，每章均包含“法律、规范性文件与政策”和“案例”两方面的内容，附录“2021年我国知识产权和竞争法领域相关数据”涵盖知识产权权利申请、授权、运用与保护以及竞争法领域等方面的数据。

“法律是一种不断完善的实践。”知识产权法律是我国知识产权发展的基础，是有关部门裁判、执法的依据，是市场主体经营与决策的指引。本报告关注我国知识产权法律、行政法规、规章以及司法解释的立改废释，记录其不断完善的年度进展。规范性文件与政策虽不具有法律约束力，但其代表规则、秩序与方向，重要性不言而喻，故亦为本报告所收录。

“实施乃法律的目的与果实。”案例是法律实施的结果，知识产权案例是考量立法宗旨实现与否、甄别法律良莠的重要手段。我国司法机关与行政执法机关每年审结大量知识产权案件，本报告收录在案件焦点、法律适用及裁决结果等方面具有典型性的案例，记载我国知识产权法律实践的年度进展。

在案例的选择上，本报告注重案例的独特性、专业性及参考价值，提炼知识产权法律体系下值得关注、研究，以及经常使用的信息点或知识点。在案例的编排上，本报告采用两种编排方式：对于涉专利法、商标法与著作权法等财产法的案例，以权利为中心，将权利的客体、授（获）权性要件、权利内容、权利行使、侵权认定、侵权抗辩与救济作为编排逻辑；对于涉反不正当竞争法、反垄断法等行为法的案例，以不法行为的认定及法律责任作为编排顺序。这样的编排方式是本报告的特点，也与《国际知识产权发展报告》保持一致。

社会法理学派创始人罗斯科·庞德提出法学研究者的任务“不是创造，而是将法律内容予以有序化、和谐化、系统化”[①]。作为一名法学教师，我对此深以为然。法律的发展、变化与实施结果是法律系统的重要组成部分，是法学研究的切入点。法律是实践的学科，优秀的法律实务工作者亦关注法律及实践的变迁并进行深入钻研，追求法律的完善，同样做出了突出的学术贡献。在本报告的编写中，中国贸促会专利商标事务所电学处处长康建忠、天驰君泰律师事务所高级合伙人马翔、腾讯集团法务副总经理刁云芸、集佳律师事务所主任李永波，应邀分别担任专利、商标、著作权及竞争法（反不正当竞争与反垄断）章节的主编，对报告的形成和完善发挥了重要作用。本报告的出版得到了北京阳光知识产权与法律发展基金会的资助。在此，我对前述单位和专家对本报告所给予的大力支持深表谢意。

本报告作为中国人民大学国际知识产权研究中心的又一核心出版物，致力于成为了解我国知识产权发展动态的窗口。然而，我国知识产权年度发展快、信息量大，加之撰写时间有限，本报告必然存在不足乃至谬误，恳请读者批评指正。

2022 年 11 月 16 日

① 罗斯科·庞德．法哲学导论．于柏华，译．北京：商务印书馆，2019：18-19.

# 目　录

# 1. 总　则

## 1.1　法律、规范性文件与政策

### 1.1.1　法律与规范性文件

a.《最高人民法院关于修改〈最高人民法院关于审理侵犯专利权纠纷案件应用法律若干问题的解释（二）〉等十八件知识产权类司法解释的决定》

**基本信息：** 最高人民法院法释〔2020〕19号，2020年12月29日发布，2021年1月1日施行

**主要内容：** 最高人民法院对《最高人民法院关于审理侵犯专利权纠纷案件应用法律若干问题的解释（二）》、《最高人民法院关于审理专利纠纷案件适用法律问题的若干规定》、《最高人民法院关于审理商标案件有关管辖和法律适用范围问题的解释》、《最高人民法院关于审理商标民事纠纷案件适用法律若干问题的解释》、《最高人民法院关于审理注册商标、企业名称与在先权利冲突的民事纠纷案件若干问题的规定》、《最高人民法院关于审理涉及驰名商标保护的民事纠纷案件应用法律若干问题的解释》、《最高人民法院关于商标法修改决定施行后商标案件管辖和法律适用问题的解释》、《最高人民法院关于审理商标授权确权行政案件若干问题的规定》、《最高人民法院关于人民法院对注册商标权进行财产保全的解释》、《最高人民法院关于审理著作权民事纠纷案件适用法律若干问题的解释》、《最高人民法院关

于审理侵害信息网络传播权民事纠纷案件适用法律若干问题的规定》、《最高人民法院关于审理植物新品种纠纷案件若干问题的解释》、《最高人民法院关于审理侵犯植物新品种权纠纷案件具体应用法律问题的若干规定》、《最高人民法院关于审理不正当竞争民事案件应用法律若干问题的解释》[①]、《最高人民法院关于审理因垄断行为引发的民事纠纷案件应用法律若干问题的规定》、《最高人民法院关于审理涉及计算机网络域名民事纠纷案件适用法律若干问题的解释》、《最高人民法院关于审理技术合同纠纷案件适用法律若干问题的解释》、《最高人民法院关于北京、上海、广州知识产权法院案件管辖的规定》等18件知识产权类司法解释进行了修改（具体修改内容，详见后面章节）。

b.《全国人民代表大会常务委员会关于设立海南自由贸易港知识产权法院的决定》

基本信息：第十三届全国人民代表大会常务委员会第二十四次会议通过，2020年12月26日发布，2021年1月1日施行

主要内容：以设立海南自由贸易港知识产权法院为主要内容，并规定了法院的管辖范围、人事任免等事项，为加大知识产权司法保护力度、营造良好营商环境、推进中国特色自由贸易港建设提供重要助力。

c.《阻断外国法律与措施不当域外适用办法》

基本信息：商务部令（2021年第1号），2021年1月9日发布、施行

主要内容：以及时报告、评估确认、发布禁令、司法救济、处罚五方面的制度，阻断外国法律与措施不当域外适用对中国的影响，维护国家主权、安全、发展利益，保护中国公民、法人以及其他组织的合法权益。

d.《中华人民共和国刑法修正案（十一）》

基本信息：第十三届全国人民代表大会常务委员会第二十四次会议通过，2020年12月26日发布，2021年3月1日施行

主要内容：《中华人民共和国刑法修正案十一》（以下简称《刑法修正案十一》）针对商标类、著作权类、商业秘密类知识产权犯罪作出多

① 《最高人民法院关于审理不正当竞争民事案件应用法律若干问题的解释》已被《最高人民法院关于适用〈中华人民共和国反不正当竞争法〉若干问题的解释》废止。

处修改。其中在量刑方面，对除假冒专利罪之外的其他侵犯知识产权犯罪均不再适用拘役和管制，使有期徒刑成为相关犯罪的唯一主刑刑种；将原来可能量刑“三年以上七年以下”的有期徒刑，修改为“三年以上十年以下”，以更加严厉地打击侵犯知识产权的犯罪行为。

针对商标类犯罪，《刑法修正案十一》明确将“服务商标”纳入刑法保护，将对销售假冒注册商标的商品罪的“销售金额”追诉调整为“违法所得”追诉。针对著作权类犯罪，《刑法修正案十一》新增了“与著作权有关的权利”这一权利保护类型，并增加了“通过信息网络向公众传播”“故意避开或者破坏权利人为其作品、录音、录像制品等采取的保护著作权或者与著作权有关的权利的技术措施”等具体犯罪情形。针对商业秘密类犯罪，《刑法修正案十一》删除了商业秘密的定义，修改了商业秘密的认定要件，增加了“贿赂”“欺诈”“电子入侵”等不正当获取商业秘密的行为，并将侵犯商业秘密罪的规制范围延至“为境外的机构、组织、人员窃取、刺探、收买、非法提供商业秘密”，以“为境外窃取、刺探、收买、非法提供商业秘密罪”替代了“为境外窃取、刺探、收买、非法提供军事秘密罪”。

e.《最高人民法院知识产权法庭裁判要旨（2020）》

基本信息：最高人民法院知识产权法庭，2021 年 2 月 26 日发布、施行

主要内容：最高人民法院知识产权法庭从 2020 年审结的 2 787 个技术类知识产权案件中，精选出 55 个典型案例，提炼出专利民事案件审判、专利行政案件审判、植物新品种案件审判、技术秘密案件审判、计算机软件案件审判、集成电路布图设计案件审判、垄断案件审判和管辖等程序性案件审判 8 个方面共 46 条裁判规则，反映了最高人民法院知识产权法庭在技术类知识产权审判领域处理疑难、复杂、新类型案件的司法理念、审理思路和裁判方法。

f.《最高人民法院关于审理侵害知识产权民事案件适用惩罚性赔偿的解释》

基本信息：最高人民法院法释〔2021〕4 号，2021 年 3 月 2 日发布，2021 年 3 月 3 日施行

主要内容：该解释共 7 个条文，对知识产权民事案件中惩罚性赔偿的适用范

围、请求内容和时间、故意和情节严重的认定、计算基数和倍数的确定、解释的生效时间等作出了具体规定，通过明晰裁判标准，为正确实施知识产权惩罚性赔偿制度、依法惩处严重侵害知识产权行为、全面加强知识产权保护提供了指引。

为准确理解和适用前述解释，保证正确实施惩罚性赔偿制度，最高人民法院随后发布了广州天赐公司等与安徽纽曼公司等侵害技术秘密纠纷案[①]、鄂尔多斯公司与米琪公司侵害商标权纠纷案[②]、小米科技公司等与中山奔腾公司等侵害商标权及不正当竞争纠纷案[③]、五粮液公司与徐中华等侵害商标权纠纷案[④]、阿迪达斯公司与阮国强等侵害商标权纠纷案[⑤]和欧普公司与华升公司侵害商标权纠纷案[⑥] 6 起侵害知识产权民事案件适用惩罚性赔偿典型案例。

g.《最高人民法院关于知识产权侵权诉讼中被告以原告滥用权利为由请求赔偿合理开支问题的批复》

基本信息：最高人民法院法释〔2021〕11 号，2021 年 6 月 3 日发布、施行

主要内容：在知识产权侵权诉讼中，被告提交证据证明原告的起诉构成法律规定的滥用权利损害其合法权益，依法请求原告赔偿其因该诉讼所支付的合理的律师费、交通费、食宿费等开支的，人民法院依法予以支持。被告也可以另行起诉请求原告赔偿上述合理开支。

h.《最高人民法院关于发布第 28 批指导性案例的通知》

基本信息：最高人民法院法〔2021〕182 号，2021 年 7 月 15 日发布、施行

主要内容：最高人民法院将左尚明舍家居用品（上海）有限公司诉北京中融恒盛木业有限公司、南京梦阳家具销售中心侵害著作权纠纷案等六个

① 最高人民法院（2019）最高法知民终 562 号民事判决书。

② 北京知识产权法院（2015）京知民初字第 1677 号民事判决书。

③ 江苏省高级人民法院（2019）苏民终 1316 号民事判决书。

④ 杭州铁路运输法院（2019）浙 8601 民初 1364 号民事判决书，浙江省杭州市中级人民法院（2020）浙 01 民终 5872 号民事判决书。

⑤ 浙江省温州市中级人民法院（2020）浙 03 民终 161 号民事判决书。

⑥ 广东省高级人民法院（2019）粤民再 147 号民事判决书。

案例[①]（指导案例 157～162 号），作为第 28 批指导性案例发布，供在审理有关实用艺术作品保护、职务发明创造、多主体实施的方法专利、植物新品种权保护范围、虚假宣传、被代理人的商标等类似案件时参照。

i.《国家知识产权局关于“故意侵犯知识产权”认定标准有关事宜的批复》

基本信息：国家知识产权局国知发保函字〔2021〕161 号，2021 年 10 月 11 日发布、施行

主要内容：在细化“故意侵犯知识产权”认定标准时，应把“故意”和“情节严重”进行科学区分，避免对两个构成要件进行不适当的交叉或者重复评价；在判断是否将“故意侵犯知识产权”行为列入严重违法失信名单时，应同时判断该行为是否受到较重行政处罚，以及该行为是否属于性质恶劣、情节严重、社会危害较大的情形。

### 1.1.2　政策

a.《法治中国建设规划（2020—2025 年）》

基本信息：中国共产党中央委员会，2021 年 1 月 10 日发布、实施

相关内容：该规划特别提到了知识产权相关法律法规的制度建设，强调应围绕加强社会主义文化建设，完善发展文化事业和文化产业、保护知识产权等方面的法律法规。

b.《国家知识产权局办公室关于完善产业知识产权联盟备案管理机制有关事项的通知》

基本信息：国家知识产权局国知办函运字〔2021〕27 号，2021 年 1 月 13 日发布、施行

主要内容：要求各省级知识产权局加强联盟日常监督管理。联盟名称不得冠以“中国”“中华”“全国”“国际”“战略”等字样，不得擅自以党和国家机关的名义开展活动，不得擅自以“一带一路”“军民融合”

① 其余五个指导案例分别为：深圳市卫邦科技有限公司诉李坚毅、深圳市远程智能设备有限公司专利权权属纠纷案，深圳敦骏科技有限公司诉深圳市吉祥腾达科技有限公司等侵害发明专利权纠纷案，蔡新光诉广州市润平商业有限公司侵害植物新品种权纠纷案，广州王老吉大健康产业有限公司诉加多宝（中国）饮料有限公司虚假宣传纠纷案，重庆江小白酒业有限公司诉国家知识产权局、第三人重庆市江津酒厂（集团）有限公司商标权无效宣告行政纠纷案。

等国家战略的名义开展活动。在建立联盟备案退出机制的基础上，国家知识产权局不再开展联盟备案工作，统一由省级知识产权局对联盟进行备案与管理。

c.《国务院办公厅印发关于加快中医药特色发展若干政策措施的通知》

基本信息：国务院办公厅国办发〔2021〕3号，2021年1月22日发布、施行

主要内容：提出应着力加强中医药知识产权保护。制定中药领域发明专利审查指导意见，进一步提高中医药领域专利审查质量，推进中药技术国际专利申请。完善中药商业秘密保护制度，加强国际保护。在地理标志保护机制下，做好道地药材标志保护和运用。

d.《2021年全国知识产权行政保护工作方案》

基本信息：国家知识产权局国知发保函字〔2021〕29号，2021年3月3日发布、施行

主要内容：提出五项知识产权行政保护工作任务：加强行政裁决工作，严格专利保护；综合施策，强化商标保护管理；严格监管，加强地理标志和奥林匹克标志、官方标志、特殊标志保护；聚焦重点领域、关键环节和重要时段，加强对知识产权产品的全链条保护；完善工作体系和服务网络，加强海外知识产权纠纷应对指导。同时该工作方案提出了加强组织领导、加强业务指导、加强协同联动和加强培训宣传四项基本工作要求。

e.《推动知识产权高质量发展年度工作指引（2021)》

基本信息：国家知识产权局国知发运字〔2021〕3号，2021年3月3日发布、施行

主要内容：确定了三个方面的重要任务：一是强化知识产权高质量发展标杆引领，提出持续推动“十四五”知识产权高质量发展指标体系实施落实、因地制宜设置地方“十四五”指标体系、高标准推进知识产权强国建设试点示范工作等重点任务；二是强化知识产权高质量发展政策配套实施，健全知识产权保护政策，完善知识产权运用促进政策，优化知识产权公共服务政策以及深化知识产权国际合作；三是强化知识产权高质量发展统计监测，提出加强知识产权指标统计监测、指导地方做好开展高质量发展情况的监测评估和统计报送等工作。

f.《中华人民共和国国民经济和社会发展第十四个五年规划和2035年远景目标纲要》

基本信息：第十三届全国人民代表大会第四次会议，2021年3月11日通过、施行

相关内容：提出应健全知识产权保护运用体制，具体包括以下内容：实施知识产权强国战略，实行严格的知识产权保护制度，完善知识产权相关法律法规，加快新领域新业态知识产权立法；加强知识产权司法保护和行政执法，健全仲裁、调解、公证和维权援助体系，健全知识产权侵权惩罚性赔偿制度，加大损害赔偿力度；优化专利资助奖励政策和考核评价机制，更好保护和激励高价值专利，培育专利密集型产业；改革国有知识产权归属和权益分配机制，扩大科研机构和高等院校知识产权处置自主权；完善无形资产评估制度，形成激励与监管相协调的管理机制，构建知识产权保护运用公共服务平台。

g.《人民法院知识产权司法保护规划（2021—2025年）》

基本信息：最高人民法院法发〔2021〕14号，2021年4月22日发布、施行

主要内容：对各级人民法院提出充分发挥知识产权审判职能作用、深化知识产权审判领域改革创新、优化知识产权保护工作机制、强化知识产权审判保障等4项要求，并细化出19项具体工作要求，明确了知识产权司法保护目标、任务、举措和实施蓝图。

h.《国家知识产权局关于深化知识产权领域“放管服”改革优化创新环境和营商环境的通知》

基本信息：国家知识产权局国知发服字〔2021〕10号，2021年5月10日发布、施行

主要内容：该通知要求：持续压缩商标、专利审查周期，切实提高商标、专利申请质量，提高知识产权公共服务效能，进一步提升知识产权保护能力，加强知识产权服务业监管，促进知识产权转化运用。

i.《关于加强协作配合强化知识产权保护的意见》

基本信息：国家知识产权局、公安部国知发保字〔2021〕12号，2021年5月20日发布、施行

主要内容：要深化知识产权管理部门与公安机关的协作配合，加快构建知识产权行政保护与刑事司法有机衔接、优势互补的运行机制。如建立知

识产权保护协调会商机制，邀请有关行政部门、司法机关分析研判全国侵犯知识产权违法犯罪形势，研究制定工作方案，拟定年度知识产权保护工作目标和工作重点。

j.《知识产权质押融资入园惠企行动方案（2021—2023年）》

基本信息：国家知识产权局、中国银行保险监督管理委员会、国家发展和改革委员会国知发运字〔2021〕17号，2021年6月16日发布、施行

主要内容：面向未来三年，聚焦“入园”和“惠企”，以服务和指导产业园区为主，兼顾知识产权质押融资工作。行动内容主要包括措施优化、模式创新和服务提升三个方面，共24项工作措施。提出力争在三年时间内实现知识产权质押融资惠及“百园万企”的目标，以提高知识产权质押融资的普及度和惠益面，促进创新型中小微企业发展。

k.《最高人民法院关于加强新时代知识产权审判工作 为知识产权强国建设提供有力司法服务和保障的意见》

基本信息：最高人民法院法发〔2021〕29号，2021年9月24日发布、施行

主要内容：准确把握加强新时代知识产权审判工作的总体要求，正确把握人民法院服务知识产权强国建设的工作原则；依法公正高效审理各类案件，充分发挥知识产权审判职能作用；提升知识产权司法保护整体效能，着力营造有利于创新创造的法治环境。

l.《知识产权强国建设纲要（2021—2035年）》

基本信息：中国共产党中央委员会、国务院，2021年9月22日发布、施行

主要内容：该纲要提出，到2025年，知识产权强国建设取得明显成效；到2035年，知识产权综合竞争力跻身世界前列，中国特色、世界水平的知识产权强国基本建成。此外，该纲要还部署了建设面向社会主义现代化的知识产权制度、建设支撑国际一流营商环境的知识产权保护体系、建设激励创新发展的知识产权市场运行机制、建设便民利民的知识产权公共服务体系、建设促进知识产权高质量发展的人文社会环境和深度参与全球知识产权治理六个方面的重点任务。

m.《“十四五”国家知识产权保护和运用规划》

基本信息：国务院国发〔2021〕20号，2021年10月9日发布、施行

主要内容：明确了“十四五”时期开展知识产权工作的指导思想、基本原则、

主要目标、重点任务和实施保障措施，对未来五年的知识产权工作进行了全面部署。到 2025 年，知识产权强国建设阶段性目标任务如期完成，知识产权领域治理能力和治理水平显著提高，知识产权事业实现高质量发展，有效支撑创新驱动发展和高标准市场体系建设，有力促进经济社会高质量发展。

n.《北京 2022 年冬奥会和冬残奥会奥林匹克标志知识产权保护专项行动方案》

基本信息：国家知识产权局、国家市场监督管理总局国知发保字〔2021〕26 号，2021 年 10 月 15 日发布、施行

主要内容：该方案提出了“夯实保护基础，推进立体化保护”“聚焦关键环节，开展专项整治”等五项重点工作任务，提出了包括“加强组织领导，明确任务职责”“快速协同反应，确保信息畅通”“严格整顿治理，高效精准处置”在内的三项工作要求。

o.《关于加强知识产权纠纷调解工作的意见》

基本信息：国家知识产权局、司法部国知发保字〔2021〕27 号，2021 年 10 月 22 日发布、施行

主要内容：对知识产权纠纷调解工作提出了 13 项具体要求，包括推进知识产权纠纷人民调解工作、加强知识产权纠纷行政调解工作、加强重点领域知识产权纠纷调解工作等。到 2025 年实现如下主要目标：知识产权纠纷调解工作基本覆盖知识产权纠纷易发多发的重点区域和行业领域；建立组织健全、制度完善、规范高效的知识产权纠纷调解工作体系；形成人民调解、行政调解、行业性专业性调解、司法调解优势互补、有机衔接、协调联动的大调解工作格局；调解在知识产权纠纷多元化解中的基础性作用充分显现，影响力和公信力进一步增强。

p.《国家知识产权局、中国国际贸易促进委员会关于进一步加强海外知识产权纠纷应对机制建设的指导意见》

基本信息：国家知识产权局、中国国际贸易促进委员会国知发保字〔2021〕33 号，2021 年 11 月 30 日发布、施行

主要内容：该意见指出，应着力完善海外知识产权纠纷应对指导工作体系，加强信息服务、能力建设和支撑保障，统筹推进知识产权领域国际合

作和竞争，切实维护知识产权领域国家安全，有效促进高水平对外开放，推动经济高质量发展。到2025年，力争达到海外知识产权纠纷应对机制基本建立、便捷高效的国际知识产权风险预警和应急机制初步形成等目标。在此基础上，该意见提出了17条具体的工作要求。

q.《知识产权强国建设纲要和“十四五”规划实施年度推进计划》

基本信息：国务院知识产权战略实施工作部际联席会议办公室国知战联办〔2021〕16号，2021年12月27日发布、施行

主要内容：明确2021—2022年度贯彻落实《知识产权强国建设纲要（2021—2035年）》和《“十四五”国家知识产权保护和运用规划》，推进知识产权强国建设的重点任务和工作措施，包括完善知识产权制度、强化知识产权保护、完善知识产权市场运行机制、提高知识产权公共服务水平、营造良好的知识产权人文社会环境、深度参与全球知识产权治理、加强组织保障等七个方面。

r.《知识产权人才“十四五”规划》

基本信息：国家知识产权局国知发人字〔2021〕38号，2021年12月31日发布、施行

主要内容：到2025年，知识产权人才队伍规模超过100万人，高层次人才队伍进一步壮大，人才结构进一步优化，人才效能持续增强。为如期完成上述目标，该规划部署了加强知识产权保护人才能力建设、提升知识产权运用人才能力水平等5项主要任务；设立了知识产权人才培养培训基地建设、知识产权网络培训课程建设、知识产权人才高地建设等6个重点项目。

## 1.2 案　例

### 1.2.1 管辖

a. 专利侵权共同诉讼被告适格审查与管辖权确定的关系——“建华”连接件案

案件名称：周某弟、江苏天海建材有限公司（以下简称“天海公司”）与建华

建材（中国）有限公司（以下简称“建华公司”）、河北纵横集团丰南钢铁有限公司（以下简称“丰南公司”）侵害发明专利权纠纷

基本信息：最高人民法院（2020）最高法知民辖终 533 号，2021 年 1 月 8 日

主要案情：周某弟、天海公司分别为涉案专利“无剪切快速强拉对接扣件及连接件”的专利权人和专利实施被许可人。周某弟、天海公司主张丰南公司项目施工现场使用的连接件落入涉案专利权保护范围，该连接件由建华公司提供，故向石家庄市中级人民法院提起侵权诉讼。建华公司提起管辖权异议，石家庄市中级人民法院作出（2020）冀 01 知民初 264 号民事裁定，予以驳回。建华公司提起上诉。最高人民法院驳回上诉，维持原裁定。

主要争点：专利侵权诉讼中，被告适格审查与管辖权确定的关系；必要共同诉讼的构成。

裁判理由：对于管辖权异议审查阶段的被告适格审查，最高人民法院认为，在管辖权异议审查阶段，对于被告不适格的异议理由，应结合特定案件的具体案情判断：当案件中的部分被告是否适格的不影响受诉法院对案件的管辖权时，有关被告是否适格的问题可以待进入实体审理阶段一并审查；当部分被告成为确定管辖的连结点，其是否适格直接影响受诉法院对案件的管辖权时，则应当在管辖权异议审查阶段对被告是否适格的问题先行审查。在对被告是否适格进行审查时，原则上偏重于形式审查，一般情况下只需有初步证据证明被告与涉案事实存在形式上的关联性，达到可争辩的程度即可，无须对被告是否构成侵权或违约、是否需要承担法律责任等实体内容进行审查。本案中，原审法院确定本案地域管辖连结点的依据系被告丰南公司的住所地，被告建华公司并不是本案确定管辖连结点的被告，其是否适格不影响确定管辖连结点受诉法院对案件的管辖权；且原告已初步证明建华公司与本案所涉制造、销售、许诺销售被诉侵权产品的指控侵权行为具有形式上的可争辩性，满足了审查建华公司被告适格性的形式关联性要求。故建华公司的上诉主张不能成立。

关于必要共同诉讼的构成：在侵权纠纷领域，多个被诉行为人共同实施侵权行为时可以基于诉讼标的的同一性构成必要共同诉讼，但是必要共同诉讼的范围并不限于基于共同侵权形成的共同诉

讼。多个被诉行为人分别实施侵权行为造成同一损害时，仍可以基于诉讼标的的同一性以及防止判决冲突、保护当事人利益等政策原因构成必要共同诉讼。对于后一类必要共同诉讼，一旦原告选择在同一案件中对多个被告共同诉讼，法院可以合并审理而无须征得被告的同意。本案中，同一被诉侵权产品技术方案落入原告的涉案专利权保护范围，且侵权结果部分重叠，形成了部分相同的诉讼标的，将两被告作为共同被告在本案中一并审理，既可防止或减少在以同一被诉侵权产品技术方案落入专利权保护范围为主要诉讼标的情况下的裁判冲突，亦可适度减少专利权人的维权成本、当事人的诉讼成本及法院的审理成本。故本案构成特殊的必要共同诉讼，案件可在确定管辖法院后进入实体审理。

评　　论：在因侵害发明专利权行为提起的共同诉讼中，被诉侵权产品的制造、销售、许诺销售、使用等的行为实施地以及实施者的住所地，均为法院确定管辖的依据，原告可择其一提起诉讼；基于诉讼标的的同一性以及防止判决冲突、保护当事人利益等政策原因构成必要共同诉讼的，法院可以基于原告诉请合并审理而无须征得被告的同意；作为管辖连结点的部分被告是否适格直接影响受诉法院的管辖权的，须先行审查，而非作为管辖连结点的被告是否适格无须先行审查。

b. 垄断协议纠纷案件管辖的确定——奥硝唑垄断协议案

案件名称：商丘市龙兴制药有限公司（以下简称“龙兴公司”）与湖北拓思医药有限公司（以下简称“拓思公司”）垄断协议纠纷管辖权异议案

基本信息：最高人民法院（2021）最高法知民辖终 187 号，2021 年 8 月 19 日

主要案情：原告龙兴公司与被告拓思公司签订奥硝唑原料药全国独家经销代理协议。拓思公司以合同纠纷为由向湖北省咸宁市咸安区人民法院提起诉讼，要求龙兴公司承担违约责任。龙兴公司向湖北省武汉市中级人民法院起诉要求认定涉案代理协议为垄断协议。拓思公司提出管辖权异议，主张龙兴公司就同一事实向原审法院提起诉讼属于重复起诉，本案应由湖北省咸宁市咸安区人民法院管辖。原审法院作出的（2021）鄂 01 知民初 6 号民事裁定，认定本案不属于垄断纠纷案件，而系合同纠纷案件，因此湖北省咸宁市咸安区人民法院具有管辖权。龙兴公司不服，提起上诉。最高人民法院认为本案系涉

及垄断行为引发的民事纠纷，不构成重复诉讼，应由原审法院审理。

主要争点：当事人就协议分别提起合同诉讼和垄断诉讼是否构成重复诉讼。

裁判理由：最高人民法院认为本案系涉及垄断行为引发的民事纠纷，不构成重复诉讼。首先，民事案件的案由应当依据当事人主张的民事法律关系性质确定。本案中，龙兴公司起诉要求确认双方签订的全国独家代理协议为垄断协议，同时指控拓思公司的行为构成滥用市场支配地位行为。根据龙兴公司的主张，本案系涉及垄断行为引发的民事纠纷。其次，关于垄断民事纠纷的级别管辖和专属管辖，2020 年《最高人民法院关于审理因垄断行为引发的民事纠纷案件应用法律若干问题的规定》第 3 条规定："第一审垄断民事纠纷案件，由知识产权法院，省、自治区、直辖市人民政府所在地的市、计划单列市中级人民法院以及最高人民法院指定的中级人民法院管辖。"同时，《最高人民法院关于同意南京市、苏州市、武汉市、成都市中级人民法院内设专门审判机构并跨区域管辖部分知识产权案件的批复》第 4 条第 1 款规定，湖北省武汉市中级人民法院管辖发生在湖北省辖区内的垄断纠纷的第一审知识产权民事案件。本案中，拓思公司的住所地位于湖北省咸宁市，属于原审法院湖北省武汉市中级人民法院辖区，故原审法院对本案具有管辖权。最后，依据《最高人民法院关于适用〈中华人民共和国民事诉讼法〉的解释》（以下简称《民诉法司法解释》）第 247 条第 1 款规定，判断是否构成重复诉讼应当比较当事人、诉讼标的、诉讼请求三个构成要素，即是否存在当事人相同、诉讼标的相同、诉讼请求相同或者后诉的诉讼请求实质上否定前诉裁判结果的情形。就本案双方当事人之间的纠纷而言，拓思公司提起之诉为合同之诉，双方当事人争议的是涉案协议当事人是否构成违约、涉案协议是否应当继续履行的问题；本案为垄断之诉，双方当事人争议的是涉案协议是否构成垄断协议的问题。两案纠纷所涉诉讼标的不同，不满足后诉与前诉诉讼标的相同这一要件，因而本案不构成重复诉讼。

评　　论：一份协议的当事人可以基于不同的法律关系性质、不同的法律依据提起不同诉讼请求的诉讼。本案所涉协议既可能涉嫌构成垄断协议，也可能涉及某一当事人违约而应承担违约责任，故本案当事人之间的两起诉讼未满足诉讼标的相同的要件，不构成重复诉讼。

垄断纠纷案件的管辖应满足级别管辖和专属管辖的规定。本案中湖北省咸宁市咸安区人民法院不符合垄断案件级别管辖和专属管辖的条件，故不具有管辖权。

c. 侵害信息网络传播权纠纷管辖的确定——仇某平著作权案

案件名称：仇某平与北京奇虎科技有限公司（以下简称“奇虎科技公司”）侵害作品信息网络传播权纠纷管辖权异议案

基本信息：广东省高级人民法院（2021）粤民辖监376号，2021年11月16日

主要案情：原告仇某平为涉案文章著作权人，主张奇虎科技公司未经许可，在其运营的“快资讯”网站向公众提供涉案作品，侵害了其署名权、信息网络传播权，故诉至广东省深圳市罗湖区人民法院。奇虎科技公司提出管辖权异议，被驳回后上诉至深圳市中级人民法院。深圳市中级人民法院认为，《最高人民法院关于审理侵害信息网络传播权民事纠纷案件适用法律若干问题的规定》第15条对于侵害作品信息网络传播权纠纷的管辖作出了明确规定，故本案不宜适用《民诉法司法解释》第25条规定的侵权结果发生地确定管辖，故作出（2020）粤03民辖终1973号民事裁定，将本案移送北京互联网法院审理。北京互联网法院报请北京市高级人民法院致函广东省高级人民法院协商管辖。广东省高级人民法院认为移送不当，撤销原裁定，本案由深圳市罗湖区人民法院继续审理。

主要争点：侵害信息网络传播权纠纷是否适用侵权结果发生地确定管辖。

裁判理由：深圳市中级人民法院认为，《民诉法司法解释》第25条规定，信息网络侵权行为实施地包括实施被诉侵权行为的计算机等信息设备所在地，侵权结果发生地包括被侵权人住所地。《信息网络传播权司法解释》第15条中规定，侵害信息网络传播权民事纠纷案件由侵权行为地或者被告住所地人民法院管辖。侵权行为地包括实施被诉侵权行为的网络服务器、计算机终端等设备所在地。鉴于《信息网络传播权司法解释》第15条对侵害信息网络传播权民事案件的管辖作出了明确规定，本案不宜适用《民诉法司法解释》第25条规定的侵权结果发生地确定管辖。

广东省高级人民法院认为：根据《民诉法司法解释》第25条的规定，被告住所地、侵权行为实施地、侵权结果发生地法院均对

本案享有管辖权。本案原告住所地在深圳市罗湖区人民法院辖区内，故深圳市罗湖区人民法院对本案具有管辖权，应由深圳市罗湖区人民法院继续审理。

评　　论：对侵害作品信息网络传播权纠纷的管辖问题，《信息网络传播权》第15条规定“侵权行为地包括实施被诉侵权行为的网络服务器、计算机终端等设备所在地”，而《民诉法司法解释》第25条规定“信息网络侵权行为实施地包括实施被诉侵权行为的计算机等信息设备所在地，侵权结果发生地包括被侵权人住所地”，即两个司法解释关于“侵权行为地”的界定在文字上有所不同。关于侵权行为地，本案并无不适用《民诉法司法解释》第25条的理由，故原告或被侵权人的住所地亦为侵权行为地。此外，计算机在我国的应用早已普及，故原告住所地同样也是被诉侵权行为的计算机终端设备所在地，同样属于《最高人民法院关于审理侵害信息网络传播权民事纠纷案件适用法律若干问题的规定》第15条所规定的侵权行为地。因此，《最高人民法院关于审理侵害信息网络传播权民事纠纷案件适用法律若干问题的规定》与《民诉法司法解释》的规定并不冲突。深圳市罗湖区人民法院对本案具有管辖权。

d. 侵害发明专利权纠纷案件管辖权的确定——三安专利纠纷管辖异议案

案件名称：厦门三安光电有限公司（以下简称“三安公司”）与华灿光电股份有限公司（以下简称“华灿股份公司”）、华灿光电（浙江）有限公司（以下简称“华灿浙江公司”）、华灿光电（苏州）有限公司（以下简称“华灿苏州公司”）、湖南正昇医疗器械有限责任公司（以下简称“正昇公司”）侵害发明专利权纠纷管辖权异议案

基本信息：最高人民法院（2021）最高法知民辖终11号，2021年2月2日

主要案情：原告三安公司享有ZL201210286901.2“氮化物半导体发光器件以及制造其的方法”发明专利权。三安公司认为华灿股份公司、华灿浙江公司、华灿苏州公司（以下统称“华灿公司”）制造的产品落入涉案专利权的保护范围，华灿公司与正昇公司的制造、销售、许诺销售等行为构成对涉案专利权的侵害，向湖南省长沙市中级人民法院提起诉讼。被告华灿公司提出管辖权异议，法院审查后作出（2020）湘01知民初194号民事裁定，驳回异议。华灿公司不服，提起上诉。最高人民法院驳回上诉，维持原裁定。

**主要争点：** 存在多被告的侵害发明专利权纠纷案件的管辖权确定。

**裁判理由：** 关于侵害发明专利权纠纷案件的管辖权，2015 年，《最高人民法院关于审理专利纠纷案件适用法律问题的若干规定》第 5 条第 1 款规定：因侵犯专利权行为提起的诉讼，由侵权行为地或者被告住所地人民法院管辖。2017 年，《民事诉讼法》第 21 条第 3 款规定：同一诉讼的几个被告住所地、经常居住地在两个以上人民法院辖区的，各该人民法院都有管辖权。第 35 条规定：两个以上人民法院都有管辖权的诉讼，原告可以向其中一个人民法院起诉；原告向两个以上有管辖权的人民法院起诉的，由最先立案的人民法院管辖。本案中，原告已提交初步证据证明各被告的制造或销售、许诺销售行为构成对涉案专利权的侵害，各被告皆为本案适格被告。原告有权依据法律规定从有管辖权的法院中择一提起本案诉讼。原审法院作为本案被告之一正昇公司所在地的法院，依法对本案具有管辖权，且并无证据显示存在该院不适宜继续审理本案的情形，因此，华灿公司的上诉理由缺乏事实和法律依据。

**评　　论：** 侵害发明专利权纠纷案件可能涉及制造、使用、销售、许诺销售、进口专利产品或依照专利方法直接获得的产品的多个主体。在成为管辖权连结点的被告适格的情形下，原告有权在法律规定具有管辖权的法院范围内择一提起诉讼。

## 1.2.2 时效

职务发明奖励报酬纠纷的时效起算日——可口可乐奖励报酬案

**案件名称：** 陈某东诉可口可乐饮料（上海）有限公司（以下简称“可口可乐上海公司”）支付职务发明创造发明人、设计人奖励、报酬纠纷

**基本信息：** 上海市高级人民法院（2020）沪民终 568 号，2021 年 8 月 30 日

**主要案情：** 原告陈某东系被告可口可乐上海公司的员工，也是涉案外观设计专利的设计人之一。涉案外观设计专利的权利人为可口可乐公司，终止日期为 2015 年 4 月 14 日。2015 年 8 月 5 日至 2015 年 12 月 7 日期间，陈某东与可口可乐上海公司就该职务发明的奖励和报酬的数额进行多次协商，未能达成一致。2019 年 1 月 2 日，陈某东向上海市劳动人事争议仲裁委员会申请仲裁裁决，请求可口可乐上海公司支

付职务发明报酬 150 000 元。2019 年 4 月 12 日，陈某东向上海知识产权法院提起诉讼，请求可口可乐上海公司支付职务发明报酬 50 000元。上海知识产权法院经审理认为陈某东提起本案诉讼已经超过诉讼时效，故作出（2019）沪 73 知民初 236 号民事判决，驳回陈某东的全部诉讼请求。陈某东不服，提起上诉。上海市高级人民法院驳回上诉，维持原判。

主要争点：职务发明报酬请求权诉讼时效的起算。

裁判理由：上海知识产权法院经审理认为，原告陈某东于 2015 年 12 月 7 日就知道或者应当知道自己有权向被告可口可乐上海公司主张报酬，但原告没有证据证明其在上述日期后至本案立案之时（2019 年 4 月 12 日）向被告就涉案外观设计专利报酬再次提出过主张，因此原告提起本案诉讼已经超过诉讼时效。

上海市高级人民法院经审理认为：上诉人陈某东主张职务发明奖励报酬之诉讼时效应与涉案专利实施期间有关，而不能以涉案专利终止之日作为诉讼时效期间起算之日。涉案专利实施期间虽无法确定，但至 2015 年 4 月 14 日已终止，且上诉人至迟于 2015 年 12 月 7 日就知道或应当知道其有权向被上诉人可口可乐上海公司主张涉案专利职务发明报酬，而自 2015 年 12 月 7 日至 2019 年 1 月 2 日上诉人向上海市劳动人事争议仲裁委员会申请仲裁裁决，已超过 3 年，不能构成诉讼时效之中断，因此上诉人于 2019 年 4 月 12 日提起本案诉讼业已超过 3 年的诉讼时效。

评　　论：为了鼓励员工完成职务发明创造，提高发明创造的质量，我国专利法规定了对职务发明创造的奖励与报酬制度，即被授予专利权的单位应当对职务发明创造的发明人或者设计人给予奖励，在发明创造专利实施后，应对发明人或者设计人给予合理的报酬。若职务发明报酬发生争议，诉讼时效应从发明人或者设计人明知或应知单位不向其支付报酬或未按规定支付报酬之日起算。诉讼时效起算和涉案职务发明专利的终止日无关。在员工与单位进行报酬磋商时，诉讼时效中断。自磋商终止之日，诉讼时效重新起算。若自重新起算之日起 3 年后员工才采取手段主张报酬权，如同本案，则诉讼时效已过。

### 1.2.3 重复起诉

民事诉讼和行政诉讼的重复起诉判定——袁某丽转让合同案

案件名称：朱某彦与袁某丽、山东美天能源科技股份有限公司（以下简称“美天公司”）专利权转让合同纠纷

基本信息：最高人民法院（2021）最高法知民终553号，2021年4月25日

主要案情：朱某彦向济南市中级人民法院提起诉讼，主张被告袁某丽伪造其签名签订“转让协议书”，将多项专利著录项目的专利权人变更为美天公司，请求确认涉案专利权转让协议不成立。此外，朱某彦以国家知识产权局为被告，向北京知识产权法院提起专利行政诉讼，请求判决国家知识产权局撤销涉案专利的专利权人变更行为。

济南市中级人民法院认为本案与另案提起的专利行政诉讼均涉及涉案转让协议是否成立的问题，故这两个诉讼构成重复诉讼，裁定驳回起诉。朱某彦不服，提起上诉。最高人民法院认为原审裁定适用法律不当，撤销原审裁定，本案由济南市中级人民法院继续审理。

主要争点：就相同事实提起民事诉讼和行政诉讼，是否构成重复起诉。

裁判理由：最高人民法院认为：禁止重复起诉的目的在于防止对同一纠纷事项进行重复处理，以免浪费司法资源，避免裁判冲突。本案中，首先，民事诉讼和行政诉讼属于不同类型的诉讼，两者所受具体法律规制不同，前者受民事诉讼法调整，后者则受行政诉讼法调整。其次，两案分别为民事诉讼和行政诉讼，虽朱某彦均系原告，但被告并不相同，前者被告为袁某丽和美天公司，后者被告则为国家知识产权局。再次，所涉民事诉讼和行政诉讼的诉讼标的亦不同，前者的诉讼标的，即法院审理和判断的对象是涉案转让协议是否成立，后者则为被诉行政行为的合法性，虽两案可能均涉及“转让协议书”上签名的真实性问题，但亦仅为涉及相同事实，而由于诉讼标的之不同，案件审判所依据的实体法、程序法乃至审理思路、审判理念均存在差异。最后，两案的诉讼请求亦不相同，前者为请求确认涉案专利的转让协议不成立，即判断平等主体之间的法律行为是否成立，后者则为请求撤销国家知识产权局所作出的变更专利权人

的行政行为，即明确行政机关所作具体行政行为是否合法。因此，原审法院在诉讼类型、当事人、诉讼标的和诉讼请求均不相同的情况下，认为朱某彦提起的本案民事诉讼因涉及涉案专利转让协议真实性的认定而与其另案提起的行政诉讼构成重复诉讼，观点不当，应予纠正。

评　　论：因“转让协议书”真伪而产生的专利权转让效力纠纷，对专利权人而言有数种救济手段，提起民事诉讼、行政诉讼是常见的两种积极措施。当事人提起的民事诉讼与行政诉讼均符合立案条件。最高人民法院从此两件诉讼的诉讼类型、当事人、诉讼标的、诉讼请求等维度，详尽地分析了两者属于不同的诉讼，不构成重复起诉，故认定此两件诉讼中的任何一件均不应被裁定驳回。不可否认的是，涉案“转让协议书”的真伪是此两件诉讼的审理重点。在此情形下，两件诉讼中的一件可以先行审理，另一件中止审理，如此可更好地节省司法资源，方便当事人诉讼。

### 1.2.4　举证

a. 专利侵权纠纷中争议技术事实的举证责任分配——射击校正系统案

案件名称：上海亿湾特训练设备科技有限公司（以下简称“亿湾特公司”）与郑州方正商祺科技有限公司（以下简称“方正商祺公司”）侵害发明专利权纠纷

基本信息：最高人民法院（2020）最高法知民终 1629 号，2021 年 2 月 8 日

主要案情：亿湾特公司为“一种基于投影技术的射击定位自动校正系统及方法”的发明专利权利人之一。亿湾特公司向河南省郑州市中级人民法院提起诉讼，主张方正商祺公司在山东省日照市公安局人民警察训练基地射击训练馆安装的“警务训练系统”技术方案完全落入了涉案专利的保护范围，侵害其发明专利权。原审法院组织亿湾特公司和方正商祺公司到该训练基地就被诉侵权产品进行技术对比。经审理，河南省郑州市中级人民法院作出（2019）豫 01 知民初 1417 号民事判决，认定方正商祺公司侵权成立。方正商祺公司不服，提起上诉，主张现有证据无法推定被诉侵权技术方案落入涉案专利权保护范围。最高人民法院经审理认为：本案是依据举证责任分配情

况进行归责的，方正商祺公司因举证不能而承担不利后果。故驳回上诉，维持原判。

主要争点：被诉侵权技术方案是否落入涉案专利权保护范围。

裁判理由：双方当事人的争议在于被诉侵权技术方案是否具备涉案专利技术方案限定的“自动校正系统及方法”技术特征。亿湾特公司为此提交了“招标文件”、“中标公告”、“中标清单”以及“警务训练系统技术及指标说明”等证据，其证明力具有明显优势并初步达到了相应的证明标准，故转由方正商祺公司提供相反证据。方正商祺公司抗辩被诉侵权技术方案系人工校正，但该主张与“招标文件”和“中标公告”等矛盾；在争议技术特征需演示且可演示的情形之下，方正商祺公司在现场勘验中无正当理由未对是否具备“自动校正”技术进行演示；在本案举证责任转移至方正商祺公司后，其并未提交充分有效的证据证明其反驳主张，故应承担举证不能的不利后果。尤其是最高人民法院在二审询问中要求方正商祺公司提交“警务训练系统”相关技术资料，其亦未提交。依据《最高人民法院关于民事诉讼证据的若干规定》第 95 条的规定，在本案相关举证责任已转移的前提之下，方正商祺公司还控制证据且无正当理由拒不提交，亦可认定亿湾特公司关于被诉侵权技术方案具备涉案专利相应技术特征的主张成立。

评　　论：在涉及方法专利的侵权纠纷中，专利权人的举证较为困难。当下我国人民法院依据《民事诉讼法》及《最高人民法院关于民事诉讼证据的若干规定》的相关规定，依据案件的具体情况合理解决双方当事人的举证责任问题。在专利权人已完成侵权的初步举证责任，受诉法院要求被控侵权人提供其掌控的和侵权判定相关的资料后，被控侵权人无正当理由拒不提交的，则依据《最高人民法院关于民事诉讼证据的若干规定》第 95 条的规定应承担举证妨碍的责任，即相关资料的内容不利于被控侵权人，故专利权人指控其侵权的主张成立。此外，对于被控侵权物中是否包括专利中的某一技术特征可通过现场勘验予以确定，而被控侵权人拒绝勘验的，则其同样应承担相应的不利法律后果。本案中，方正商祺公司在现场勘验中无正当理由未对被控侵权物是否具备“自动校正”技术进行演示便属此例。

b. 品种权人的举证责任标准——“华美”新品种案

案件名称：酒泉市华美种子有限责任公司（以下简称“华美公司”）与夏某福植物新品种临时保护期使用费纠纷、侵害植物新品种权纠纷

基本信息：最高人民法院（2021）最高法知民终1469号，2021年12月17日

主要案情：华美公司为涉案植物新品种辣椒属“华美105”的权利人。华美公司以夏某福销售的种子涉嫌侵害其享有的植物新品种权为由提起诉讼。山东省青岛市中级人民法院作出（2021）鲁02知民初23号民事判决，认为华美公司提供的证据不足以证明甘肃省武威市中信公证处封存的种子是夏某福生产、销售的，驳回华美公司的诉讼请求。华美公司提起上诉，最高人民法院认为在案证据足以认定被诉侵权行为，一审判决认定事实不清，适用法律不当，予以纠正。

主要争点：品种权人的举证责任标准。

裁判理由：品种权人仅需提供初步证据证明被诉侵权品种繁殖材料使用的名称与授权品种相同即可。本案中，一审判决要求华美公司完成对夏某福生产、销售被诉侵权种子的事实面面俱到的证明以达到过程上的闭环，系对品种权人的举证责任施加了超出法律要求高度的标准，亦未依法分配举证责任给有义务提交反证的夏某福，有所不当，故予以纠正。法院在二审中向夏某福释明，基于本案证据情况，华美公司已完成举证义务，夏某福至此对于被控侵权事实负有提交反证的义务。如夏某福所言属实，则其本应、亦有能力提交证据。夏某福未能提交任何有效反证，故举证不能的不利后果应由夏某福承担。

评　　论：提升种业司法保护水平，营造激发育种创新潜能的法治环境是人民法院的职责使命。本案以切实保护品种权人利益、严厉打击侵权行为、促进种业创新为宗旨，适时转移举证责任，为有效破解权利人维权困境提供了范例和指引。

c. 主张存在案外侵权人时的举证要求——“多美”童车案

案件名称：金华市世鑫休闲用品有限公司（以下简称“世鑫公司”）与邢台市硕童儿童玩具有限公司（以下简称“硕童公司”）、平乡县优泰童车厂（以下简称“优泰童车厂”）侵害实用新型专利权纠纷

基本信息：最高人民法院（2020）最高法知民终1806号，2021年2月9日

主要案情：世鑫公司为涉案实用新型专利“车把杆折叠机构”的独占被许可人，2019年11月世鑫公司在某展会摊位上购买了被诉侵权产品一台，并进行了公证。该展会摊位标有硕童公司和优泰童车厂的名称，展会宣传墙上印有“优嘉童”“多美”“硕宝”商标。“硕宝”为硕童公司名下商标，“优嘉童”为优泰童车厂名下商标。世鑫公司主张被诉侵权产品技术方案落入涉案专利的保护范围，硕童公司、优泰童车厂制造、销售、许诺销售行为侵害了其合法权益，应承担民事侵权责任。河北省石家庄市中级人民法院作出（2020）冀01知民初173号民事判决，驳回世鑫公司全部诉讼请求。世鑫公司不服该判决，提出上诉。最高人民法院经审理认为，世鑫公司上诉请求部分成立，撤销原判决，改判硕童公司、优泰童车厂停止侵害并承担相应的赔偿责任。

主要争点：在不能举证证明存在案外人销售或许诺销售的情形下，应否认定（推定）被诉侵权产品由被诉侵权人制造、销售或许诺销售。

裁判理由：石家庄市中级人民法院认为，被诉侵权产品为“多美儿童玩具”，由邢台市多美儿童玩具有限公司（以下简称“多美公司”）销售。尽管硕童公司、优泰童车厂与多美公司在同一展位参展，但未能证明被诉侵权产品与硕童公司、优泰童车厂有直接关系。硕童公司、优泰童车厂的经营范围、产品宣传彩页中均未包含被诉侵权产品，且硕童公司、优泰童车厂各自注册并使用了自己的注册商标，加上展会会期较短，要求硕童公司、优泰童车厂尽到知识产权审查义务明显不妥，故驳回世鑫公司全部诉讼请求。

最高人民法院认为：被诉侵权人在其展位上销售被诉侵权产品，在不能举证证明存在案外人销售或许诺销售或者被诉侵权产品来源，且其本身具有生产资质的情况下，应认定（推定）被诉侵权产品由被诉侵权人制造、销售或许诺销售，故硕童公司、优泰童车厂共同实施了侵害涉案专利权的行为，应当承担连带责任。

评　　论：“民事诉讼应当遵循诚信原则。”若当事人违反诚信原则，在诉讼过程中不披露、也不举证证明真正侵权人的情况下，其应承担相应的不利后果。

在侵害专利权纠纷案件中，权利人已提交证据证明被诉侵权人实施了侵权行为，被诉侵权人虽主张存在案外直接侵权人，但未能披露案外人的主体真实信息，亦未就其主张的案外人直接侵权的事实提供证据予以证明的，则应判定其构成侵权并承担相应责任。

d. 当事人阻碍法院勘验、故意逾期举证遭处罚——新辉司法惩戒案

案件名称：东莞屹成智能装备有限公司（以下简称“屹成公司”）与深圳市新辉机电设备有限公司（以下简称“新辉公司”）侵害实用新型专利权纠纷司法惩戒案①

基本信息：最高人民法院（2021）最高法知司惩1号，2021年3月17日

主要案情：屹成公司起诉新辉公司制造、销售的绕线机设备侵害其专利权，要求新辉公司停止侵权并赔偿经济损失。为查清案件事实，一审法官到被诉侵权设备存放处进行现场勘验。然而，新辉公司法定代表人拒绝提供设备开机密码，还专门指示工作人员将密码远程作废，并在法院工作人员准备采取其他替代方式开机时，该公司人员继续阻挠，最终造成一审法院未能勘查到新辉公司所生产绕线机的技术方案。一审法院明确要求新辉公司就其绕线机的运行情况和相关技术特征承担举证责任，新辉公司亦拒绝提交证据。一审法院在此基础上认定新辉公司所生产绕线机的技术方案落入涉案专利权的保护范围，判决新辉公司停止侵权，并赔偿屹成公司经济损失20万元。新辉公司收到对其不利的判决后，为展示被诉侵权设备的技术特征，在二审诉讼过程中提交了被诉侵权设备的运行视频作为新证据，屹成公司对此视频内容亦表示认可。最高人民法院据此重新就案件事实作出了认定，并对一审判决予以改判。最高人民法院就新辉公司阻碍司法工作人员执行职务的行为，对该公司及其法定代表人分别处以10万元和5万元的罚款，并就新辉公司故意逾期举证的行为，对该公司处以5万元的罚款。

主要争点：当事人阻碍法院勘验、故意逾期举证的法律责任。

裁判理由：最高人民法院认为：2017年《民事诉讼法》第111条第1款第5项规定，诉讼参与人或者其他人以暴力、威胁或者其他方法阻碍司法工作人员执行职务的，人民法院可以根据情节轻重予以罚款、拘留；第2款规定，人民法院对有前款规定的行为之一的单位，可以对其主要负责人或者直接责任人员予以罚款、拘留。2017年《民事

① 本案入选2021年中国法院50件典型知识产权案例。

诉讼法》第 65 条第 2 款规定，当事人逾期提供证据的，人民法院应当责令其说明理由；拒不说明理由或者理由不成立的，人民法院根据不同情形可以不予采纳该证据，或者采纳该证据但予以训诫、罚款。《最高人民法院关于知识产权民事诉讼证据的若干规定》第 25 条规定，人民法院依法要求当事人提交有关证据，其无正当理由拒不提交、提交虚假证据、毁灭证据或者实施其他致使证据不能使用行为的，人民法院可以推定对方当事人就该证据所涉证明事项的主张成立；当事人实施前款所列行为，构成《民事诉讼法》第 111 条规定情形的，人民法院依法处理。本案中，新辉公司及其法定代表人阻碍法院工作人员现场勘验被诉侵权设备的行为构成阻碍司法工作人员执行职务，同时新辉公司逾期提交证据材料的行为属于无正当理由故意逾期举证，均妨碍了人民法院审理案件，扰乱了正常诉讼秩序，依法应予制裁。

评　　论：故意阻碍法院勘验，故意逾期举证属于滥用诉讼权利，不仅干扰了诉讼秩序，浪费了宝贵的司法资源，更违背了诚实信用原则。最高人民法院以罚款方式对当事人阻碍司法工作人员执行职务以及故意逾期举证的行为作出否定性评价，有助于激励当事人积极主动举证，诚信诉讼，对提高知识产权案件审判效率具有重要意义。

### 1.2.5 确认不侵权之诉

a. 在权利人撤诉后被控侵权人可否提起确认不侵权之诉——《胜捷家族》案

案件名称：深圳市星脉源电子有限公司（以下简称“星脉源公司”）与深圳市捷胜电子有限公司（以下简称“捷胜公司”）确认不侵害著作权纠纷及因恶意提起知识产权诉讼损害责任纠纷

基本信息：广东省深圳市中级人民法院（2021）粤 03 民终 373 号，2021 年 4 月 6 日

主要案情：捷胜公司为涉案美术作品《胜捷家族》的著作权人。2019 年 3 月，捷胜公司向深圳市宝安区人民法院提起著作权权属、侵权纠纷之诉，指控星脉源公司通过其经营的阿里巴巴网店销售的三款面包板外观与捷胜公司涉案作品基本一致，后捷胜公司撤回起诉。星脉源

公司向广东省深圳市福田区人民法院提起确认不侵权之诉，并主张捷胜公司之前提起的诉讼构成恶意提起知识产权诉讼。一审法院认为《胜捷家族》美术作品不受著作权法保护，本案不存在确认不侵权的前提；同时本案并无充分证据足以认定捷胜公司之前提起的诉讼具有恶意。一审法院作出（2020）粤 0304 民初 4566 号民事判决，对星脉源公司的诉讼请求不予支持。星脉源公司不服，提起上诉。深圳市中级人民法院二审认定，星脉源公司提起确定不侵害著作权之诉不符合法定起诉要件，捷胜公司的行为也不属于恶意提起知识产权诉讼。遂驳回上诉，维持原判。

主要争点：星脉源公司确认不侵权之诉是否应得到支持。

裁判理由：关于星脉源公司能否提起确认不侵权之诉，一审法院认为，因确认不侵权的前提是著作权的存在，而捷胜公司对涉案的美术作品不享有著作权，故对星脉源公司要求确认其未侵害捷胜公司的著作权该项诉讼请求不予支持。二审法院认为，本案中捷胜公司已提起侵权诉讼，星脉源公司的不侵权主张可以作为侵权抗辩事由在侵权诉讼程序中提出。在捷胜公司撤回起诉后，如存在星脉源公司受到捷胜公司知识产权影响的情形，星脉源公司仍可以提起确认不侵权之诉。但是，星脉源公司并无证据证明捷胜公司在撤诉后仍对其发出侵权警告以及经书面催告后怠于解决争议，使星脉源公司处于法律关系不确定的状态，因此星脉源公司提起确定不侵害著作权之诉不符合《最高人民法院关于审理侵犯专利权纠纷案件应用法律若干问题的解释》第 18 条规定的提起确认不侵权之诉的要件。

评　　论：当权利人向他人发出侵权警告却未及时行使权利时，被警告人是否构成侵权将处于一种未定状态，将对其产生不利影响。为了消除此种不利影响，被警告人在一定条件下可提起确认不侵权之诉。确认不侵权之诉的实益及目的在于对被警告人予以救济，并给予被警告人在遭受侵权警告而权利人怠于行使诉权使得被警告人长期处于不安状态的情形下的一种司法救济途径，其根本目的是规制权利人滥发侵权警告的行为，维护稳定的市场经营秩序。《最高人民法院关于审理侵犯专利权纠纷案件应用法律若干问题的解释》第 18 条规定了确认不侵权之诉的受理条件，即权利人向他人发出侵犯专利权的警告，被警告人或者利害关系人经书面催告权利人行使诉权，自权利人收到该书面催告之日起1个月内或者自书面催告发出之日起2个月内，权利人不撤回警告也不提起诉讼，被警告人或者利害关系人向人民法院提起请求确认其行为不侵犯专利权的诉讼的，人民法院应当受理。在权利人提起诉讼又撤诉后，如果无证据证明权利人撤诉后仍对被告发出侵权警告以及经书面催告后怠于解决争议，可以认定被警告人是否构成侵权已经处于稳定状态，此时被警告人再提起确认不侵权之诉，人民法院依法不予支持。

b. 仲裁申请不构成专利法上的侵权警告

**案件名称：** 潍坊市嘉德机械有限公司（以下简称“嘉德公司”）、内蒙古润海源实业有限公司（以下简称“润海源公司”）与鹤壁市博龙畜牧机械有限公司（以下简称“博龙公司”）确认不侵害专利权纠纷

**基本信息：** 最高人民法院（2021）最高法知民终3号，2021年2月5日

**主要案情：** 2019年5月17日，博龙公司起诉嘉德公司、润海源公司侵害其实用新型专利权。同年8月2日，博龙公司依据与嘉德公司于2019年5月签署的协议书，以协议书中的丙方宋某相为被申请人，向北京仲裁委员会提起仲裁。该协议书主要内容为：一、博龙公司已就嘉德公司及润海源公司侵害涉案及关联四项专利权提起诉讼，嘉德公司同意赔偿博龙公司损失50万元；二、博龙公司收到赔偿款后撤回起诉；三、宋某相有权代表嘉德公司签订协议，若嘉德公司反悔，则由宋某相承担赔偿责任。2019年8月13日，博龙公司撤诉。2019年9月19日，嘉德公司向博龙公司发出催告函，要求其撤回仲裁申请，消除不良影响。后嘉德公司、润海源公司向原审法院提起确认不侵权之诉。一审法院裁定驳回嘉德公司、润海源公司的起诉。嘉德公司、润海源公司不服，提起上诉，主张博龙公司依据协议书向北京仲裁委员会提起的仲裁申请已经构成向己方发出警告。最高人民法院驳回上诉。

**主要争点：** 提起仲裁申请是否属于发出侵害专利权的警告。

**裁判理由：** 协议书字面包含了嘉德公司因侵害涉案专利权赔偿博龙公司等意思表示，博龙公司依据协议书向北京仲裁委员会提起仲裁申请，北京仲裁委员会的审理目的也在于定分止争，而非使得嘉德公司、润海源公司长期处于不安状态，因此博龙公司提起的仲裁申请并不是向嘉德公司、润海源公司发出侵害专利权的警告。嘉德公司、润海源公司上诉

认为仲裁申请构成专利法上的侵权警告，没有事实和法律依据。

评 论：本案同样涉及确认不侵权之诉的受理要件问题，即专利权人依据此前与涉嫌侵权人达成的专利侵权和解协议提起仲裁的行为是否构成确认不侵权之诉中的侵权警告要件。专利权人与涉嫌侵权人达成的和解协议，本质上已经解决了双方涉案专利侵权争议。专利权人依据和解协议提起仲裁，是要求被申请人履行协议内容。若被申请人认定和解协议无效，其可在仲裁程序中提出自己的观点并由仲裁机构裁决。因此，仲裁的目的与诉讼一致，也在于定分止争，而非再次发出侵权警告，故本案不满足确认不侵权之诉的受理要件。

### 1.2.6 权利滥用

要求应用商店删除应用程序的通知构成“错误通知”——虎牙 APP 案

案件名称：广州虎牙信息科技有限公司（以下简称“虎牙公司”）与华纳盛世音乐版权代理（北京）有限公司（以下简称“华纳公司”）确认不侵害著作权案及不正当竞争纠纷

基本信息：广州互联网法院（2021）粤 0192 民初 21482 号，2021 年 9 月 18 日

主要案情：虎牙直播 APP 是申请人虎牙公司打造的向用户提供互动式视频直播服务的直播平台应用程序。自 2021 年 4 月起，被申请人华纳公司多次向第三方苹果公司投诉，称虎牙直播平台上累计有 215 条短视频侵犯其音乐作品著作权，要求苹果应用商店对虎牙直播 APP 做下架处理。虎牙公司收到苹果公司转发的投诉后，删除了被投诉的具体侵权内容，以及包括涉案音乐作品在内的其他视频。但华纳公司仍持续向苹果公司投诉并坚持要求其下架涉案 APP。2021 年 7 月，苹果公司向虎牙公司下达最后通牒“若短期内本投诉未解决，苹果可能会被迫下架你们的应用程序”。虎牙公司向广州互联网法院提起确认不侵害著作权及不正当竞争纠纷之诉，并提出行为保全申请，要求华纳公司立即停止针对涉案程序进行投诉的行为。广州互联网法院认为，华纳公司持续向苹果公司投诉并坚持要求下架涉案应用程序的行为具有不当性，构成错误通知，属于权利滥用。广州互联网法院裁定支持虎牙公司的保全诉求，并驳回华纳公司的复

议请求。此后双方达成和解，华纳公司撤销向苹果公司的投诉，虎牙公司向法院申请撤诉。

主要争点：华纳公司向应用商店的投诉行为是否具有不当性，是否构成错误通知。

裁判理由：评价华纳公司的投诉行为是否具有一定不当性，需考量苹果公司和虎牙公司是否已经采取了相应必要措施，以及是否会给虎牙公司造成不合理的损害。由于虎牙公司在收到苹果公司的转投诉后就已删除了全部可能涉嫌侵权的短视频，因此虎牙公司所采取的删除措施已达到必要程度。此外，因虎牙直播平台上的视频数量日均过万，华纳公司取证的 215 条侵权视频占平台内容比例极小，在其他平台用户上传的海量视频并未侵犯华纳公司的权利的情况下，其要求下架整个涉案程序既会损害其他平台用户的合法权益，也会使虎牙公司承担与其过错不相一致的责任。因此华纳公司的行为违反了《民法典》第 132 条的规定，构成权利滥用。综上可以认定华纳公司的投诉具有不正当性，构成错误通知。

评　论：本案认定权利人要求应用商店移除应用程序的通知属于“错误通知”，持续大量发送此类通知可能构成权利滥用；明确了权利人向网络服务提供者发送的侵权通知应当针对本身构成侵权的内容，可被用户用来上传侵权内容的应用程序并不能作为权利人发出通知、要求移除的对象。我国《民法典》第 132 条对禁止权利滥用作出了明确规定，即“民事主体不得滥用民事权利损害国家利益、社会公共利益或者他人合法权益”。当作品著作权受到侵害时，著作权人可依法维护自身权利、获得相应的救济。若其寻求的救济并无法律上的依据，且可能损害他人（如本案中直播平台的经营者以及平台用户）的合法权益，则其构成权利滥用。本案为权利人正确发出侵权通知、网络服务提供者移除被指称侵权的内容提供了指引。

### 1.2.7 临时救济

涉及医疗领域的行为保全——“滇医通”案

案件名称：云南合道康成信息技术有限公司（以下简称“合道康成公司”）与滇医通医疗信息咨询（云南）有限公司［以下简称“滇医通咨询（云南）公司”］不正当竞争纠纷

基本信息：云南省昆明市中级人民法院 2021 云 01 民初 2829 之一，2021 年 8 月 24 日

主要案情：申请人合道康成公司与昆明市卫生健康委员会合作，建立了“滇医通”预约挂号平台，为患者提供昆明市各医院的网上挂号服务。后申请人发现被申请人滇医通咨询（云南）公司在其运营的公众号和小程序上同样使用了“滇医通”字样，并实施非法盗取申请人网络链接的行为，使公众误认为其与申请人存在特定联系。为防止侵权影响继续放大，合道康成公司向昆明市中级人民法院提出了行为保全申请，要求禁止被申请人在其管理经营的微信公众号和小程序上继续使用“滇医通”字样。法院裁定支持申请人的保全申请。

主要争点：申请人的保全申请是否应被允许。

裁判理由：受诉法院认为：（1）申请人请求保护的知识产权效力稳定。申请人经营的“滇医通”线上医疗预约服务占据了云南市场的绝对份额，在广泛宣传和使用中获得了具有广泛影响力的商誉，能够发挥区别服务来源的作用，与申请人建立了唯一的对应联系。（2）不采取行为保全措施可能使申请人的合法权益受到难以弥补的损害。如果不采取保全措施，可能会导致混淆，在一定程度上淡化涉案服务名称的识别性，导致抢占申请人的市场份额。（3）申请人的行为保全申请符合损害平衡性。采取保全措施后被申请人只是不能再使用“滇医通”字样，其微信公众号和小程序仍可以正常运营。法院综合考虑侵权可能性和被申请人可能遭受的损失等因素，要求申请人提供人民币 100 万元的担保，对被申请人的权益亦有一定保障。（4）责令被申请人停止相关行为不会损害社会公共利益，反而会因对消费者合法权益及相关市场竞争秩序的维护而有利于保障社会公共利益。综上，支持申请人的保全申请。

评　　论：最高人民法院《关于审查知识产权纠纷行为保全案件适用法律若干问题的规定》第 7 条规定了人民法院审查行为保全申请应当综合考量的因素，其中包括“采取行为保全措施是否损害社会公共利益”。受诉法院依照前述司法解释规定的考量因素，对行为保全申请进行了分析。在社会公共利益方面，医疗服务、就诊健康事关民生大计，被申请人使用“滇医通”字样容易导致就诊者对就诊渠道的混淆，故采取行为保全措施，禁止被申请人在其管理经营的微信公众

号和小程序上使用“滇医通”，将避免就诊者对就诊渠道产生混淆，有利于维护社会公共利益。本案作为云南省昆明市中级人民法院发出的首例不正当竞争纠纷诉中行为保全，对维护当事人利益和涉及就诊健康的社会公共利益具有积极意义。

# 2. 专　利

## 2.1　法律、规范性文件与政策

### 2.1.1　法律与规范性文件

a.《专利法》(2020 修正)

**基本信息**：中华人民共和国主席令第 55 号，2020 年 10 月 17 日发布，2021 年 6 月 1 日施行

**主要修改**：此次修改主要包括三方面的重点内容：一是加强对专利权人合法权益的保护，包括加大对侵犯专利权的赔偿力度，对情节严重的故意侵权行为规定 1～5 倍的惩罚性赔偿，将法定赔偿额上限提高到 500 万元，完善举证责任以减轻权利人的举证负担，完善专利行政保护，新增诚实信用原则，新增专利权期限补偿制度和药品专利纠纷早期解决程序有关条款，等等。二是促进专利实施和运用，包括完善职务发明制度，加强专利信息公共服务，新增专利开放许可制度，加强专利转化服务，等等。三是完善专利授权制度，包括进一步完善外观设计保护相关制度，增加新颖性宽限期的适用情形，完善专利权评价报告制度，等等。

b.《最高人民法院关于修改〈最高人民法院关于审理侵犯专利权纠纷案件应用法律若干问题的解释（二）〉等十八件知识产权类司法解释的决定》

**基本信息**：最高人民法院法释〔2020〕19 号，2020 年 12 月 29 日发布，2021

年1月1日施行

主要修改：对《最高人民法院关于审理侵犯专利权纠纷案件应用法律若干问题的解释（二）》《最高人民法院关于审理专利纠纷案件适用法律问题的若干规定》《最高人民法院关于审理技术合同纠纷案件适用法律若干问题的解释》等三部司法解释中的相关术语和条文作出与修改后的《专利法》《民法典》《全国人民代表大会常务委员会关于在北京、上海、广州设立知识产权法院的决定》《全国人民代表大会常务委员会关于专利等知识产权案件诉讼程序若干问题的决定》一致的修正。

c.《国家知识产权局关于修改〈专利审查指南〉的公告》

基本信息：国家知识产权局公告第391号，2020年12月11日发布，2021年1月15日施行

主要修改：本次主要修改的内容包括：明确了专利申请补交实验数据的审查原则，并就“药品专利申请的补交实验数据”给出审查示例；修改了单一性能或用途组合物权利要求的性能或用途限定要求；在化合物新颖性审查上，将“提及即公开”和“推定不具备新颖性”严格区分；在化合物创造性审查上，明确了“三步法”的指导作用，将“预料不到的技术效果”定位为创造性判断的辅助因素。此外，本次修改还新增了生物材料保藏单位，允许单克隆抗体的权利要求用结构特征限定，明确了生物技术领域发明创造性审查中“三步法”的审查思路，在创造性评判标准中增加“多肽或蛋白质”主题。

d.《关于规范申请专利行为的办法》

基本信息：国家知识产权局公告第411号，2021年3月11日发布、施行

主要内容：本办法定义了非正常申请专利行为的内涵，详细列举了多项具体的行为形式，并规定针对非正常申请专利行为的处理方式：驳回专利申请或不予批准相关法律手续的办理请求，以及不予减缴专利费用。

e.《关于技术调查官参与专利、集成电路布图设计侵权纠纷行政裁决办案的若干规定（暂行）》

基本信息：国家知识产权局办公室国知办发保字〔2021〕17号，2021年5月7日发布、施行

主要内容：明确了技术调查官的法律地位为行政裁决辅助人员，对案件合议结果不具有表决权，技术调查意见也仅作为合议组认定技术事实的参考。此外还对技术调查官的选任和聘请方式、回避事由、行政裁决中的职责和法律责任作出了详细规定。

f.《关于施行修改后专利法的相关审查业务处理暂行办法》

基本信息：国家知识产权局公告第423号，2021年5月24日发布，2021年6月1日施行

主要内容：主要涉及依照新修改的《专利法》办理相关的法律手续，如局部外观设计专利申请、专利权期限补偿申请、药品专利权期限补偿申请、实施开放许可申请等。在新修改的《专利法》实施后可以提出上述申请，但国家知识产权局将在新修改的《专利法实施细则》实施后对上述申请进行审查。

g.《重大专利侵权纠纷行政裁决办法》

基本信息：国家知识产权局公告第426号，2021年5月26日发布，2021年6月1日施行

主要内容：主要就国家知识产权局处理《专利法》第70条第1款规定的在全国有重大影响的专利侵权纠纷的受案范围、立案程序、审理程序、处理结果和救济程序等事项作出详细规定。其中，审理程序将国家知识产权局定位为中立的裁决机构，规定了办案人员的回避事由、对证据的审查和技术调查官的参与。

h.《药品专利纠纷早期解决机制实施办法（试行）》

基本信息：国家药品监督管理局、国家知识产权局公告2021年第89号，2021年7月4日发布、施行

主要内容：本办法旨在为当事人在相关药品上市审评审批环节提供相关专利纠纷解决的机制，保护药品专利权人合法权益，降低仿制药上市后专利侵权风险。其主要内容包括：平台建设和信息公开制度、专利权登记制度、仿制药专利声明制度、司法链接和行政链接制度、批准等待期制度、药品审评审批分类处理制度、首仿药市场独占期制度等，并对国务院药品监督管理部门和国家知识产权局的职权分工和工作衔接作出了清晰规定。

i.《药品专利纠纷早期解决机制行政裁决办法》

基本信息：国家知识产权局公告第435号，2021年7月5日发布、施行

主要内容：本办法主要就《专利法》第76条规定的药品上市审评审批过程中因申请注册的药品相关的专利权纠纷引发的行政裁决办理工作作出规定。规定国家知识产权局设立的药品专利纠纷早期解决机制行政裁决委员会负责行政裁决工作。在裁决程序上，如立案程序、办案人员的回避、审理程序等事项，基本沿用专利侵权纠纷行政裁决的相关规定。

j.《最高人民法院关于审理申请注册的药品相关的专利权纠纷民事案件适用法律若干问题的规定》

基本信息：最高人民法院法释〔2021〕13号，2021年7月4日发布，2021年7月5日施行

主要内容：主要就《专利法》第76条规定的药品上市审评审批过程中因申请注册的药品相关的专利权产生纠纷的法律适用问题作出规定。确定了该类纠纷的管辖法院为北京知识产权法院，明确了法院诉讼程序和行政机关裁决程序、无效宣告程序之间的关系，进一步明确了《专利法》第76条中相关术语的具体内涵，此外还对判决的既判力和送达地址作出了一些特别规定。

k.《专利、商标代理行业违法违规行为协同治理办法》

基本信息：国家知识产权局办公室国知办发运字〔2021〕31号，2021年7月30日发布、施行

主要内容：本办法主要通过设置专利代理行业违法违规行为黑名单的方式打击专利代理行业违法违规行为，明确了专利代理机构和代理人员应当被列入黑名单的情形，并对黑名单内的代理机构和人员采取限制适用便利措施、限制参与评优评先等约束措施。

l.《医疗器械注册与备案管理办法》

基本信息：国家市场监督管理总局令第47号，2021年8月26日发布，2021年10月1日施行

主要内容：规定了获得发明专利授权或检索报告载明具有新颖性和创造性的医疗器械产品可以适用创新产品注册程序。

m.《体外诊断试剂注册与备案管理办法》

基本信息：国家市场监督管理总局令第48号，2021年8月26日发布，2021年10月1日施行

主要内容：规定了产品核心技术获得发明专利授权或检索报告载明产品核心技术方案具有新颖性和创造性的体外诊断试剂产品可以适用创新产品注册程序。

n.《国务院关于同意在全面深化服务贸易创新发展试点地区暂时调整实施有关行政法规和国务院文件规定的批复》

基本信息：国务院国函〔2021〕94 号，2021 年 9 月 15 日发布、施行

主要内容：自 2021 年 9 月 15 日起至 2023 年 8 月 1 日，在北京市、南京市、苏州市、广州市等全面深化服务贸易创新发展试点地区暂时调整实施《专利代理条例》，取消《专利代理条例》第 10 条对考试参加者国籍的限制，允许取得中国政府颁发的外国人永久居留证且具有其他国家专利代理资格的外国人，参加专利代理师资格考试，成绩合格者由国务院专利行政部门颁发专利代理师资格证。

o.《国家知识产权局关于对专利侵权纠纷行政裁决案件鉴定期限起算点的批复》

基本信息：国家知识产权局国知发保函字〔2021〕145 号，2021 年 9 月 16 日发布、施行

主要内容：明确专利侵权纠纷行政裁决案件中鉴定期限的起算点为案件承办机关准予鉴定之日。

p.《国家知识产权局关于专利法中假冒专利和广告法中涉嫌专利违法法条适用的批复》

基本信息：国家知识产权局国知发保函字〔2021〕160 号，2021 年 10 月 9 日发布、施行

主要内容：明确了在产品或者其包装上标注被宣告无效后或者终止后专利的，既可以适用广告法进行处罚，也可以适用专利法进行处罚，罚款数额依据《行政处罚法》第 29 条规定执行。区分了处罚在产品说明书等材料和广告中将专利申请称为专利的行为的不同法律依据，前者适用《专利法实施细则》第 84 条，后者适用《广告法》第 12 条。确定了对销售行为中的专利标志标识不规范行为适用《专利标识标注办法》进行认定，对销售不规范标识产品的行为按照《专利法实施细则》第 84 条的规定进行认定。

q.《专利权质押登记办法》

基本信息：国家知识产权局公告第461号，2021年11月15日发布、施行

主要修改：根据《民法典》与修改后的《专利法》对相关术语进行了相应的修订，新增了通过互联网在线提交电子件办理专利权质押登记的方式。将国家知识产权局受理后的审查期限由7个工作日缩短为5个工作日，通过互联网在线提交的，审查期限为2个工作日。允许在当事人知悉的情况下就已被启动宣告无效程序的专利权办理质押登记。

r.《科学技术进步法》(2021修订)

基本信息：全国人大常委会中华人民共和国主席令第103号，2021年12月24日发布，2022年1月1日施行

主要修改：此次修改新增了基础研究、区域科技创新、国际科技合作和监督管理等四个章节，着重健全科技创新保障措施，完善国家创新体系，着力破除自主创新障碍因素，为促进实现高水平科技自立自强提供法治保障。新增如下具体规定：科学技术进步工作应当“面向世界科技前沿、面向经济主战场、面向国家重大需求、面向人民生命健康”，完善高效、协同、开放的国家创新体系，统筹发展和安全，加强基础研究能力建设，建立和完善科研攻关协调机制，完善关键核心技术攻关举国体制，完善促进科技成果转化制度，实行以增加知识价值为导向的分配政策，培育具有影响力和竞争力的科技领军企业，科技型中小企业可以按照国家有关规定享受税收优惠，在事关国家安全和经济社会发展全局的重大科技创新领域建设国家实验室等。

s.《种子法》(2021修正)

基本信息：全国人大常委会中华人民共和国主席令第105号，2021年12月24日发布，2022年3月1日施行

主要修改：此次修改聚焦种业知识产权保护，主要涉及以下三方面：(1)扩大植物新品种权的保护范围及保护环节，保护范围由授权品种的繁殖材料延伸到收获材料，保护环节由生产、繁殖、销售扩展到生产、繁殖和为繁殖而进行处理、许诺销售、销售、进口、出口以及为实施上述行为的储存。(2)建立实质性派生品种制度，规定实质性派

生品种以商业为目的利用时，应当征得原始品种的植物新品种权所有人的同意。(3) 完善侵权赔偿和行政处罚制度，将惩罚性赔偿数额的倍数上限由 3 倍提高到 5 倍，将法定赔偿额的上限由 300 万元提高到 500 万元，对生产经营假、劣种子行为加大了行政处罚力度。此外还就加强种业科学技术研究、简化向境外提供或与境外合作研究利用种质资源等作出明确规定。

### 2.1.2 政策

a.《国务院办公厅印发关于加快中医药特色发展若干政策措施的通知》

基本信息：国务院办公厅国办发〔2021〕3 号，2021 年 1 月 22 日发布、施行

相关内容：该通知在“营造中医药发展良好环境”措施中提出加强中医药知识产权保护。制定中药领域发明专利审查指导意见，进一步提高中医药领域专利审查质量，推进中药技术国际专利申请。

b.《国家知识产权局关于进一步严格规范专利申请行为的通知》

基本信息：国家知识产权局国知发保字〔2021〕1 号，2021 年 1 月 27 日发布、施行

主要内容：该通知进一步明确了非正常专利申请的范围，加强了对非正常专利行为的打击力度：提出对申请主体给予不予减缴专利费用，通报，取消奖励、评价资格等处置措施。该通知还指出要加强协同治理，通过重新确定考核指标、调整专利资助政策等多方面政策调整全面规制非正常专利申请行为。

c.《推动知识产权高质量发展年度工作指引 (2021)》

基本信息：国家知识产权局国知发运字〔2021〕3 号，2021 年 3 月 3 日发布、施行

主要内容：该指引确定的主要目标包括：深入落实《提升发明专利审查质量和审查效率专项实施方案 (2019—2022 年)》，发明专利审查周期压减至 18.5 个月，高价值发明专利审查周期压减至 14 个月；专利商标质押融资规模达 2400 亿元；推进有关地方专利商标受理窗口整合，力争全部实现知识产权业务“一窗通办”。该指引还要求强化知识产权高质量发展政策配套实施，做好专利法实施细则的修订，加强对地方知识产权立法相关工作的指导，完成《专利审查指南》适应

性修改；开展专利特殊审查政策与机制综合性评估论证，进一步完善知识产权审查制度；健全知识产权保护政策，推进专利侵权纠纷行政裁决工作；完善知识产权运用促进政策，完善专利开放许可运行机制，促进专利以许可的方式转化实施。

d.《中华人民共和国国民经济和社会发展第十四个五年规划和2035年远景目标纲要》

基本信息：第十三届全国人民代表大会第四次会议，2021年3月11日批准

相关内容：第七章“完善科技创新体制机制”涉及健全知识产权保护运用体制，其中重点提及健全知识产权侵权惩罚性赔偿制度，优化专利资助奖励政策和考核评价机制，更好地保护和激励高价值专利，培育专利密集型产业。此外，该纲要还提出要改革国有知识产权的归属与利益分配机制，扩大科研机构和高等院校知识产权处置自主权，完善无形资产评估制度，以及构建知识产权保护运用公共服务平台。

e.《国家知识产权局、中国科学院、中国工程院、中国科学技术协会关于推动科研组织知识产权高质量发展的指导意见》

基本信息：国家知识产权局、中国科学院、中国工程院、中国科学技术协会国知发运字〔2021〕7号，2021年3月31日发布、施行

主要内容：该意见旨在充分发挥知识产权激励科技创新、保障成果权益、支撑治理体系的制度性作用。其中涉及专利制度的主要内容有深入开展科研项目专利导航，建立专利申请前评估制度，推动开展知识产权转化运用，在考核环节进一步突出专利质量和转化运用绩效等指标。

f.《2021年地方知识产权业务受理窗口工作要点》

基本信息：国家知识产权局国知办函运字〔2021〕301号，2021年4月6日发布、施行

主要内容：该工作要点旨在整合优化专利代办处和商标受理窗口，丰富服务职能，强化“一站式”服务，充分释放知识产权机构改革的综合管理效能，推动窗口业务工作高质量发展。在具体措施上要求继续推动专利商标业务融合，提升窗口工作人员业务能力，支持有条件的综合性窗口承担专利导航服务推广、知识产权转化运用、知识产权金

融服务等项目。

g.《国务院办公厅关于服务“六稳”“六保”进一步做好“放管服”改革有关工作的意见》

基本信息：国务院办公厅国办发〔2021〕10号，2021年4月7日发布、施行

主要内容：该意见在“进一步推动减轻市场主体负担”部分提出优化涉企审批服务，在要求加快专利申请电子化、提高审查效率的同时还要求严厉打击非正常专利申请行为。

h.《人民法院知识产权司法保护规划（2021—2025年）》

基本信息：最高人民法院法发〔2021〕14号，2021年4月22日发布、施行

主要内容：该规划要求人民法院全面贯彻实施专利法，充分发挥专利等技术类案件集中审理优势，强化司法裁判在科技创新成果保护中的规则引领和价值导向职能，切实增强服务创新驱动发展的能力和实效。加强对专利授权确权行政行为合法性的严格审查，推动行政标准与司法标准统一协调，提升专利授权确权质量。健全有利于专利纠纷实质性解决的审理机制，防止循环诉讼和程序空转，有效缩短审理期限。

i.《国家知识产权局关于深化知识产权领域“放管服”改革优化创新环境和营商环境的通知》

基本信息：国家知识产权局国知发服字〔2021〕10号，2021年5月10日发布、施行

主要内容：该通知提及持续压缩专利审查周期、切实提高专利申请质量、提高知识产权公共服务效能、进一步提升知识产权保护能力、加强知识产权服务业监管、促进知识产权转化运用六个方面。其中与专利相关的重点内容包括：2021年6月底前全面取消各地对专利申请阶段的资助和奖励，到2022年年底每万人口高价值发明专利拥有量达到8.3件，严厉打击非正常专利申请行为；建立药品专利纠纷早期解决行政裁决工作机制，组织开展在全国有重大影响的专利侵权纠纷行政裁决；加大对违法违规代理行为的打击力度，持续开展“蓝天”专项行动，建立代理行业监管长效机制；落实专利开放许可制度，建立专利开放许可信息公开机制。

j.《国家知识产权局办公室关于加强专利导航工作的通知》

基本信息：国家知识产权局办公室国知办发运字〔2021〕30号，2021年7月6

日发布、施行

主要内容：为促进专利导航产业创新发展，该通知从提高专利导航组织效率、筑牢专利导航工作基础、提升专利导航服务效能三个方面对各地知识产权局提出了多项措施要求，并在组织保障上提出国家知识产权局与各部委、各地区加强在专利导航工作上的沟通协调，将专利导航工作任务及成效作为省、市、园区等知识产权强国建设试点示范工作的重要考核评价指标。

k.《国务院办公厅关于完善科技成果评价机制的指导意见》

基本信息：国务院办公厅国办发〔2021〕26号，2021年7月16日发布、施行

主要内容：建立健全重大项目知识产权管理流程，建立专利申请前评估制度，加大高质量专利转化应用绩效的评价权重，把企业专利战略布局纳入评价范围，杜绝简单以申请量、授权量为评价指标。

l.《国家知识产权局关于促进和规范知识产权运营工作的通知》

基本信息：国家知识产权局国知发运字〔2021〕22号，2021年7月27日发布、施行

主要内容：该通知指出促进知识产权运营的主要内容包括：建立专利与技术标准融合工作推进机制，合理引导相关专利纳入技术标准，抢占产业竞争的制高点；加快建立健全专利开放许可制度运行机制，提高专利开放许可制度运行效能，引导探索专利快速许可等新型专利许可方式，提高专利许可效率，降低专利许可交易风险和成本；加强知识产权交易信息监测和信用监管，依规遏制明显不以保护创新为目的的专利申请权和专利权转让行为。

m.《最高人民法院关于加强新时代知识产权审判工作 为知识产权强国建设提供有力司法服务和保障的意见》

基本信息：最高人民法院法发〔2021〕29号，2021年9月24日发布、施行

主要内容：该意见在强调司法机关加强科技创新成果保护，发挥知识产权审判职能外，还重点提出了要加强中医药知识产权保护，推动完善中医药领域发明专利审查规则，促进提升中医药领域专利质量。同时，该意见还关注了“专利陷阱”“专利海盗”等阻碍创新的不法行为，提出依法支持知识产权侵权诉讼中被告以原告滥用权利为由请求赔偿合理开支，推进知识产权诉讼诚信体系建设，以规制知识产权虚

假诉讼、恶意诉讼等行为。

n.《“十四五”国家知识产权保护和运用规划》

基本信息：国务院国发〔2021〕20号，2021年10月9日发布、施行

主要内容：该规划将专利密集型产业增加值和版权产业增加值占GDP比重稳步提升设立为主要目标之一，将每万人口高价值发明专利拥有量（增加5.7件）和海外发明专利授权量（增加5万件）列入“十四五”时期知识产权发展主要指标。

此外，该规划在加强知识产权保护方面，提出：健全药品专利纠纷早期解决机制，制定相关配套措施；完善中医药领域发明专利审查和保护机制；加强行政执法，重点查处假冒专利，完善专利侵权判断标准；提高知识产权审查质量和审查效率，加强知识产权源头保护。

在提高知识产权转移转化成效方面，提出：建立完善专利开放许可制度和运行机制，拓宽专利技术供给渠道，推进专利技术供需对接，促进专利技术转化实施；促进产业知识产权协同运用，构筑产业专利池，促进技术、专利与标准协同发展，研究制定标准必要专利许可指南；培育专利密集型产业，探索开展专利密集型产品认定工作。

在构建便民利民知识产权服务体系方面，提出：促进知识产权服务业健康发展，深入实施专利代理机构执业许可审批告知承诺改革；全国执业专利代理师达到4万人；完善知识产权服务业统计制度；支持知识产权服务行业协会组织开展公益代理和维权援助。

在加强知识产权国际合作方面，提出便利知识产权海外获权，强化知识产权审查业务合作，拓展“专利审查高速路”国际合作网络，重点推动相关国家共享专利审查结果。

o.《国务院关于开展营商环境创新试点工作的意见》

基本信息：国务院国发〔2021〕24号，2021年10月31日发布、施行

主要内容：该意见在“依法保护各类市场主体产权和合法权益”任务中提出完善产权保护制度，强化知识产权保护，开展专利巡回评审和远程评审，完善对非正常专利申请的快速处置联动机制，加强海外知识产权维权协作；并将“畅通知识产权领域信息交换渠道”和“强化对

专利代理机构的监管”列为首批营商环境创新试点改革事项。

p.《国务院办公厅关于新形势下进一步加强督查激励的通知》

基本信息：国务院办公厅国办发〔2021〕49 号，2021 年 12 月 13 日发布、施行

主要内容：对知识产权创造、运用、保护、管理和服务工作成效突出的省（自治区、直辖市），优先支持建设知识产权保护中心、知识产权快速维权中心、知识产权专题数据库，在专利转化专项计划实施中予以倾斜支持。

q.《“十四五”市场监管现代化规划》

基本信息：国务院国发〔2021〕30 号，2021 年 12 月 14 日发布、施行

主要内容：该规划在重点任务之一“持续优化营商环境，充分激发市场主体活力”中要求：完善药品专利保护、跨境电商领域知识产权保护规则，发布企业知识产权保护指南；加强知识产权信息化、智能化基础设施建设，建设知识产权保护大数据中心和公共服务平台；优化专利申请和审查程序；完善企业创新服务体系；优化专利资助奖励政策和考核评价机制，全面取消对专利申请阶段的资助和奖励，更好保护和激励高价值专利；该规划在另一项重点任务“加强市场秩序综合治理，营造公平竞争市场环境”中提出加强竞争监管与知识产权保护衔接协调，强化对滥用标准必要专利的反垄断规制。

r.《知识产权强国建设纲要和“十四五”规划实施年度推进计划》

基本信息：国务院知识产权战略实施工作部际联席会议办公室国知战联办〔2021〕16 号，2021 年 12 月 27 日发布、施行

主要内容：该计划明确 2021—2022 年度重点任务包括：推进修订《专利法实施细则》《关于规范专利申请行为的若干规定》，推进修改《国防专利条例》；依法办理重大专利侵权纠纷行政裁决和药品专利纠纷早期解决机制行政裁决请求；推动地方全面取消对专利申请阶段的资助；严厉打击不以保护创新为目的的非正常专利申请；印发《关于加强专利导航工作的通知》；健全知识产权评估体系，修订完善知识产权资产评估准则，落实专利开放许可制度，实施专利转化专项计划。

s.《专利和商标审查“十四五”规划》

基本信息：国家知识产权局国知发法字〔2021〕41 号，2021 年 12 月 31 日发

布、施行

主要内容：该规划提出到 2025 年，专利审查工作要更加快速有效地回应新领域新业态的发展需求，有效发挥对申请数量理性增长的引导作用，更加突出对创新的促进作用。在具体指标上，专利发明审查周期压缩至 15 个月，发明专利审查结案准确率提升到 95%。为此，该规划提出了持续完善审查制度、稳步提升审查质量、继续提高审查效率、协同推进申请质量提升、提升审查组织机构运行效能、深化专利申请便利化改革、全面深入开展审查审理业务国际合作等七方面具体措施。

# 2.2　案　例

## 2.2.1　专利授权与确权

### 2.2.1.1　新颖性

专利审查档案文件收录日不能当然作为现有技术的公开日

案件名称：正大天晴药业集团股份有限公司（以下简称“正大天晴公司”）与国家知识产权局、第三人吉利德科学公司（以下简称“吉利德公司”）发明专利权无效行政纠纷

基本信息：北京知识产权法院（2020）京 73 行初 3498 号，2021 年 4 月 23 日

主要案情：第三人吉利德公司系专利号为 01813161.1、名称为“核苷酸磷酸酯类似物前药及其筛选和制备方法”的发明专利的专利权人。正大天晴公司对该专利提出无效请求，理由是该专利所要求保护的技术方案不具有新颖性、创造性。正大天晴公司提出的关键对比文件是吉利德公司在其一项欧洲专利申请程序中提交的意见陈述书及权利要求书修改。国家知识产权局认为该审查档案文件的收录日不能被视为该文件的公开日，因此不能认定该文件属于现有技术。正大天晴公司不服国家知识产权局作出的维持涉案专利权有效的决定，向北京知识产权法院提起行政诉讼。受诉法院一审驳回原告诉讼请求。

主要争点：专利审查档案文件收录日能否作为现有技术的公开日。

裁判理由：虽然《欧洲专利公约》第 128 条第 4 项规定，“在欧洲专利申请公布后，有关该申请或其以后的欧洲专利，除实施细则另有限制条件规定的，应适用该规定外，经请求可供查阅”，但仅依该规定不能当然认定该文件在收录日即处于可被公众查询的状态。

根据原告提交的其向欧洲专利局询问该文件公开时间的相关往来邮件，欧洲专利局并不能确定其具体公开时间，而是采用了“至少不早于 2003 年”“极有可能在 2001 年之前向公众公开”等表述。鉴于确定现有技术的关键在于该技术方案的公开日，在现有证据均不能证明该专利文件的公开日的情况下，原告有关其构成本专利的现有技术的主张不能成立。

评　　论：本案中的主要争议焦点涉及现有技术公开日的举证证明问题。尽管依据《欧洲专利公约》的相关规定可知，在欧洲专利申请公布后，公众可以请求查阅该申请文件，但仅依据该规定不能确定申请公布后相关专利审查档案文件的收录时间就是该专利审查档案文件的公布时间。事实上，欧洲专利局的回复也表明，从理论上讲，公众可以从提交之日起立即查看提交的公开文档和通信，但是出于工作量、交付后情况和其他因素，相关文件从收录到向公众公开必定经历一些延迟，并且该延迟为至少 1 个月至可能几个月。

正如法院所提及的，专利审查档案文件的公开日是确定是否构成现有技术的关键信息，应当以实际公开的确切日期为依据，不能忽视制度规定和实际情况之间必然存在的差距。

#### 2.2.1.2　实用性

自然规律的判断

案件名称：上诉人广东南天司法鉴定所（以下简称“南天司法鉴定所”）与被上诉人阳西县儒洞塑料薄膜机械制袋厂（以下简称“儒洞机械制袋厂”）、原审被告国家知识产权局发明专利权无效行政纠纷

基本信息：最高人民法院（2020）最高法知行终 330 号，2021 年 8 月 31 日

主要案情：2009 年 4 月 24 日，南天司法鉴定所申请了名为“一种利用计算机检验文件制成时间的方法及计算机系统”的发明专利。2016 年 12 月 5 日，儒洞机械制袋厂以本专利权利要求 1～10 不具备实用性及

其他理由向原专利复审委员会①提出无效宣告请求，并提交了若干份证据，欲证明按照本专利技术方案作出的鉴定结论不准确。原专利复审委员会于2017年12月24日作出维持本专利有效的决定。

儒洞机械制袋厂不服该决定，向北京知识产权法院提起诉讼。一审法院认为，本专利提出了一种借助颜色指标数据随时间变化的规律并利用计算机技术手段来检验文件制成时间的技术方案，但是颜色随时间变化的内在机理尚未被完整揭示并经科学实验验证，影响文件颜色变化的因素是多方面、相互交叉且错综复杂的。据此设计的检验文件制成时间的技术方案也违反了自然规律，不具有实用性。南天司法鉴定所不服该判决，向最高人民法院提起上诉。二审法院认为，涉案专利具有实用性，撤销原审判决，维持原专利复审委员会决定。

主要争点：涉案专利是否具有实用性。

裁判理由：即使颜色变化会受墨水类型以及保存环境等因素的影响，但是当以颜色作为字迹颜色指标数据时，字迹颜色指标数据随时间变化的规律是客观存在的，因此，根据墨水书写的字迹通常随保存时间变长而逐渐褪色的现象形成的本专利技术方案并不违背自然规律。

本专利的检测结果是否准确与其是否具有可再现性具有本质区别，即使有证据表明南天司法鉴定所作的部分检测结果不准确，但由于无法确定样本文件和待检文件的保存条件完全相同，因此这些不准确的检测结果并不足以否认本专利的技术方案具有可再现性。

评　　论：本案的争议焦点为技术方案是否利用了自然规律进而是否具备实用性。由于现代技术的不断发展和发明创造种类的多元化，是否利用自然规律不再是一个可以简单感知的物理学问题，司法判决需要在科学的基础上明晰“自然规律”的专利法内涵。

本案一审法院否定涉案专利实用性的原因在于认为未有科学实验证明字迹的颜色变化与时间之间的因果性，现代科学的核心就在于实证，未经实证方法验证的现象不能被称为客观规律。但是此种严格的标准并不利于实现专利法的政策目标，现代发明创造许多都

① 根据中央机构改革部署，国家知识产权局原专利复审委员会2019年并入国家知识产权局专利局，专利审查工作以国家知识产权局的名义开展。

是面向未来的，受制于当下的技术手段甚至无法在申请之际制造出专利产品，申请人也无法通过实验充分揭示其利用的自然规律。

最高人民法院的二审判决则对自然规律作出了符合专利法目的的解释，提出颜色与时间的相关性客观存在就构成了自然规律，免去了申请人通过实验证明两者具有何种关联的负担。在《专利审查指南》未正面列举实用性的内涵的情况下，本案体现出了最高人民法院在审理技术方案是否违背自然规律这一要素上的新思路，对于鼓励发明人基于新发现的自然现象迅速开扩新技术有积极意义。

#### 2.2.1.3 创造性

a. 现有药物的手性异构体用途发明的创造性判断

案件名称：上诉人南京圣和药业股份有限公司（以下简称“圣和公司”）、国家知识产权局与被上诉人长沙市华美医药科技有限公司（以下简称“华美公司”）发明专利权无效行政纠纷

基本信息：最高人民法院（2020）最高法知行终475号，2021年12月19日

主要案情：圣和公司系专利号为200510068478.9、名称为“左旋奥硝唑在制备抗厌氧菌感染药物的应用”的发明专利的专利权人。华美公司请求国家知识产权局宣告本专利权利要求全部无效，举证证明有研究者拆分奥硝唑获得手性对映体并对其生物活性进行测量，且美国FDA指导文件和我国国家食品药品监督管理总局均要求对含有手性因素的药物倾向于开发单一的对映体产品，对于外消旋的药物要提供立体异构体的详细生物活性和毒性学研究的数据。华美公司据此认为现有技术给出了发现左旋奥硝唑具有毒性低的有益技术效果及将左旋奥硝唑单独成药的技术启示，因此涉案专利不具有创造性。

国家知识产权局决定维持本专利权有效。华美公司不服该决定，向北京知识产权法院提起诉讼。一审法院判决华美公司胜诉，撤销国家知识产权局无效宣告请求审查决定。国家知识产权局不服一审判决，向最高人民法院提起上诉。二审法院撤销一审判决，驳回华美公司的诉讼请求。

主要争点：涉案现有技术是否整体上给出了技术启示。

裁判理由：对于药物用途专利而言，在判断创造性时，应当全面、综合考虑现有技术是否给出了具体、明确的指引。现有化合物数量巨大，活性

/毒性差异大，最终能成为药物的少之又少。本领域技术人员在缺乏具体、明确指引的情况下，通常没有动机对该化合物及化合物对映体进行相关研究。如果现有技术只是给出了本领域一般的研究方向或者存在相反的技术教导，并没有关于研究手性对映体的毒性明确、具体的技术启示，就据此认定现有技术给出相应技术启示，容易产生后见之明的危险，低估发明的创造性。

首先，根据本专利的记载，左旋、右旋奥硝唑以及消旋奥硝唑的活性相当，据此可以佐证，即使本领域技术人员在现有技术的指引下着手对奥硝唑手性对映体的生物活性进行测定，也没有动机会对手性对映体的毒性作进一步研究和分析。鉴于拆分手性对映体会增加成药成本，本领域技术人员对于左旋奥硝唑的毒性低的技术效果没有“合理的成功预期”，不会将拆分获得的左旋奥硝唑或右旋奥硝唑单独成药。

其次，华美公司提出的其他证据表明，奥硝唑临床疗效确切、适用人群广、依从性好、毒副作用低、有较好的应用前景，本领域技术人员在阅读证据公开的信息时，没有动机去改进现有技术、进一步降低奥硝唑的毒性。该证据没有给出降低奥硝唑毒性的技术启示，当然更不会给出发现左旋奥硝唑具有毒性低的有益技术效果及将左旋奥硝唑单独成药的技术启示。

最后，美国 FDA 指导文件和我国国家食品药品监督管理总局的要求主要是一般性的要求和指引，在涉及左旋奥硝唑这一单一对映体的药用用途发明的创造性判断时，应当结合上述文件及要求的时间、具体内容以及消旋奥硝唑的特点、本领域技术人员的认知等因素，全面、综合考虑现有技术是否给出了具体、明确的指引。仔细研究上述指导文件可以得出，奥硝唑并不属于美国 FDA 指导文件和我国药品审评中心要求的必须研究活性和毒性的手性对映体。且基于硝基咪唑类药物已知的构效关系，本领域技术人员为了降低奥硝唑的毒性，通常的研发思路是对其咪唑环结构进行改造，尤其是侧链上的改造，选择光学异构体进行拆分使用并不是此类药物通常的做法。

评　　论：本案涉及已知临床药物奥硝唑的手性异构体单独成药的用途发明专利，争议焦点是现有技术能否给出发现左旋奥硝唑并将其单独成药的技术启示。

二审法院阐述了药品用途发明领域确定技术启示的一般规则：由于现有化合物种类繁多、性质差异巨大且成药概率极低，该等技术启示必须明确、具体地指向涉诉专利中的改进方向和用途，方向性的指导及相反的技术指导都将阻碍技术启示的产生。具体而言，现有技术仅启发研究人员对奥硝唑手性对映体的生物活性进行测定，而没有启发其对毒性进行测试，就不能认为产生了技术启示。进一步讲，左旋、右旋奥硝唑以及消旋奥硝唑的活性相当将产生反向的技术指导，阻碍技术人员单独将奥硝唑手性对映体成药。涉诉专利采取了背离降低奥硝唑毒性的常规手段的研发思路，更是佐证了该专利的创造性。

技术启示的认定是创造性判断的重难点，更是专利无效案件中经常出现的争议问题。药品专利领域技术性极强，给法院的认定造成了巨大困难。本案中，法院先从化学药品领域的研究生态和惯例出发，得出了哪些技术突破对本领域技术人员而言是顺其自然的，哪些因素将阻碍研究人员进一步研究，进而能够确定本案是否存在技术启示。法院的判决不仅为化学药品领域技术启示的确定提供了参考，更提供了其他领域确定技术启示的经验：法院应当先了解该领域的特点、惯用研发思路、研究方向细分程度及各个方向之间是否存在壁垒，基于此才能确定涉诉技术方案与现有技术之间的区隔有多大、突破这层区隔是否需要创造性劳动。

b. 对发明的改进在创造性审查中的作用

**案件名称：**杭州火小二科技有限公司（以下简称“火小二公司”）与国家知识产权局、王某阳发明专利权无效行政纠纷

**基本信息：**最高人民法院（2021）最高法知行终3号，2021年3月30日

**主要案情：**王某阳向国家知识产权局提出专利无效宣告请求，请求宣告火小二公司持有的专利号为201310747922.4、名称为“一种基于云计算和移动互联网技术的收银系统”的发明专利无效，认为涉案专利权利要求1～7缺乏创造性，不具有被授予专利权的实质性条件，不应被授予专利权。国家知识产权局依照法定程序作出该专利无效的行政决定。火小二公司不服国家知识产权局的决定，认为该专利是基于其享有的在先专利的改进发明，具备授权条件。一审法院维持国家知识产权局的行政决定，火小二公司提起上诉。二审法院驳回上

诉，维持原判。

主要争点：关于改进发明创造性审查的标准。

裁判理由：二审法院认为：在本案中结合说明书对权利要求书的解释可以得出，本专利的云端设备、云服务器和数据库实际所起的作用与本领域常见的远程服务器的作用是一样的，均为系统提供服务端的运算、储存等常规功能。本专利请求保护的收银系统并非对云计算技术的改进，仅仅是基于云计算的，这并不能为专利请求保护的收银系统带来创造性。

本专利与对比文件证据 7 的发明人均为赵某军，本专利申请在后。作为替换证据 7 的专利并不能推定该专利具有创造性。二审法院认为：无论在先专利及作为该专利的改进专利的发明人是否系同一人，均不会对本专利是否具备创造性的判断主体的认知水平和能力产生影响；在创造性标准没有变化的情况下，亦不会对结论产生影响，故上诉人的主张不能成立，二审法院不予支持。

评　　论：在判断专利是否具有创造性时，审查员将专利申请技术与现有技术进行对比，判断相对于现有技术而言是否具有突出的实质性特点和显著的进步。具体而言，审查员将选定最接近的现有技术，找出申请专利技术方案与现有技术的区别技术特征，并对该技术特征相对于所属领域普通技术人员而言是否是显而易见的作出判断，依此来判断申请的技术方案是否符合创造性的要求。至于对最接近现有技术的选择，既具有主观性，也具有一定程度的客观性。一方面，审查员可以在一定程度上自由决定最接近的现有技术；另一方面，选择的现有技术必须与申请文件中的技术构成一定程度的近似。

即使是同一发明人改进在先发明，也不能单纯据此推断改进后的发明专利具有创造性。对于改进发明创造性的审查，仍需建立在现有技术的框架之下。现行法是以发明申请日之前为公众所知的技术方案来确定现有技术的，抵触申请并不能作为评价创造性的对比文献，遑论其是改进发明具备创造性的充分条件。本案中，原告主张其申请的专利属于对其原有专利的改进发明，而要求国家知识产权局授予其专利权的请求缺乏法律依据。

c. 区别技术特征的确定

案件名称：国家知识产权局、卡西欧计算机株式会社（以下简称“卡西欧株式会

社”）与深圳光峰科技股份有限公司（以下简称“光峰公司”）发明专利权无效行政纠纷

基本信息：最高人民法院（2020）最高法知行终155号，2021年7月28日

主要案情：卡西欧株式会社是涉案专利号为201010293730.7、名称为“光源装置、投影装置及投影方法”的发明专利的权利人。光峰公司就该专利向国家知识产权局提出无效申请，理由是该专利缺乏创造性。国家知识产权局作出维持专利有效的决定。光峰公司不服该决定，向北京知识产权法院提起行政诉讼。一审法院撤销了国家知识产权局的决定。国家知识产权局提起上诉。二审法院撤销原审判决，驳回光峰公司的诉讼请求。

主要争点：区别技术特征的确定。

裁判理由：本专利与最接近现有技术之间的区别技术特征的认定，应当建立在充分理解发明和现有技术的技术方案基础上完成。在此过程中，应该综合考虑权利要求中记载的各部分内容与其在技术方案中所起的作用、解决的技术问题、产生的技术效果之间的关系，注意技术特征之间的协调配合关系，及其与整体技术方案之间的关联性，通过准确把握发明构思，准确界定技术方案各部分内容与发明为解决技术问题采用的发明构思以及产生的技术效果之间的关系，不应机械地将构成整个技术手段的不同技术特征割裂评述。

如果技术方案中的特定技术手段之间存在紧密联系，通过协同作用共同解决同一技术问题、产生关联技术效果，则在发明与最接近现有技术进行比对时，应当将其作为一个或一组技术特征来整体考虑，才能保证这种通过技术方案中相关部分之间的相互配合作出的技术贡献不会被忽视。

本专利说明书记载了“当激发光照射荧光体的每单位面积的输出超过某一值时，荧光体会处于饱和状态。由此，存在荧光体的发光效率急剧恶化的情况。进而，当为使荧光体不饱和而照射低输出的激发光时，绝对光量会不足，相反地为了充分得到绝对光量而照射高输出的激发光时，荧光体的发光效率会下降”的技术问题。本专利为解决该技术问题，在发明构思上考虑将光源和荧光体组合来共同提高各种颜色光的发光效率，在考虑避免荧光体饱和的同时，也保证绝对光量充足，使得图像尽可能明亮且颜色再现性高。在技术手段上采取“光源控制部件，其控制上述光源和上述光源光发生部件的驱动定时，

将发光效率较高的至少1种颜色的光源光的发光期间设定得比其他颜色的光源光的发光期间短”的同时，“将已把该发光期间设定得较短的颜色的光源光发生时的上述光源的驱动电力设定得比其他颜色的光源光发生时的上述光源的驱动电力大”，二者在技术方案中通过协调配合发挥作用，共同解决上述荧光体饱和及绝对光量不足的技术问题，产生图像尽可能明亮且颜色再现性高的关联技术效果，应当作为一个或一组技术特征整体予以考虑。

评　　论：《专利审查指南》规定了判断创造性的三步检验法：确定最接近的现有技术，确定发明的区别技术特征和发明实际解决的技术问题，判断要求保护的发明对本领域的技术人员来说是否显而易见。其中，确定发明的区别技术特征和发明实际解决的技术问题，首先应当分析要求保护的发明与最接近现有技术相比有哪些区别技术特征，其次根据该区别技术特征在要求保护的发明中所能达到的技术效果确定发明实际解决的技术问题。对于功能上彼此相互支持、存在相互作用关系的技术特征，应整体上考虑所述技术特征和它们之间的关系在要求保护的发明中所达到的技术效果。

一审法院将协同达到同一技术效果、解决同一技术问题的两个技术特征分开判断，在认定与对比文件的区别技术特征时仅将其中一个技术特征认定为区别技术特征，从而导致创造性认定错误。二审法院在《专利审查指南》有关规定的基础上进一步指出“特定技术手段之间存在紧密联系，通过协同作用共同解决同一技术问题、产生关联技术效果”的，应当作为一个整体来考虑，纠正了一审法院的错误，维持了国家知识产权局的有效决定。

#### 2.2.1.4　充分公开

##### 说明书公开充分仅要求能够实现基本技术效果

**案件名称：** 厦门江亮化工颜料有限公司（以下简称“江亮公司”）与国家知识产权局、第三人苏州净天环保技术发展有限公司（以下简称“净天公司”）发明专利权无效行政纠纷

**基本信息：** 北京知识产权法院（2019）京73行初14149号，2021年3月

**主要案情：** 第三人净天公司系专利号为201510835767.0、名称为“一种检漏荧光粉及其制备方法”的发明专利的专利权人。原告江亮公司对该专

利提出无效请求，理由是说明书不满足充分公开的要求，本领域技术人员无法实施该专利。国家知识产权局作出维持涉案专利权有效的决定。江亮公司不服，向北京知识产权法院提起行政诉讼。一审法院判决驳回江亮公司的诉讼请求。

主要争点：没有直接公开最佳技术效果所需要技术方案的说明书是否满足“充分公开”的要求。

裁判理由：判断说明书是否符合充分公开的规定，既需考虑说明书记载的内容，亦需考虑本领域技术人员的知识和能力。如果本领域技术人员基于说明书的记载并结合其所具有的知识和能力，可以实施该技术方案、解决技术问题并实现技术效果，则可认定该说明书符合《专利法》第26条第3款关于说明书充分公开的规定。这也就意味着，说明书无须对发明或实用新型进行面面俱到的记载。

此外，充分公开仅要求技术方案可以解决基本的技术问题，实现基本的技术效果即可，无须实现说明书记载的全部技术效果，尤其是最佳技术效果。

原告江亮公司主张使用说明书记载的工艺既可能得到荧光颜料被碳酸钙完全包裹的结果，亦存在部分包裹的情形，而只有在完全包裹的情况下，才可能解决本专利所记载的技术问题。对此，北京知识产权法院认为：因说明书公开充分仅需技术方案可以解决基本技术问题，达到基本技术效果即可，而本专利的技术方案达到避免荧光颜料由固态变为液态从而黏附在过滤单元的表面造成过滤元器件损坏这一基本技术效果，并不必然要求达到荧光颜料被碳酸钙完全包裹的状态，在完全包裹的情形下所具有的技术效果仅是本专利的最佳技术效果而已。基于此，特定粒径下的荧光颜料不能达到被碳酸钙完全包裹的状态并不会使得本专利不符合充分公开的要求。

评　　论：从现行法律及《专利审查指南》的相关规定可以得出，说明书的充分公开要求所属技术领域的技术人员按照说明书记载的内容，就能够实现该发明或者实用新型的技术方案，解决其技术问题，并且产生预期的技术效果。如果说明书中给出了技术手段，但所属技术领域的技术人员采用该手段并不能解决发明或者实用新型所要解决的技术问题，则该说明书不满足充分公开的要求。

如何认定“解决了技术问题”“产生了预期技术效果”仍需要进一步阐述。一个技术方案选取参数范围中的不同数值就会导致结果发生变化，虽然都将对该专利提出的技术问题的解决提供增益，但是效果上却有明显高低之分。美国法上便以“最佳实施例”的概念代指使用该专利的技术方案所能达到的最佳技术效果。那么，对解决技术问题产生多大增益、预期技术效果的完成度多高才算充分公开了技术方案？这就是本案着重解决的法律问题。

本案中的技术问题是荧光颜料由固态变为液态从而黏附在过滤单元的表面造成过滤元器件损坏，技术效果就是既消除了荧光树脂在高温环境下的软化及对设备的黏附问题，又确保荧光树脂能被荧光灯激发而释放出特定波长光线被捕捉。即便涉诉专利的技术方案不能保证所有的荧光树脂都被碳酸钙完全包裹而彻底解决黏附问题，但只要研究人员实施本专利的技术方案，能够通过用碳酸钙包裹荧光树脂解决黏附问题，就已经达到了充分公开的要求。毕竟涉诉专利要求保护的技术方案中并没有“完全包裹”这一技术特征，法院不应当要求说明书公开的范围超出专利要求保护的范围，不应当将公开最佳实施例作为强制要求。

#### 2.2.1.5 权利要求的解释

结合发明目的对权利要求进行合理解释

**案件名称：** 西门子（深圳）磁共振有限公司（以下简称“西门子公司”）与国家知识产权局、上海联影医疗科技有限公司（以下简称“联影公司”）专利权无效行政纠纷

**基本信息：** 最高人民法院（2019）最高法知行终 61 号，2021 年 5 月 21 日

**主要案情：** 2013 年 3 月 6 日，联影公司申请了名称为“平面回波成像序列图像的重建方法”的发明专利，权利要求 1 包含如下技术特征：获取平面回波成像数据 Si，并同时采集三条没有经过相位编码的参考回波信号 R1、R2、R3，所述三条参考回波信号分别为偶信号、奇信号以及偶信号；通过所述参考回波信号计算出需要对所述平面回波成像数据进行校正的参数。

针对该专利，西门子公司于 2016 年 11 月 30 日以权利要求 1 不具有新颖性和存在其他缺陷为由，向专利复审委员会提出了无效宣

告请求。专利复审委员会认为该专利权利要求1中的“计算”应解释为不损失相位以及其他信息的直接计算方式，对比文件1虽然公开了采集三条回波信号进行计算，但计算方式是将其中两条信号S1＋S3平均后损失某些信息的间接计算，没有公开权利要求1中的直接计算方式，故认定权利要求1具备新颖性，于2017年10月9日作出维持该专利有效的决定。

西门子公司不服该决定，向北京知识产权法院提起诉讼。一审判决认为，该专利说明书中既未针对权利要求1中的“计算”进行专门界定，也没有与“直接进行计算”相关的任何表述，在此情况下，应当对“计算”作出最广义的解释，故该技术特征被对比文件1实质公开，遂据此撤销专利复审委员会的决定。三方均向最高人民法院提起上诉。二审法院撤销原审判决，维持专利复审委员会的决定。

主要争点：如何解释该专利权利要求1中“计算”这一术语。

裁判理由：人民法院应当以所属技术领域的技术人员在阅读权利要求书、说明书及附图后所理解的通常含义界定权利要求的用语。权利要求的用语在说明书及附图中有明确定义或者说明的，按照其界定。即便在适用所谓的最大合理原则解释权利要求时，亦应当在权利要求用语最大含义范围内，以“合理”解释为出发点和落脚点。

本案中，涉案专利说明书的背景技术部分明确指出，现有技术通过第一个和第二个回波信号计算出相位差，把这些相位差作为校正量来校正采集到的图像数据，并不能有效消除N/2伪影。本发明的目的就是为了克服上述缺陷，意在提供一种更为精准的平面回波成像序列的图像重建方法。结合该目的，应认定权利要求1的保护范围明显排除了对比文件1记载的技术方案。

评　　论：对权利要求进行解释是确立专利保护范围的前提，最高人民法院在司法实践中曾采纳“最宽合理解释规则”：基于权利要求的文字记载，结合对说明书的理解，对权利要求作出最广义的合理解释。①但也有学者主张摈弃此规则，因为在我国法律制度实践中，并没有

① 李晓乐与国家知识产权局专利复审委员会发明专利无效纠纷案，最高人民法院（2014）行提字第17号行政判决书。

比较法上采用该规则的制度背景：一是缺乏完善的专利授权后的修改程序，专利授权后的修改受到修改方式、修改时间、修改内容的严格限制；二是尚未建立专利侵权中的无效抗辩制度。

本案中，最高人民法院也意识到了适用“最宽合理解释规则”的结果将与说明书记载的内容相冲突，将发明希望克服的技术方案也纳入权利要求的范围中显然违背了发明人的意愿，遂将其曾在侵权案件中适用的结合发明目的原则[①]适用于专利无效的判断中，根据现有技术详细论证了发明目的对特定技术特征的限定作用，修正了“最宽合理解释规则”存在的不足，丰富了“合理解释”的内涵。

#### 2.2.1.6　外观设计

设计空间对外观设计明显区别判断的影响

**案件名称：** 葛兰素集团有限公司（以下简称“葛兰素公司”）与国家知识产权局、第三人正大天晴药业集团股份有限公司（以下简称“正大天晴公司”）外观设计专利权无效行政纠纷

**基本信息：** 北京知识产权法院（2020）京73行初8632号，2021年4月25日

**主要案情：** 第三人正大天晴公司系专刊号为201730593098.0、名称为“干粉吸入器”的外观设计专利的专利权人。葛兰素公司对该专利提出无效请求，理由是该外观设计与现有设计或者现有设计特征的组合相比不具有明显区别。葛兰素公司不服国家知识产权局作出的维持涉案专利权有效的决定，提起行政诉讼。北京知识产权法院判决驳回葛兰素公司的诉讼请求。

本案中的比对方式包括：涉案专利设计1、2分别与对比设计进行单独比对；涉案专利设计1、2分别与上述对比设计的设计特征组合进行比对。

**主要争点：** 设计空间对外观设计明显区别判断的影响。

**裁判理由：** 认定外观设计专利产品的一般消费者所具有的知识水平和认知能力，应当考虑申请日外观设计专利产品的设计空间。设计空间较大

① 青岛美嘉隆包装机械有限公司与青岛市知识产权局、王承君专利侵权行政处理决定纠纷案，最高人民法院（2018）最高法行申1545号行政裁定书。

的，可以认定一般消费者通常不容易注意到不同设计之间的较小区别；设计空间较小的，可以认定一般消费者通常更容易注意到不同设计之间的较小区别。

本案中，对于涉案专利涉及的干粉吸入器产品而言，敞口式外壳以及扁圆盘状储药盒的设计较为多见。同类型产品中外壳和储药盒等设计特征具有一定程度的区别，即可形成各自不同的视觉印象，对产品外观设计的整体视觉效果产生显著影响。

涉案专利设计 1、2 与对比设计的区别点或是在整体设计中所占比例较大，或是处于使用中容易观察到的部位，对整体视觉效果具有显著影响，因此，涉案专利的设计 1、2 与对比设计相比具有明显区别。

评　　论：外观设计的明显区别判断需要考虑的相关因素众多，且主观性较强，其论证是外观设计专利无效案件的重难点。本案中，法院着重阐述了“设计空间”这一因素在明显区别判断中的作用。依据《最高人民法院关于审理专利授权确权行政案件适用法律若干问题的规定（一）》第 14 条、第 20 条、第 21 条的规定，人民法院在认定外观设计专利产品的一般消费者所具有的知识水平和认知能力时，应当考虑申请日外观设计专利产品的设计空间；在认定涉案外观设计专利与现有设计特征的组合相比是否具有明显区别时也需要考虑外观设计专利产品的设计空间。认定设计空间可以综合考虑产品的功能、用途，现有设计的整体状况，惯常设计，法律、行政法规的强制性规定，国家、行业技术标准以及其他需要考虑的因素。

本案中，北京知识产权法院先是确定了涉诉外观设计产品的惯常设计，从而确定一般消费者的注意力水平，作为明显区别判断的基点；接着分析每个对比设计与涉诉外观设计的区别点；最后分析各个区别点对于整体视觉效果的影响大小，从而得出对比设计与涉诉外观设计具有明显区别的结论。北京知识产权法院的论证思路清晰、说服力较强，值得借鉴。此外，北京知识产权法院能够敏锐发觉惯常设计的存在，从而正确得出一般消费者的注意力水平，下调惯常设计在明显区别判断中所占的比重，才能最终得出正确结论。

### 2.2.2 专利权的主体/归属

a. 职务发明的认定

案件名称：上海翎腾智能科技有限公司（以下简称“翎腾公司”）与上海纸上绝知智能科技有限公司（以下简称“纸上绝知公司”）专利申请权权属纠纷

基本信息：上海知识产权法院（2020）沪73知民初406号，2021年3月30日

主要案情：纸上绝知公司职员张某申请名称为“基于人工智能的桌面交互方法”的发明专利，发明人仅为张某一人。张某曾就职于翎腾公司，且离职未超过1年，故翎腾公司向法院主张其享有该项专利的申请权。上海知识产权法院判决涉案专利申请权归翎腾公司所有。

主要争点：涉案专利是否为职务发明。

裁判理由：根据已有证据，张某于2019年3月29日从翎腾公司离职，而涉案专利申请日为2019年8月5日，张某系涉案专利申请所列的唯一发明人。显然，涉案专利申请技术是发明人张某在与翎腾公司劳动关系终止后1年内作出的。

关于张某在翎腾公司本职工作的认定。根据翎腾公司提供的证据，可以认定张某任职于翎腾公司技术部门，且在翎腾公司进行的手指识别技术研发中具有重要地位，手指识别人工智能技术研发属于张某在翎腾公司承担的本职工作。上海知识产权法院认为，涉案专利申请技术与张某在翎腾公司的本职工作具有较强的相关性。

张某系涉案专利申请所列的唯一发明人，纸上绝知公司在庭审中亦确认涉案专利申请技术系由张某个人研发完成，仅是一个概念设计，并无相关研发资料。综上所述，法院确认涉案专利申请技术系张某在与翎腾公司劳动、人事关系终止后1年内作出的，是与其在翎腾公司承担的本职工作有关的发明创造，应当认定为职务发明，专利申请权应归属于翎腾公司所有。

评 论：职务发明的归属问题关系到发明人与工作单位的利益分配。职务发明的构成要件包括以下几部分：首先，发明人与工作单位之间存在劳动关系，强调劳动关系的原因是将其与委托发明和合作研发进行区分；其次，发明创造是职务发明人完成本职工作，或者是履行本

单位交付的本职工作之外的任务所作出的发明创造，以及与单位劳动关系终止后1年内作出的与其在原单位承担的本职工作或者原单位分配的任务有关的发明创造；最后，主要利用本单位物质条件，这一构成要件主要强调物质条件对于发明过程的重要性，以及该物质条件本身的价值。在本案中，上海知识产权法院对前述构成要件逐一分析，逻辑清晰。

b. 发明申请权归属

**案件名称：**北京泷涛环境科技有限公司（以下简称“泷涛公司”）与北京环科环保技术有限公司（以下简称“环科公司”）、北京市环境保护科学研究院（以下简称“环科院”）以及清华大学专利权权属纠纷

**基本信息：**北京市高级人民法院（2020）京民终617号，2021年1月18日

**主要案情：**涉案专利系名称为“燃烧器”的专利号为ZL201630064158.5的外观设计专利，申请日为2016年3月8日，授权公告日为2016年8月31日，专利权人为泷涛公司。泷涛公司曾派遣其公司职工陈某、刘某峰等参与由环科院、清华大学、环科公司等承担的燃气低氮燃烧器研发制造研究项目，并由此主张其受环科院的委托并实际参与涉案课题项目，理应对涉案专利享有相应权利，并请求人民法院认可其主张。一审法院驳回其诉请，泷涛公司不服判决提起上诉。二审法院驳回上诉，维持原判。

**主要争点：**泷涛公司是否应当享有专利权。

**裁判理由：**泷涛公司的陈某、刘某峰等人虽然参与了课题项目的研发，但是该事实行为并不能推导出环科院委托泷涛公司研发的法律事实。在无证据证明环科院、环科公司与泷涛公司形成委托关系的情况下，即使泷涛公司参与涉案课题项目，也不当然享有相应设计成果（涉案专利）的相关权利。

此外，涉案课题项目并非泷涛公司的项目，课题项目的研发经费来自北京市科学技术委员会，项目技术报告的署名中虽有泷涛公司的陈某、刘某峰等人，但中试试验、技术评估、项目组织协调、技术研究与开发、分析及计算等整体推进和核心工作均不是由泷涛公司或其员工完成的。研发课题的立项和管理、人员和财务、技术内容相关性等方面，均由环科院、环科公司、清华大学主导，不论参与项目的人员是否具有其他身份，就涉案课题项目而言，陈某、

刘某峰参与的行为应归属项目单位。一审法院据此认定陈某、刘某峰为“临时工作人员”并无不妥，故维持原判，驳回上诉请求。

评　　论：发明在完成之际是以技术秘密的形式存在的，法律需要解决其原始归属问题，在相关主体要提出专利申请时，专利法需要对其进行规制。我国现行《专利法》依照申请发明专利的技术方案完成方式不同将其分类为共同发明、职务发明以及委托发明等。不同类别的发明具有不同的构成要件，其权利归属自然也不一致。

委托关系是本案裁判的关键点。已有证据无法证明委托合同的存在。此外，享有共同发明专利权的前提是参与发明的技术人员对发明的核心内容的创造均作出了实质性贡献，且双方有共同完成发明的合意。二审法院从主、客观角度分析后，得到的结论是泷涛公司并未接受涉案课题项目单位的委托进行涉案专利的发明创造，陈某、刘某峰的涉案行为属于涉案课题项目单位（环科院、环科公司、清华大学）的职务行为，因此无论是基于《专利法》第 8 条，还是基于《专利法》第 6 条第 1 款，均不能将涉案专利的权利归属于泷涛公司。

## 2.2.3　专利权的行使

### 2.2.3.1　专利权的转让

违反公司高管忠实勤勉义务的专利权转让行为无效

案件名称：李某与滕州市绿原机械制造有限责任公司（以下简称“绿原公司”）专利权权属纠纷

基本信息：最高人民法院（2021）最高法知民终 194 号，2021 年 6 月 17 日

主要案情：涉案专利“高分子复合波纹膨胀节”（专利号为 ZL200710015109.2）的专利权人为绿原公司。2018 年 8 月 10 日，绿原公司执行董事及经理变更为李某，李某持股由 49%变更为 72.7273%，同年 8 月 29 日，绿原公司与李某签订专利权无偿转让声明，并办理著录项目变更，将涉案专利的专利权人变更为李某。2019 年 6 月 19 日，绿原公司执行董事兼经理变更为李某尧。嗣后，绿原公司向山东省济南市中级人民法院起诉要求确认涉案专利归其所有。

一审法院认为，李某在担任绿原公司执行董事兼经理期间，将原属公司的发明专利权无偿转让至自己名下的行为，侵占了绿原公司的重要资产，客观上将导致绿原公司无法正常经营，同时也侵害了另一股东李某尧的合法利益。在李某尧事后明确表示不同意的情况下，该转让行为违反了《公司法》的强制性规定，应属无效。绿原公司要求确认涉案专利归其所有的诉讼请求系基于该民事法律行为无效后的返还处理。李某不服该判决向最高人民法院提起上诉。二审法院判决驳回上诉，维持原判。李某向最高人民法院申请再审，被裁定驳回。

主要争点：涉案专利权转让是否合法有效。

裁判理由：李某未提供充分证据证明其代表绿原公司转让涉案专利权时按照公司章程的规定履行了合法手续，也未提供充分证据证明该转让行为系为绿原公司的利益所为，因此，这一转让行为违反了李某对公司的忠诚义务，应属无效，涉案专利权转让声明及所办理的变更手续并不能产生转让专利权的法律效力，涉案专利权仍应归绿原公司所有。

评　　论：《公司法》第 148 条第 1 款第 4 项规定，董事、高级管理人员不得违反公司章程的规定或者未经股东会、股东大会同意，与本公司订立合同或者进行交易。该条仅对自我交易的行为作了禁止性规定，并没有明确该类行为的效力。该条在理论上也存在较大争议：有学者基于交易安全的角度认为该规定仅涉及公司内部管理因而行为有效，相对立的意见则认为此种行为因违反强制性规定而无效，另有观点从无权代理的角度论证其应属效力待定。[①]

值得注意的是，本案既涉及无偿专利转让合同，又涉及基于合同进行的专利权转让。两审判决均认定权利移转本身无效从而确认专利权归属。

### 2.2.3.2　专利权的谨慎行使

申请财产保全错误的损害赔偿责任

案件名称：浙江动一新能源动力科技股份有限公司（以下简称“动一公司”）

① 迟颖．有限责任公司董事自我交易制度建构与司法适用．法学家，2021（3）：126－128.

与宁波朗辉工具有限公司（以下简称“朗辉公司”）申请诉中财产保全损害责任纠纷

**基本信息：**最高人民法院（2020）最高法知民终 521 号，2021 年 3 月 8 日

**主要案情：**动一公司于 2013 年 7 月 24 日获得“用于园林工具的动力装置”的实用新型专利授权。自 2017 年起，朗辉公司多次请求宣告涉案专利无效，专利复审委员会分别于 2018 年 1 月 18 日、2018 年 6 月 29 日宣告涉案专利的权利要求 1、3 及权利要求 2 无效，在权利要求 4 的基础上维持该专利有效。

动一公司以朗辉公司侵害涉案专利为由向宁波市中级人民法院起诉，并在该案审理期间提出财产保全申请。宁波市中级人民法院先后冻结了朗辉公司存款 200 万元、扣押价值 100 万元的被诉侵权产品。宁波市中级人民法院一审判决侵权成立。朗辉公司提起上诉。浙江省高级人民法院二审判决撤销一审判决，驳回动一公司的诉讼请求。

朗辉公司以动一公司错误保全造成损失为由提起诉讼。宁波市中级人民法院一审判决动一公司赔偿损失 165 974.04 元。动一公司不服，提起上诉。最高人民法院二审判决：驳回上诉、维持原判。

**主要争点：**动一公司是否应对其财产保全行为承担赔偿责任。

**裁判理由：**首先，动一公司在冻结 200 万元银行存款后才向专利行政主管部门申请出具专利权评价报告，其申请时点有不妥之处。其次，动一公司在获取该评价报告后本应根据诚信原则及时进行信息披露并申请法院解除对银行存款的冻结，但动一公司直至本案二审程序终结后才申请解除，该长期不作为进一步违反了审慎原则，其行为具有明显可责性。

动一公司在涉案专利评价报告作出之日起 7 个多月之后、第二次涉案专利无效申请 4 天之后、关联侵权纠纷案件一审判决之前才申请增加财产保全金额，即扣押货值 100 万元的待出口涉案产品，因此时涉案专利评价报告对专利效力的稳定性已产生重大的实质性影响，大大增加了专利可能最终被无效的合理预期。第二次申请具有更为明显的不合理性，系对保全救济措施的过度使用，损害了被申请人的合法权益。

**评　　论：**在民事诉讼中，当事人可以申请财产保全。申请有错误的，申请人应当赔偿被申请人因保全所遭受的损失。在专利侵权案件中，若专

利权人申请了财产保全，但其诉讼请求最终未得到法院支持，则一般认为其财产保全申请错误，应对被保全人遭受的损失予以赔偿。

专利权人在行使权利时应当遵循诚信原则，不得滥用专利权损害公共利益或者他人合法权益。我国《专利法》第四次修改新增了“禁止权利滥用”条款，旨在规制某些权利人利用专利实施垄断、恶意提起诉讼等违背专利权制度价值的行为。理论上通常将专利权滥用分为实体性滥用和程序性滥用。有研究者指出程序性滥用是指专利权人利用财产保全、先行责令停止有关行为等有可能给被申请人造成直接损害的程序性措施进行恶意诉讼的行为。与缺乏事实或法律依据的实体意义上的专利恶意诉讼不同，“恶意”并非程序滥用型专利恶意诉讼的审查重点。当事人的程序性行为有无过错，不能简单地以主观心理状态为依据，而要客观分析当事人的外在行为表现是否具有可追责之处。①

本案判决在判断损害赔偿责任成立时亦将审查重点放在了行为可责性上，通过引入诚信原则确定了专利权人的审慎标准：在收到实质影响专利权效力的专利权评价报告后应当向法院披露并解除保全措施。最高人民法院在本案确定的审慎标准是无须考虑保全申请人的主观恶意，而是结合行政机关出具的专利权评价报告的内容、涉案专利无效宣告程序的进展，从理性一般人的角度确定审慎的做法从而评判申请人行为是否具备可责性。本案确定的裁判要旨既能够有效衡量并规制专利权滥用，又能够为专利权人正确申请财产保全提供指引。

## 2.2.4 侵害专利权的行为

### 2.2.4.1 专利权保护范围的确定

#### a. 依据说明书解释权利要求

案件名称：广州华欣电子科技有限公司（以下简称“华欣公司”）与广州诚科商贸有限公司（以下简称“诚科公司”）、广州君海商贸有限公司（以下简称“君海公司”）、广州兆科电子科技有限公司（以下简称

① 赵一璇．解析专利恶意诉讼之司法审查标准．中国发明与专利，2020（10）：80-81.

“兆科公司”）、峻凌电子（东莞）有限公司（以下简称“峻凌公司”）、佛山市厦欣科技有限公司（以下简称“厦欣公司”）侵害发明专利权纠纷

基本信息：最高人民法院（2020）最高法知民终580号，2021年10月16日

主要案情：汇冠新技术公司于2013年10月16日获得“一种触摸屏及其多路采样的方法”的发明专利授权（涉案专利的一个实施例参见图2-1）。该公司授权华欣公司自2018年12月3日至2021年12月2日在中国独占实施许可涉案专利并可以以自己的名义起诉侵权行为。华欣公司认为诚科公司、君海公司、兆科公司、峻凌公司、厦欣公司共同制造、销售的产品“触摸框”侵犯涉案专利权，遂向广州知识产权法院提起诉讼。一审法院认定侵权不成立，驳回原告诉讼请求，华欣公司不服，向最高人民法院提起上诉。二审法院判定本案侵权成立。

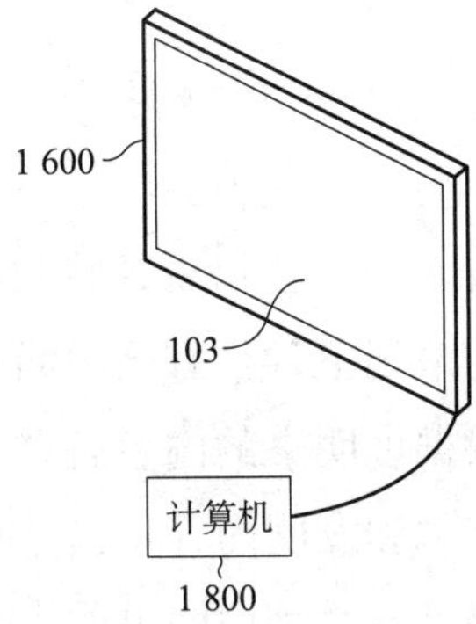


**图2-1　涉案专利的一个实施例，1600为触摸屏，103为触摸检测区**

主要争点：权利要求1中的主题名称“一种触摸屏”和技术特征“触摸检测区”是否必须解释为具有实体屏结构。

裁判理由：触摸屏属于在本领域中已有确切含义的技术术语。根据各方当事人提交的本领域公知常识性证据的记载，对于本领域技术人员而言，涉案专利权利要求1的主题名称中的触摸屏应理解为既包括带有实体屏结构的接触式触摸屏，也包括不带有实体屏结构的非接触式触摸屏。

涉案专利发明书中“触摸屏中的触摸检测区103应为透明材料制成”等表述为具体实施方式而非对权利要求用语的特别限定。只有当说明书对没有确切含义的自造词作出专门定义或者对权利要求相关用语作出有别于本领域通常含义的特别说明时，才应当认定说

明书记载的相关内容属于对权利要求用语的特别界定。涉案专利说明书并没有对触摸屏作出有别于通常意义的特别说明。被诉侵权产品具备与涉案专利权利要求1中“触摸屏”和“触摸检测区”相同的技术特征，故侵权成立。

评　　论：根据相关司法解释的规定，权利要求的技术用语首先应当参照相关技术领域的通常含义，说明书及附图中有明确定义和说明的，则按照说明书记载的内容进行解释。[①] 但考虑到说明书所载的关于权利要求用语的内容并不都是对其下定义，该款规定的适用前提需要根据实际情况进行明确。

最高人民法院在本案中正确地区分了说明书对权利要求用语的界定和仅仅记载该特征的具体实施方式，指出发明目的不在于改进触摸屏的材质，从而将说明书中“触摸屏中的触摸检测区103应为透明材料制成”等看似下定义的语句界定为对具体实施方式的表达。

此外，最高人民法院在本案中体现的审理思路亦值得推广。其并未直接探讨说明书相关内容的性质，而是首先根据公知常识证据讨论了争议的技术用语在相关领域的通常含义，其次提出在本领域已有确切含义的情况下，只有当说明书明确对该用语作出不同的特别说明时才能根据说明书的内容解释该用语，最后结合发明书的技术领域、背景技术和发明内容得出结论。这样的审理思路防止了解释对象从权利要求转移到说明书的内容上，不仅符合相关司法解释确定的解释顺序（先看本领域通常含义，再看说明书特别界定），并且能最大程度消除基于不同知识结构带来的解释上的不确定性。

b. 技术术语解释的依据

**案件名称：**同方威视技术股份有限公司（以下简称“同方威视公司”）与北京君和信达科技有限公司（以下简称“君和信达公司”）、西安优派电子科技有限公司（以下简称“优派公司”）侵害发明专利权纠纷

**基本信息：**最高人民法院（2020）最高法知民终1357号，2021年5月27日

**主要案情：**同方威视公司拥有专利号为200710304704.8的发明专利权，君

---

① 《最高人民法院关于审理专利授权确权行政案件适用法律若干问题的规定（一）》（法释〔2020〕8号）第2条第1款。

和信达公司、优派公司涉嫌制造、销售、许诺销售疑似侵权产品。同方威视公司诉请君和信达公司、优派公司承担相应的民事责任。同方威视公司曾于审查授权阶段对权利要求术语进行描述，控辩双方对技术术语“均匀安装”的解释产生争议。一审法院驳回同方威视公司请求，同方威视公司不服一审判决提出上诉。二审法院撤销一审判决，责令君和信达公司和优派公司承担相应的民事责任。

主要争点：对“均匀安装”技术术语的解释。

裁判理由：二审法院认为：首先，根据涉案专利审查档案的记载，同方威视公司在涉案专利审查授权阶段曾明确指出其技术特征的具体内涵，应以此为解释依据。其次，在专利说明书中记载了实现技术效果的理想预期，应当以此作为技术特征的功能指向。再次，技术手段所实现的技术功能应满足具体的国家标准，在对技术功能进行解释时应以此为标准。最后，对于技术术语的理解应当建立在所属领域普通技术人员的基础之上。此案中，对“均匀安装”的解释不能以日常用语为标准，而应以符合光学原理的均匀为依据。

评　　论：若权利要求中所有的词语均具有明确的含义，则不存在对其解释的问题。对权利要求中的技术术语的解释须在所属技术领域的范围内进行。专利法保护的技术方案具有很强的学科属性，不同学科之间存在的技术壁垒导致甚至对相同技术术语的理解也存在差别。对技术方案中权利要求的解释不应机械地以日常用语为基础。

本案争议技术方案涉及基础物理领域，经典物理理论将光的波动性特点以衍射、干涉等形式体现，“均匀”是对光线衍射条纹的宽度的专业描述，而根据惠更斯原理，其衍射条纹与光强成相关比例。在此技术方案中，对“均匀”的理解明显有别于日常用语中“均匀”所表达的相等距离分布的含义。

c. 功能性技术特征的解释

案件名称：八方电气（苏州）股份有限公司（以下简称“八方电气公司”）与天津比沃科技有限公司（以下简称“比沃科技公司”）、浙江淘宝网络有限公司侵害发明专利权纠纷

基本信息：天津市第三中级人民法院（2020）津 03 知民初 310 号，2021 年 8 月 3 日

主要案情：八方电气公司拥有专利号为ZL201310159511.3、名称为“可安装在自行车车架上的电动助力自行车用组件”的发明专利。八方电气公司以比沃科技公司制造、许诺销售、销售的商品为侵害其专利权的产品，落入专利权保护范围为由诉至法院，请求判令比沃科技公司停止侵权，并赔偿经济损失。天津市第三中级人民法院判决驳回八方电气公司的诉讼请求。

主要争点：被诉侵权技术方案是否落入了涉案专利权的保护范围。

裁判理由：关于技术特征2，被诉侵权产品的技术特征为“复合式双超越离合器”，涉案专利技术特征为“连接机构”。本领域普通技术人员仅通过阅读权利要求书无法直接、明确地确定“连接机构”的实施例，据此认定“连接机构”为功能性技术特征。通过与涉案专利在说明书中列举的具体实施例相比，被控侵权技术特征缺少“辅助齿轮与链轮经由轴承可旋转地安装在共用基座上”与“销（或螺栓、脚部一体地形成在辅助齿轮上的销）”等具体实施方式，与“连接机构”既不相同也不等同，因此，判定被控侵权产品未落入涉案专利权保护范围，驳回原告诉讼请求。

评　　论：专利申请人在提交专利申请文件时需要对发明的权利要求进行认真撰写。通常情况下，理性申请人往往会适当地使用概括性强的技术术语，以便实现对专利权的保护。

专利权保护范围取决于对权利要求的解释。为了给予权利人全面的排他权保护，法律允许权利人在权利要求书中撰写功能性技术特征，但权利人需要在专利说明书中将专利的具体实施过程给予描述，以便社会公众可以通过阅读说明书获得实施专利的信息。出于对公共利益的考量，权利要求书中的功能性技术特征所划定的权利范围不应超出权利人对完成技术方案的整体贡献。在解释权利要求时应以内部证据为主，通过说明书的记载内容包括具体实施例的技术特征来确定功能性技术特征的边界。在本案中，法院依法对功能性技术特征进行限制性解释，以内部证据所描述的范围划定专利权保护范围的边界，审慎地平衡了权利人利益与公众利益。

d. 相似外观设计专利权利束中单个设计的保护范围的确定

案件名称：广东罗斯鞋业有限公司（以下简称“罗斯公司”）与东莞市美奇鞋业有限公司（以下简称“美奇公司”）、东莞市达芬鞋业科技

有限公司（以下简称“达芬公司”）、曾某侵害外观设计专利权纠纷

基本信息：广东省高级人民法院（2020）粤民终1498号，2021年5月26日

主要案情：罗斯公司拥有专利号为ZL201530162549.6的外观设计专利。该外观设计专利包括4项外观设计，并指定设计1为基本设计。罗斯公司主张被控侵权方所制造、销售、许诺销售的侵权产品对其专利权4项设计的侵害属于同一法律关系。一审法院认为应将设计1作为确定权利范围的基础，被告侵权成立。罗斯公司对一审法院裁判的依据提出异议，被告认为其行为未侵害罗斯公司的专利权，诉讼双方均提出上诉，要求撤销一审判决。二审法院维持一审判决。

主要争点：外观设计专利权保护范围的确定。

裁判理由：《专利法》第31条规定：同一产品两项以上的相似外观设计，或者用于同一类别并且成套出售或使用的产品的两项以上外观设计，可以作为一件申请提出。即一件外观设计专利权的申请中，可包括同一产品两项以上的相似外观设计，或者同一类别并且成套出售或使用的产品的两项以上外观设计，从而解决对专利权人的同一产品的多项相似设计的保护问题。从立法本意来看，基本设计与其他相似设计均可以作为确定外观设计专利权保护范围的依据，相似外观设计专利权的保护范围由各个独立的外观设计分别确定。

评　　论：现行《专利法》在涉及专利申请程序的有关规则中，为节省外观设计申请人的申请成本，允许申请人将相似的外观设计申请一项专利。外观设计的新颖性要求、区别性要求对一份申请中所有的外观设计均具有约束力，并非仅对基础设计可专利性产生束缚。

对于一份申请多个设计的外观设计专利，其每一项设计均可以作为诉讼的权利基础，在确定权利范围时都可以被作为权利的依据。每项外观设计构成独立的权利保护范围，尽管每项设计可能在整体或者局部上构成相似，但并不妨碍每项设计作为独立存在的法定权利的基础，权利人可以基于其中任意一项外观设计主张权利保护，而非仅仅局限于基本设计。换言之，侵权人不能仅以对一般消费者而言涉嫌侵权产品与外观设计专利的基本设计未构成实质相同为由，主张其并未侵害外观设计专利权。

### 2.2.4.2 侵权行为的构成

#### 2.2.4.2.1 擅自实施专利行为的认定

被控侵权产品制造者的判定

**案件名称：**卡西欧计算机株式会社（以下简称“卡西欧株式会社”）与上海童赞贸易有限公司（以下简称“童赞公司”）、诣趣品牌管理（武汉）有限公司（以下简称“诣趣公司”）侵害外观设计专利权纠纷

**基本信息：**上海知识产权法院（2020）沪73民初77号，2021年9月29日

**主要案情：**卡西欧株式会社系专利号为ZL200930263738.7、专利名称为“手表”的外观设计专利的专利权人（涉案外观设计专利附图见图2-2）。卡西欧株式会社认为童赞公司与诣趣公司所销售的手表商品侵害其外观设计专利，向上海知识产权法院起诉。两被告辩称被诉侵权产品系诣趣公司自金雅图公司而言采购，童赞公司再自诣趣公司处采购，故两被告就被诉侵权产品处均具有合法来源。一审法院认定诣趣公司系被诉侵权产品的制造者，两被告的合法来源抗辩不能成立，故两被告行为构成侵权。

**主要争点：**如何确定被诉侵权产品的制造者。

**裁判理由：**商品包装上的生产商信息可用于确定被控侵权产品的制造者。本案中，用于包装被诉侵权产品的铁盒、手表吊牌及保用证书上印有“Disney”“”“品名：星球大战系列手表”“授权商：武汉诣趣电子商务有限公司”等字样以及该公司的电话、传真和地址等信息。其中“Disney”“”标识系“武汉诣趣电子商务有限公司”经华特迪士尼（中国）有限公司许可，可以在其制造并销售的手表产品上载有的“许可材料”。并且，被诉侵权产品及其包装等材料上并无诣趣公司所称的被诉侵权产品制造者金雅图公司的任何信息，诣趣公司提交的现有证据亦不能证明诣趣公司向金雅图公司采购的手表即为本案被诉侵权产品，故法院认定诣趣公司系被诉侵权产品的制造者。

**评　　论：**一般而言，未经专利权人许可而擅自实施专利的行为构成专利侵权。所谓实施专利，是指出于生产经营目的的制造、销售、许诺销售、进口等行为。在专利侵权案件中，被控侵权人为涉案专利的擅自实施者，包括被控侵权产品的制造者。专利权人对被控侵权产品

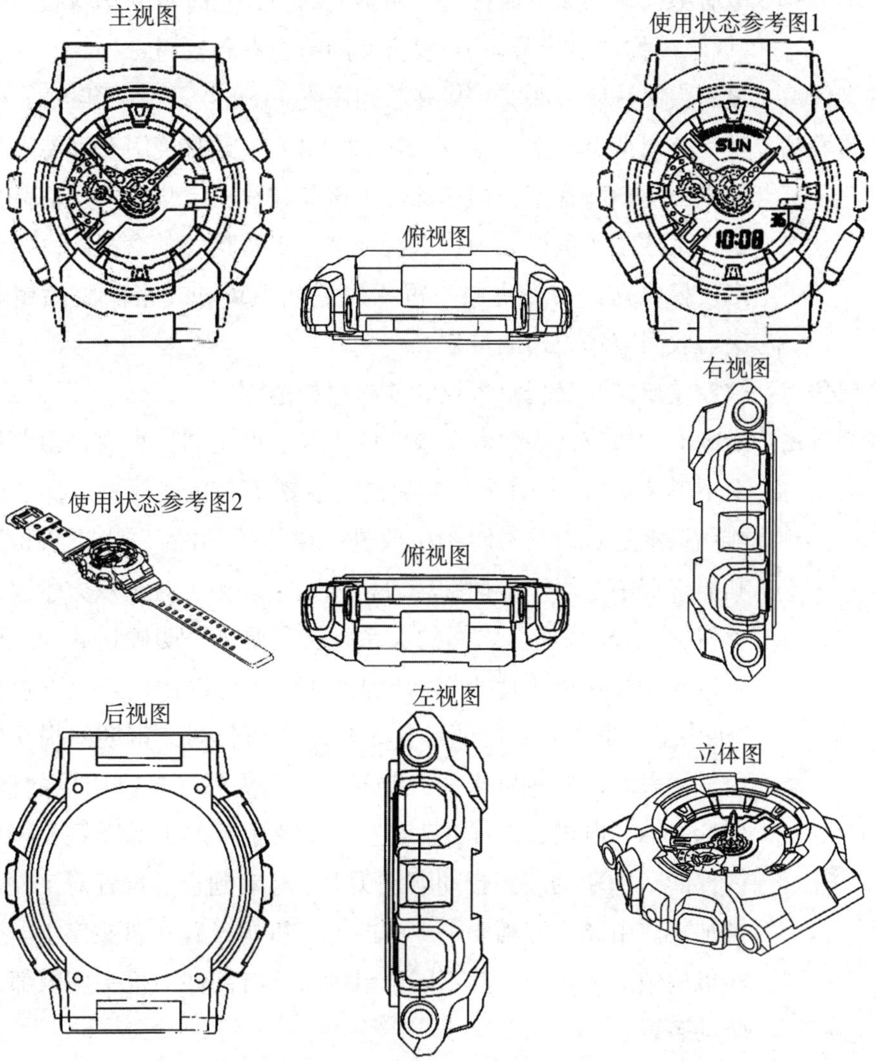


**图 2－2　涉案外观设计专利附图**

制造者的确定负有举证责任。本案涉及侵权产品制造者的确定方法。在制造者的确定上，涉诉产品的包装信息是确定制造者的初步证据，在没有相反证据的情况下，可以将产品包装上注明的生产者认定为该产品的制造者。

#### 2.2.4.2.2　相同侵权

相同技术特征的认定

**案件名称：**东莞市宝华数控科技有限公司（以下简称“宝华公司”）与蚌埠新晋拓智能科技有限公司（以下简称“新晋拓公司”）、江西华丽丰光

电有限公司（以下简称“华丽丰公司”）、北海市硕华科技有限公司（以下简称“硕华公司”）侵害实用新型专利权纠纷

基本信息：最高人民法院（2020）最高法知民终 1468 号，2021 年 6 月 22 日

主要案情：宝华公司拥有专利号为 ZL201120482733.5 的实用新型专利权，华丽丰公司、新晋拓公司涉嫌侵害该专利权。宝华公司向法院提起诉讼。案件主要争议点为技术特征“上下机构”的含义。一审法院认定侵权成立，被告不服一审判决提起上诉。二审法院撤销一审判决，驳回宝华公司的请求。

主要争点：被控侵权产品是否落入权利要求保护范围。

裁判理由：最高人民法院认为权利要求 1 的主题名称是“一种雕铣雕刻机自动上下料装置”，表明涉案专利是对雕铣雕刻机的改进，保护的不是雕刻机本身，而是对雕刻机改进所增加的部件。“上下机构”在权利要求 1 中是用于带动翻转机构做上下运动。对于双方争议的“上下机构”“机头座”之间的关系，权利要求 1 明确记载为“所述上下机构设置在机头座上”，结合说明书，可以认定“上下机构”和“机头座”是两个不同的部件。从新晋拓公司二审期间提交的第一组证据来看，熟悉机床的人知道，“机头座”是有明确的概念的，包括主轴、电机、Z 向驱动装置，以及用于加工的雕铣头，机头座内部的 Z 向驱动装置带动雕铣头上下运动到合适位置对工件进行雕铣加工。由此，权利要求 1 中的上下机构设置在机头座上，带动翻转机构做上下运动，其不同于雕刻机已有部件中机头座内部的 Z 向驱动装置。

故对本领域普通技术人员而言，涉案专利权利要求 1 中的“上下机构”和“机头座”是两个彼此独立的结构，专利技术方案中的“上下机构”是为了带动翻转机构做上下运动，从而实现上下料，其不同于设置在机头座内带动雕铣头做上下运动从而使雕铣头运动到加工位置的 Z 向驱动装置。至于新晋拓公司主张的“Z 向驱动装置”是权利要求 1 隐含的必要技术特征，由于涉案专利涉及的是上下料机构，新晋拓公司所指的 Z 向驱动装置是背景技术中机头座的一个部件，新晋拓公司的上述主张实质是为了说明上下机构不同于 Z 向驱动装置，不能将同时实现翻转机构上下和安装在机头座上的雕铣头上下的部件解释为涉案专利中的上下机构。

一审判决关于被诉侵权产品中的上下机构设置在机头座内，驱动机头座上下运动，与涉案专利权利要求1中的“上下机构设置在机头座上”属相同的技术特征的认定错误，二审法院予以纠正。

评　　论：专利权保护的对象是符合法定授权条件的发明创造。这些技术方案并不属于现有的知识范围。从技术角度出发，发明创造的诞生依赖于现有技术的累积，专利权人在描述其发明时会使用到已有的技术用语，这难免使得以语义描述专利权利要求时出现两种选择：一是对技术术语的措辞进行常规含义的解释，另一个则是采用该措辞或者术语在专利语境下的解释。通常情况下，应当将具有争议的技术用语和修辞放在整个专利语境下进行理解和解读。除此之外，如果一项权利要求的解释可能出现有效与无效两种情况，一般应当选择使权利要求具有效力的解释。这是对发明人友善态度的表现。

本案中，最高人民法院对权利要求的解释建立在对整体技术方案全面认识的基础上，将不能实现技术的权利要求解释予以排除，并以所属领域普通技术人员对技术特征的理解为依据，结合具体语境确定权利范围。

#### 2.2.4.2.3　等同侵权

a. 等同侵权的判断标准

案件名称：北京世纪合兴起重科技有限公司（以下简称“合兴公司”）与东莞市力众机械有限公司（以下简称“力众公司”）侵害发明专利权纠纷

基本信息：广州知识产权法院（2020）粤73知民初101号，2021年1月11日

主要案情：合兴公司持有专利号为ZL201110091274.2的发明专利。合兴公司发现港航公司作为业主的岷江犍为某航电枢纽工程中使用多达数十台“应急液压传动装置产品”，产品涉及其发明专利技术方案，产品铭牌上显示有力众公司的企业名称。合兴公司提起诉讼，要求力众公司承担侵权的民事责任，被告答辩称其并未侵害专利权。一审法院判决驳回合兴公司全部诉讼请求。合兴公司向最高人民法院提起上诉，在审理过程中撤诉。

主要争点：被控侵权产品是否构成等同侵权。

裁判理由：合兴公司在本案诉讼中最终明确主张保护权利要求1、4、6，应按

照其主张进行技术比对，以确定被诉侵权产品是否落入本案专利权的技术范围。就权利人所主张的权利要求之间的关系而言，权利要求1是独立权利要求，权利要求4是权利要求1的从属性权利要求，权利要求6是权利要求1的从属性权利要求。

广州知识产权法院认为，等同特征判断标准在于替换而不是忽略。等同特征以存在对应技术特征为前提和基础，属于所使用的技术手段基本相同。本案专利中的油箱属于权利要求中的技术特征，对于权利人主张的专利权的保护范围具有限定作用，被诉侵权产品并不存在这一技术特征。权利要求的任一技术特征对权利要求均具有限定作用。由于本案专利权利要求1中包含“油箱”技术特征，在进行审判时不应从权利要求中省略此技术特征，否则会导致专利权保护范围不合理地扩大，损害权利要求对于权利边界的划定以及公示作用，模糊权利要求的可预见性，有损社会公众的利益。合兴公司相关主张违反了专利权侵权比对中全部技术特征逐一比对的基本原则。

认定等同特征要从技术特征对整个技术方案的影响角度考量。从油箱技术特征对于权利要求1的整个技术方案的影响看，如果缺少油箱技术特征，则本案专利技术方案本身只能存在一套油路系统，被诉侵权产品缺少油箱技术特征，在技术手段上无法实现与本案专利基本相同的功能、效果，故合兴公司主张构成等同特征于法无据。

评　论：现行专利侵权判定标准为全部技术特征规则，要求从被控侵权产品中应能够“读出”专利权利要求的全部技术特征，或者被控侵权产品某一或某些技术特征与专利权利要求相应的技术特征字面上不同，但构成等同特征。该规则的理论基础源于中心限定原则对权利要求的解释。各国法院对等同原则的法律性质有不同的认知，英美法系趋向于将其解释为对专利权利的扩张，而大陆法系则偏向于将其解释为专利权本身应有的范围，我国最高人民法院在其司法解释中将等同原则认定为对权利要求的解释。等同侵权制度设计本意在于为权利人提供更为周延的保护，避免专利权的市场利益受到意想不到的威胁。

本案中，广州知识产权法院在判断是否构成等同原则时，先明确了等同侵权的判断标准是以存在对应技术特征为前提。缺少对应技术特征不适用等同原则的推导原理，即若被控侵权产品并不涵盖所有的专利技术特征，便不能援引等同原则判断其是否构成专利侵权。

b. 等同侵权判定的限制

案件名称：徐州中森智能装备有限公司（以下简称“中森公司”）与常州格瑞德园林机械有限公司（以下简称“格瑞德公司”）、宁波昂霖智能装备有限公司（以下简称“昂霖公司”）侵害发明专利权纠纷

基本信息：最高人民法院（2021）最高法知民终 192 号，2021 年 7 月 19 日

主要案情：中森公司系专利号为 ZL201610201500.0、名称为“电动绿篱机”发明专利的权利人。格瑞德公司被诉实施了侵害该专利的行为，涉案专利权利要求 1 要求保护的是一种电动绿篱机，被诉侵权产品是一种燃油机驱动的绿篱机。但格瑞德公司提出合法来源抗辩，主张该产品从昂霖公司处购买。昂霖公司确认销售绿篱机刀头给格瑞德公司，但主张被诉侵权产品是格瑞德公司将绿篱机刀头结合其他部件组装而成，故被诉侵权产品并非来源于昂霖公司。一审法院判决格瑞德公司、昂霖公司立即停止侵害，并共同赔偿经济损失及合理费用。格瑞德公司、昂霖公司不服，提起上诉。二审法院判决撤销原审判决，驳回中森公司的诉讼请求。

主要争点：被诉侵权产品是否落入涉案专利权的保护范围。

裁判理由：在专利权保护范围的确定上，既要严格保护专利权人的利益，又要维护权利要求书的公示作用和社会公众对专利文件的信赖，平衡专利权人与社会公众之间的利益。如果专利权人在撰写专利申请文件时已明确地知晓相关技术方案，但并未将其纳入权利要求保护范围之内，则在侵权诉讼中不得再适用等同原则将该技术方案纳入保护范围。确定专利权人在专利申请时是否明确知晓并保护特定技术方案，可结合说明书及附图内容予以认定，并应将说明书及附图作为整体看待，判断的标准是本领域普通技术人员阅读权利要求书与说明书及附图之后的理解。

具体到本案，涉案专利说明书明确提及了电动剪刀和燃油剪刀，涉案专利权利要求前序部分的主题名称已载明为“一种电动绿篱机”，在前序的特征部分亦有关于“电机”的明确记载。通过前

序记载可知，专利权人在撰写涉案专利权利要求书和说明书时，即已明确知晓现有技术中存在电机驱动和燃油发动机驱动两种方式，且“环保无污染”是本专利相较于现有技术新增的一个技术效果，但专利权人在涉案专利权利要求中仅强调电机驱动，即明确表示涉案专利的驱动方式仅限于电机驱动，而非燃油发动机驱动。从说明书的相关内容可以看出，专利申请人在撰写涉案专利权利要求时，基于对环保效果的追求，并不寻求保护以燃油发动机作为动力源的绿篱机技术方案。在此情况下，若在判断被诉侵权产品是否落入涉案专利权保护范围时，将燃油发动机驱动与电机驱动认定构成技术特征等同，则不利于专利权利要求公示作用的发挥和对社会公众信赖利益的保护。

评　　论：依据《最高人民法院关于审理专利纠纷案件适用法律问题的若干规定》第 17 条第 2 款的规定，等同特征是指与所记载的技术特征以基本相同的手段，实现基本相同的功能，达到基本相同的效果，并且本领域普通技术人员在被诉侵权行为发生时无须经过创造性劳动就能够联想到的特征。

是否构成等同技术特征应当结合权利要求书、说明书和附图的相关内容进行判断。如果根据说明书等相关内容判断，专利权人在撰写专利申请文件时已明确地知晓相关技术方案，且明确将其排除在权利要求保护范围之外，那么在侵权诉讼中不得再适用等同原则重新将该技术方案纳入保护范围。

本案中，最高人民法院从社会公共利益与专利权人的利益平衡角度出发，认为如果专利权人在撰写专利申请文件时已明确地知晓相关技术方案，但并未将其纳入权利要求保护范围之内，则在侵权诉讼中不得再适用等同原则将该技术方案纳入保护范围，否则将会不利于专利权利要求公示作用的发挥和社会公众信赖利益的保护。

c. 禁止反悔原则的例外

案件名称：宁德时代新能源科技股份有限公司（以下简称“宁德时代公司”）与江苏塔菲尔新能源科技股份有限公司、东莞塔菲尔新能源科技有限公司（以下两者合称“塔菲尔公司”）、万国（福州）汽车贸易有限公司（以下简称“万国公司”）侵害实用新型专利权纠纷

基本信息：福建省高级人民法院（2020）闽民初1号，2021年6月15日

主要案情：宁德时代公司拥有专利号为ZL201521112402.7的实用新型专利，塔菲尔公司在其生产的电动汽车中涉嫌使用涉案专利，宁德时代公司请求法院判决塔菲尔公司承担相应的法律责任。塔菲尔公司辩称宁德时代公司在专利无效宣告程序中修改权利要求，删除权利要求2、4，将2、4技术特征并入权利要求1，依据禁止反悔原则，原告无权对删除的权利要求2、4主张保护，故其并未侵害原告专利权。受诉法院判定侵权成立。

主要争点：被控侵权技术方案是否落入修改后权利要求的保护范围。

裁判理由：宁德时代公司在无效宣告过程中对权利要求进行了修改，主要包括放弃了权利要求2、4，将权利要求2、4的技术特征并入权利要求1中。对原权利要求的真实修改主要是将从属权利要求的特征并入原独立权利要求，未增加新的技术特征，亦未明确表示放弃某个技术方案，故本案在确定涉案专利的保护范围时并不具备适用禁止反悔原则的法定要件。受诉法院认为被告所生产的商品中包含了涉案专利的全部技术特征，应认定为侵权。

评　　论：专利权作为具有排他性的对世权，在行使时可能与公共利益产生冲突。申请人在提交专利申请时，需要对其技术方案进行详细描述。为了更容易获得授权，申请人往往会在提交专利申请文件时有意缩小其意欲申请专利权的技术方案的范围；一旦获得授权，在可能发生侵权的情况下，权利人将尽可能地扩大其权利要求的保护范围，以求涵盖涉嫌侵权技术方案。为了防止专利权人对制度的滥用，法律规定了禁止反悔原则等多项制度，申请人一旦在行政审查和无效程序中宣布对某项技术特征的放弃，便不能在侵权诉讼中主张已被放弃的权利要求。

现行《专利法》允许专利权人在专利申请审查、无效宣告等程序中依法对其申请的专利技术方案进行一定程度的修改。在本案中，专利权人在审查阶段、无效程序过程中均对权利要求进行了修改，包括删除部分技术特征，但删除技术特征并非意味着对技术方案的放弃，权利人可以通过将技术方案合并的方式保留其所主张的技术方案，此类修改属于通过对权利要求的合并将其保护范围缩小，故本案并不适用禁止反悔原则。

2.2.4.2.4　帮助侵权

a. 帮助他人实施侵权的判断标准

案件名称：达尔文技术国际有限公司（以下简称“达尔文公司”）与南京宇洁环境系统技术有限公司（以下简称“宇洁公司”）、航天通信控股集团股份有限公司北京科技分公司、航天通信控股集团股份有限公司北京科技分公司（以下合并简称“航天通信公司北京分公司”）侵害发明专利权纠纷，

基本信息：北京市高级人民法院（2019）京民终 369 号，2021 年 7 月 30 日

主要案情：达尔文公司拥有专利号为 ZL00806175.0 的发明专利。宇洁公司、航天通信公司北京分公司涉嫌实施该发明专利。达尔文公司指控宇洁公司以生产经营为目的将涉案蜂巢凝并滤网提供给航天通信公司北京分公司，将其用作涉案专利的专用部件，构成帮助他人实施侵权行为。一审法院支持了达尔文公司的诉讼请求，宇洁公司、航天通信公司北京分公司不服，提起上诉。二审法院驳回上诉，维持原判。

主要争点：宇洁公司、航天通信公司北京分公司生产、销售“过滤器”的行为是否属于专利侵权行为。

裁判理由：航天通信公司北京分公司生产、销售的产品涉及的技术方案与专利权利要求中全部技术特征构成相同或等同，涉案被控侵权产品落入了涉案专利保护范围。航天通信公司北京分公司制造、销售涉案被控侵权产品“J·inG 悟净高效立式空气净化器”的行为构成直接侵害专利权。宇洁公司提供了其中的蜂巢凝并滤网。涉案被控侵权产品“J·inG 悟净高效立式空气净化器”的主要功能是通过蜂巢凝并滤网除去气流中携带的颗粒及颗粒沉积，而蜂巢凝并滤网系实现上述功能不可或缺的关键部件。虽然蜂巢凝并滤网可用作空调产品中的过滤网，但其静电颗粒沉积功能的实现需为滤网接入高电压和低电压，因此在实施涉案专利之外其并无其他实质性用途，故一审法院认定蜂巢凝并滤网系专门用于实施涉案专利的产品并无不当。根据在案事实，宇洁公司明知涉案专利的存在，仍向航天通信公司北京分公司提供用于实施涉案专利的专用部件蜂巢凝并滤网，具有主观故意，故其行为构成侵权。

评　　论：本案审理法院对《最高人民法院关于审理侵犯专利权纠纷案件应用法律若干问题的解释（二）》第21条第1款的适用及“实质性非侵权用途”的标准进行了详细的阐释。

实质性非侵权用途来源于间接侵权理论。向专利侵权人提供不具有实质性非侵权用途的产品，应当被推定为具有主观上的故意——意图帮助侵权人实施专利技术。

宇洁公司明知其生产的蜂巢凝并滤网没有实质性非侵权用途，属于非通用产品，仅能专门用作实施达尔文公司专利产品的零部件，仍向航天通信公司北京分公司提供其产品。本案审理法院根据宇洁公司的行为推定其主观上构成故意，属于《最高人民法院关于审理侵犯专利权纠纷案件应用法律若干问题的解释（二）》第21条第1款规定的情形，宇洁公司、航天通信公司北京分公司的行为构成共同侵权，宇洁公司的行为属于帮助侵权。

b. 电子商务平台专利侵权责任

案件名称：深圳市朗科科技股份有限公司（以下简称“朗科公司”）与广州友拓数码科技有限公司（以下简称“友拓公司”）、杭州阿里巴巴广告有限公司（以下简称“阿里巴巴公司”）侵害发明专利权纠纷

基本信息：最高人民法院（2019）最高法民申5971号，2021年11月1日

主要案情：朗科公司是涉案发明专利“用于数据处理系统的快闪电子式外存储方法及其装置”（专利号：ZL9911××××.6）的专利权人。友拓公司在阿里巴巴公司的网络平台上销售涉嫌侵害朗科公司专利权的U盘产品。朗科公司得知后于2016年7月7日向阿里巴巴公司发出律师函，请求阿里巴巴公司撤下涉嫌侵权产品，删除涉嫌侵权的网页内容，并于2016年8月8日向阿里巴巴公司提交了侵权分析对比表。

朗科公司向广州知识产权法院提起诉讼，一审判决友拓公司与阿里巴巴公司承担连带侵权责任。友拓公司与阿里巴巴公司提起上诉，二审法院对一审判决结果并未作出实质改判，故阿里巴巴公司以原审判决事实认定错误、法律适用错误并不合理加重电子商务平台经营者责任为由，申请再审。最高人民法院认为，朗科公司向阿里巴巴公司发出的通知构成有效通知，驳回阿里巴巴公司的再审申请。

主要争点：本案中朗科公司向阿里巴巴公司发出的通知是否构成有效通知。

裁判理由：一般来讲，有效通知包括知识产权权利证明及有效的权利人信息、能够实现准确定位的被诉侵权商品或者服务信息、构成侵权的初步证据、要求采取的具体措施、通知真实性的书面保证等。考虑到权利类型、作为网络服务提供者的电子商务平台经营者的监管能力以及平台性质等因素，对不同的权利类型和不同性质的平台，认定发出有效通知的标准不同。在平台治理规则框架下，涉及专利权的有效通知可以包括技术特征或者设计特征比对表、实用新型或者外观设计专利权评价报告等材料。

此外，考虑平台方的治理规则，本案中阿里巴巴公司的知识产权平台治理规则明确规定，合格通知为用户指明投诉商品链接和疑似侵权信息的具体位置。朗科公司向阿里巴巴公司发送的律师函中记载了投诉产品名称及其位置信息，并附有涉案专利的专利证书、说明书和登记簿。朗科公司随后还向阿里巴巴公司提交了对比分析表，对涉案专利权利要求与涉嫌侵权产品的技术特征进行了比对；同时，阿里巴巴公司的平台规则未对侵权初步证据作出明确要求，且其也不应当不合理地加重权利人的举证负担，故而朗科公司提交的侵权对比表符合阿里巴巴公司的知识产权平台治理规则的要求。

对于阿里巴巴公司提出的有效通知应当达到权利人向销售商发送警告函之标准的主张，受诉法院指出不能将作为电子商务平台经营者的阿里巴巴公司与普通销售者等同。侵权法中规定了专门针对电子商务平台的特殊的侵权规则，通知、转通知和反通知构成了完整的信息交流渠道，电子商务平台经营者应当积极履行转通知的义务，只要通知达到能够转送的最低限度，平台就应当完成转送。综上，朗科公司向阿里巴巴公司发出的通知构成有效通知。

评　　论：本案涉及专利权之网络侵权中平台方责任的认定。对于网络侵权，无论是《侵权责任法》还是《民法典》侵权责任编均对平台方的责任、义务作出了明确规定。其中关于权利人向平台方发出通知是否构成有效通知的认定，是决定网络平台方侵权与否的重要一环。

本案首先明确了有效通知的构成标准因权利类型、网络服务平台的监管能力和平台性质的不同而有所不同。对于涉及专利权的通知，可以从整体通知内容和具体平台规则两方面来判断。就前者而言，通知内容除了一般通知包括的权利证明及有效的权利人信息、能够实现准确定位的被诉侵权商品或者服务信息、构成侵权的初步证据、要求采取的具体措施、通知真实性的书面保证等，还包括技术特征或者设计特征比对表、实用新型或者外观设计专利权评价报告等材料；就后者而言，则要求在考虑上述通知内容之外，还应当根据个案，具体考虑涉案平台的相关治理规则，判断通知是否构成符合平台规则的合格通知。

#### 2.2.4.2.5 侵权举证责任

非新产品制造方法的举证责任规则的具体适用

**案件名称：** 上海凯赛生物技术股份有限公司（以下简称“凯赛公司”）、凯赛（金乡）生物材料有限公司（以下简称“凯赛金乡公司”）与莱阳市恒基生物制品经营有限公司（以下简称“恒基公司”）、山东归源生物科技有限公司（以下简称“归源公司”）、山东瀚霖生物技术有限公司（以下简称“瀚霖公司”）侵害发明专利权纠纷

**基本信息：** 最高人民法院（2021）最高法知民终 1305 号，2021 年 12 月 23 日

**主要案情：** 凯赛公司系专利号为 ZL201010160266.4 的“生物发酵法生产长碳链二元酸的精制工艺”发明专利的专利权人。恒基公司、归源公司涉嫌未经许可使用凯赛公司的该方法专利生产产品并销售。瀚霖公司向恒基公司、归源公司出租厂房及设备。

一审法院勘验确定，恒基公司在黄岛海关申报出口的产品与以涉案专利方法直接获得的产品相同。在先生效判决确定，瀚霖公司曾经未经许可实施了涉案专利方法生产产品，且恒基公司租赁瀚霖公司所有的相关厂房及设备进行生产时没有重新报批建设项目环境影响评价文件，一审法院认为恒基公司继续使用瀚霖公司的环保审批、验收手续，显然采用的生产工艺与瀚霖公司相比没有发生重大变化。

一审判决认为恒基公司、归源公司实施了专利侵权行为，应当承担侵权责任。恒基公司、归源公司不服一审判决，提起上诉。二审法院驳回上诉，维持原判。

**主要争点：** （1）仅纯度更高的产品是否构成新产品；（2）证明产品制造方法不同于专利方法的证明责任何时转移至被告。

裁判理由：专利法意义上的新产品，是指在专利申请日以前不为国内外公众所知的产品。就化学产品而言，如果通过加工方法仅是去除了原料中的杂质，并未改变该物质的分子式或结构式，如功能集团、分子立体构型等，在该化合物的化学名称、分子式或结构式、理化参数等未发生变化的情况下，经过提纯加工方法得到的纯度更高的产品，并不属于专利法意义上的新产品。

《最高人民法院关于知识产权民事诉讼证据的若干规定》第3条所规定的引发举证责任转移的各项事实之间存在相互联系、相互印证的关系，并非彼此独立。适用上述规定确定被告是否实施了原告专利方法的事实属于法律推定事实。这就要求适用上述规定时，应当充分运用逻辑推理和日常生活经验法则，充分考虑双方当事人就各自所需证明事实的举证充分程度和举证难度，在综合全案事实的基础上，整体判断是否已经满足证明责任转移的条件。

根据上述司法解释的规定，凯赛公司以及凯赛金乡公司应该对如下事实承担举证责任：（1）恒基公司、归源公司制造的产品与通过涉案专利方法制造的产品属于相同产品；（2）恒基公司、归源公司制造的产品以涉案专利方法制造的可能性较大；（3）凯赛公司、凯赛金乡公司为证明恒基公司、归源公司使用了涉案专利方法尽到合理努力。其中，“合理努力”可以综合凯赛公司、凯赛金乡公司在本案诉讼中的取证难度和取证代价、举证证据数量、证据关联度和证明力等因素进行考虑。当凯赛公司、凯赛金乡公司对于前述事实完成举证义务后，证明责任发生转移，由恒基公司、归源公司举证证明其制造方法不同于涉案专利方法。

评　　论：由于绝大部分生产商都会对其生产场地进行严格管理，对于权利人来说，要举证证明被诉侵权人实施了其拥有的专利方法进行生产十分困难。对于涉及新产品制造方法的发明专利，专利法将举证责任倒置，规定制造同样产品的单位或者个人应当提供其产品制造方法不同于专利方法的证明，从而减轻了权利人的举证负担。但是对于非新产品制造方法的举证，权利人同样面临举证困难，正因为如此，《最高人民法院关于知识产权民事诉讼证据的若干规定》第3条规定，专利方法制造的产品不属于新产品的，侵害专利权纠纷的原告应当举证证明下列事实：（1）被告制造的产品与使用专利方法制造的产品属于相同产品；(2) 被告制造的产品经由专利方法制造的可能性较大；(3) 原告为证明被告使用了专利方法尽到合理努力。原告完成前款举证后，人民法院可以要求被告举证证明其产品制造方法不同于专利方法。

本案中法院进一步阐释了该条款规定的举证责任转移的条件。最高人民法院指出，一方面上述三项事实之间存在相互联系、相互印证的关系，适用上述规定确认被告是否实施了原告方法专利的事实属于法律推定事实，要求法官运用逻辑推理和日常生活经验法则进行判断，而不应当对权利人提出过于机械、严格的举证要求；另一方面还应考虑到双方当事人就各自所需证明事实的举证充分程度和举证难度，整体判断举证责任何时转移。本案案件事实相对复杂，受诉法院通过司法认知、举证责任转移等方法查明事实，避免权利人因处于举证劣势地位而败诉，捍卫了司法公正。

#### 2.2.4.3　专利侵权抗辩

##### 2.2.4.3.1　现有技术/设计抗辩

a. 不得基于违反保密义务的披露主张现有技术抗辩

**案件名称：** 上海环莘电子科技有限公司（以下简称“环莘公司”）与广东法瑞纳科技有限公司（以下简称“法瑞纳公司”）、江苏水乡周庄旅游股份有限公司（以下简称“周庄旅游公司”）、北京镇边网络科技股份有限公司（以下简称“镇边公司”）侵害实用新型专利权纠纷

**基本信息：** 最高人民法院（2020）最高法知民终 1568 号，2021 年 7 月 9 日

**主要案情：** 2018 年 2 月 5 日，环莘公司向国家知识产权局申请名为“一种应用于自动租售终端系统的连接手柄”的实用新型专利，并于 2018 年 9 月 4 日获得授权。2017 年 10 月 27 日，环莘公司与法瑞纳公司约定：法瑞纳公司根据环莘公司提供的儿童推车样品（其中包含涉案专利产品）进行生产并交付产品。法瑞纳公司于 2017 年 12 月 5 日在须知网上发布了介绍涉案专利的文章并附有图片。

嗣后环莘公司发现法瑞纳公司向镇边公司、周庄旅游公司销售侵权产品，遂向苏州市中级人民法院提起诉讼。庭审中，法瑞纳公司对于被诉侵权产品与涉案专利权利要求 1 的技术特征相同无异

议，但以涉案专利技术方案系其设计完成并使用在先为由提出先用权抗辩，以须知网上的文章及图片作为证据主张现有技术抗辩。一审法院认定先用权抗辩不成立但现有技术抗辩成立，驳回环莘公司的诉讼请求。环莘公司不服，向最高人民法院提起上诉。二审法院认为现有技术抗辩不成立，撤销原审判决。

主要争点：现有技术抗辩是否成立。

裁判理由：法瑞纳公司在须知网发布文章及图片的行为属于违反合同保密义务的披露行为。法瑞纳公司未经专利权人环莘公司同意而公开涉案专利技术方案，违反合同义务，其行为具有违法性和可责难性，基于诚信原则，其不能据之主张现有技术抗辩。

评　　论：未经申请人同意而泄露的技术方案，在专利法上仍属于现有技术，只不过法律为此种非自愿的公开设置了宽限期，非法披露的技术方案不能破坏宽限期内的申请的新颖性。但是在侵权诉讼中，被控侵权人可以主张现有技术抗辩，对于此处的现有技术，并没有法律明确将被非法披露的技术方案排除，但若机械地适用现有技术抗辩，则可能会使违反保密义务的人因披露行为而获利。

本案亮点即在于最高人民法院将民法上的诚信原则运用到对现有技术的判断上，认为现有技术抗辩的行使也应遵循民法基本原则，因此被诉侵权人在有关抗辩事由中应当是善意或者无过错的一方。而被控侵权人违反约定披露基于合同获得的商业秘密具有违法性和可责难性，违背诚信原则，因而不能据此主张现有技术抗辩。

本案判决总体上维持了专利法在不丧失新颖性的宽限期和现有技术抗辩这两项制度的价值体系上的一贯性，保护了专利权人的合法利益，对于在全社会弘扬诚实信用的道德品质、营造风清气正的知识产权市场秩序具有积极意义。但基于原则的法律续造在适用范围上并不能无限扩张，在类案中需要根据实际情况审慎适用，比如本案的特殊性还在于专利权人在宽限期内提出了专利申请，如果超出该期限，为了与无效宣告制度保持协调则应当支持现有技术抗辩。再如善意第三人本身并无过错，若其基于同样的技术方案提出现有技术抗辩，按照本案适用的原则也应当予以支持。

b. 现有设计的认定

案件名称：青岛啤酒西安汉斯集团有限公司（以下简称“青啤汉斯公司”）与

西安汉斯小手雷商贸有限公司（以下简称“西安汉斯公司”）、河北麦卡龙食品有限公司（以下简称“麦卡龙公司”）、市北区明鑫佳源酒水配送中心（以下简称“明鑫佳源中心”）侵害外观设计专利权及不正当竞争纠纷

**基本信息：** 山东省高级人民法院（2021）鲁民终 1293 号，2021 年 8 月 31 日

**主要案情：** 2015 年 4 月 24 日，青啤汉斯公司就“啤酒瓶（汉斯小木屋 508 冰花瓶）”向国家知识产权局申请外观设计专利，2015 年 10 月 7 日获得授权并公告。专利的设计要点包括：瓶身、瓶颈处带有的冰花图案及“汉斯小木屋”字样。整体瓶身呈圆柱形，瓶颈上处呈锥字形，最上端由两段圆圈形组成，瓶身下端由部分突起的圆圈形组成，瓶底内凹，且瓶底带有麦穗形浮雕图案，瓶身底端圆圈形中部带有 TSINGTAO 标识（见图 2－3）。

青啤汉斯公司以西安汉斯公司和麦卡龙公司制造、销售，明鑫佳源中心销售的产品所用之瓶侵害其外观设计专利权和构成不正当竞争为由，向山东省青岛市中级人民法院提起诉讼。

审理中，西安汉斯公司提出了现有设计抗辩，证据为微博上发布的产品图片（见图 2－4）。一审法院认为网页当中的照片并非全方位的照片，无法完全比对，且存在模糊不清部分，不能判断涉案专利是否系现有设计；并认定被诉侵权设计落入涉案专利权的保护范围。双方均不服一审判决，提起上诉。二审法院认定被诉侵权设计落入涉案专利权的保护范围，部分维持了一审判决。

**主要争点：** 现有设计抗辩是否成立。

**裁判理由：** 西安汉斯公司提供的现有设计虽然没有包括六面视图，但是其中的产品是透明的，且酒瓶的瓶体是圆柱体，可以合理推定瓶底和瓶口的形状，因此，该图片已经完全展示了所有部位的形状。将该图片展示的外观设计与被诉侵权产品的外观设计进行比对可以发现，二者瓶身整体造型相同，瓶颈与瓶身的连接处均有冰花浮雕，冰花造型相同，冰花下方有文字浮雕设计，虽然具体的文字不同，但不影响二者在整体视觉效果上无实质性差异。

被诉侵权商品的部分包装瓶与青啤汉斯公司主张保护的商品包装相同，部分包装除瓶底不带有英文字母外其余特征亦相同，容易使相关公众将被诉侵权商品误认为是青啤汉斯公司的商品或者认为

二者之间存在特定的联系，属于使用与青啤汉斯公司有一定影响的商品包装相同或近似的包装，构成不正当竞争。

评　　论：外观设计的特点之一就在于以图片或照片界定其保护范围，而随着互联网技术的发展，有许多普通用户在微博、贴吧等网络平台上发布包括了外观设计产品的照片，这些照片如果符合《民事诉讼法》的规定即可以作为电子证据与被控侵权产品的设计进行比对。但公众显然不会按照专利文献中附图的要求拍摄照片，实践中法院多以未体现整体设计、遗漏部分要素为由对此类证据不予采信。本案一审法院即以非全方位照片为由拒绝对比。

二审法院的判决则为现有技术对比提供了新的思路：第一，六面视图的意义在于确定产品的立体形状，而产品的透明性使法官能够从一张平面照片中合理推断出产品形状。第二，现有设计与被控侵权设计对比的实质是设计特征的对比，因此仅要求照片体现了全部的设计特征。在电子证据广泛存在和运用的今天，本案判决对于法院审查现有设计的证据具有较大借鉴意义。

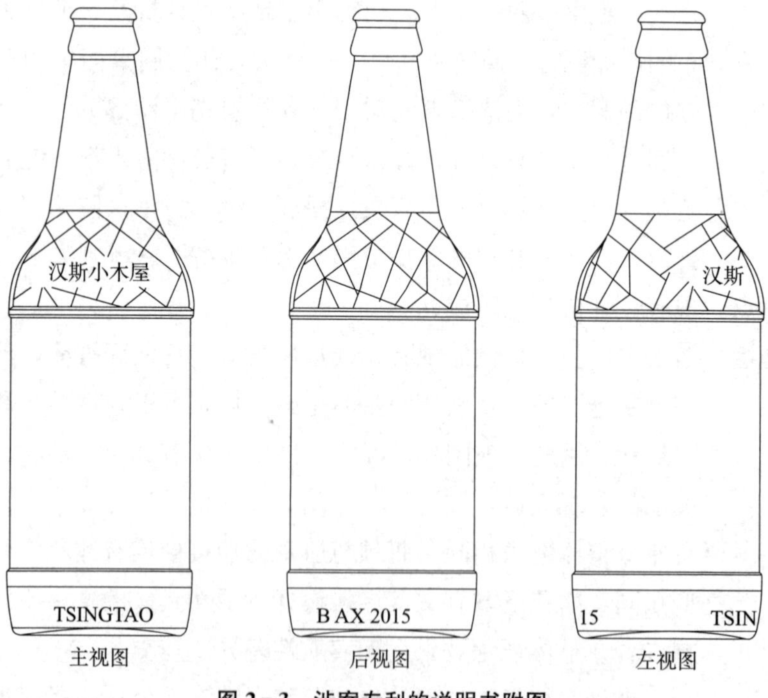


**图 2-3　涉案专利的说明书附图**

**图 2-4 作为现有技术抗辩证据的微博图片**

图片来源：微博用户“SarKyLee凯”发布的微博（该用户已经注销，微博已删除）。

c. 现有设计的判断

**案件名称：** 阮某祥、景德镇市隆祥陶瓷有限公司（以下简称“隆祥公司”）与山西杏花村汾酒集团有限责任公司（以下简称“汾酒公司”）、北京国信正元名饮商贸有限公司（以下简称“国信公司”）侵害外观设计专利权纠纷

**基本信息：** 北京市高级人民法院（2021）京民终629号，2021年9月8日

**主要案情：** 阮某祥系专利号为201330513168.9、名称为“陶瓷酒瓶（高尔夫球2）”的外观设计专利（见图2-5）的专利权人。阮某祥和隆祥公司起诉汾酒公司和国信公司的“高尔夫纪念酒产品（礼盒装）”侵害其外观设计专利权。一审法院判决汾酒公司与国信公司停止侵权行为并赔偿经济损失。汾酒公司不服，提起上诉。二审法院驳回其上诉请求，维持一审判决。

**主要争点：** 现有设计抗辩中“整体观察、综合判断”原则的适用。

**裁判理由：** 现有设计抗辩，一般是指如果被诉侵权外观与一项现有设计相同或者近似，或者被诉侵权产品的外观设计是一项现有外观设计与该产品的惯常设计的简单组合，则被诉侵权外观构成现有设计，被诉侵权人的行为不构成侵害外观设计专利权。

本案中，虽然汾酒公司在二审期间提交了安东烧酒瓶的外观，并主张该酒瓶外观的公开时间早于涉案专利申请日，但经比对，该

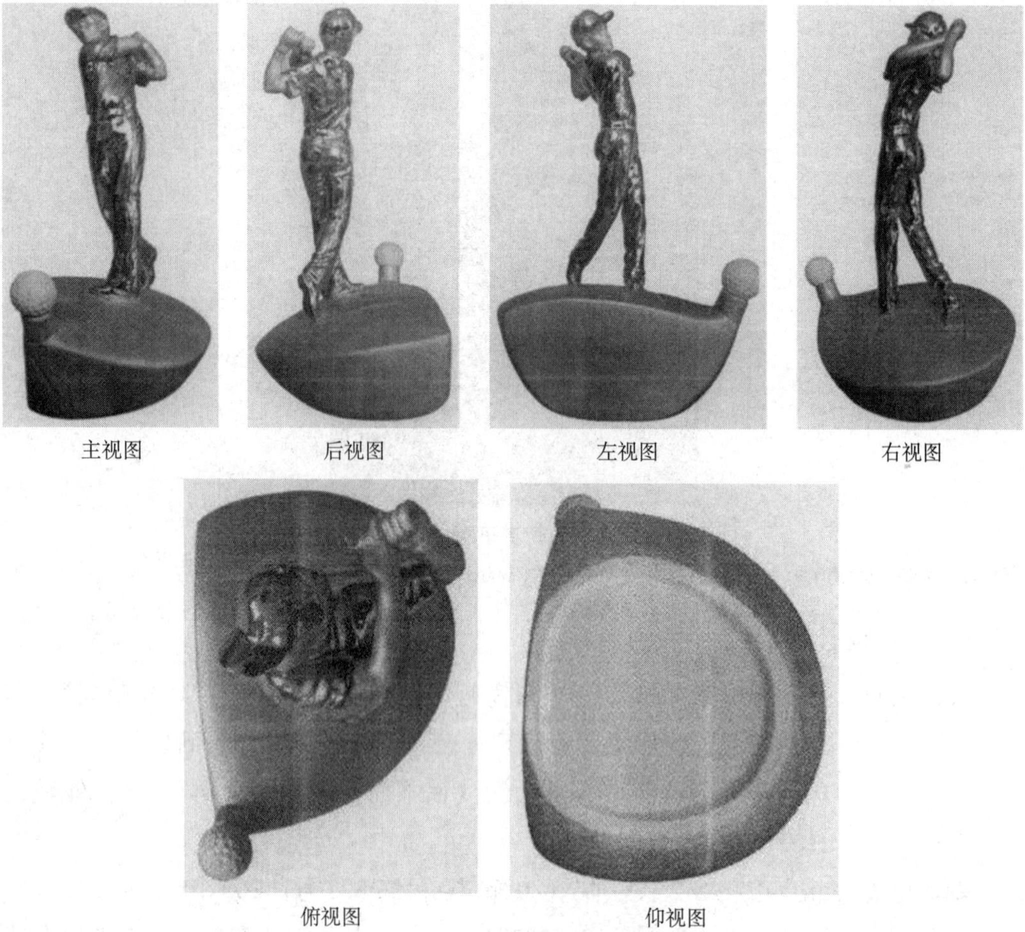


**图 2-5　涉案外观设计专利附图**

酒瓶外观仅与被控侵权产品的瓶身部分存在相同要素，并未公开被控侵权产品的人物设计部分。鉴于涉案专利保护的是人物和瓶身构成的陶瓷酒瓶的外观整体，而被控侵权产品亦采用了该外观的整体设计，因此，本案被控侵权产品的外观尚不属于现有设计，汾酒公司的现有设计抗辩理由不能成立，对其相关主张不予支持。

评　　论：本案受诉法院重申了现有设计抗辩中“整体观察、综合判断”的原则，要求以人物设计部分和瓶身设计部分作为整体进行比对。现有设计抗辩的论证和专利无效中与现有设计不具有明显区别的论证是不同的，现有设计抗辩是将现有设计与被控侵权产品的外观设计进行比较，而专利无效理由中的不具有区别性是将现有设计与外观设计专利进行比较。

实践中容易产生一种误解，认为只要现有设计公开了被控侵权产品上的部分设计特征，该设计就应当被排除在侵权比对之外。本案受诉法院对此作出了澄清：考虑到被控侵权产品采用了人物加瓶身的整体外观设计，被控侵权人举证的“现有设计”仅仅公开了瓶身的设计，没有公开人物设计，此时不能认为瓶身属于现有设计因此只能比较被控侵权产品和专利产品的人物设计部分是否近似，而是应当判定被控侵权人举证的“现有设计”在“整体观察、综合判断”的原则下与被控侵权产品的设计并不近似，因此本案被控侵权产品的外观不属于现有设计。

#### 2.2.4.3.2　合法来源抗辩

合法来源抗辩中是否要审查被诉侵权人的主观状态

**案件名称：** 深圳市凯博科技有限公司（以下简称“凯博公司”）与深圳市早禾科技有限公司（以下简称“早禾公司”）、李某涛侵害外观设计专利权纠纷

**基本信息：** 广东省高级人民法院（2021）粤民终1803号，2021年9月18日

**主要案情：** 凯博公司系专利号为ZL201830083523.6、名称为“车载手机支架”的外观设计专利的权利人（专利说明书附图见图2-6），早禾公司被诉制造、销售、许诺销售侵害凯博公司专利权的产品。早禾公司主张被诉侵权产品来源于案外人深圳市桦宜达科技有限公司，并向法庭提交了送货单、物流单、转账记录、微信聊天记录等证据。

一审法院认定虽然被控侵权设计与涉案外观设计专利构成近似，落入涉案专利权的保护范围，但是早禾公司、李某涛主张的合法来源抗辩成立，无须承担侵权赔偿责任。凯博公司提起上诉，二审法院予以驳回。

**主要争点：** 合法来源抗辩是否成立。

**裁判理由：** 认定合法来源抗辩成立，不仅要审查被诉侵权产品的来源是否明确以及能否披露确切的源头，而且要审查销售者和许诺销售者是否具有主观善意。侵权人在主观上是否“实际不知道且不应当知道”，应予充分考量。通常，主观状态较难通过直接证据证明，但可通过其客观行为加以判断，且行为人是否尽到合理注意义务，须与行为人的身份、行为性质等相适应，必须具体案情具体分析，不能一概

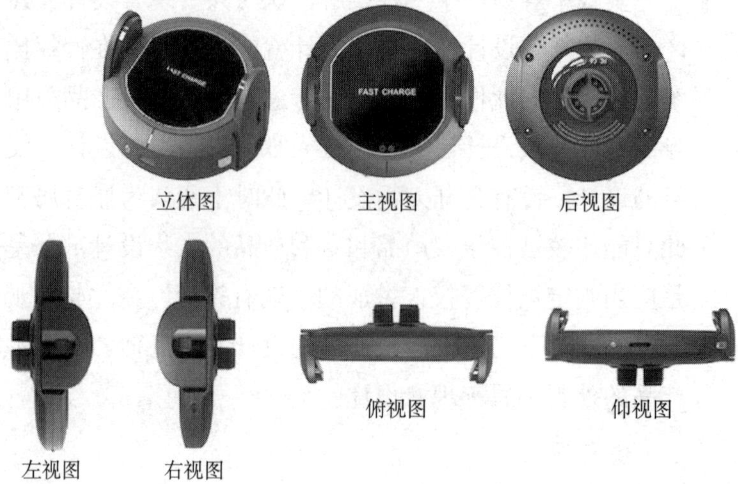


**图 2-6　专利说明书附图**

而论。

本案中，早禾公司的经营范围显示其并无生产被诉侵权产品的能力，车载手机支架属公开市场上流通量较大的小商品，单价不高且价格浮动性较大，在案亦无证据证明专利外观设计知名度较高，早禾公司知道被诉产品为侵权产品。综上，受诉法院认定早禾公司销售的被诉侵权产品合法来源于深圳市桦宜达科技有限公司，早禾公司、李某涛提出的合法来源抗辩成立。

评　　论：《专利法》第 77 条规定，为生产经营目的使用、许诺销售或者销售不知道是未经专利权人许可而制造并售出的专利侵权产品，能证明该产品合法来源的，不承担赔偿责任。《最高人民法院关于审理侵犯专利权纠纷案件应用法律若干问题的解释（二）》第 25 条第 2 款进一步指出，“不知道”是指实际不知道且不应当知道。可见，依照法律规定，合法来源抗辩要求主观善意要件。

从法理上看，专利侵权合法来源抗辩本质上可以理解为在侵权责任法中，侵权人没有主观过错不承担损害赔偿责任，故可将知识产权“侵权赔偿请求权”认定为特殊的过错推定原则，在销售者没有主观过错的前提下，附条件地免其除赔偿责任。[①]“合法来源抗辩”制度源于民法中的善意第三人制度，民法中善意第三人制度的

① 张本勇，陈健淋．《电子商务法》背景下的专利侵权合法来源抗辩．电子知识产权，2019（7）：86-93.

确立，旨在维护正常的交易秩序和交易安全，实现民事法律关系中各方当事人利益的平衡。在知识产权法中引入善意第三人制度，是为了在保护和激励创新的同时，实现知识产权法律关系中各方当事人利益的平衡。依据该制度，如果行为人在实施民事行为时主观系善意，且支付了对价，则根据公平和利益平衡原则，行为人的合法权益应该得到法律的保护，因此，合法来源抗辩是否成立，首先即应考察行为人的主观心理状态。[①]

本案对合法来源中抗辩主观状态的证明方法进行了进一步的阐述。首先，主观状态可以通过客观行为反映，判断标准是行为人是否尽到了合理注意义务。其次，合理注意义务并没有固定的标准，需要根据个案中行为人的身份、行为性质等因素进行判断。具体而言，人民法院通过行为人的经营范围、涉诉产品的性质、涉诉专利的知名度等因素判断行为人并无可能知道涉诉产品为侵权产品，从而认定行为人的主观善意。

### 2.2.5 专利权的救济

a. 被控侵权人举证妨碍可推定权利人主张的赔偿金额成立

**案件名称：** 斯恩蒂斯有限公司（以下简称“斯恩蒂斯公司”）与大博医疗科技股份有限公司（以下简称“大博公司”）、湖南德荣医疗健康产业有限公司、湖南德荣医疗器械物流配送服务有限公司（以下合并简称“二德荣公司”）侵害发明专利权纠纷案

**基本信息：** 最高人民法院（2021）最高法知民终148号，2021年11月3日

**主要案情：** 斯恩蒂斯公司是名为“一种用于治疗股骨骨折的装置”（专利号为ZL03827088.9）的发明专利的权利人。大博公司是一家专门研发、生产医疗器械的中国上市公司，二德荣公司是大博公司的销售商。斯恩蒂斯公司主张大博公司制造、销售、许诺销售的“A型股骨带锁髓内钉”落入了涉案专利权的保护范围，二德荣公司销售了上述侵权产品，故诉至法院。

一审法院认为侵权成立，但认为斯恩蒂斯公司主张的按照侵权获利计算赔偿数额不能得到现有证据支持，故应适用法定赔偿，判

① 丁文严．论知识产权侵权诉讼中合法来源抗辩的构成要件．知识产权，2017（12）：52－58.

决大博公司赔偿斯恩蒂斯公司经济损失 100 万元。双方皆不服一审判决，向最高人民法院提起上诉。最高人民法院认为，在可以确定侵权产品销售数量的情况下，将侵权产品销售数量乘以侵权产品销售价格，再乘以侵权产品的合理利润率，即可确认大博公司所获利益，故判决大博公司赔偿斯恩蒂斯公司损失 2 000 万元。

主要争点：如何确定本案的赔偿数额。

裁判理由：大博公司作为制造该类医疗器械的上市公司理应掌握涉案不同型号、规格的侵权产品的生产、销售情况，完全可以通过自我举证精确计算侵权产品的销售金额、利润率等，但是大博公司没有就此举证。特别是，在法院要求其提供涉案侵权产品的销售数据和与销售数据关联的原始凭证后，大博公司消极执行法院命令、拒不提供自己掌握的相应证据材料的行为，已经构成举证妨碍。在专利权人已经尽力举证，且所举证据和主张的计算方法可以证明其主张的金额具有较大的成立可能性的情况下，侵权人尽管不同意专利权人主张的金额，但仅对专利权人的计算方法提出异议，拒不提供自己掌握的证据，可以推定专利权人主张的赔偿金额成立。

评　　论：《专利法》第 71 条第 4 款规定，人民法院为确定赔偿数额，在权利人已经尽力举证，而与侵权行为相关的账簿、资料主要由侵权人掌握的情况下，可以责令侵权人提供与侵权行为相关的账簿、资料；侵权人不提供或者提供虚假的账簿、资料的，人民法院可以参考权利人的主张和提供的证据判定赔偿数额。

正如有学者所指出的，专利损害赔偿数额认定规则虽朝着赔偿方式多元化、计算方法精准化方向发展，但从实体法层面仍无法解决专利损害赔偿举证难、认定赔偿数额低和法定赔偿规则过度使用等问题。而实质上解决这类问题应该立足于程序法层面，从认定损害赔偿数额这一事实的民事证据规则上寻求原因。[①] 这也是为什么在司法实践中，许多法院都积极运用证据妨碍规则进行判赔。

但是值得注意的是，损害赔偿应当以填平为原则，以实际损害为尺度，如果仅仅因为被告妨碍举证便全额支持权利人主张的判赔数额，则有混淆妨碍司法产生民事制裁的责任与侵权行为产生的民

① 何培育，蒋启蒙．论专利侵权损害赔偿数额认定的证明责任分配．知识产权，2018 (7)：48-59.

事赔偿责任之嫌。

b. 先前调解协议对赔偿金数额的作用

案件名称：禧玛诺（新）私人有限公司（以下简称“禧玛诺公司”）与宁波赛冠车业有限公司（以下简称“赛冠公司”）、宁波优升车业有限公司（以下简称“优升公司”）侵害外观设计专利权纠纷

基本信息：上海市高级人民法院（2020）沪民终555号，2021年4月8日

主要案情：禧玛诺公司拥有名为“自行车后变速器”的外观设计专利，曾在前案中与赛冠公司达成调解，约定若赛冠公司再次侵权应向禧玛诺公司支付违约金100万元人民币。此后赛冠公司将主要设备与技术人员转移至优升公司，优升公司实施了制造、许诺销售涉嫌侵权产品的行为。禧玛诺公司起诉赛冠公司、优升公司实施共同侵权行为，并主张按照违约金数额赔偿。一审法院支持了禧玛诺公司诉请。赛冠公司、优升公司不服一审判决并提起上诉。二审法院驳回上诉，维持原判。

主要争点：赛冠公司、优升公司是否构成人格混同或者共同侵权。

裁判理由：涉嫌侵权产品的外观设计与外观设计专利仅存在细微区别，没有实质性变动，故被控侵权产品分别落入涉案专利设计1、2的保护范围。

一审法院认为，公司人格是否存在混同，最根本的判断标准是公司是否具有独立意思和独立财产，最主要的表现是公司财产是否混同且无法区分。判定两公司人格混同的标准应为两公司之间表征人格的因素（人员、业务、财务等）高度混同，导致各自财产无法区分，丧失独立人格。本案中，在案证据显示赛冠公司与优升公司经营场所相同，员工存在重叠，共同参加展会，赛冠公司已将商标和固定资产转让给优升公司，两者之间的资产转移存在购销合同和票据为证。虽禧玛诺公司现有证据尚不足以证明赛冠公司与优升公司财务状况高度混同、各自的财产无法区分，已经丧失了独立的人格，但可以认定赛冠公司和优升公司在被控侵权产品的制造和许诺销售中存在业务混同。二审法院认同这一结论，并总结了两公司业务混同的具体表现。

在案证据表明，赛冠公司在与禧玛诺公司签订上述调解协议后，就将生产设备和商标转让与优升公司，其公司高级管理人员转

至优升公司任职，继续实施侵害禧玛诺公司涉案外观设计专利权的行为，上述行为显然具有逃避调解协议约定的侵权赔偿责任之目的。虽然优升公司并非上述调解协议的签订主体，但基于其与赛冠公司共同侵权的意思联络及故意逃避调解协议所约定的侵权赔偿责任之共同目的，其理应与赛冠公司连带承担相应的赔偿责任。

评　　论：禧玛诺公司与赛冠公司在本案诉讼之前就涉案产品已发生过争议并达成调解协议，主要内容是如果赛冠公司再次发生侵权行为，直接以约定的数额进行侵权损害赔偿。本案判决明确了约定赔偿数额对第三人具有约束力的条件，受诉法院认为，赛冠公司为逃避先前调解协议，将主要设备、高级管理人员以及商标转让给优升公司，在此之后两公司共同实施的侵权行为属于故意侵权、重复侵权，两公司理应共同承担相应的民事责任，按此前赛冠公司与禧玛诺公司达成的协议进行赔偿。法院的判决在某种意义上维护了民法中的诚信原则。

c. 惩罚性赔偿的适用

案件名称：雷盟光电股份有限公司（以下简称“雷盟公司”）与中山市美高照明有限公司（以下简称“美高公司”）侵害实用新型专利权纠纷

基本信息：广州知识产权法院（2020）粤73知民初57号，2021年5月28日

主要案情：雷盟公司是名称为“发光二极管灯泡结构改良”、专利号为ZL201420776830.9的实用新型专利的专利权人，诉美高公司制造、销售、许诺销售侵权产品。此前有生效判决确认美高公司实施了侵害本案专利权的行为，并要求其承担停止侵害及损害赔偿责任。受诉法院认定美高公司的行为构成侵权，并判决其按侵权获利的3倍适用惩罚性赔偿。

主要争点：赔偿基数的确定和惩罚性赔偿的适用。

裁判理由：依据《民法典》第1185条的规定，故意侵害他人知识产权，情节严重的，被侵权人有权请求相应的惩罚性赔偿。设立惩罚性赔偿制度的初衷在于强化法律威慑力，打击恶意严重侵权行为，威慑、阻吓未来或潜在侵权人，有效保护创新活动，对长期恶意从事侵权活动之人从重处理。

本案中，鉴于美高公司主观上具有侵害涉案专利权的故意，其不仅拒不履行前案生效判决确定的专利侵权责任，还重复实施侵害

涉案专利权的行为，而且侵权时间长，至今未能举证证实已停止被诉侵权行为，属于侵权情节严重的情形。雷盟公司主张美高公司的涉案被诉行为属于恶意侵权、应受法律严惩的意见合理，涉案侵权行为应适用惩罚性赔偿。

评　论：我国《民法典》明确规定了侵害知识产权的惩罚性赔偿制度，即故意侵害知识产权，情节严重的，可适用惩罚性赔偿，但对惩罚性赔偿的倍数未作规定。我国《专利法》在2020年第四次修正时增设了侵害专利权的惩罚性赔偿，其适用条件同《民法典》的规定一样，并明确了惩罚性赔偿数额为基本赔偿数额的1至5倍。本案审理时《民法典》已施行，但第四次修正的《专利法》尚未实施。受诉法院认定本案侵权人故意侵权，且侵权情节严重，故适用了《民法典》的相关规定，判令被告承担惩罚性赔偿责任。

## 2.2.6 标准必要专利

### 2.2.6.1 标准必要专利全球许可条件争议管辖权

案件名称：夏普株式会社、赛恩倍吉日本株式会社与OPPO广东移动通信有限公司（以下简称“OPPO公司”）、OPPO广东移动通信有限公司深圳分公司（以下简称“OPPO深圳公司”）标准必要专利许可纠纷管辖权异议案

基本信息：最高人民法院（2020）最高法知民辖终517号，2021年8月19日

主要案情：2020年1月夏普株式会社于海外提起专利侵权诉讼，指控OPPO公司侵害了其手机通信技术相关的WLAN专利权。OPPO公司和OPPO深圳公司于同年2月向广东省深圳市中级人民法院起诉，请求确认夏普株式会社违反FRAND义务并赔偿损失，并请求法院对相关标准必要专利在全球范围内针对原告的智能终端产品的许可条件作出判决，包括但不限于许可使用费率。

夏普株式会社提出管辖权异议，要求将涉及中国专利在中国范围（不含港澳台地区）的许可条件纠纷移送广州知识产权法院管辖，驳回OPPO公司和OPPO深圳公司涉及其他国家或地区的专利许可条件的起诉。深圳市中级人民法院认为：本案与中国存在适当联系，中国法院具有本案的管辖权，而深圳是双方谈判行为发生

地，亦属于履行义务中最能体现该合同特征的履行地，因此其系审理本案标准必要专利许可纠纷的更便利法院；而且由本院裁判全球费率有助于整体效率提升，可以从本质上解决原、被告之间的纠纷，有效避免双方当事人在不同国家多次诉讼，也更符合FRAND原则的本意，不应将中国范围内的中国专利许可费率和全球范围的专利许可条件分离裁判。深圳市中级人民法院裁定驳回异议，夏普株式会社不服该裁定，向最高人民法院提起上诉。最高人民法院驳回上诉，维持原裁定。

主要争点：原审法院在本案中是否适宜对涉案标准必要专利在全球范围内的许可条件作出裁决。

裁判理由：首先，本案当事人均有就涉案标准必要专利达成全球范围内许可条件的意愿，且对此进行过许可磋商。当事人协商谈判的意愿范围构成本案具备确定涉案标准必要专利全球范围内许可条件的事实基础。

其次，本案标准必要专利许可纠纷显然与中国具有更密切的联系。这具体表现为：本案中，当事人许可磋商所涉及的标准必要专利大部分是中国专利；中国是涉案标准必要专利实施者的主要实施地、主要营业地或主要营收来源地；中国是当事人专利许可磋商地；中国也是专利许可请求方可供扣押或可供执行财产所在地。由中国法院对涉案标准必要专利在全球范围内的许可条件进行裁决，不仅更有利于查明OPPO公司和OPPO深圳公司实施涉案标准必要专利的情况，还更便利案件裁判的执行。

评　　论：本案系我国法院首次就标准必要专利许可全球费率的管辖权问题作出裁决。在此之前，英国法院在UP公司诉华为公司标准必要专利侵权纠纷案中，以UP公司少量英国专利涉嫌在英国受到侵害为管辖连结点，主动裁决涉案标准必要专利全球许可费率，并以双方未达成合意为由否决了中国法院的管辖权，引发了较大争议。

最高人民法院虽然也认可，当事人达成的管辖合意赋予了一国法院审理标准必要专利全球许可条件纠纷的管辖权，但是，在当事人并未达成管辖权合意，而当事人具有达成全球许可意愿且受诉法院与纠纷具有更密切联系的前提下，一国法院裁决标准必要专利全球许可条件同样具有正当性。最高人民法院将解决国际商事冲突中确定管辖权的“最密切联系原则”引入标准必要专利全球许可条件案件中，考虑了涉案标准必要专利组合中中国专利占比大，标准实施者的主要实施地、主要营业地或主要营收来源地以及双方当事人专利许可磋商地均在中国等因素，论证了中国法院显然是与纠纷具有最密切联系的法院。

比较法上的理论也普遍承认“最密切联系原则”的地位，美国法学会制定的《知识产权：跨国纠纷管辖权、法律选择和判决原则》与欧洲马克斯·普朗克知识产权冲突研究小组制定的《知识产权冲突法原则》，在解决管辖冲突时均采纳了“最密切联系原则”。本案确定的裁判标准能为其他法域解决标准必要专利全球许可条件纠纷管辖权争议提供一条与英国模式不同，同时更符合国际民商事管辖原则的中国模式。[①]

#### 2.2.6.2 标准必要专利的必要性认定

**案件名称：**诺基亚公司与华勤技术股份有限公司（以下简称“华勤公司”）侵害发明专利权纠纷

**基本信息：**上海市高级人民法院（2017）沪民终92号，2021年12月

**主要案情：**诺基亚公司系专利号为ZL98810085.1、名称为“根据在移动通信系统中确定的协议在确定的层中处理数据的方法和设备”的发明专利的专利权人。华勤公司被诉制造、许诺销售、销售侵权手机。诺基亚公司主张，华勤公司生产的手机必须符合中国标准YD/T1214-2006（以下简称“涉案中国标准”），而诺基亚公司的专利又是该标准的必要专利，故华勤公司实施了诺基亚公司涉案专利。华勤公司辩称涉案专利并非标准必要专利。一审判决被告华勤公司败诉，华勤公司不服，向上海市高级人民法院提起上诉。二审法院驳回上诉人华勤公司的上诉请求，维持一审判决。

**主要争点：**标准必要专利的必要性认定问题。

**裁判理由：**受诉法院认为，本案纠纷涉及通信领域的标准必要专利争议，标准必要专利侵权案件的审理，相较于普通专利侵权案件而言具有特

① 张广良．标准必要专利许可纠纷管辖权的确定——最高法院OPPO与夏普案评论．微信公众号“知产财经”，2021-09-03.

殊性。

首先，专利一旦被认定为标准必要专利，则案件审理结果不但涉及原、被告双方当事人的利益，还会影响数量众多的实施同一标准之相关不特定案外人的利益，因此具有一定公共利益属性。

其次，涉案中国标准于2006年6月8日发布。依据当时生效的《标准化法》(1989年施行) 第6条和第7条的规定，我国的标准依据适用范围分为国家标准、行业标准、地方标准和企业标准；按照执行程度又分为强制性标准和推荐性标准。根据涉案中国标准编号之字母缩写，可知其为通信行业推荐性标准。由于标准组织并不对专利权人的必要专利声明进行实质审查，而法院要确认专利是否属于标准必要专利，需要对实施专利技术方案能够实现标准以及专利对标准而言具有必要性（实施标准仅能采用该专利技术方案）之双向事实进行认定，司法成本较高。

最后，涉及标准必要专利争议的侵权案件，因涉及技术标准而使比对客体更趋复杂。此类案件中，至少会涉及对专利、被诉侵权技术方案及标准之三方技术特征的比对；而如果标准中部分条款采标自其他标准，还可能涉及对专利、被诉侵权技术方案、标准及被采标标准之四方技术特征的比对。因此，基于司法效率和司法成本考量，在涉及标准必要专利争议的侵权案件中，可先对被诉侵权技术方案是否落入涉案专利权利要求的保护范围进行判断。而在具体案件审理中，人民法院可根据个案情况选择合适的比对客体和比对方法来进行事实认定。

在涉及标准必要专利争议的侵权诉讼中，如果被诉侵权技术方案未落入专利权的保护范围，或是被诉侵权技术方案虽落入专利权的保护范围但被诉侵权方的抗辩理由成立，则此时专利侵权指控均不能成立，无须再对被诉侵权技术方案是否符合标准、专利是否属于标准必要专利等事实进行认定。如果被诉侵权技术方案落入专利权的保护范围但未采用诉争标准，即便被诉侵权方的抗辩理由不能成立，被诉侵权行为也仅构成普通专利侵权行为，此时同样无须对涉案专利是否为标准必要专利进行确认。只有在被诉侵权技术方案落入专利权的保护范围且采用了诉争标准，同时被诉侵权方的抗辩理由无法成立的情况下，才可能需要对专利是否为标准必要专利进行认定，即进一步查明专利技术方案是否能够实现标准、实施标准是否仅能采用专利技术方案，以确定被诉侵权行为是否构成对标准必要专利抑或是普通专利的侵害行为。

评　　论：随着通信技术的不断发展，标准必要专利相关纠纷愈加频繁地出现在司法审判中，但相关司法裁判规则却并不成熟，标准必要专利的认定标准、FRAND许可协议的订立、许可费率的确定等问题仍需要不断探索、总结经验，才能形成规则。此外，相关认定技术性极强，即使经验丰富的法官亦需花费大量时间、精力。这类案件给法院带来沉重的司法负担，且判决结果影响较大，甚至可能限制公共利益。

本案中，受诉法院阐述了认定标准必要专利的种种难题，并提出了几种不需要认定标准必要专利的情形，以及在不影响司法公正的前提下避免认定标准必要专利的方法：首先应当判断涉诉技术方案是否落入专利保护范围，是否不存在有效的不侵权抗辩，是否应用了涉诉标准，只有当上述三个问题都得出肯定答复时才需要考虑认定标准必要专利。受诉法院的做法避免了不必要的讼累，降低了司法成本，提高了司法效率，值得其他法院借鉴。

## 2.2.7　集成电路布图设计

集成电路布图设计专有权被撤销后相关民事侵权案件的处理

案件名称：深圳市天微电子股份有限公司（以下简称“天微公司”）与深圳市鑫天胜科技有限公司（以下简称“鑫天胜公司”）、无锡中微爱芯电子有限公司（以下简称“中微爱芯公司”）侵害集成电路布图设计专有权纠纷

基本信息：最高人民法院（2021）最高法知民终1313号，2021年9月7日

主要案情：在天微公司诉鑫天胜公司、中微爱芯公司侵害集成电路布图设计专有权纠纷的审理期间，中微爱芯公司针对涉案集成电路布图设计向国家知识产权局提出撤销申请，2021年2月18日，国家知识产权局作出集成电路布图设计撤销程序审查决定书，撤销涉案集成电路布图设计专有权。一审法院据此认为天微公司丧失了提起本案诉讼的权利基础，裁定驳回起诉。

天微公司不服该判决，向最高人民法院提起上诉，认为：其已在规定期限内提起行政诉讼，国家知识产权局所作行政决定并非终局性决定，涉案集成电路布图设计专有权是否应当撤销尚未得到司法机关的确认。虽然《最高人民法院关于审理侵犯专利权纠纷案件应用法律若干问题的解释》规定，在专利侵权纠纷中专利被宣告无效时应驳回起诉，但在集成电路布图设计专有权纠纷领域并无类似规定，一审法院应根据《民事诉讼法》的相关规定裁定中止诉讼。最高人民法院认为：一审裁定认定事实清楚，适用法律存在瑕疵，但裁判结果正确，应予以维持。

主要争点：一审法院能否参照专利纠纷相关规定驳回起诉。

裁判理由：涉案集成电路布图设计专有权的权利基础仍处于不确定状态，若中止侵权诉讼，其可能长期处于悬而未决的状态。考虑到侵害集成电路布图设计专有权纠纷亦属知识产权纠纷范畴，在涉案集成电路布图设计专有权被撤销的情况下，可参照专利侵权诉讼中专利权被宣告无效后的处理方式，裁定驳回天微公司的起诉。如果撤销涉案集成电路布图设计专有权的行政决定随后被生效的行政判决撤销，涉案集成电路布图设计专有权的权利状态明确稳定，天微公司可以另行起诉，并不会对天微公司的合法权利造成严重损害。

类似案件中是否先行裁定驳回起诉，应根据具体案情确定，一审法院认为因本案请求保护的集成电路布图设计专有权已被撤销，其起诉应予以驳回，有所不当，但不影响本案裁判结果。

评　　论：目前，我国知识产权立法缺少对总论的一般规定，而以单行法为主，对于知识产权法上的一些共性问题，只有个别单行法及其相关司法解释加以规定。如《最高人民法院关于审理侵犯专利权纠纷案件应用法律若干问题的解释（二）》第2条第1款规定，权利人在专利侵权诉讼中主张的权利要求被国务院专利行政部门宣告无效的，审理侵犯专利权纠纷案件的人民法院可以裁定驳回权利人基于该无效权利要求的起诉；第2款规定，有证据证明宣告上述权利要求无效的决定被生效的行政判决撤销的，权利人可以另行起诉。

该规定的制定背景是在民行二分体制下，民事侵权诉讼的审理必须等待无效程序乃至后续行政诉讼的结果，导致审理周期不适当延长，影响审判效率。[①] 而商标专用权、集成电路布图设计专有权的产生也需要行政机关的审查，也有无效宣告或撤销程序，与专利权一样会遇到民事侵权诉讼和行政程序分离的困境。具体到本案中，集成电路布图设计专有权的撤销在实体条件上与专利权无效宣告相似，程序上也是由专利局复审无效部作出，救济上也是向人民法院提起行政诉讼，如果仅以缺乏法律和司法解释规定为由中止审理，则不可避免地影响审判效率，与专利法相关司法解释的精神相背离。

本案的裁决正确运用法学方法论进行漏洞填补，基于上述的两个制度的相似性，将专利法的相关规范参照适用于集成电路布图设计领域，不仅妥善解决了本案争议，也为知识产权各个单行法之间规范的参照适用提供了正确思路：在缺乏明文规定时，考虑客体的相似性和规范目的参照适用其他领域的规范。

## 2.2.8　植物新品种

### 2.2.8.1　近似品种的认定标准

**案件名称：** 黑龙江阳光种业有限公司（以下简称“阳光种业公司”）与农业农村部植物新品种复审委员会（以下简称“植物新品种复审委员会”）植物新品种申请驳回复审行政纠纷

**基本信息：** 最高人民法院（2021）最高法知行终 453 号，2021 年 8 月 10 日

**主要案情：** 阳光种业公司等针对“哈育 189”向原农业部植物新品种保护办公室（以下简称“品种保护办公室”）提出品种权申请，品种保护办公室以不符合《植物新品种保护条例》第 15 条规定为由驳回。阳光种业公司等提出复审请求。植物新品种复审委员会认定阳光种业公司于 2015 年 6 月 29 日提交“哈育 189”玉米品种权申请时，“利合 228”品种已于 2015 年 4 月 14 日公告初步审查合格，选择“利合 228”品种作为本申请的近似品种符合《植物新品种保护条例》的规定，遂驳回阳光种业公司的复审请求。阳光种业公司不服，认

① 宋晓明，王闯，李剑．《关于审理侵犯专利权纠纷案件应用法律若干问题的解释（二）》的理解与适用．人民司法（应用），2016（10）：29－30．

为“利合228”在国内首次申请品种审定或品种权保护的时间均晚于“哈育189”，不能作为评价“哈育189”特异性的近似品种，诉请判决撤销被诉决定，并判令植物新品种复审委员会重新作出决定。一、二审判决均驳回阳光种业公司的诉讼请求。

**主要争点：**“哈育189”品种是否具备特异性。

**裁判理由：**二审法院认为：在“哈育189”品种于2015年6月29日申请植物新品种权时，“利合228”品种已经完成了品种权申请初审，被诉决定将“利合228”玉米品种作为“哈育189”品种权申请日之前的已知品种，就其相关特征、特性进行测试，与申请品种进行性状对比，于法有据。根据鉴定，“哈育189”“利合228”之间有差异性状，但差异不显著，且（2018）甘民终695号民事判决已认定，“利合228”与“哈育189”属于同一玉米品种，因此申请品种权的“哈育189”不具有明显区别于已知品种“利合228”的性状，不具备特异性，被诉决定和一审判决认定并无不当。故判决驳回上诉，维持原判。

**评　　论：**特异性是授予植物新品种权的必要条件。《植物新品种保护条例》第15条规定，特异性是指申请品种权的植物新品种应当明显区别于在递交申请以前已知的植物品种。在特异性的审查过程中，需要明确在先已知品种，类似于专利申请中对现有技术的知悉，其目的是固定对比对象，即比较该申请品种与递交申请日以前的已知品种是否存在明显的性状区别，基本逻辑是作为特异性判断对比对象的已知品种，不能是申请授权品种自身。与特异性的判断标准不同，新颖性的判断是以申请植物新品种保护的品种自身作为基准，判断其销售推广的时间是否超过了规定的时间。因此，申请植物新品种权保护的品种在申请日之前存在的审定、推广的时间，对判断其是否具备新颖性具有重要意义，但与选择确定作为特异性判断对比对象的已知品种并无关联。在本案中，双方对特异性时间节点的选择有争议，法律规定递交申请日是判断品种特异性的时间节点，品种审定、品种推广的时间对新颖性判断产生影响，而对特异性判断不产生影响。

#### 2.2.8.2　侵害植物新品种权行为的认定

**案件名称：**江苏省金地种业科技有限公司（以下简称“金地公司”）与江苏亲

耕田农业产业发展有限公司（以下简称“亲耕田公司”）侵害植物新品种权纠纷[①]

基本信息：最高人民法院（2021）最高法知民终 816 号，2021 年 8 月 25 日

主要案情：“金粳 818”是天津市水稻研究所选育的水稻新品种，2018 年 11 月 8 日被授予植物新品种权，品种号为 CNA20141476.3。品种权人许可金地公司独占实施“金粳 818”植物新品种权。亲耕田公司未经许可，以线下门店推广以及在微信群内发布“农业产业链信息匹配”线上宣传等方式，寻找潜在的交易者，收取会员费并向会员提供“金粳 818”水稻种子交易信息，与买家商定交易价格、数量、交货时间，安排送货收款。一审法院认定，亲耕田公司未经涉案品种权人许可，帮助他人销售被诉侵权种子的行为构成侵权，应当承担停止侵权并赔偿损失的民事责任。亲耕田公司不服，以涉案交易行为不属于侵权行为为由提起上诉。二审法院认为，亲耕田公司直接实施了销售被诉侵权种子的行为，其上诉理由不能成立，故驳回上诉，维持原判。

主要争点：侵害植物新品种权行为的认定。

裁判理由：亲耕田公司实施了发布被诉侵权种子销售的具体信息，与金地公司取证人员协商确定种子买卖的包装方式、价款和数量、履行期限等交易要素的行为，其行为对于被诉侵权种子的交易不仅具有肇始意义，而且已产生据此取得被诉侵权种子所有权的确定预期，销售合同已经依法成立。可见，亲耕田公司系被诉侵权种子的交易组织者、决策者，可以认定亲耕田公司直接实施了被诉侵权种子的销售行为。被诉侵权行为不符合农民自繁自用的条件，也不符合农民自繁自用剩余种子合法出售、串换的条件，且亲耕田公司的交易目的是获取不正当的巨额经济利益，故本案不属于农民销售自留种的情形。

评　　论：侵害植物新品种权行为的认定有时存在争议。在本案中，法院认定被诉侵权人通过微信群寻找潜在的交易者，在收取农民、种粮大户等主体的会员费后提供被诉侵权种子的交易信息，根据买家的需求联系货源并安排双方交接进行交易，属于销售行为的组织者、决策

① 此案入选“2021 年中国法院 10 大知识产权案件”。

者，其行为构成直接侵权行为。本案判决体现了人民法院严格保护植物新品种权、促进农业科技创新的司法导向。[①]

### 2.2.8.3 侵害植物新品种权行为的证明责任

a. 举证责任

**案件名称：** 酒泉市华美种子有限责任公司（以下简称“华美公司”）与夏某福植物新品种临时保护期使用费纠纷和侵害植物新品种权纠纷

**基本信息：** 最高人民法院（2021）最高法知民终 1469 号，2021 年 12 月 17 日

**主要案情：** 华美公司系辣椒属“华美 105”植物新品种权的权利人，夏某福被诉销售侵害华美公司品种权的种子。华美公司提供的证据足以证明案外人绿野公司的法定代表人曾经从夏某福处购买种子，且公证处封存的绿野公司使用的种子与“华美 105”标准样品一致。但是华美公司提供的证据没有指明绿野公司使用的种子是夏某福销售的。

一审法院认定华美公司无法证明夏某福实施了侵权行为，驳回华美公司的诉讼请求。华美公司不服，提起上诉。二审法院撤销一审判决，认定侵权行为成立。

**主要争点：** 在案证据是否足以认定被诉侵权行为成立。

**裁判理由：** 对于证据的审查应当全面客观，应运用逻辑推理和日常生活经验法则，对证据有无证明力和证明力大小进行判断。《最高人民法院关于审理侵害植物新品种权纠纷案件具体应用法律问题的若干规定（二）》第 6 条中规定：品种权人或者利害关系人举证证明被诉侵权品种繁殖材料使用的名称与授权品种相同的，人民法院可以推定该被诉侵权品种繁殖材料属于授权品种的繁殖材料。据此，品种权人仅需提供初步证据证明被诉侵权品种繁殖材料使用的名称与授权品种相同即可。不应对植物新品种权利人的举证施加超出法律高度的标准要求，要求其完成对生产、销售被诉侵权种子的事实面面俱到的证明以达到过程上的闭环。

基于本案证据情况，华美公司已完成举证义务，夏某福至此对于被控侵权事实负有提交反证的义务。如夏某福所言属实，则其本

---

① 最高人民法院发布 2021 年中国法院 10 大知识产权案件和 50 件典型知识产权案例．（2022－04－21）[2022－07－10]．https：//www.court.gov.cn/xinshidai-xiangqing－355881.html.

应，亦有能力提交证据，证明其与王某的种子交易并非针对该批被诉侵权种子。现夏某福未能提交任何有效反证，故举证不能的不利后果应由夏某福承担。

评　　论：侵权行为的证明向来是权利人的举证难题。本案中，二审法院依法分配举证责任，认为当权利人尽到举证义务时，行为人有义务提供反证证明其没有实施侵权行为。

《最高人民法院关于审理侵害植物新品种权纠纷案件具体应用法律问题的若干规定（二）》第6条仅就被诉侵权品种的繁殖材料与授权品种的繁殖材料的同一性认定规定了特殊举证责任规则，即只要名称相同就推定被诉侵权品种的繁殖材料属于授权品种的繁殖材料。仅从上述规定并不能当然认为在侵权行为的认定上也有如此推定。比照专利法中的相关规定，相关司法解释只在非新产品的制造方法专利侵权方面规定了侵权行为认定的特殊举证责任规则，即当权利人举证达到司法解释规定的要求时，推定侵权行为存在，行为人负有义务证明该行为不存在。方法专利中由于其实施的隐蔽性有上述特殊举证规则，但是在一般的产品专利侵权中并无类似规则。

b. 侵害植物新品种权案件启动重新鉴定的条件

案件名称：山东登海先锋种业有限公司（以下简称“登海先锋公司”）与山西强盛种业有限公司（以下简称“强盛种业公司”）、新绛县华丰种业有限公司（以下简称“华丰种业公司”）侵害植物新品种权纠纷

基本信息：最高人民法院（2020）最高法知民终795号，2021年3月2日

主要案情：先锋国际良种公司于2010年1月1日获得“先玉335”玉米品种的植物新品种权，同年授予登海先锋公司在中国境内享有“先玉335”植物新品种权以及一切救济性权利。嗣后，登海先锋公司发现强盛种业公司和华丰种业公司涉嫌销售涉案种子，向法院提起诉讼。

在案件审理过程中，登海先锋公司提交了山西省新绛县公证处出具的公证书及河南中农检测技术有限公司（以下简称“中农检测公司”）出具的“检验报告”，证明其在华丰种业公司购买、封存被诉侵权种子“强盛388”样品，并通过快递公司邮寄至中农检测公司进行检测，“检验报告”的结论为：该样品与对照样品为近似品种。

一审法院认为：本案的保全及鉴定均符合相关规定，根据检测结论可以认定被诉侵权种子与“先玉 335”为同一品种。强盛种业公司虽然拥有“强盛 388”植物新品种权，但未提供可以推翻中农检测公司出具的“检验报告”的证据，故一审法院对其抗辩理由不予采信，并判决强盛种业公司、华丰种业公司停止侵权，赔偿登海先锋公司经济损失 30 万元。双方均不服，向最高人民法院提起上诉。强盛种业公司还提交了重新鉴定的申请。二审法院依据重新鉴定的结果认定被诉侵权种子与“先玉 335”不是同一品种，撤销一审判决，驳回登海先锋公司的诉讼请求。

主要争点：被诉侵权产品是否侵害登海先锋公司“先玉 335”植物新品种权。

裁判理由：由于植物新品种权纠纷中查明技术事实的特点，鉴定意见是审理此类案件的重要依据，自行委托鉴定有利于发挥当事人的主动性，推进诉讼进程，提高审判效率，具有一定的合理性和必要性。但自行委托鉴定意见存在鉴定机构或鉴定人不具备相应鉴定资质、鉴定程序严重违法、对照样品来源不明、鉴定方法明显依据不足等重大错误，或者当事人提交了足以推翻原鉴定意见的相反证据的，人民法院可对原鉴定意见不予采信并启动重新鉴定程序。

本案中，登海先锋公司单方委托中农检测公司出具的“检验报告”存在对照样品“先玉 335”无样品编号、未注明对照样品来源等问题，无法确认是否为审定品种的标准样品，检验结论存在明显疑点，重新鉴定具有必要性。同时，本案被诉侵权种子保存完好，具备鉴定条件，重新鉴定具有可操作性。故最高人民法院依法决定在二审中启动重新鉴定程序。

评　　论：侵害植物新品种权成立的关键事实即被控侵权人生产、繁殖或销售的种子与原告享有独占权的种子属于同一品种，对此得出正确的结论通常需要具有专业能力的鉴定机构通过科学的程序验证，因此鉴定意见的证据资格在此类案件中有重要意义。

我国民事诉讼法及其相关司法解释的规定虽然没有明确禁止当事人一方自行委托鉴定机构，但考虑到双方的委托关系容易引发对方当事人对鉴定意见的不信任，《最高人民法院关于民事诉讼证据的若干规定》第 41 条中规定，另一方当事人有证据或者理由足以反驳并申请鉴定的，人民法院应予准许。本案中，最高人民法院立足于植物新品种权纠纷中鉴定意见的重要性，以更谨慎的态度审查了被控侵权方重新鉴定的申请，认为“检验报告”中缺乏样品编号、未标明样品来源等瑕疵的存在足以使其结论存疑，从而启动了重新鉴定程序。

本案为植物新品种乃至其他知识产权领域诉讼中，审查一方当事人自行提供的鉴定意见和启动重新鉴定的必要性确定了更为具体的规则，在提高诉讼效率、发挥当事人主动性与确保鉴定意见的真实性和合法性之间实现了较好的平衡。

#### 2.2.8.4　植物新品种侵权纠纷中合法来源抗辩与权利用尽抗辩

**案件名称：** 中国农业科学院郑州果树研究所（以下简称“郑州果树研究所”）与郑州市二七区百领水果种植园（以下简称“百领水果种植园”）侵害植物新品种权纠纷

**基本信息：** 最高人民法院（2021）最高法知民终 592 号，2021 年 6 月 25 日

**主要案情：** 郑州果树研究所为梨树新品种“丹霞红”的品种权人，百领水果种植园未经许可将其购买的梨树苗进行栽培、出售，品种鉴定报告显示编号为 2—7 的梨树样品与“丹霞红”对照差异位点数为 0。郑州果树研究所请求法院判决百领水果种植园停止侵权，并承担相应的民事责任。一审法院支持了郑州果树研究所的诉讼请求，百领水果种植园不服并提出上诉。二审法院驳回上诉，维持原判。

**主要争点：** 合法来源和权利用尽等抗辩在本案中能否适用。

**裁判理由：** 涉案梨树中部分是百领水果种植园购买“丹霞红”品种苗木后，利用 5 年的梨树作砧木嫁接而来的。此外，百领水果种植园多次销售“丹霞红”品种苗木。结合其销售数量，可推定百领水果种植园存在繁殖“丹霞红”品种苗木的事实，不能适用合法来源及权利用尽抗辩。百领水果种植园未证明所购入的“丹霞红”苗木是经品种权人许可售出的，且其在本案中实施的不仅是销售行为，还存在对购入的“丹霞红”苗木进一步繁殖，并向他人销售从而获利的行为，显然侵害了品种权人的利益，对其侵权行为应当承担相应的民事责任。

**评　　论：** 在本案中，在对植物种类没有争议的前提下，被控侵权人声称其销售的苗木来源于合法渠道，主张合法来源、权利用尽抗辩权利人的

主张不符合立法意图。销售植物新品种权保护的苗木来获取利润的行为侵害权利人享有的合法利益。

在传统知识产权制度中，首次销售原则作为权利的限制被规定在单行法中。例如，著作权法不能对合法印刷品的二次销售施加控制，专利法不得对专利产品的再度销售进行干预，商标法无法制约合法购买商品的再次销售。知识产权学界通说认为，知识产权人在将其知识产品进行市场化使用时已经完成了权利的使用，属于权利用尽，如仍允许权利人对相关产品享有权利，势必影响正常的市场流通秩序。植物新品种权有别于传统的知识产权，原因在于植物本身所具有的遗传特性，可使其将本身所具有的优势性状通过繁殖传递给下一代。为了维护植物新品种权利人的合法利益，在涉及植物新品种权的侵权诉讼时，对被诉侵权人主张的合法来源、权利用尽等不侵权抗辩应进行严格审查。换句话说，传统的侵权抗辩事由在适用于植物新品种权时需要进行严格解释。鉴于繁殖材料具有繁殖子代的特点，植物新品种权与狭义知识产权在权利限制方面存在差异，故相较于狭义知识产权，应当给予植物新品种权更多的保护。

#### 2.2.8.5 侵害品种权损害赔偿

##### 参照事前约定的赔偿数额确定侵权损害赔偿数额

**案件名称：**深圳市金谷美香实业有限公司（以下简称“金谷美香公司”）与合肥皖丰种子有限责任公司（以下简称“皖丰公司”）、霍邱县保丰种业有限责任公司（以下简称“保丰公司”）侵害植物新品种权纠纷

**基本信息：**最高人民法院（2021）最高法知民终 466 号，2021 年 11 月 2 日

**主要案情：**“黄华占”水稻的品种权人为广东省农业科学院水稻研究所，金谷美香公司于 2015 年 9 月 19 日通过协议获得“黄华占”品种的独占实施许可权。2019 年 4 月 9 日，金谷美香公司与皖丰公司签订调解协议：皖丰公司收回市场在售的“黄华占”种子，今后不得再以任何方式销售“黄华占”种子，如违反该约定，皖丰公司应给予金谷美香公司不低于 100 万元的经济赔偿。嗣后，金谷美香公司再次发现皖丰公司与保丰公司生产销售被诉涉案种子，遂向合肥市中级人民法院提起诉讼，一审法院认定侵权成立，判决皖丰公司赔偿金谷美香公司经济损失 30 万元，保丰公司赔偿金谷美香公司经济损失 4

万元。金谷美香公司提起上诉。二审法院改判皖丰公司赔偿金谷美香公司经济损失 100 万元及维权合理开支 5 万元。

主要争点：确定赔偿数额是否应考虑事前约定的赔偿数额。

裁判理由：侵权行为发生前的事先约定侵权赔偿数额是就未来发生侵权时权利人因被侵权所受到的损失或者侵权人因侵权所获得的利益，预先达成的一种简便的计算和确定方法。法律并未禁止被侵权人与侵权人就侵权责任的方式、侵权赔偿数额等预先作出约定；而且基于举证困难、诉讼成本等因素的考虑，也应当允许当事人在私法自治的范畴内对侵权赔偿数额作出约定。

本案中，皖丰公司在签订上述调解协议后又生产、销售侵害“黄华占”品种权的被诉侵权种子，重复侵权且侵权恶意较为明显；皖丰公司的侵权规模较大，不仅自身生产被诉侵权种子，还同时销售给多家销售商。在关联案件（2021）最高法知民终 537、565 号中，皖丰公司虽非被告，但其在该两案中生产、销售被诉侵权种子的行为与本案被诉侵权行为具有整体性和一致性。综合考虑这些因素，约定的损害赔偿数额并未不合理地超出实际损失。

评　　论：本案的特殊之处在于在本案争议的侵权行为发生之前，双方就约定了未来发生侵权时的损害赔偿数额，《民法典》第 585 条肯定了违约发生前约定的违约金的效力，但这并不能当然适用于侵权领域，因为侵权损害赔偿是一种法定之债，当事人事前的约定数额可能远远超过实际损失，承认其效力将违反“填平原则”并导致权利人获取不适当的利益。但是，法定的损害赔偿计算方式对权利人证据收集能力要求过高，事前约定的赔偿数额也能体现当事人一致的预期。本案中，最高人民法院在考虑举证困难、诉讼成本等因素后承认了此类约定的效力。

但需要注意，最高人民法院并不是完全按照双方的约定确定损害赔偿数额，而是在分析被告的主观恶意、侵权持续时间、侵权规模和关联案件等因素后，认可了原告的损失为事前约定的数额，其实质的法律依据应是《种子法》第 72 条第 4 款规定的法院裁量确定赔偿数额。理论上亦可参照《民法典》第 585 条第 2 款规定的违约金调整条款，解释确定赔偿数额的正当性，即事前约定的侵权损害赔偿数额在与实际损失进行比较后，方能成为法院最终确定的赔偿数额，法院承认事前约定的赔偿数额是因为其没有过分偏离法院确定的实际损失。

本案正确地处理了约定赔偿数额和法定赔偿数额之间的关系，既遵守了填补损失的原则，又采取灵活的态度承认了事前约定的效力，对于当事人在实践中预防和处理纠纷有重大的指引作用。

# 3. 商　标

## 3.1 法律、规范性文件与政策

### 3.1.1 法律与规范性文件

a. 七件商标类司法解释修正

基本信息：最高人民法院法释〔2020〕19号，2020年12月29日发布，2021年1月1日施行

主要内容：最高人民法院对《最高人民法院关于审理商标案件有关管辖和法律适用范围问题的解释》《最高人民法院关于审理商标民事纠纷案件适用法律若干问题的解释》《最高人民法院关于审理注册商标、企业名称与在先权利冲突的民事纠纷案件若干问题的规定》《最高人民法院关于审理涉及驰名商标保护的民事纠纷案件应用法律若干问题的解释》《最高人民法院关于商标法修改决定施行后商标案件管辖和法律适用问题的解释》《最高人民法院关于审理商标授权确权行政案件若干问题的规定》《最高人民法院关于人民法院对注册商标权进行财产保全的解释》等7件关于商标的司法解释进行了修改。除注册商标权保全期限从不得超过“六个月”修改为“一年”外，其余修改均为形式性的修改，以使司法解释中的术语、条文序号、行政机关名称与《民法典》《商标法》以及国家机构的调整保持一致。

b.《刑法修正案（十一）》修改商标类犯罪

基本信息：中华人民共和国主席令第66号，2020年12月26日发布，2021年3月1日施行

主要内容：《刑法修正案（十一）》对商标类犯罪进行了多处修改：将假冒注册商标罪的客体扩展到“服务”。将销售假冒注册商标的商品罪的追诉从“销售金额数额较大”修改为“违法所得数额较大或者有其他严重情节”。所有商标类犯罪量刑均删除了“拘役”“管制”，有期徒刑成为唯一主刑刑种；将原来可能量刑在“三年以上七年以下”的有期徒刑，提高为“三年以上十年以下”；假冒注册商标罪和非法制造、销售非法制造的注册商标标识罪删除了“五万元以上五十万元以下”的并处罚金限制。

c.《最高人民检察院第二十六批指导性案例》

基本信息：最高人民检察院高检发办字〔2021〕7号，2021年2月4日发布、施行

主要内容：最高人民检察院以“检察机关依法保护知识产权主题”发布了第二十六批指导性案例，其中的商标案件包括：邓秋城、双善食品（厦门）有限公司等销售假冒注册商标的商品案（检例第98号），涉及食品安全、上下游犯罪、公益诉讼等问题；广州卡门实业有限公司涉嫌销售假冒注册商标的商品立案监督案（检例第99号），涉及在先使用、听证、监督撤案、民营企业保护等问题；姚常龙等五人假冒注册商标案（检例第101号），涉及假冒注册商标、境内制造境外销售、共同犯罪等问题。

d.《关于进一步加强虚假诉讼犯罪惩治工作的意见》

基本信息：最高人民法院、最高人民检察院、公安部、司法部法发〔2021〕10号，2021年3月4日发布，2021年3月10日施行

主要内容：《最高人民法院、最高人民检察院、公安部、司法部关于进一步加强虚假诉讼犯罪惩治工作的意见》指出，虚假诉讼犯罪，是指行为人单独或者与他人恶意串通，采取伪造证据、虚假陈述等手段，捏造民事案件基本事实，虚构民事纠纷，向人民法院提起民事诉讼，妨害司法秩序或者严重侵害他人合法权益，依照法律应当受刑罚处罚的行为。对于“涉及驰名商标认定的案件”等虚假诉讼犯罪易发

的民事案件类型，人民法院、人民检察院在履行职责过程中应当予以重点关注。

e.《国家知识产权局关于〈商标法〉第五十九条第三款法律适用问题的批复》

基本信息：国家知识产权局国知发保函字〔2021〕77号，2021年5月21日发布、施行

主要内容：《商标法》第59条第3款规定“商标注册人申请商标注册前，他人已经在同一种商品或者类似商品上先于商标注册人使用与注册商标相同或者近似并有一定影响的商标的，注册商标专用权人无权禁止该使用人在原使用范围内继续使用该商标，但可以要求其附加适当区别标识。”该款规定的目的在于平衡商标注册人和商标在先使用人之间的利益。适用该款规定，在先使用人须同时满足以下五个要件：一是在商标注册人申请商标注册前已经使用；二是先于商标注册人使用；三是在商标注册人申请商标注册前的使用达到“有一定影响”的程度；四是不得超出原经营商品或服务、原经营区域等原使用范围；五是商标注册人要求其附加适当区别标识的，在先使用人应当附加区别标识。

f.《专利、商标代理行业违法违规行为协同治理办法》

基本信息：国家知识产权局国知办发运字〔2021〕31号，2021年7月30日发布、施行

主要内容：为打击专利、商标代理行业违法违规行为，营造风清气正的代理行业发展环境，将具有违规聘用国家知识产权局辞去公职与退休人员、审代勾连等违法违规行为的专利、商标代理机构和代理人员列入专利、商标代理行业违法违规行为黑名单，在一定期限内向社会公布，接受社会监督，并实施协同约束措施。

g.《商标审查审理指南》

基本信息：国家知识产权局公告第462号，2021年11月16日发布，2022年1月1日施行

主要内容：为规范商标审查审理程序，保障商标审查审理各环节法律适用统一和标准执行一致，国家知识产权局制定了《商标审查审理指南》。《商标审查审理指南》既是商标审查审理工作的重要依据，也是社

会公众办理商标注册申请和其他商标事务的具体指引。对加强知识产权保护中央事权、优化商标注册审查工作流程、提升商标审查审理质量和效率具有重要意义。《商标审查审理指南》设上、下两编，上编为“形式审查和事务工作编”，系对现行各流程形式审查标准和工作规程的系统梳理和优化，下编为“商标审查审理编”，系商标审查审理实体性标准。上编为新增部分，体例编排上更加契合商标审查审理实践所需。《商标审查审理指南》施行后，原《商标审查及审理标准》同时废止。

h.《商标一般违法判断标准》

基本信息：国家知识产权局国知发保字〔2021〕34号，2021年12月13日发布，2022年1月1日施行

主要内容：“商标一般违法”指未侵犯特定当事人商标专用权，但违反商标管理秩序，损害公共利益的违法行为。该标准涵盖了必须使用注册商标而未使用，使用不得作为商标使用的标志，在商业活动中使用“驰名商标”字样，商标被许可人未依法标明其名称和商品产地，自行改变注册商标、注册人名义、地址或者其他注册事项，将未注册商标冒充注册商标使用，未履行集体商标、证明商标管理义务，未履行商标印制管理义务，恶意申请商标注册等9类违反商标管理秩序的违法行为。《商标一般违法判断标准》为商标执法部门提供了针对性较强的指引。

i. 尼斯分类第十一版2022文本

基本信息：国家知识产权局商标局，2021年12月27日发布，2022年1月1日施行

主要内容：根据世界知识产权组织的要求，尼斯联盟各成员国于2022年1月1日起正式使用《商标注册用商品和服务国际分类》（尼斯分类）第十一版2022文本。以尼斯分类为基础，国家知识产权局商标局对《类似商品和服务区分表》作了相应调整，将尼斯分类与《类似商品和服务区分表》的修改内容一并予以公布。

### 3.1.2 政　策

a.《打击商标恶意抢注行为专项行动方案》

基本信息：国家知识产权局国知发办函字〔2021〕35号，2021年3月15日发

布、施行

主要内容：2021 年 3～12 月，国家知识产权局集中开展打击商标恶意抢注行为专项行动。严厉打击严重违反诚实信用原则、违背公序良俗、扰乱商标注册管理秩序以及易造成严重不良社会影响的典型商标恶意抢注行为，注重部门协同、统筹推进，注重健全机制、源头治理，引导全社会进一步树立正确的商标注册意识，促进商标申请数量平稳、质量提升，推动知识产权事业高质量发展，助力营造良好创新环境和营商环境。

b.《关于进一步加强地理标志保护的指导意见》

基本信息：国家知识产权局、国家市场监督管理总局国知发保字〔2021〕11 号，2021 年 5 月 21 日发布

主要内容：该意见要求严厉打击地理标志侵权假冒行为。加强执法检查和日常监管，严格依据《产品质量法》等有关伪造产地的处罚规定和《商标法》《反不正当竞争法》相关规定，打击伪造或者擅自使用地理标志的生产、销售等违法行为，规范在营销宣传和产品外包装中使用地理标志的行为。加强对相同或近似产品上使用意译、音译、字译或标注“种类”“品种”“风格”“仿制”等地理标志“搭便车”行为的规制和打击。严格监督和查处地理标志专用标志使用人未按管理规范或相关使用管理规则组织生产的违规违法行为。加强地理标志领域的行政执法与刑事司法衔接，全方位提高地理标志执法保护水平。

c.《地理标志保护和运用“十四五”规划》

基本信息：国家知识产权局国知发保字〔2021〕37 号，2021 年 12 月 31 日发布、施行

主要内容：该规划明确了以下主要任务：（1）夯实地理标志保护和管理基础，包括健全地理标志法律制度、建立协调有序的地理标志统一认定制度、优化地理标志审查工作机制、健全地理标志标准化体系、建立地理标志保护资源动态管理制度和加强地理标志保护基础理论研究。（2）提升地理标志保护和管理水平，包括加强地理标志专用标志管理、强化地理标志产地质量管控、强化地理标志保护监管、增强地理标志公共服务能力。（3）加强地理标志品牌建设。（4）发展

地理标志特色产业。（5）扩大地理标志对外交流。

## 3.2 案　例

### 3.2.1 商标授权与确权

#### 3.2.1.1 绝对理由

##### 3.2.1.1.1 欺骗性标志的认定——“子腊贡米”商标无效案

案件名称：花垣县石栏镇子腊村锦秀农业专业合作社（以下简称“锦秀合作社”）与国家知识产权局、花垣县品牌保护发展学会商标权无效宣告请求行政纠纷

基本信息：北京市高级人民法院（2020）京行终4335号，2021年5月

主要案情：诉争商标“子腊贡米”（第17297311号）由锦秀合作社于2015年6月申请，2016年10月被核准注册使用在米商品上。2017年12月，花垣县品牌保护发展学会提交“花垣子腊贡米及图”地理标志证明商标注册申请，同年12月针对诉争商标提出无效宣告请求，主张锦秀合作社提交涉案商标注册申请时所在地非子腊贡米原产地，亦非处于花垣县人民政府划定的该地理标志的保护范围内，而且锦秀合作社的经营范围当时并不包括大米生产，其注册涉案商标违反诚信原则，是以不正当手段抢先注册花垣县地理标志产品名称，带有欺骗性，容易使公众产生误认。2018年12月，诉争商标被裁定无效。锦秀合作社提起行政诉讼。北京知识产权法院一审驳回锦秀合作社的诉讼请求。锦秀合作社不服，提起上诉。北京市高级人民法院二审维持原判。

主要争点：诉争商标“子腊贡米”是否带有欺骗性。

裁判理由：《商标法》第10条第1款第7项规定，带有欺骗性，容易使公众对商品的质量等特点或者产地产生误认的标志不得作为商标使用。判断相关标志是否具有欺骗性，应当以公众的普遍认知能力与认知水平为标准，结合指定使用商品的情形作出具体认定。

一审法院指出，涉案商标核定使用的商品是米，该米商品指向

不特定的米商品，而非特指花垣县当地的“子腊贡米”，涉案商标使用在米商品上易使相关公众对商品的产地、品质等特点产生误认。

二审法院进一步指出，诉争商标标志为中文“子腊贡米”，公众极易将其理解为子腊出产的曾经进贡宫廷的米，具备独特品质或质量上乘，使用在米商品上容易使公众误认为使用诉争商标标志的上述商品均为“子腊贡米”，进而对商品的质量特点或产地等产生误认，从而具有欺骗性，故诉争商标的申请注册违反了《商标法》第 10 条第 1 款第 7 项规定。

二审法院还强调了“公共利益”：“子腊贡米”所累积的商誉能够帮助花垣县在消除贫困、改善民生和实现共同富裕方面发挥重要作用，属于公共利益的范畴；而诉争商标的注册、使用将会使锦秀合作社获得注册商标专用权，垄断“子腊贡米”标志在米商品上的商标权利，造成“子腊贡米”累积的商誉仅归属于锦秀合作社的后果，从而损害公共利益。

评　　论：本案涉及尚未作为地理标志保护的地方特产名称是否可以作为普通商标注册的问题。正如二审法院所指出的，未作为地理标志予以保护的地方特产名称具有一定的公共属性，其上累积的商誉属于公共利益范畴，若其作为普通商标被核准注册，将造成权利人独占该标识以及其上累积的商誉的后果，从而损害公共利益，故对于这类标志的核准注册应将维护公共利益作为一个重要的考量因素。

#### 3.2.1.1.2　不良影响的标志

##### “其他不良影响”的认定——“掴足”商标无效案

案件名称：济南国足豆腐餐饮管理有限公司（以下简称“国足豆腐公司”）等与国家知识产权局、青岛绿禾餐饮管理有限公司（以下简称“绿禾餐饮公司”）商标权无效宣告请求行政纠纷

基本信息：北京市高级人民法院（2021）京行终 880 号，2021 年 5 月 31 日

主要案情：绿禾餐饮公司以国足豆腐公司申请注册的“掴足”商标（第 25411359 号）易对我国的体育文化等公共利益和公共秩序产生消极、负面的影响为由提出无效宣告请求。国家知识产权局于 2020 年 3 月作出对诉争商标予以无效宣告的裁定。国足豆腐公司不服，

向北京知识产权法院诉称，“掴足”无论在字面含义上还是在实际使用中都不存在不良影响。北京知识产权法院作出（2019）京73行初11536号行政判决，认定诉争商标易产生消极、负面的不良影响，驳回国足豆腐公司的诉讼请求。国足豆腐公司提起上诉，北京市高级人民法院认定其上诉理由不能成立，驳回上诉，维持原判。

主要争点：“掴足”是否构成“有害于社会主义道德风尚或者有其他不良影响的”标志。

裁判理由：诉争商标由中文“掴足”构成，“掴”具有“打耳光”的含义，且诉争商标整体亦未经使用而形成第二含义。“掴足”与“国足”在视觉效果、发音等方面较为相近，公众在看到诉争商标时易联想到国家足球事业及国家足球队。诉争商标使用在臭豆腐等商品上，存在贬损“国足”的倾向，易产生消极、负面的不良影响。国家知识产权局和一审法院认定诉争商标属于《商标法》第10条第1款第8项规定的“其他不良影响”的标志并无不当。

评　　论：《商标法》第10条第1款第8项对有害于社会主义道德风尚、社会公共利益和公共秩序等注册行为进行规制，适用于对我国政治、经济、文化、民族、宗教、社会等易产生消极、负面影响，损害公共利益，扰乱公共秩序的情形。“其他不良影响”还包括标志本身虽无贬损含义，但由该申请人注册使用，易对我国政治、经济、文化、宗教、民族等社会公共利益和公共秩序产生消极、负面的影响。本案诉争商标“掴足”使用在臭豆腐商品上，易产生贬损“国足”的消极、负面影响，就属于这一情形。

#### 3.2.1.1.3　外国地名

地名“第二含义”的认定——“米兰”商标无效案

案件名称：江西米兰婚纱摄影有限责任公司（以下简称“米兰婚纱摄影公司”）与国家知识产权局、许某商标权无效宣告请求行政纠纷①

基本信息：北京市高级人民法院（2021）京行终6471号，2021年11月12日

主要案情：诉争商标“米兰”（第7966421号）于2010年1月4日被申请注册，核定使用在第41类“摄影报、摄影、微缩摄影、录像带录制；翻

① 此案入选“2021年中国法院50件典型知识产权案例”。

译”等服务类别上，现权利人为米兰婚纱摄影公司。许某针对诉争商标提起无效宣告请求。国家知识产权局认定诉争商标“米兰”属于公众知晓的外国地名，故依据《商标法》第 10 条第 2 款的规定，裁定诉争商标无效。米兰婚纱摄影公司向北京知识产权法院提起行政诉讼。一审法院认为诉争商标未形成除地名以外的其他含义，判决驳回米兰婚纱摄影公司的诉讼请求。米兰婚纱摄影公司向北京市高级人民法院提起上诉。二审法院认定，诉争商标在其核定使用的摄影报道、摄影、微缩摄影等服务上经过使用、宣传，已经获得了地名以外的“第二含义”，一审判决及被诉裁定关于诉争商标在上述服务类别上的认定存在错误，故判决撤销一审判决及被诉裁定，由国家知识产权局重新作出裁定。

**主要争点：** 核定使用在摄影报道、摄影、微缩摄影等服务上的诉争商标“米兰”是否具有地名以外的“第二含义”。

**裁判理由：** 一审法院认为，“米兰”属于公众知晓的外国地名，注册为商标违反《商标法》第 10 条第 2 款的规定；同时该条款为商标禁止使用的绝对条款，诉争商标不能通过使用而获得可注册性，进而维持诉争商标的注册，故判决驳回米兰婚纱摄影公司的诉讼请求。

二审法院认为，《商标法》第 10 条第 2 款作为商标授权确权审查中的绝对理由条款，旨在避免含有地名的商标的商标权人垄断公共资源，地名作为指代特定地理区域的一种符号表达形式，如若为特定主体所独占，势必影响社会公众使用地名的表达自由；同时亦是为了避免含有地名的商标误导公众，若商标权人提供的产品并非来源于地名所指代的特定产区，将可能导致公众的误认误购；此外也是为了维护商标的显著特征。基于此，如果诉争商标是由地名或地名与其他构成要素组成，应当从整体上对诉争商标是否构成地名的含义加以判断，不宜仅因含有“地名”的构成要素即直接援引《商标法》第 10 条第 2 款规定予以驳回或宣告无效。同时，《商标法》第 10 条第 2 款中“地名具有其他含义”既包括在标志本身固有含义之外具有其他含义的情形，亦包括标志经过使用已经被公众认知获得“第二含义”的情形。一审法院未予采纳诉争商标在使用、宣传等方面的知名度证据，径行认定诉争商标的注册违反《商标法》第 10 条第 2 款的规定存在法律适用错误，应当予以纠正。

米兰婚纱摄影公司提交的证据，足以证明“米兰”商标经过长期、广泛使用，已经在相关服务上获得“地名以外其他含义”，应予维持注册。

评　　论：《商标法》第10条第2款“地名条款”为禁止注册条款。可否将诉争商标使用情况纳入其具有区别于地名的其他含义的考量因素等问题，在案件审理中往往存在较大争议。本案对上述问题进行了详尽阐释，对同类案件的审理具有较强的示范作用。

3.2.1.1.4　显著性

a. 描述性标志的显著性判断——“类人”商标无效案

案件名称：西安巨子生物基因技术股份有限公司（以下简称“巨子公司”）等与国家知识产权局、江苏江山聚源生物技术有限公司（以下简称“江山聚源公司”）商标权无效宣告请求行政纠纷

基本信息：北京市高级人民法院（2021）京行终872号，2021年4月30日

主要案情：诉争商标“类人”（第6269856号）由巨子公司2007年9月10日申请注册，核准使用在第30类化妆品、减肥用化妆品等商品上。2018年10月17日，江山聚源公司请求宣告诉争商标无效。国家知识产权局于2019年11月11日作出裁定，认定诉争商标使用在化妆品等商品上构成2001年《商标法》第10条第1款第7项规定的“夸大宣传并带有欺骗性”和第11条第1款第2项规定的“仅仅直接表示商品的质量、主要原料、功能、用途、重量、数量及其他特点”，故裁定予以无效宣告。巨子公司不服无效裁定，提起行政诉讼。一审法院支持被诉裁定，驳回巨子公司的诉讼请求。巨子公司不服一审判决，提起上诉。北京市高级人民法院支持了巨子公司的上诉请求，判决撤销一审判决及被诉裁定，国家知识产权局重新作出裁定。

主要争点：“类人”商标是否属于描述性标志。

裁判理由：诉争商标由中文文字“类人”构成，根据我国社会公众的一般认知能力和生活经验常识，社会公众不致将“类人”理解为“类人胶原蛋白”，诉争商标并不足以使社会公众对其核定使用商品的质量等特点或者产地产生误认，故诉争商标的注册未违反2001年《商标法》第10条第1款第7项之规定。诉争商标“类人”用于核定的

化妆品等商品上并非仅直接表示了商品的质量、主要原料、功能、用途、重量、数量及其他特点，亦无证据证明诉争商标“类人”即“类人胶原蛋白”，故诉争商标的注册未违反 2001 年《商标法》第 11 条第 1 款第 2 项之规定。

评　　论：在本案中，北京知识产权法院认为“类人”容易被直接理解为“类人胶原蛋白”，但是北京市高级人民法院则强调“类人”不等同于“类人胶原蛋白”。判断对象不同，导致认定结果不同。本案的典型意义在于，是否属于商标法禁止注册情形的判断对象应限定于商标标识本身，不得扩大或引申。

b. 服务商标的显著性——“汽车 K 线”驳回复审案

案件名称：北京楚天远航网络技术有限公司（以下简称“楚天远航公司”）与国家知识产权局商标申请驳回复审行政纠纷

基本信息：北京市高级人民法院（2020）京行终 7671 号，2021 年 3 月 12 日

主要案情：诉争商标“汽车 K 线”（第 36667592 号）由楚天远航公司于 2019 年 3 月 6 日申请注册，指定使用在第 35 类“广告；广告稿的撰写”等服务上。国家知识产权局以诉争商标仅直接表示了其指定使用服务的内容等特点，缺乏显著性为由驳回了诉争商标的注册申请。楚天远航公司提起行政诉讼，北京知识产权法院一审判决驳回其诉讼请求。楚天远航公司提起上诉，北京市高级人民法院二审维持原判。

主要争点：“汽车 K 线”是否仅直接表示了服务的内容因而缺乏显著性。

裁判理由：诉争商标标志由文字“汽车 K 线”构成。根据我国公众的认读理解习惯，“K 线”通常指股票走势中的 K 线图。在汽车行业，“K 线”是指汽车控制单元和诊断仪之间进行数据传递的通信线。楚天远航公司主要提供与汽车信息相关的广告等服务，诉争商标指定使用在与汽车相关的“广告；广告稿的撰写”等服务上，直接表示了服务的内容或特点，在案证据亦不足以证明诉争商标经使用取得了显著特征，便于识别，故诉争商标使用在指定服务上缺乏商标应有的显著特征，不能够起到区分服务来源的功能，违反了《商标法》第 11 条第 1 款第 2 项的规定。

评　　论：不同行业的商品服务有不同的特点，相关公众的具体知识水平和认知能力也有所不同，因此在考虑商标的显著性时，必须要结合商标

所指定使用商品的相关公众的通常认识。

c. 宣传语的显著性——“双 11”驳回复审案

案件名称：阿里巴巴集团控股有限公司（以下简称“阿里巴巴公司”）与国家知识产权局商标申请驳回复审行政纠纷

基本信息：北京市高级人民法院（2021）京行终 2782 号，2021 年 5 月 31 日

主要案情：诉争商标“双 11”（第 35924894 号）由阿里巴巴公司于 2019 年 1 月 14 日申请，指定使用于第 35 类服务上。国家知识产权局商评字［2020］第 75806 号决定，认定诉争商标的申请注册构成《商标法》第 11 条第 1 款第 3 项规定的“缺乏显著特征”的情形，对注册申请予以驳回。阿里巴巴公司提起行政诉讼。北京知识产权法院作出（2020）京 73 行初 14852 号行政判决，驳回阿里巴巴公司的诉讼请求。阿里巴巴公司提起上诉。北京市高级人民法院驳回上诉，维持原判。

主要争点：诉争商标“双 11”是否是缺乏显著性特征的标志。

裁判理由：本案中，诉争商标由文字“双 11”构成，整体易被理解为“11 月 11 日”，在实际使用中相关公众易将其识别为用于表示某一特定日期。诉争商标使用在指定服务上，相关公众难以将其识别为标示服务来源的商标，缺乏显著性，在案证据也不足以证明诉争商标在指定复审服务上经过使用获得显著特征，故一审判决及被诉决定认定诉争商标的注册违反《商标法》第 11 条第 1 款第 3 项之规定并无不当。

评　　论：“双 11”本身源于促销活动，容易使相关公众认为其系表示特定日期的促销活动，难以起到商标的识别作用，缺乏商标应有的显著特征。“双 12”“狂欢节”等也属于这一情形。

d. 商标淡化为商品通用名称——“摩卡”撤销复审案

案件名称：瑞昶贸易股份有限公司（以下简称“瑞昶公司”）与国家知识产权局、北京慧能泰丰信息咨询有限责任公司（以下简称“慧能泰丰公司”）商标权撤销复审行政纠纷

基本信息：北京市高级人民法院（2020）京行终 2540 号，2021 年 5 月 14 日

基本案情：瑞昶公司于 2012 年 5 月 21 日获准注册第 9199914 号“摩卡 MOCCA 及图”商标（见图 3-1），核定使用于第 30 类“咖啡、可可制

品”等商品上。

图 3-1 “摩卡”商标

2015 年 9 月 30 日，慧能泰丰公司以诉争商标已成为核定商品上的通用名称为由提出撤销申请。商标局、原商标评审委员会均决定维持诉争商标。慧能泰丰公司提起诉讼。北京知识产权法院判决撤销原商标评审委员会作出的复审决定，并要求被告国家知识产权局就该申请重新作出决定。国家知识产权局与瑞昶公司均对一审判决不服，提起上诉。北京市高级人民法院判决驳回上诉，维持原判。

主要争点：诉争商标是否成为咖啡类商品的通用名称。

裁判理由：一审法院认为，现有证据证明包括消费者和同业经营者在内的相关公众已普遍认为“摩卡”指代的是一类咖啡商品，且上述认知并不限于特定地域，而是全国范围内的普遍现象，“摩卡”已成为咖啡类商品上约定俗成的通用名称。

二审法院认为：现有证据能够证明，在诉争商标申请日之前，“摩卡”即与咖啡商品存在特定关联，“摩卡”并非由瑞昶公司独创或臆造的词语；至迟在原商标评审委员会审查和一审法院审理本案之时，包括消费者和同业经营者在内的相关公众已普遍认为“摩卡”指代的是一类咖啡商品，从媒体介绍、报道以及词典的收录情况来看也是如此，且上述认知并不限于特定地域，而是全国范围内的普遍现象，“摩卡”已成为咖啡类商品上约定俗成的通用名称。国家知识产权局及瑞昶公司均主张诉争商标经过长期使用具有较高知名度，已与瑞昶公司形成一一对应关系，并未成为咖啡商品的通用名称，但在案证据仅能证明瑞昶公司有实际使用“摩卡 MOCCA”商标的行为，不足以证明诉争商标已与瑞昶公司建立唯一对应关系。同时，注册商标成为其核定使用商品的通用名称而被撤销，亦不以商标权人的主观过错为前提。故一审法院认定“摩卡”

已成为咖啡类商品上约定俗成的通用名称，并无不当。

评　　论：本案系注册商标转化为通用名称的典型案例。两审法院均全面分析了撤销通用名称案件的认定标准、证据标准和排除因素等。尤其是在时间标准方面，明确以审查及审理时的事实状态为据。本案亦明确在撤销涉及通用名称注册商标的判断中不以商标权人存在主观过错为前提；因成为通用名称而予以撤销的商标应当仅针对通用名称指向的具体商品，而不包括类似商品。本案被评为北京市高级人民法院“2021 年度知识产权司法保护十大案例”之一，提出的部分规则为新制定的《商标审查审理指南》吸收，为商标权撤销行政案件的审理提供了有益借鉴。

#### 3.2.1.1.5　欺骗或者其他不正当手段

以欺骗或者其他不正当手段取得注册——“好医生”商标无效案

案件名称：好医生药业集团有限公司（以下简称“好医生公司”）与国家知识产权局、武汉三好医生科技有限公司商标权无效宣告行政纠纷

基本信息：北京市高级人民法院（2021）京行终 2760 号，2021 年 5 月 20 日

主要案情：诉争商标“三好医生及图”（第 18598076 号）由武汉友库新明和科技有限公司（已更名为武汉三好医生科技有限公司）于 2015 年 12 月 14 日申请注册。好医生公司认为武汉三好医生科技有限公司注册诉争商标的行为属于以不正当手段取得注册，并提交了引证商标 1（第 1951785 号）、引证商标 2 好医生（第 6698689 号）和引证商标 3（第 1908463 号）。国家知识产权局裁定诉争商标予以维持。好医生公司提起行政诉讼，北京知识产权法院作出（2019）京 73 行初 14162 号行政判决，驳回其诉讼请求。好医生公司提起上诉。北京市高级人民法院认为诉争商标的申请注册未违反《商标法》第 4 条第 1 款、第 44 条第 1 款规定，不属于以欺骗手段或者其他不正当手段取得注册的情形，故判决驳回上诉，维持原判。

主要争点：诉争商标是否属于以其他不正当手段取得注册的情形。

裁判理由：“以其他不正当手段取得注册”规制的是除《商标法》第 10 条、第 11 条、第 12 条及以欺骗手段取得注册之外，其他以扰乱商标注册秩序、损害公共利益、不正当占用公共资源或者牟取不正当利益的

手段取得商标注册的行为。非以使用为主要目的，没有正当理由大量注册或囤积商标，特别是具有以牟利为目的转让或者意图转让其注册或囤积商标的情节的，通常可认定为“其他不正当手段”。如果商标注册行为仅仅损害特定民事权益，一般不属于“其他不正当手段”条款调整范围，但如果商标注册行为不仅损害特定民事权益，亦损害商标注册秩序和社会公共利益，则可以由本条款加以调整。本案中，鉴于武汉三好医生科技有限公司与武汉友库新明和科技有限公司系同一公司，故即便权利人于 2015 年 12 月 9 日变更企业名称，于 2015 年 12 月 14 日申请诉争商标且申请人为武汉友库新明和科技有限公司，该瑕疵亦不足以证明诉争商标的申请注册存在以欺骗手段或者其他不正当手段取得注册、扰乱商标注册秩序、损害公共利益的行为，也不足以证明诉争商标的注册违反了《商标法》第 4 条第 1 款规定。

评　　论：实务中，不以使用为主要目的，没有正当理由大量注册或囤积商标，特别是具有以牟利为目的转让或者意图转让其注册或囤积商标的情节的，通常可被认定为以“其他不正当手段”取得注册。但是，对于不具备大量囤积、以牟利为目的转让或者意图转让特点的商标注册行为是否能适用《商标法》第 44 条则留待个案判断。

#### 3.2.1.2　相对理由

##### 3.2.1.2.1　与已注册商标相同或近似

a. 摹仿损害驰名商标利益——“德意中外运”无效案

案件名称：中国外运长航集团有限公司（以下简称“中外运公司”）与国家知识产权局、烟台展博软件科技有限公司（以下简称“烟台展博公司”）商标权无效宣告行政纠纷

基本信息：北京市高级人民法院（2021）京行终 6634 号，2021 年 12 月 1 日

主要案情：诉争商标“德意中外运”（第 17768021 号）由烟台展博公司于 2015 年 8 月 27 日申请注册，专用权期限至 2026 年 10 月 13 日。中外运公司认为诉争商标“德意中外运”侵害了其第 1759117 号“中外运”、第 3499879 号“中国外运”驰名商标利益，向国家知识产权局申请对诉争商标予以无效宣告。国家知识产权局裁定认为中外运

公司提交的证据不足以证明引证商标在“货运”服务上为中国消费者所熟知，诉争商标的注册未违反《商标法》第13条第3款所规定之情形。中外运公司提起行政诉讼，北京知识产权法院作出（2020）京73行初15883号行政判决，驳回其诉讼请求。中外运公司提起上诉，北京市高级人民法院经审理认为：诉争商标“德意中外运”完整包含了引证商标1“中外运”，构成对引证商标1的摹仿，且诉争商标指定使用的“进出口代理”等服务也与引证商标1使用的“货运”服务具有一定的关联性，从而导致中外运公司存在利益受损的可能，诉争商标的申请注册违反了《商标法》第13条第3款的规定，遂判决撤销一审判决，撤销国家知识产权局裁定并判令其重新作出裁定。

主要争点：诉争商标是否违反了《商标法》第13条第3款的规定。

裁判理由：在诉争商标申请日前，中外运公司经过多年经营发展，已在货运行业占有较大市场份额，享有较高市场声誉。“中外运”“中国外运”已与中外运公司建立了稳定的对应关系。在案证据足以证明引证商标1“中外运”在诉争商标申请日前，经使用与推广在“货运”服务上已为相关公众所广泛知晓，构成驰名商标。诉争商标为“德意中外运”文字商标，完整包含了引证商标1，诉争商标构成对引证商标1的摹仿。诉争商标核定使用的“进出口代理、替他人推销、替他人采购（替其他企业购买商品或服务）”等服务，亦与货运服务在服务对象、服务方式、服务内容等方面具有一定的关联性。综合考虑上述事实，诉争商标易使相关公众误认为其与中外运公司在先注册且具有较高知名度的引证商标1存在特定联系，从而导致中外运公司存在利益受损的可能，应认定诉争商标的申请注册违反了《商标法》第13条第3款的规定。

评　　论：本案涉及驰名商标保护问题。认定诉争商标的使用是否足以使相关公众认为其与驰名商标具有相当程度的联系，从而误导公众，致使驰名商标注册人的利益可能受到损害，应当综合考虑以下因素：引证商标的显著性和知名程度、商标标志是否足够近似、指定使用的商品情况、相关公众的重合程度及注意程度、与引证商标近似的标志被其他市场主体合法使用的情况，以及其他相关因素。

b. 驰名商标的延伸注册是否构成《商标法》第 30 条的例外——“蒙娜丽莎”驳回复审案

案件名称：蒙娜丽莎集团股份有限公司（以下简称“蒙娜丽莎公司”）与国家知识产权局、北京泰昌达建材有限公司商标申请驳回复审行政纠纷

基本信息：北京市高级人民法院（2021）京行终 1964 号，2021 年 5 月 26 日

主要案情：蒙娜丽莎公司申请注册“蒙娜丽莎”商标（申请号：40921631），国家知识产权局于 2020 年 8 月 26 日作出驳回注册的复审决定，认定申请商标与北京泰昌达建材有限公司的引证商标“蒙娜丽莎”（第 4149443 号）构成使用在同一种或类似商品上的近似商标，违反了《商标法》第 30 条之规定。商标评审遵循个案审查原则，蒙娜丽莎公司享有的在先权利并不能当然及于本案申请商标，不能成为申请商标获得初步审定的当然依据。蒙娜丽莎公司不服该决定，提起诉讼，主张其在先注册的第 1476867 号“蒙娜丽莎 MONALISA 及图”商标已被认定为驰名商标，申请商标系该驰名商标的延伸注册，其在先商标的知名度可延伸至本案申请商标，从而可使申请商标与引证商标相区分。北京知识产权法院支持国家知识产权局的决定，驳回蒙娜丽莎公司的诉讼请求。蒙娜丽莎公司提起上诉，北京市高级人民法院二审驳回上诉，维持原判。

主要争点：申请商标是否是在先注册驰名商标的延伸注册，是否符合《商标法》第 30 条的规定。

裁判理由：首先，商标注册人对其注册的不同商标享有各自独立的商标专用权，其先后注册的商标之间不当然具有延续关系，在已注册商标基础上的保护性延伸注册新商标不应当破坏已经形成的商标注册秩序，特别是不应当和他人已经在先申请注册的商标构成使用在相同或类似商品上的相同或近似商标。其次，本案为商标驳回复审行政纠纷，引证商标权利人无法参与到审理程序中，亦无法提交引证商标显著性和知名度的相关证据，若仅依据申请商标的显著性和知名度判断其与引证商标是否能够区分，对引证商标权利人有失公平，因此申请商标标志与引证商标标志是否近似的判断应着眼于标志本身，以商标申请时的状态为准，不宜考虑申请日之后的使用情况和知名程度。蒙娜丽莎公司的相关上诉理由不能成立。

评　　论：本案涉及驰名商标的延续注册问题。保护性的延伸注册不应当破坏

已经形成的商标注册秩序，特别是不应当和他人已经申请注册的商标构成使用在相同或类似商品上的相同或近似商标，否则就不正当地扩大了延续性注册人的权益，对商标注册秩序造成破坏。

c. 先后注册的商标之间并不当然具有延伸关系——“剑南老窖荷花”商标权无效宣告案

案件名称：四川绵竹剑南春酒厂有限公司（以下简称“剑南春公司”）与国家知识产权局、第三人河北中烟工业有限责任公司（以下简称“河北中烟公司”）商标权无效宣告行政纠纷

基本信息：北京市高级人民法院（2021）京行终762号，2021年4月30日

主要案情：剑南春公司拥有在先注册的“剑南老窖”商标，且“剑南老窖”商标具有一定的知名度和影响力。剑南春公司后续申请注册了诉争商标“剑南老窖荷花”（第23390769号），指定使用在第33类葡萄酒等商品上，并主张“剑南老窖荷花”系对其在先商标“剑南老窖”的延续性注册商标。引证商标为第16874041号“国乡荷花”商标、第21881560号“荷花”商标和第22186394号“荷花国乡”商标（以下简称引证商标1、2、3），申请日期均早于诉争商标申请注册日期，均指定使用在第33类白酒等商品上，现为贵州省仁怀市茅台镇荷花酒业有限公司与河北中烟公司共有。2020年5月21日，国家知识产权局认定诉争商标与引证商标1、2、3分别构成《商标法》第30条、第31条所指的使用在同一种或类似商品上的近似商标，裁定予以无效宣告。剑南春公司提起行政诉讼，北京知识产权法院认为剑南春公司提交的证据不足以证明诉争商标经使用已具有可与各引证商标相区分的显著性，驳回剑南春公司的诉讼请求。剑南春公司提起上诉，北京市高级人民法院驳回上诉，维持原判。

主要争点：诉争商标与引证商标是否构成《商标法》第30条、第31条所指的使用在同一种或类似商品上的近似商标。

裁判理由：商标注册人对其所有的不同商标享有各自独立的商标专有权，先后注册的商标之间并不当然具有延伸关系。剑南春公司提交的证据不足以证明其在先注册的“剑南老窖”商标的商誉可延及诉争商标，进而影响其与各引证商标的混淆性判断。剑南春公司的相关上诉理由不能成立。

评　　论：本案涉及商标延伸注册问题，但先后注册的商标之间并不当然具有

延伸关系。就本案而言，即便剑南春公司在先拥有的“剑南老窖”商标具有一定知名度，其也不能通过附加他人“荷花”注册商标的方式当然地另行注册一件“剑南老窖荷花”商标，否则他人注册商标将被剑南春公司轻易侵夺。

d. 商标与企业字号相同并非获准注册的当然理由——“星斗银河”驳回复审案

**案件名称：**北京星斗银河投资管理有限公司（以下简称“星斗银河公司”）与国家知识产权局、广东趣炫网络股份有限公司商标申请驳回复审行政纠纷

**基本信息：**北京市高级人民法院（2021）京行终57号，2021年2月7日

**主要案情：**诉争商标为“星斗银河”文字商标（第34641957号），由星斗银河公司于2018年11月13日申请注册，指定使用在第42类的质量控制、技术研究等服务上。引证商标为“星战银河”文字商标（第21667241号），核定使用在第42类的技术项目研究、包装设计等服务上。针对诉争商标的注册申请，原国家工商行政管理总局商标局作出“商标部分驳回通知书”，原商标评审委员会作出对注册申请予以驳回的复审决定。星斗银河公司提起行政诉讼。北京知识产权法院一审认定：诉争商标在复审服务上与引证商标构成使用在同一种或类似服务上的近似商标。星斗银河公司不服原审判决，向北京市高级人民法院提起上诉，请求撤销原审判决和被诉决定，判令国家知识产权局重新作出决定。星斗银河公司提起上诉，主要理由为：诉争商标是星斗银河公司对字号的拓展保护和联动保护注册，理应获核准；且经星斗银河公司的长期大量宣传使用，诉争商标已形成了一定的知名度和影响力，与星斗银河公司形成唯一对应关系。北京市高级人民法院二审判决驳回上诉、维持原判。

**主要争点：**诉争商标已作为企业字号使用，是否当然获准注册。

**裁判理由：**虽然诉争商标与星斗银河公司的企业字号相同，但根据《商标法》第30条的规定，该字号能否获准注册为商标，仍需对其是否与在先初步审定公告或在先注册的商标构成使用在同一种或类似商品或服务上的近似商标进行审查。商标与企业字号相同，并非诉争商标应当获准注册的当然理由。商标驳回复审案件为单方程序，引证商标知名度的证据无法得到出示，诉争商标的知名度也无法予以考

虑，否则将有违程序的正当性。故对星斗银河公司有关诉争商标经长期宣传使用具有一定知名度和影响力进而应获注册的上诉理由亦不予支持。

评　　论：商标与企业字号是两种不同的权利，取得其中一种权利并不能当然地获得另一种权利。企业字号的使用并不能等同于商标的使用，企业字号的知名度也不能当然地延及商标。

e. 持有人被注销、吊销的引证商标不再构成注册障碍——“天域”驳回复审案

案件名称：陕西天域建设有限公司（以下简称“天域公司”）与国家知识产权局、福州大鼎装饰工程有限公司（以下简称“大鼎公司”）商标申请驳回复审行政纠纷

基本信息：北京市高级人民法院（2021）京行终1718号，2021年5月28日

主要案情：诉争商标“◍”（第37260187号）由天域公司于2019年4月2日申请注册，国家知识产权局驳回该注册申请，理由是引证商标“◍”的（第24926920号）的权利人大鼎公司在2019年10月17日才被核准注销，注销时间比较短，因此引证商标仍然构成在先权利障碍，诉争商标违反了《商标法》第30条的规定。天域公司不服该决定，提起诉讼。北京知识产权法院一审认定，由于引证商标的权利人已被核准注销，且没有证据证明存在权利义务承受主体，故诉争商标与引证商标共存于市场不会导致相关公众混淆误认，不再构成《商标法》第30条所指情形。国家知识产权局不服，提起上诉，主张引证商标权利人的注销不代表其商标权利的丧失，引证商标仍为有效的在先注册商标。北京市高级人民法院驳回上诉，维持原判。

主要争点：引证商标的权利人注销后是否仍然构成在先权利障碍。

裁判理由：鉴于引证商标的权利人已被注销，其作为法律主体的资格已经灭失。在案并无证据证明引证商标的权利人在清算中已对其商标权利进行处理，亦无证据证明引证商标已经被提交转让申请、被核准转让或存在授权使用等仍然能够发挥来源识别作用的情形。商标的基本功能在于区分不同商品或者服务的来源，只有使用商标的商品进入流通领域，商标的识别功能才能发挥。即使引证商标尚未注销，但由于其权利主体缺失，该商标无法进入流通领域进而发挥区分商品或服务来源的功能，故诉争商标与引证商标并存不会导致相关公

众对商品或服务来源的混淆、误认，不构成使用在同一种或类似服务上的近似商标。一审判决对此认定正确。

评　　论：本案是关于引证商标主体注销后的争议。二审法院从商标基本功能出发进行了分析，认为商标的基本功能在于区分不同商品或者服务的来源，当引证商标的主体被注销且不存在引证商标继续发挥来源识别作用的其他情形时，引证商标不再构成在先权利障碍。

3.2.1.2.2　损害他人在先权利

a. 商品化权益——“葵花宝典”商标无效案

案件名称：上海游奇网络有限公司（以下简称“上海游奇公司”）与国家知识产权局、完美世界控股集团有限公司（以下简称“完美世界公司”）商标权无效宣告请求行政纠纷[①]

基本信息：最高人民法院（2021）最高法行再254号，2021年12月17日

基本案情：《笑傲江湖》系金庸于1969年创作完成的一部武侠小说，后被数家出版单位多次再版。“葵花宝典”为《笑傲江湖》小说中武学秘籍的特有名称。2008年12月，金庸授权完美世界公司的关联公司担任“笑傲江湖”游戏的发行及销售人。2013年7月之后，金庸与明河社出版有限公司授予完美世界公司的关联公司《笑傲江湖》小说的游戏改编权，该公司有权以授权作品名称及授权作品中的人物、武功、武器的名称等申请注册商标等。

诉争商标“葵花宝典”商标（第10572048号，见图3-2），由上海游奇公司于2012年3月5日向原商标局提出注册申请，于2013年6月7日核准注册，核定使用在第41类计算机网络上提供在线游戏、娱乐、提供体育设施等服务上。2015年3月20日，完美世界公司对诉争商标提出无效宣告申请。原商标评审委员会于2017年3月2日作出第17732号裁定，认定诉争商标的申请注册损害了金庸《笑傲江湖》小说作品中武学秘籍特有名称的商品化权益，违反了2013年《商标法》关于第32条“申请商标注册不得损害他人现有的在先权利”的规定，故予以无效宣告。

上海游奇公司不服，提起诉讼。一审法院认为具有其他含义的虚拟武学秘籍名称“葵花宝典”不构成在先权益，诉争商标的申请

[①] 此案入选“2021年中国法院50件典型知识产权案例”。

注册并未违反2001年《商标法》第31条“申请商标注册不得损害他人现有的在先权利”的规定。原商标评审委员会和完美世界公司不服一审判决，向北京市高级人民法院提起上诉。二审法院认为，原商标评审委员会和完美世界公司所主张的“商品化权益”不符合《民法总则》第126条的规定，“商品化权益”不属于“民事主体享有法律规定的其他民事权利和利益”的范畴，第17732号裁定在事实认定和法律适用方面均存在错误，故作出驳回上诉、维持原判的二审判决。

完美世界公司、国家知识产权局申请再审。最高人民法院认为第17732号裁定依法应予维持。一、二审法院认定事实不清，适用法律错误，予以纠正。

葵花宝典

**图3-2 诉争商标“葵花宝典”**

主要争点：“葵花宝典”名称是否能够以商品化权益的形式作为在先权益受到保护。

裁判理由：首先，“葵花宝典”作为《笑傲江湖》小说中武学秘籍的特有名称，是牵引小说情节发展的重要线索和整部小说的核心。经由作者的创造性劳动，“葵花宝典”已从普通词语“葵花”与“宝典”的组合演变为具有明确指向性、对应性的名称。“葵花宝典”与《笑傲江湖》小说和作者金庸产生了稳定的对应关系。在诉争商标申请日之前，《笑傲江湖》小说、基于小说而改编的同名影视作品、小说中的“葵花宝典”名称及金庸已经为广大公众所熟知，具有较高知名度。

其次，诉争商标为文字商标，与金庸小说《笑傲江湖》中的武学秘籍名称“葵花宝典”完全相同。诉争商标所核准使用的“在计算机网络上提供在线游戏；娱乐”等服务，属于武侠小说通常的衍生服务范畴。诉争商标使用在上述服务项目上，容易使相关公众误认为上述服务项目与知名小说作品的作者具有关联关系或者已经获得了作者的授权。

最后，上海游奇公司除注册本案诉争商标之外，还注册了多件

"笑傲江湖"商标。上海游奇公司作为从事网络游戏业务的经营主体，明知《笑傲江湖》小说、"葵花宝典"名称在我国具有广泛的知名度，仍使用"葵花宝典"申请注册商标，主观上具有利用相关权利人商业机会和市场优势地位的故意。

原商标评审委员会作出的第 17732 号裁定使用了"商品化权"的概念。虽然"商品化权"并非法律规定的概念，但不能囿于其名称而径行得出"商品化权"不受我国法律保护的结论。诉争商标的注册违反了 2001 年《商标法》第 31 条有关"申请商标不得损害他人现有的在先权利"的规定。

评　　论：注册商标权属于民事权利。商标的注册申请不得侵害他人现有的在先权利，是尊重他人权利的应有之义。我国《商标法》在 2001 年第二次修正时明确将此增设至第 31 条。该条所称的"在先权利"，不仅包括法律明确规定的权利，而且涵盖应受法律保护的权益。《最高人民法院关于审理商标授权确权行政案件若干问题的规定》第 18 条规定，《商标法》所规定的在先权利，包括当事人在诉争商标申请日之前享有的民事权利或者其他应予保护的合法权益。关于与作品相关的在先权利，《最高人民法院关于审理商标授权确权行政案件若干问题的规定》第 22 条第 2 款规定："对于著作权保护期限内的作品，如果作品名称、作品中的角色名称等具有较高知名度，将其作为商标使用在相关商品上容易导致相关公众误认为其经过权利人的许可或者与权利人存在特定联系，当事人以此主张构成在先权益的，人民法院予以支持。"依此规定，若《笑傲江湖》小说的作品名称与作品中的角色名称作为在先权益受到保护，似乎分歧较小。在本案中，"葵花宝典"是《笑傲江湖》小说中的武学秘籍的特有名称，而非作品名称或作品中的角色名称，故可否作为在先权益受到保护，一、二审法院与最高人民法院观点不一。

最高人民法院的观点更具有说服力。首先，对与作品相关的在先权益，《最高人民法院关于审理商标授权确权行政案件若干问题的规定》第 22 条第 2 款并未采取穷尽式的列举方式，所使用的表述为"如果作品名称、作品中的角色名称等具有较高知名度"，意味着除作品名称、作品中的角色名称之外的作品的其他构成要素，如本案中"葵花宝典"作为《笑傲江湖》小说中的武学秘籍的特有名称，同样可能作为在先权益受到保护。其次，最高人民法院在判决书中详细分析了“葵花宝典”应受保护的理由，包括其具有较高知名度，若作为商标注册并使用在相关服务上造成公众混淆误认的可能性较大，等等，说理非常详尽，在此不作赘述。

b. 不使用的老字号并不当然构成在先权——“信远斋”商标无效案

**案件名称**：北京信远斋饮料有限公司（以下简称“北京信远斋公司”）与国家知识产权局、北京市西城区福绥境信远斋蜜果店（以下简称“信远斋蜜果店”）商标权无效宣告请求行政纠纷

**基本信息**：北京市高级人民法院（2020）京行终5076号，2021年3月31日

**主要案情**：诉争商标“信遠齋及图”商标（第3204515号）（见图3-3），由北京信远斋公司于2002年6月10日向原国家工商行政管理总局商标局提出注册申请，并于2011年3月28日获准注册，核定使用在第29类的水果罐头、蔬菜罐头等商品上。信远斋蜜果店经营者萧某苋为“信远斋”老字号传人。信远斋蜜果于1985年2月27日获准注册了第220863号、第220864号、第220865号“信远斋”商标，后均被撤销或注销。2016年3月25日，信远斋蜜果店请求宣告诉争商标无效。原商标评审委员会作出商评字［2017］第42941号裁定书，对诉争商标予以维持注册。信远斋蜜果店提起行政诉讼。北京知识产权法院作出（2017）京73行初6054号行政判决，认为老字号并不当然构成在先权，信远斋蜜果店主张的在先权证据不足，而北京信远斋公司的“信远斋”产品已形成了一定的市场格局并拥有稳定的消费群体，诉争商标被宣告无效于法无据，故判决驳回信远斋蜜果店的诉讼请求。信远斋蜜果店不服，提起上诉。北京市高级人民法院认为：三件“信远斋”商标被撤销或注销之后，不再经营的老字号已不足以阻碍信远斋公司申请注册“信遠齋”相关商标。遂驳回上诉，维持原判。

图3-3 诉争商标“信遠齋及图”

主要争点：信远斋蜜果店是否享有在先权。

裁判理由：信远斋蜜果店主张诉争商标的注册损害其在先字号权益。根据最高人民法院司法解释的规定，当事人主张的字号具有一定的市场知名度，他人未经许可申请注册与该字号相同或者近似的商标，容易导致相关公众对商品来源产生混淆，当事人以此主张构成在先权益的，人民法院予以支持。老字号属于字号范畴，其权益与他人注册商标权产生冲突时，不能脱离字号保护要求的“具有一定的市场知名度”的实体要件，给予其法外保护。商业标记性权利的核心价值在于市场使用。老字号传人如果对其字号不予经营，并不当然享有在先权利。在商标法框架下，不能将在先文化传承与在先字号权益等同起来，否则将违背权利法定原则。故在三件“信远斋”商标被撤销或注销之后，信远斋蜜果店没有经营的老字号，已不足以阻碍北京信远斋公司申请注册“信遠齋”相关商标。北京信远斋公司的“信遠齋”相关商标不违反 2001 年《商标法》第 31 条的规定，不构成应当无效的情形。

评　　论：本案涉及老字号的在先权问题。一般情形下，老字号以历史悠久、良好信誉等特点为社会公众广泛认同，符合“具有一定的市场知名度”的字号保护条件，构成在先权。但老字号形成的商誉需要通过持续经营进行维系，老字号长期未进行使用和宣传，以至于消费者无法将之与经营者建立起对应联系，已形成的商誉和知名度也无法继续延续。不再“具有一定的市场知名度”的老字号，也就无法构成法律上的在先权利。

#### 3.2.1.2.3　抢注他人已经使用并有一定影响的商标

##### 特殊关系抢注在先使用的商标——“珍妮曲奇”商标无效案

案件名称：深圳市珍妮实业有限公司（以下简称“珍妮实业公司”）与国家知识产权局、香港珍妮曲奇小熊饼干有限公司（以下简称“珍妮曲奇公司”）商标权无效宣告请求行政纠纷

基本信息：北京市高级人民法院（2020）京行终 6249 号，2021 年 3 月 23 日

主要案情：在申请日前，珍妮曲奇公司的“Jenny Bakery 珍妮曲奇”商标通过商品代购行为已被内地的相关公众所知晓。诉争商标“珍妮曲奇”（第 19546840 号）商标由陈某于 2016 年 4 月 6 日申请注册，指定使

用在第30类饼干、糕点等商品上，该商标于2018年4月13日被转让给珍妮实业公司。珍妮曲奇公司于2018年11月7日对诉争商标提出无效宣告请求，主张“Jenny Bakery珍妮曲奇”是其在先使用并有一定影响的未注册商标，“珍妮曲奇”的注册构成特定关系人抢注的情形。2019年12月9日，国家知识产权局作出的裁定认为，在案证据可以证明“Jenny Bakery珍妮曲奇”品牌饼干在诉争商标申请日前已从香港销往内地，“Jenny Bakery珍妮曲奇”商标已通过商品代购行为被内地的相关公众所知晓，陈某作为李某某的配偶，在理应明知珍妮曲奇公司的“Jenny Bakery珍妮曲奇”商标及李某某经营的“瑶瑶香港代购”淘宝店铺从事代购“Jenny Bakery珍妮曲奇”饼干的业务的情形下，依旧在饼干、糕点等商品上申请注册与“Jenny Bakery珍妮曲奇”高度近似的涉案商标，难谓巧合，主观意图难谓正当，违反了《商标法》第15条的规定，故裁定对诉争商标予以无效宣告。珍妮实业公司提起行政诉讼。一审法院驳回珍妮实业公司的诉讼请求。珍妮实业公司不服，提起上诉。北京市高级人民法院判决驳回上诉、维持原判。

主要争点：诉争商标的注册是否构成《商标法》第15条所规定的情形。

裁判理由：北京市高级人民法院经审理认为：《商标法》第15条第2款规定，就同一种商品或者类似商品申请注册的商标与他人在先使用的未注册商标相同或者近似，申请人与该他人具有前款规定以外的合同、业务往来关系或者其他关系而明知该他人商标存在，该他人提出异议的，不予注册。该条款对违反诚信原则，恶意抢注、搭便车行为进行了规制。当事人主张保护“在先使用”的商标，应当提交诉争商标申请日前在中国境内使用商标的证据，在其他国家、地区的使用证据或者准备投入中国境内使用的证据可以作为证明其商标在先使用情况的补充。商标使用的规模、时间、知名度等因素，不影响“在先使用”的判断。

珍妮曲奇公司提交的淘宝网销售证据、淘宝店铺信息、新浪微博截图等证据显示，在涉案商标申请日前，珍妮曲奇公司的“Jenny Bakery珍妮曲奇”商标通过商品代购行为已被内地的相关公众所知晓，陈某基于与淘宝代购店铺经营者之间的特殊身份关系，明知珍妮曲奇公司上述商标的存在但不主动避让，依旧在与珍妮曲奇公司的商标使用的饼干商品相同或类似的饼干、糕点等商品上申请注册与之高度近似的涉案商标，难谓巧合，主观意图难谓正当，故诉争商标的注册构成《商标法》第 15 条第 2 款规定的情形。

评　　论：本案明确了涉案商标申请人与在先使用人不存在代理、代表关系，但存在能够知道后者在先使用的未注册商标且应予主动避让的关系的，属于《商标法》第 15 条规定的其他关系。此案例具有参考价值。

#### 3.2.1.2.4　注册商标的撤销

伪造发票——“美琪琳”商标撤销复审案

案件名称：广东倩芬化妆品实业有限公司（以下简称“倩芬公司”）与国家知识产权局、第三人何某林商标权撤销复审行政纠纷

基本信息：北京知识产权法院（2021）京 73 行初 8597 号，2021 年 9 月

主要案情：国家知识产权局被诉决定指出，在案证据无法证明倩芬公司将诉争商标“美琪琳”（第 10048229 号）于 2016 年 12 月 23 日至 2019 年 12 月 22 日期间（以下简称“指定期间”）内在核定使用商品上进行了有效的商业使用，遂将诉争商标予以撤销。被诉决定同时指出，倩芬公司在行政阶段提交的五张发票中“货物名称”一栏的内容，与通过“国家税务总局全国增值税发票查验平台”查验的结果不符，故对该证据的真实性不予认定。倩芬公司不服，提起行政诉讼，北京知识产权法院经审理后认定倩芬公司在行政阶段提交的证据中，号码为 21970866、22185552、00203315、09956720 和 01580024 的发票查验结果显示货物名称一栏均无“美琪琳”字样，与倩芬公司所提交的发票复印件不符。在案证据无法形成完整的证据链证明诉争商标于指定期间内在核定使用商品上进行了真实、有效、合法的商业使用。北京知识产权法院对倩芬公司提交虚假证据的行为另行作出处罚。

主要争点：诉争商标于指定期间内在核定使用商品上是否进行了真实、合法、有效的商业使用。

裁判理由：在倩芬公司曾在行政阶段提交虚假证据的情况下，对本案使用证据的审查应采取更加审慎的态度。倩芬公司提交的证据不足以排除审理法院对其提交的购销合同的合理怀疑，故对该份购销合同的真实

性不予确认。根据在案证据反映的事实，在三年的指定期间内，涉及诉争商标使用的行为仅有两笔交易，且金额较小，应界定为以维持注册为目的的象征性使用。据此，在案证据无法形成完整的证据链证明诉争商标于指定期间内在核定商品上进行了真实、有效、合法的商业使用。此外，根据《行政诉讼法》第59条第1款第2项的规定，法院对倩芬公司提交虚假证据的行为另行作出处罚。

评　　论：商标权撤销复审案件审理的核心为是否存在三年期间内真实、合法、有效的商标使用证据。部分当事人为维持商标注册，甚至不惜向法院提交伪证。为营造诚实守信的商标注册和使用秩序，司法机关已经加大了证据审查力度，严格了证据审查标准，并从严处理伪证行为。

## 3.2.2 商标侵权判定

### 3.2.2.1 商标性使用

#### a. 声音商标性使用的认定——QQ声音商标侵权案

案件名称：腾讯科技（深圳）有限公司（以下简称“腾讯科技公司”）、深圳市腾讯计算机系统有限公司（以下简称“腾讯计算机公司”）、腾讯数码（天津）有限公司（以下简称“腾讯数码公司”）与北京华图宏阳网络科技有限公司（以下简称“华图科技公司”）、北京华图宏阳教育文化发展股份有限公司（以下简称“华图公司”）、北京能通天下网络技术有限公司（以下简称“能通公司”）侵害商标权及不正当竞争纠纷[①]

基本信息：天津市第三中级人民法院（2020）津03民初407号，2021年9月8日

主要案情：本案原告腾讯科技公司、腾讯计算机公司、腾讯数码公司主张权利的声音商标，由六声短促且频率一致的“嘀嘀嘀嘀嘀嘀”（di-di-di-di-di-di）的声音构成，上述声音作为提示音被使用在即时通信软件QQ中，在用户使用QQ软件上网聊天，接收对方发来的信息时，该软件会通过电脑或者手机等移动终端发出“嘀嘀嘀嘀嘀嘀”（di-

① 此案入选“2021年全国50件典型知识产权案例”。

di-di-di-di-di），即涉案商标的声音。2019 年 12 月 14 日，涉案商标被注册为第 14502527 号注册商标，核定使用在信息传送、数字文件传送等服务上，注册人为腾讯科技公司。2020 年 1 月 1 日，腾讯科技公司许可腾讯计算机公司、腾讯数码公司使用该注册商标。QQ 软件是社会公众认知度极高的社交聊天软件，已被社会公众广泛知晓，涉案商标作为该软件接收新信息的提示音，伴随该软件的使用及推广亦被社会公众广泛知晓。

被告华图公司、华图科技公司作为经营教育培训的市场主体，通过被告能通公司提供的互联网聊天软件（“小能云客服”软件）与用户沟通。当用户看到其网站内信息时，可以打开网站中的聊天工具与客服人员进行聊天，咨询相关问题，在聊天过程中该网站内设置的聊天工具接收新信息时会发出与涉案商标相同的提示音。原告认为：被告未经许可使用涉案商标的行为，在 2019 年 12 月 14 日涉案声音商标获准注册之前，违反了《商标法》第 13 条关于保护未注册驰名商标的规定；在涉案声音商标获准注册之后，被告的行为违反了《商标法》第 57 条的规定，均构成对原告商标权的侵害。同时，被告的行为构成不正当竞争，应承担相应的法律责任。受诉法院支持了原告的主张，并判令被告承担停止侵害、赔偿原告经济损失 100 万元等民事责任。

**主要争点：** 华图公司及华图科技公司使用的“小能云客服”软件发出与涉案商标相同的提示音，是否构成商标性使用。

**裁判理由：** 本案原告请求保护的商标权内容为声音，实际使用在 QQ 软件中。相关公众在识别涉案商标过程中一般依靠听觉，因此应依据正常听觉效果对涉案商标与被诉侵权标识的异同做判断。被诉侵权标识内容为“嘀嘀嘀嘀嘀嘀”，经与涉案商标声音比对，听觉效果上两者基本相同。被告应知晓原告的 QQ 软件，亦应知晓 QQ 软件使用“嘀嘀嘀嘀嘀嘀”声音作为接收信息时的提示音。涉案商标的声音作为 QQ 软件的提示音，经过原告长期使用，其辨识度已被广大 QQ 软件用户普遍熟知，具有较高的使用识别度。被告在知晓涉案商标的情况下，仍使用被诉侵权标识，主观上明知相关公众会将被诉侵权标识与涉案商标进行比较，客观上造成相关公众在华图公司网站中的聊天软件与 QQ 软件之间建立关联或者对聊天软件的来源产生混淆可能性；同时使用被诉侵权标识作为网站聊天软件的提示音会提升网站用户的体验感，模拟 QQ 软件聊天的使用情景，进而吸引用户关注网站内容，增加网站的访问量，达到扩大流量和增加用户的商业目的。华图公司、华图科技公司、能通公司在各自经营的服务中使用了被诉侵权标识，在主观上具有发挥被诉侵权标识识别服务来源作用的故意。华图公司、华图科技公司、能通公司使用被诉侵权标识的行为属于法律规定的商标使用行为。

评　　论：本案系首例涉声音商标侵权及不正当竞争纠纷案件。侵害声音商标权的判定方法与侵害传统商标权的判定方法相同，即需首先判定被告对被控侵权声音的使用是否属于商标性使用。受诉法院从原告主张权利的商标的知名度、被告及相关公众是否知晓原告的涉案商标，以及被告使用被控侵权声音的目的及客观效果等维度，对被告使用被诉侵权声音构成商标性使用作出了较为详尽的分析。被告对被控侵权声音的使用属于商标性使用，被告使用被控侵权声音的服务与原告使用涉案商标的服务构成类似服务，被诉侵权的声音“嘀嘀嘀嘀嘀嘀”在听觉效果上与涉案商标基本相同，故被告使用涉案商标的行为构成侵害原告享有的注册商标专用权。

b. 服务商标与商品商标使用的区分——“吉尼斯世界纪录”商标侵权案

案件名称：吉尼斯世界纪录咨询（北京）有限公司（以下简称“吉尼斯北京公司”）与广州大明联合橡胶制品有限公司（以下简称“大明公司”）侵害商标权纠纷[①]

基本信息：广东省高级人民法院（2021）粤民再 208 号，2021 年 12 月 30 日

主要案情：吉尼斯世界纪录有限公司（以下简称“吉尼斯公司”）在第 35 类的“广告宣传”等服务上注册了文字商标“吉尼斯世界纪录”（第 11149025 号）和图形商标（“GUINNESSWORLDRECORDS”）（第 11149031 号）等商标。吉尼斯北京公司为这些商标的中国境内许可使用权人，可以自己的名义提起维权诉讼。

2013 年 12 月 2 日，大明公司的避孕套商品获得吉尼斯世界纪录的认证。吉尼斯北京公司有偿许可大明公司使用上述商标，该许可于 2015 年 7 月 31 日到期。2016 年 1 月至 2018 年 1 月，大明公

① 本案入选“2021 年中国法院 50 件典型知识产权案例”。

司仍在其生产的“奥妮”牌避孕套包装盒上印制“™纪录保持者”“吉尼斯世界纪录®”标识以及可以辨认出标识的证书缩略图。吉尼斯北京公司提起商标侵权诉讼。一审法院认定，大明公司的使用行为违背了约定，侵害了上述第 11149021 号、第 11149025 号、第 11149031 号商标的商标权。大明公司不服一审判决，提起上诉。二审法院认为，大明公司在其“奥妮”牌避孕套商品上同时标注“™”“吉尼斯世界纪录®”以及含有图形的证书标识，不是为了标示该商品由吉尼斯公司或吉尼斯北京公司生产，而是通过标示该商品由吉尼斯世界纪录认证从而实现促销的广告目的，属于在第 11149025 号和第 11149031 号所核准的“广告宣传”服务上使用，侵害了两商标的商标权。大明公司不服二审判决，申请再审。再审法院判决：撤销一审、二审民事判决，驳回吉尼斯北京公司的诉讼请求。

主要争点：被诉侵权商标在避孕套包装盒上的使用是应视为在避孕套商品上的使用还是应视为在“广告宣传”服务上的使用。

裁判理由：首先，结合《商标法》第 48 条的规定，在商品包装上使用商标亦属于《商标法》第 57 条所规定的在商品上使用商标。其次，服务在本质上是人的行为，具有无形性，以有形的商品为载体进行使用系服务商标使用的常态。区分商品商标与服务商标使用的依据不是商标物理性附着的附着物，而是相关公众认知的来源指向。一般而言，以相关公众的通常认知判断，仅指向商标物理性附着的商品提供者的商标为商品商标；能穿透商标物理性附着的商品，进而指向其背后所承载的服务提供者的商标则为服务商标。

本案中，被诉侵权商标物理性附着在避孕套商品的包装盒上，依照相关公众的通常认知，其未通过特定的使用目的、使用方式、使用环境、使用状态、使用效果等，穿透其物理性附着的避孕套商品，指向“广告宣传”服务的来源。大明公司是在避孕套商品而不是在“广告宣传”服务上使用被诉侵权商标。具体理由如下：第一，被诉侵权的避孕套是商品，不构成与“广告宣传”服务相关联的载体，故被诉侵权商标无法视为在与“广告宣传”服务相关联的载体上进行了使用。第二，被诉侵权避孕套商品未以适当方式显示被诉侵权商标与“广告宣传”服务提供者之间的直接联系，不构成使用服务商标的特殊载体，被诉侵权商标不能视为在服务对象的商品上进行了使用。第三，由被诉侵权商标可产生广告宣传作用不能推定其是使用在“广告宣传”服务上。任何商标均会对使用该商标的商品或者服务本身起到广告宣传的作用，“广告宣传”服务则是由广告部门为宣传、推广服务对象的商品或者服务提供的一种服务行为，具有“广告宣传”作用与提供“广告宣传”服务不可同日而语。一、二审法院因被诉侵权商标可以实现促销的广告目的，从而认定其是在“广告宣传”服务类别上的使用，系对商标的广告宣传功能与提供“广告宣传”服务的误解。综上，被诉侵权商标使用在与涉案商标核准注册的服务类别完全不类似的商品上，不会导致相关公众混淆商品来源，故大明公司不构成商标侵权。

评　　论：商标法是以商品商标为基础而制定的。服务商标仅能适用商品商标的规定。但是，商品有形而服务无形，如何认定服务商标的使用是相关纠纷的司法难题之一。2021 年 3 月 1 日，服务商标被纳入刑事保护。对服务商标使用的正确认定，更关乎当事人是否会被追究刑事责任。再审判决提出的服务商标使用认定标准，澄清了服务商标审判的重要“模糊区”，为今后我国构建合理的服务商标法律制度提供了具有示范意义的裁判样本。

关于服务商标使用认定标准，再审判决明确了三点：第一，判断标注在商品上的被诉侵权商标是商品本身的商标还是以商品为载体的服务商标，其依据不是商标物理性附着的商品，而是相关公众认知的来源指向；第二，综合考虑使用目的、使用方式、使用环境、使用状态、使用效果等因素，被诉侵权商标若足以让相关公众在通常认知状态下认为其指向的是某类服务的来源，则可被认定为服务商标；第三，不可将“广告宣传”服务商标与商标的广告宣传功能混淆，不能因被诉侵权商标具有广告宣传功能就推定其系在“广告宣传”服务类别上进行使用。

#### 3.2.2.2　诚信原则在商标侵权判定中的适用

##### a. 行使姓名权须遵守诚信原则与合法边界——“华润”商标侵权案

**案件名称**：华润（集团）有限公司（以下简称“华润集团”）、华润知识产权管理有限公司（以下简称“华润知识产权公司”）与成都市金牛区华

润灯饰商店（以下简称“华润商店”）侵害商标权及不正当竞争纠纷

基本信息：最高人民法院（2021）最高法民再338号，2021年12月20日

主要案情：1995年1月21日，华润集团经核准取得第776090号“华润”商标，核定服务项目为第35类，包括推销（替他人），该商标经续展后，注册有效期限至2025年1月20日。2006年4月7日，华润集团经核准取得第3843561号“华润万家”商标，核定服务项目为第35类，包括推销（替他人），该商标经续展后，注册有效期限至2026年4月6日。1994年12月7日，华润集团经核准取得第773121号“华润”商标，核定服务项目为第36类，包括资本投资，该商标经续展后，注册有效期限至2024年12月6日。2019年12月6日在第1674期商标公告上刊登商标转让/转移公告，上述商标由华润集团转让至华润知识产权公司名下。

华润商店为个体工商户，其企业名称注册于2002年5月31日，经营者刘某琼，经营范围为灯具批发零售。刘某琼还于2006年10月18日设立成华区华润灯饰经营部。上述两家商店对外统一使用“华润灯饰”进行宣传。华润商店经营者刘某琼之子取名为华润，出生于2001年5月25日。

华润集团诉至法院，主张华润商店使用“华润灯饰”和使用“华润”字号的行为侵害第776090号“华润”、第3843561号“华润万家”的商标专用权以及第773121号“华润”驰名商标权利，且构成不正当竞争行为。一、二审法院均驳回华润集团的诉讼请求，认为华润商店使用“华润灯饰”的行为不属于商标性使用，与华润集团所主张的注册商标不构成类似服务，未构成近似，不存在混淆可能性及实际混淆事实，不构成商标侵权；华润商店与华润集团不存在竞争关系，其字号注册与使用行为具有合法、正当理由，也不构成不正当竞争。华润集团与华润知识产权公司向最高人民法院申请再审。最高人民法院再审判决撤销一审、二审判决；判令华润商店停止侵权，停止使用带有“华润”文字的企业名称并变更其企业名称，赔偿经济损失及合理费用。

主要争点：华润商店的被诉侵权行为是否侵害了华润知识产权公司所持涉案商标专用权。

裁判理由：华润商店在其店铺招牌、店面装潢、商品吊牌及相关宣传材料上使用了被诉侵权标识“华润灯饰”字样，其中“灯饰”二字与华润商店所经营的商品类别一致，故其显著识别部分为“华润”，该标识字体较大、位置显著突出，能够起到指示商品及服务来源的作用，构成商标性使用。虽然华润商店辩称“华润灯饰”系对其企业名称简称的使用，且其同时还标注了“HR”标识，但上述使用方式已超出企业名称简称使用的范畴，且标注其他标识并非被诉侵权标识构成商标性使用的障碍，该使用方式不影响“华润灯饰”所起到的识别作用。

华润商店经销各种品牌的灯具、灯饰商品，其经营范围为灯具批发、零售，该服务与华润知识产权公司第776090号“华润”、第3843561号“华润万家”注册商标核定使用的第35类“推销（替他人)”服务在服务目的、内容、方式及服务对象等方面存在较大关联，二者构成类似服务。被诉侵权标识的显著识别部分“华润”文字，与第776090号“华润”商标及第3843561号“华润万家”商标的显著识别部分在文字构成、呼叫等方面相同或近似，构成近似商标。

“华润”系臆造词，具有较强显著性；且在华润商店注册成立之前，华润集团的“华润”品牌已为相关公众广泛知晓，“华润”系列商标在超市行业亦具有较高知名度。华润商店认为其使用“华润灯饰”标识系来源于其经营者儿子的名字，具有合理性和正当性的主张不能成立。公民虽享有其合法的姓名权，并有权合理使用自己的姓名，但应当遵循诚实信用原则并遵守相关法律、法规的规定，在将姓名进行商业使用时，不得侵害他人的在先权利。而华润商店的行为已超出合理使用姓名的界限。

华润商店使用“华润灯饰”标识的行为，容易造成相关公众对其服务来源产生混淆或误认，构成对华润知识产权公司第776090号“华润”及第3843561号“华润万家”商标专用权的侵害。被诉侵权行为已经能够通过上述认定予以规制，并无再对第773121号注册商标进行驰名商标认定的必要。华润商店的被诉侵权行为对华润集团及华润知识产权公司构成不正当竞争，在此不作赘述。

评　　论：本案对于类似服务的界定以及商标法领域权利冲突的处理具有重要

借鉴意义。其一，对于“批发、零售”与“推销（替他人）”服务的关系，最高人民法院明确二者构成类似服务，统一了类似案件的裁判标准。其二，关于姓名权与商标权的冲突，最高人民法院明确公民合法享有姓名权，有权合理使用自己的姓名，但在将姓名进行商业使用时，不得侵害他人的在先权利，提醒公民谨守合法权利边界，将诚实信用原则融入了司法裁判之中。

b. 非善意取得使用的认定——“劳亚尔”商标侵权案

**案件名称：** 重庆久圣成防水材料有限公司（以下简称“重庆久圣成公司”）、沈阳市久圣成经贸有限公司（以下简称“沈阳久圣成公司”）与重庆市盛百利防水建材有限公司（以下简称“盛百利公司”）侵害商标权及不正当竞争纠纷①

**基本信息：** 重庆市高级人民法院（2021）渝民终 96 号，2021 年 6 月 25 日

**主要案情：** 第 1347502 号商标（见图 3－4）由沈阳久圣成公司享有，注册日期为 1999 年 12 月 28 日，核定使用在第 1 类除油漆外的水泥防水制剂、防冻液等商品上。2005 年沈阳久圣成公司将上述注册商标授权重庆久圣成公司使用。案外人重庆市长寿区袖风防水材料厂（以下简称“重庆袖风厂”）享有第 5270376 号商标（见图 3－5）的商标权，其注册日期为 2009 年 7 月 14 日，核定使用在第 19 类建筑用石粉、水泥、水泥管等商品上。盛百利公司于 2013 年 1 月 20 日从其发展前身重庆袖风厂受让了第 5270376 号注册商标。2017 年 2 月 23 日沈阳久圣成公司在重庆购买了标有“重庆市盛百利防水建材有限公司”等字样的三种劳亚尔防水浆料系列商品，商品上标有第 5270376 号商标。重庆久圣成公司、沈阳久圣成公司认为盛百利公司在第 1347502 号商标核定使用的商品上使用“劳亚尔”商标的行为构成侵害其商标权和不正当竞争。盛百利公司辩称，被控侵权商品属于《类似商品和服务区分表》（以下简称《区分表》）第 19 类，其系合法使用自有商标，故不构成侵权。一审法院重点审查了被控侵权商品是否属于盛百利公司第 5270376 号商标核准使用的第 19 类商品，并综合被控侵权商品配料、使用范围、功能用途及使用方法、商标分类原则，认定被控侵权商品属于《区分表》第 1 类商

① 此案入选“2021 年全国 50 件典型知识产权案例”。

品，侵害了第1347502号注册商标权。[①] 盛百利公司不服，提起上诉。二审法院作出驳回上诉、维持原判的判决。

**图3-4 沈阳久圣成公司的第1347502号商标**

**图3-5 盛百利公司的第5270376号商标**

主要争点：盛百利公司关于在核准商品范围内使用注册商标的抗辩理由能否成立。

裁判理由：基于知识产权保护激励创新的目的和比例原则，注册商标专用权保护的范围和强度应当与其显著性和知名度相适应。

《民法典》第7条规定，民事主体从事民事活动，应当遵循诚信原则，秉持诚实，恪守承诺。诚信原则是一切市场活动参与者所应遵循的基本准则，它要求所有民事主体在从事任何民事活动时，都应该秉持诚实善意。《商标法》第7条第1款规定，申请注册和使用商标，应当遵循诚信原则。在后注册使用的商标，在具体商品可能存在种类归属不清的问题之时，理应对同一行业内同种商品上的在先商标进行合理避让，以保护在先的合法权利或利益，避免对他人已有合法权益的入侵或掠夺。行为人不能依据其在后非善意取得使用的注册商标专用权对他人的正当使用行为主动提起侵权之诉，同理，在后非善意取得使用的注册商标专用权亦不能成为其做防御性抗辩时的保护伞。

重庆久圣成公司、沈阳久圣成公司自2005年以来在防水材料

① 受诉法院亦认定盛百利公司构成不正当竞争，在此不作赘述。

类商品上使用第 1347502 号注册商标，已在防水行业形成一定的市场份额，劳亚尔防水品牌享有较高的知名度。盛百利公司作为相同地域内、经营范围高度重合的生产经营者，对第 1347502 号商标完全不了解的可能性极低。“劳亚尔”本身为无固定含义的臆造词，具有较强的固有显著性，依常理判断，在完全没有接触或完全不知悉的情况下，因巧合而出现雷同注册的可能性极低。被控侵权商品在《区分表》中的归属长期未有定论，有属于第 1 类、第 19 类抑或第 2 类的不同观点。防水行业公司多在第 1 类、第 19 类以及第 2 类均有申请注册商标。盛百利公司作为在防水行业从事多年生产经营的公司，可以推知其对此现象有所认知的可能性极高。盛百利公司于 2013 年从其发展前身处受让取得第 5270376 号注册商标，此后对于同属于防水行业、同样使用于聚合物水泥防水材料类产品的第 1347502 号注册商标非但没有进行合理避让，反而将其受让取得的商标长期大量使用于生产销售的同类商品之上，造成相关公众对两公司商品的混淆误认，其行为难谓善意。

盛百利公司在后非善意取得使用第 5270376 号注册商标，具有明显通过“打擦边球”的方式攀附第 1347502 号注册商标所载商誉的故意，对重庆久圣成公司、沈阳久圣成公司享有的注册商标专用权造成基本性损害，违反了诚实信用原则，戕害了公平有序的竞争市场。盛百利公司的注册商标专用权系在后非善意取得使用，不能据此对抗重庆久圣成公司、沈阳久圣成公司的注册商标专用权，其提出的系在核定商品的范围内使用其注册商标的抗辩理由，构成权利滥用，不应得到法院支持。

评　　论：诚信原则要求民事主体在从事行使民事权利、履行民事义务等民事活动时，均应秉持诚实、善意，信守自己的承诺。[①] 我国《商标法》在 2013 年进行第三次修正时吸收了诚信原则。该法第 7 条第 1 款规定，申请注册和使用商标，应当遵循诚信原则。然而，诚信原则在商标纠纷中如何适用并无定论。受诉法院在本案中进行了积极探索。

本案中盛百利公司对于商标侵权指控最重要的抗辩事由是其使用的商标已经注册，且该商标在核准的第 19 类商品上使用，故依

① 黄薇．中华人民共和国民法典释义：上．北京：法律出版社，2020：23.

照《最高人民法院关于审理注册商标、企业名称与在先权利冲突的民事纠纷案件若干问题的规定》第1条第2款的规定，对于两个注册商标之间的权利冲突民事纠纷人民法院应不予受理。受诉法院基于第1347502号注册商标的知名度、显著性，分析了被控侵权商标无论在注册、受让上还是在使用上，均具有攀附第1347502号注册商标商誉的故意，造成其商品与第1347502号商标使用的商品相混淆。由于盛百利公司的行为违背了诚信原则，故其在核准的商品类别上使用注册商标的抗辩理由未得到法院的支持。

#### 3.2.2.3 侵害驰名商标

驰名商标的认定——“今日头条”案

案件名称：湖南省永和食品有限公司（以下简称“永和公司”）等与北京字节跳动科技有限公司（以下简称“字节跳动公司”）侵害商标权纠纷

基本信息：北京市高级人民法院（2021）京民终89号，2021年7月12日

主要案情：涉案第11752793号“今日头条”商标由字节跳动公司申请注册，于2014年4月28日被核准注册。字节跳动公司对于“今日头条”商标的主要使用方式为向手机用户提供“今日头条”手机APP下载服务，供用户获取新闻资讯类信息。自2014年至2017年4月期间，针对“今日头条”商标，字节跳动公司共投入广告宣传费42 855.15万元，主要用于网络媒体、报纸杂志等形式的推广。2013年至2017年期间关于“今日头条”在中国报纸期刊中的相关报道文章共计1 010篇。“今日头条”与字节跳动公司已形成了稳定的对应关系。字节跳动公司及“今日头条”手机APP获得多项荣誉。北京软件和信息服务业协会于2017年6月20日出具证明信，内容为“今日头条”APP具有行业领先的用户口碑和市场占有率，在相关公众知晓程度、社会影响力等方面已达到驰名商标水平。

永和公司在天猫等电商平台设有2家自营网店，此外还有约40家第三方网店一同销售被控侵权产品。永和公司在其生产销售的鱼肉类加工食品的包装上突出使用与鱼类图形相结合的文字“今日头条鱼”，且在整体视觉上突出了文字“今日头条”。同时，永和公司在其天猫网店“食为先旗舰店”的产品介绍页面中突出使用文字“今日头条无‘鱼’伦比”，在产品品名中使用文字“今日头条小鱼

仔”。永和公司在相关店铺与商品描述中使用“今日头条”“今日头条小鱼”等字样。

字节跳动公司就永和公司侵权行为诉至法院。北京知识产权法院作出（2017）京73民初1350号民事判决，认定涉案商标构成驰名商标，永和公司的被诉行为侵害了字节跳动公司涉案驰名商标的专用权。永和公司不服一审判决，提起上诉。北京市高级人民法院二审判决驳回上诉，维持原判。

主要争点：涉案商标是否构成驰名商标，被诉行为是否构成商标侵权。

裁判理由：根据查明的事实，字节跳动公司开发的“今日头条”手机APP采用了先进的推荐引擎技术，自2012年8月上线运营以来，经字节跳动公司在全国范围内大量且持续地以多种途径宣传推广，至字节跳动公司针对被控侵权行为采取证据保全措施的2017年5月前，已在全国范围内取得较高的市场知名度，字节跳动公司与“今日头条”手机APP因此获得了行业内的诸多奖项。综合在案证据能够证明涉案商标在被控侵权行为发生之前已为相关公众广为知晓，构成驰名商标。

永和公司的被诉行为完整包含了对涉案商标“今日头条”的使用，属于对涉案商标的复制、摹仿，能够起到识别商品来源的作用，属于商标性使用。“今日头条”并非食品行业的常用原料描述，也不是对小鱼仔等熟食食品口味、制作工艺等特点的常见表述方式，永和公司在被控侵权商品上对“今日头条”字样的使用不属于合理描述使用的范畴。

永和公司在明知“今日头条”手机APP及其知名度的情况下故意实施被控侵权行为：一方面，其不正当地利用了驰名商标“今日头条”的商业信誉来推销自己的熟食商品，具有攀附他人商业信誉的目的；另一方面，永和公司在原有商标文字“今日头条”的基础上增添其他词语从而产生带有戏谑性质的标志使用方式，不但削弱了涉案商标的显著性，更是贬损了涉案商标的市场声誉。

永和公司的前述使用行为易使公众认为被控侵权产品与涉案商标或其权利人具有相当程度的联系，从而减弱了涉案驰名商标的显著性，破坏了字节跳动公司与涉案商标在长期使用过程中建立起的对应关系，致使字节跳动公司的合法利益受到损害，因此，永和公司的前述行为侵害了字节跳动公司涉案驰名商标的专用权。

评　　论：商标知名度与美誉度的获取无不和其权利人的付出息息相关。高强度保护驰名商标的本质是保护其权利人对商标的经济投入、用心经营及商标已取得的美誉度。《保护工业产权巴黎公约》第 6 条之二和《与贸易有关的知识产权协定》第 16 条均含有驰名商标保护的条款。我国《商标法》在 2001 年进行第二次修正时增设了驰名商标保护的条款，第 13 条明确了侵害未注册驰名商标及注册驰名商标的行为，第 14 条规定了认定驰名商标应当考虑的因素。《最高人民法院关于审理涉及驰名商标保护的民事纠纷案件应用法律若干问题的解释》对侵害注册驰名商标的行为作出了更为具体的规定，明确“足以使相关公众认为被诉商标与驰名商标具有相当程度的联系，而减弱驰名商标的显著性、贬损驰名商标的市场声誉，或者不正当利用驰名商标的市场声誉的，属于商标法第十三条第三款规定的‘误导公众，致使该驰名商标注册人的利益可能受到损害’”的情形。据此，在实践中，侵害注册驰名商标的行为主要可分为两种：一种是淡化，即削弱了驰名商标的显著性；另一种为丑化，即贬损了驰名商标的声誉。在本案中，受诉法院依据《商标法》规定的认定驰名商标的考量因素，认定“今日头条”为驰名商标，而永和公司使用“今日头条”推销自己的熟食商品的行为淡化了此驰名商标的显著性，对该商标承载的市场声誉造成不良影响，某种程度上是一种“丑化”，故侵害了驰名商标权。

#### 3.2.2.4　侵犯地理标志

##### a. 地理标志的保护——“信阳毛尖”商标侵权案

案件名称：信阳市茶叶协会与福建省安溪县琛牌茶叶有限公司（以下简称“琛牌公司”）、北京京东叁佰陆拾度电子商务有限公司（以下简称“京东公司”）侵害商标权纠纷①

基本信息：北京市西城区人民法院（2021）京 0102 民初 3281 号，2021 年 6 月 22 日

主要案情：信阳市茶叶协会获准注册第 3047772 号“信阳毛尖 XINYANG-

① 此案入选“北京市西城区人民法院涉地理标志商标民事纠纷典型案例”。

MAOJIAN”地理标志证明商标，核定使用商品为第30类茶和茶叶代用品。在2019年中国茶叶区域公用品牌价值评估中，信阳毛尖品牌价值为65.31亿元人民币，信阳毛尖还获得2019年和2020年中国茶叶区域公用品牌价值十强证书等荣誉。京东公司“jd.com”网站上的“琛牌茶叶专营店”网店中销售名称为“2020年新茶上市琛牌信阳毛尖250克信阳原产毛尖雨前嫩芽绿茶浓香型封口袋装散茶散装大分量”的产品，该产品的宣传页面中用较大字体标明“上等毛尖信阳原产”，产地标明河南省信阳市。该网店的经营主体为琛牌公司。信阳市茶叶协会起诉认为琛牌公司侵害了其第3047772号注册商标专用权并构成不正当竞争行为。北京市西城区人民法院经审理后认为琛牌公司构成商标侵权行为，判决琛牌公司赔偿信阳市茶叶协会经济损失20 000元及合理支出5 000元。

主要争点：地理标志证明商标侵权的判断。

裁判理由：涉案商标系作为证明商标注册的地理标志。信阳市茶叶协会作为该商标的注册人，对于其商品符合特定品质的自然人、法人或者其他组织要求使用该证明商标的，应当允许；且不能剥夺虽没有向其提出使用该证明商标的要求，但商品确产于信阳毛尖特定生产地域范围的自然人、法人或者其他组织正当使用该证明商标中地名的权利。但同时，信阳市茶叶协会对于其商品并非产于信阳毛尖特定生产地域范围的自然人、法人或者其他组织在商品上标注该商标的，有权禁止并依法追究其侵害证明商标权利的责任。本案被控侵权商品为茶叶，落入涉案商标的核准使用商品范围；使用的“信阳”标识是涉案商标的主要认读部分，二者属于商标近似。琛牌公司在商品名称中使用“信阳原产毛尖”、在宣传页面中以较大字体标明“产于信阳”的使用方式，超出了仅介绍产地的合理、必要范围。琛牌公司提交的证据不能证明安溪县如意茶厂进购的茶业产自信阳毛尖保护基地、具有“信阳毛尖”证明商标所标识商品的品质，其所标注的产品质量标准与《中华人民共和国国家标准地理标志产品信阳毛尖茶》(编号GB/T22737—2008)的产品质量标准并不相同，不能证明被控侵权产品确系使用安溪县如意茶厂进购的散茶进行分装，也不能证明其使用涉案商标的行为得到了信阳市茶叶协会的许可，因此其使用“信阳原产毛尖”“产于信阳”进行毛尖茶的销售，易使社会公众对该产品所具有的品质产生误解，将产品与“信阳毛尖”这一地理标志证明商标进行联系，故琛牌公司的行为侵害了原告的商标权，信阳市茶叶协会有权对此种行为予以禁止，并依法追究琛牌公司侵害证明商标权利的责任。

评　　论：部分销售商在经营过程中，存在“加包装、傍名牌”的销售乱象。本案中，销售商自行购置散装茶叶和带有“信阳毛尖”标识的包装礼盒，整合之后在京东平台上以“信阳原产毛尖”“产于信阳”等宣传字样进行毛尖茶的销售，构成未经商标注册人许可，在同一种商品上使用与其注册商标相同或近似的商标，且销售商家未能证明其销售的产品来源于“信阳毛尖”指定的生产地域范围以及符合特定的品质要求，因此销售商家的行为已经构成对于“信阳毛尖”证明商标专用权的侵犯，应当承担相应的民事责任。

b. 地理标志保护的例外情形——“潼关肉夹馍”商标侵权案

案件名称：潼关肉夹馍协会与和林格尔县老潼关肉夹馍快餐店（以下简称“和林肉夹馍店”）侵害商标权纠纷

基本信息：内蒙古自治区高级人民法院（2021）内知民终 244 号，2021 年 12 月 29 日

主要案情：潼关肉夹馍协会系涉案商标第 14369120 号“潼关肉夹馍 TONG GUAN ROU JIA MO 及图”地理标志集体商标权利人，该商标核定使用商品为第 30 类“肉夹馍”，有效期至 2025 年 12 月 13 日。2012 年 6 月“潼关肉夹馍传统手工技艺”被陕西非物质文化遗产保护中心公布为“陕西非物质文化遗产”，“潼关肉夹馍”产品荣获“丝绸之路名小吃（2015）”“2017 丝路特色美食联展金奖”。和林肉夹馍店在其店面门头及销售的肉夹馍外包装上使用了“老潼关肉夹馍”标识，并以“老潼关肉夹馍”之名在美团网上进行了宣传、推广，潼关肉夹馍协会起诉和林肉夹馍店对于“老潼关肉夹馍”标识的使用构成商标侵权。呼和浩特市中级人民法院经审理后认为，一般消费者更容易认为和林肉夹馍店所销售的肉夹馍采用了潼关肉夹馍的工艺，而非误认为和林肉夹馍店系潼关肉夹馍协会的成员或其销售的商品具有该协会成员所生产、销售商品的特定品质（商品原材料来源于潼关地区），故和林肉夹馍店的行为并不足以造成一般消费者对商品或服务的来源或品质产生混淆、误认。潼关肉夹馍

协会不服，上诉至内蒙古自治区高级人民法院。二审法院判决驳回上诉，维持原判。

主要争点：地理标志商标侵权的判断。

裁判理由：被控侵权商家在店招及其提供的餐饮服务（第 43 类）中使用“潼关肉夹馍”字样，而潼关肉夹馍协会享有的涉案商标核定使用在第 30 类肉夹馍商品上，两者不属于同一类别。在涉案商标核准注册前，使用潼关地区传统制作工艺制作的肉夹馍地方小吃已广为流传，“潼关肉夹馍”作为一种地方小吃名称被相关公众所知晓，该名称本身缺乏显著性，难以产生商标法意义上的识别作用，而涉案商标由含有城楼的图形、“潼关肉夹馍”文字、“TONG GUAN ROU JIA MO”拼音等要素叠加组成，因此只有“潼关肉夹馍”文字与图形、拼音要素组合的整体标识才能在肉夹馍商品上产生识别作用，从而使涉案商标得以核准注册，故其在实际使用该商标的过程中无权禁止他人正当使用“潼关肉夹馍”字样。被控侵权商家仅使用“潼关肉夹馍”字样在其他类别上提供该种地方小吃餐食服务的行为不构成对涉案地理标志集体商标专用权的侵害。

评　　论：“潼关肉夹馍”案是 2021 年度的热点商标案件。“潼关肉夹馍”作为地理标志集体商标，其维权的正当性引发了广泛的讨论，甚至饱受质疑。地理标志属于区域公共资源，如何正确认识地理标志，如何对地理标志予以有效保护，仍有赖于司法界、学术界的持续研究与思考。

### 3.2.3　商标侵权抗辩

#### 3.2.3.1　正当使用

a. 正当性使用的认定——“金银花”商标侵权案

案件名称：上海碧丽化妆品有限公司（以下简称“碧丽公司”）与山东荣商生物科技有限公司（以下简称“荣商公司”）、临沂市圣芳化妆品厂（以下简称“圣芳厂”）、马某虎侵害商标权纠纷

基本信息：上海知识产权法院（2021）沪 73 民终 804 号，2021 年 12 月 30 日

主要案情：1992 年，上海 B 厂经国家商标局核准注册第 603857 号商标，商标

图样为竖排的“金银花”文字，核定使用商品为第3类化妆品、润肤液等。2009年7月30日，碧丽公司受让该商标，有效期经续展至2022年7月29日。

2019年5月22日，碧丽公司委托代理人对其收货及浏览网页的过程向上海市新虹桥公证处申请办理保全证据公证，该公证处出具（2019）沪新虹桥证经字第1197号公证书。该公证书显示，涉案店铺销售名称为“花露水喷雾驱蚊花露水清凉止痒清香型蚊不叮驱蚊液驱蚊水”的商品，该商品链接项下有蚊不叮、金银花、驱蚊、蛇胆清凉4款规格，瓶身标注圣芳厂与山东姝涵日用品有限公司（荣商公司的前身）联合出品。

碧丽公司认为圣芳厂、荣商公司等的行为侵害了其第603857号“金银花”商标的专用权，诉至法院。上海市徐汇区人民法院作出（2021）沪0104民初1552号民事判决，认定圣芳厂、荣商公司共同生产、销售涉案侵权商品。荣商公司不服一审判决，提起上诉。上海知识产权法院二审判决驳回上诉、维持原判。

主要争点：被诉行为中对“金银花”的使用是否构成正当使用。

裁判理由：首先，虽然“金银花”系一种中草药名称，但涉案商标于1992年即被核准注册于化妆品等商品上，经过长期使用，已经与其产品具有相对稳定的对应关系。其次，虽然金银花确系部分花露水产品的原料，但被诉侵权商品的成分中并不包括金银花，故荣商公司、圣芳厂在该产品上使用“金银花”并非为了说明其原料名称。最后，被诉侵权商品上的“金银花”系在显著位置单独突出使用，字体也明显大于产品上的其他文字。根据以上事实，被诉行为在主观上并非出于善意目的，客观上没有使用“金银花”的合理理由，且使用方式也已超出为描述商品原料而合理使用的界限，不构成对“金银花”的正当使用。

荣商公司及圣芳厂在被诉侵权产品上使用“金银花”字样的行为构成商标侵权，应共同承担侵权责任；马某虎销售被诉侵权商品的行为亦构成商标侵权，应在其销售商品的范围内与荣商公司、圣芳厂承担连带赔偿责任。

评　　论：《商标法》第59条第1款规定，注册商标中含有的本商品的通用名称、图形、型号，或者直接表示商品的质量、主要原料、功能、用途、重量、数量及其他特点，或者含有的地名，注册商标专用权人无权禁止他人正当使用。被诉侵权人为描述或者说明其产品或者服务的特点而善意合理地使用相同或者近似标识的，可以依法认定为正当使用，因此，对标识的正当使用应具备描述性、善意、合理的条件。在涉案商标已与碧丽公司产品具有相对稳定的对应关系，且被诉侵权商品并不包括金银花成分的情形下，在瓶身显著位置单独突出使用“金银花”，在主观上并非出于善意目的，客观上没有使用“金银花”的合理理由，且使用方式也已超出为描述商品原料而合理使用的界限，不构成对“金银花”的正当使用。

b. 描述性使用须举证——“黄金比例”商标侵权案

**案件名称：** 益海嘉里食品营销有限公司（以下简称“益海嘉里公司”）与天津丰美食用油有限公司（以下简称“丰美公司”）侵害商标权纠纷[①]

**基本信息：** 天津市高级人民法院（2020）津民终1331号，2021年1月12日

**基本案情：** 2006年1月7日，第3863827号“黄金比例”商标被核准注册，核定使用在第29类食用油等商品上。益海嘉里公司经注册商标权利人许可，取得该商标的许可使用权，并可以自己的名义诉讼维权。益海嘉里公司发现丰美公司制造、销售“香美来黄金比例食用植物调和油”（瓶贴见图3-6），故提起商标侵权诉讼。丰美公司的抗辩理由为其对“黄金比例”并非作为商标使用。一审法院认为，丰美公司在其产品上使用“黄金比例”是对其食用植物调和油商品特征的一种描述，即表明其产品所用各种原料配比为最佳配比。丰美公司并未将“黄金比例”作为商标来使用，不会引发相关消费者混淆，故驳回益海嘉里公司的诉讼请求。益海嘉里公司不服，提起上诉。二审法院撤销一审判决，判令丰美公司承担侵害商标权的法律责任。

**主要争点：** 丰美公司在其产品包装上使用“黄金比例”是否属于描述性使用。

**裁判理由：** 首先，从丰美公司的使用方式看：丰美公司突出使用了“黄金比例”，该标识标注在商品显著位置，已经超出了一般描述性文字的表现形式；丰美公司并未提供充分证据证明在食用油领域已有国家标准、行业标准或行业惯例认定“黄金比例”反映食用油产品的某

① 本案入选“2021年全国50件知识产权典型案件”。

图 3-6　被控侵权产品瓶贴

一特征。其次，从丰美公司使用的主观状态看：涉案“黄金比例”商标经过权利人的宣传使用，具有一定的知名度，丰美公司作为多年从事食用油生产的企业，理应知晓。即使丰美公司使用“黄金比例”仅为使用文字的字面含义，但丰美公司对其突出使用，“黄金比例”字体与涉案注册商标的字体几乎一致，“黄金比例”位于“商标”与“食用植物调和油”之间，且用两个半圆弧状的曲线围绕“黄金比例”四个字。丰美公司的前述使用方式与益海嘉里公司在同种类商品上使用“黄金比例”商标及其装饰的方式一致，丰美公司的使用行为难谓善意。最后，从是否导致消费者混淆方面看：丰美公司在食用油上使用“黄金比例”标识，该标识与涉案注册商标仅有细微差异，属于在同一种商品上使用与注册商标相同的商标。根据一般消费者的认知习惯，会将“黄金比例”标识本身作为商标认知，容易使一般消费者对商品的来源产生混淆或误认。综上，丰美公司对“黄金比例”的使用行为不属于正当性使用，侵害了益海嘉里公司涉案注册商标专用权。

评　　论：注册商标排他权的范围和该商标标识本身的个性紧密相关。我国《商标法》第 59 条第 1 款规定：“注册商标中含有的本商品的通用名称、图形、型号，或者直接表示商品的质量、主要原料、功能、用途、重量、数量及其他特点，或者含有的地名，注册商标专用权人无权禁止他人正当使用。”此款所称的通用名称、图形、型号、地名或者其他特点本身具有描述性，故商标权人无权禁止他人正当使用。在商标侵权诉讼中，若被告提出有关描述性标志的正当使用抗辩，则其负有相应的举证责任，即证明注册商标含有描述性的标志，且其对该标志的使用是为了描述或者说明其商品具有某种特征，而非将该标志用作商标。

关于“黄金比例”，一审判决认定其本意系一种数学上的比例关系，又称黄金分割，该词在我国语境中已经获得了区别于其本来含义的第二含义，往往用于形容一件事物的各种组分之间比例合理，能够使相关产品或事物取得较好的效果。然而，正如二审判决所言，丰美公司并未提供充分证据证明在食用油领域已有国家标准、行业标准或行业惯例认定“黄金比例”反映食用油产品的某一特征，即对食用油产品而言，“黄金比例”并不具有描述性。基于此，丰美公司的正当使用抗辩难以成立。

c. 正品转售商指示性使用的边界——“FENDI”商标侵权案

**案件名称：** 芬迪有限公司（以下简称“芬迪公司”）与上海益朗国际贸易有限公司（以下简称“益朗公司”）、首创奥特莱斯（昆山）商业开发有限公司（以下简称“首创公司”）侵害商标权及不正当竞争纠纷

**基本信息：** 上海市高级人民法院（2019）沪民再5号，2021年3月4日

**主要案情：** 芬迪公司系“FF FENDI”“FENDI”注册商标的商标权人。益朗公司于2015年8月向海关申报入境了来源于法国的“FENDI”产品，并于同年9月30日开始在首创奥特莱斯经营“FENDI”店铺。芬迪公司诉至法院，主张益朗公司、首创公司在涉案店铺的店招、外墙指示牌、折扣信息指示牌等中使用了“FENDI”商标，构成商标侵权、擅自使用芬迪公司企业名称及虚假宣传。一审法院认为，益朗公司和首创公司的行为属于对“FENDI”标识的合理使用。二审法院则认为，益朗公司在涉案店铺店招上单独使用“FENDI”标识构成商标侵权和不正当竞争。益朗公司不服二审判决，申请再审。再审法院维持二审判决。

**主要争点：** 益朗公司在店招上使用“FENDI”标识是否为合理使用。

**裁判理由：** 再审法院认为：构成商标合理使用应当符合使用行为系善意和合理、使用行为限于必要范围、使用行为不会导致相关公众对商品/服务来源的混淆和误认三个条件。但客观上可能导致消费者产生混淆的商标使用行为并非一概不构成商标合理使用。为指示说明商品或服务用途、来源等真实信息而使用他人商标的行为即使可能导致

混淆，也应当以使用目的是否善意、使用方式是否合理、使用是否符合诚信的商业惯例作为合理使用的判断标准。

关于益朗公司的使用目的是否系善意，再审法院认为，店招不仅用来表明店铺经营者的身份，也用来向消费者提示和宣传店铺所经营的商品或服务，便于消费者迅速寻找到其欲购买的商品或服务。本案在案证据难以认定益朗公司在主观上存在混淆服务来源的意图。

关于益朗公司的使用行为是否必要和合理。再审法院认为，益朗公司经营的涉案商铺位于奥特莱斯商场内，这种商场系以名牌且低价的商品吸引顾客，零售商在商铺外部显著标注其经营商品的商标具有一定的合理性和必要性。如不允许零售商在商铺外部显著标注其经营商品的商标，将削弱奥特莱斯商场的低价优势和便利性。但是益朗公司的使用行为又容易导致消费者对涉案店铺与芬迪公司之间的关联关系产生误认，直接损害商标的来源识别功能。两害相权取其轻，不宜以损害商标基本功能为代价换取低价优势和便利性，对于奥特莱斯商场内合理使用品牌商标的必要范围应予以限缩。

关于被诉行为是否符合商业惯例。再审法院认为，随着我国市场经济的发展，品牌方正从原先商品生产者的定位走向销售终端，逐步建立起自有的销售体系，如旗舰店、专卖店等；其他销售商也逐渐形成了一些区别于品牌方专卖店的销售模式，如品牌集合店等。本案中，益朗公司的商标使用行为模糊了上述两种销售渠道的界线，遏制了品牌方与销售商在销售环节的横向竞争，难言其具有合理性并符合商业惯例。

综上，益朗公司在涉案店铺店招上使用“FENDI”标识不属于商标的合理使用，构成商标侵权。

评　论：本案涉及正品转售商合理使用商标的边界划定。[①] 再审法院认为，尽管益朗公司的使用行为具有一定的合理性和必要性，但客观上产生了让消费者混淆的可能，直接损害了商标的来源识别功能，应采

① 上海高院发布2021年知识产权司法保护十大案件及加强知识产权保护力度典型案件．(2022-04-26)[2022-05-01]．https://mp.weixin.qq.com/s/cSXejMAmBeOdWWkrcH-zuA.

用利益衡量的方式对合理使用的必要范围予以限缩；益朗公司的使用行为还阻碍了品牌方与销售商在销售环节的横向竞争，不符合商业惯例。可见，在判断是否构成指示性使用时，除考虑指示性使用的必要性外，还应考虑不能损害商标的来源识别功能、双方利益平衡、商业惯例等。

### 3.2.3.2　在先使用抗辩

#### a. 先用权的审查——“双飞人”商标侵权案

**案件名称：** 双飞人制药股份有限公司（以下简称“双飞人公司”）与广州赖特斯商务咨询有限公司（以下简称“赖特斯公司”）等商标侵权与不正当竞争纠纷[①]

**基本信息：** 最高人民法院（2020）最高法民再23号，2021年3月16日

**主要案情：** 双飞人公司注册了第7559578号、第7559588号商标（见图3-7），核定使用在第3类的化妆品、花露水等商品上。法国利佳制药厂拥有第6444519号“利佳”文字商标，并于2015年1月28日授权赖特斯公司独家代理在中国境内宣传、推广、分销和销售“利佳”品牌化妆品。法国利佳制药厂自20世纪90年代起在中国部分地区的报纸上刊登“双飞人药水”广告，持续时间较长、发行地域较广、发行量较大，在华南等地区已形成一定影响，具有一定知名度。法国利佳制药厂的“双飞人药水”在先使用了“蓝、白、红”包装并有一定影响。双飞人公司诉称赖特斯公司销售利佳薄荷水产品侵害其商标权（被控侵权产品见图3-8），同时构成不正当竞争。一审法院认为：利佳薄荷水与“双飞人”商标核定使用的“双飞人爽水”属于相同商品。经对比，被诉侵权产品包装与双飞人公司的立体商标构成近似并可能导致相关公众混淆误认，赖特斯公司侵害了双飞人公司的立体商标专用权；同时，赖特斯公司为实现商业目的，在产品宣传中强调其产品为“双飞人”产品，构成对“双飞人”文字商标的侵权；此外，利佳薄荷水的包装装潢与双飞人公司知名商品的包装装潢近似，赖特斯公司的行为构成不正当竞争。遂判决赖特斯公司构成商标侵权及不正当竞争。赖特斯公司提起上诉，二审法院判决驳回上诉、维持原判。赖特

① 此案入选“2021年中国法院10大知识产权案件”。

斯公司申请再审。最高人民法院再审判决：撤销一、二审判决，驳回双飞人公司的诉讼请求。

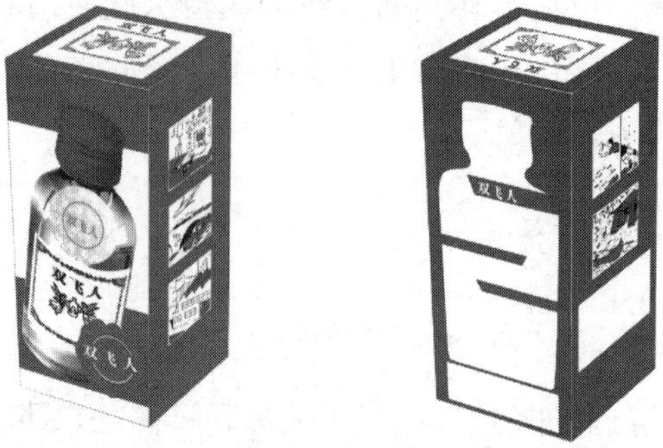


图 3-7　第 7559578 号商标（左）与第 7559588 号商标

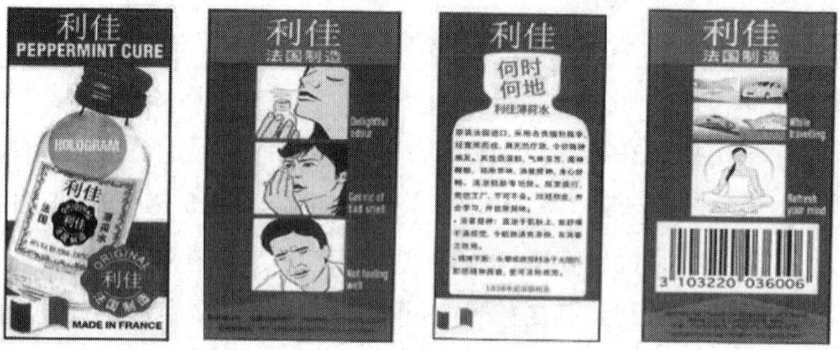


图 3-8　被诉侵权产品及四面分解图

主要争点：赖特斯公司的在先使用抗辩是否成立。

裁判理由：最高人民法院认为，双飞人公司在本案主张赖特斯公司侵害其第 7559578 号、第 7559588 号注册商标专用权，但是在案证据表明，在“双飞人爽水”产品问世前，双飞人公司的关联企业曾以“双飞人药水”包装盒作为现有设计证据，申请对与“双飞人药水”包装相似的外观设计专利宣告无效，并获得支持。而且，双飞人公司在对“双飞人爽水”进行宣传时，存在主动混淆“双飞人爽水”与“双飞人药水”的行为，可以证明其对法国利佳制药厂生产的“双飞人药水”的知名度已有认知。经营者在市场交易中，应当遵循诚实信用原则，遵守公认的商业道德。双飞人公司明知“双飞人药水”存在于市场，却恶意申请注册与“双飞人药水”包装近似的第 7559578 号、第 7559588 号商标并行使权利，其行为难言正当，赖特斯公司的被诉侵权行为应当被认定属于 2013 年《商标法》第 59

条第 3 款规定的商标权人无权禁止在先使用人在原使用范围内继续使用的情形，因此，赖特斯公司的在先使用抗辩成立。

评　　论：本案涉及商标先用权抗辩的审查问题。商标的注册和使用均应尊重他人合法的在先权益。在商标注册方面，对于他人在先使用并有一定影响的商标，我国 2001 年修正的《商标法》第 31 条规定不得以不当手段抢先注册。在商标使用方面，在某商标被申请注册之前，他人已经在同一种商品或者类似商品上先于商标注册人使用与该注册商标相同或者近似并有一定影响的商标的，注册商标专用权人无权禁止该使用人在原使用范围内继续使用该商标。我国《商标法》2013 年第三次修正时在 59 条第 3 款明确对此作出了规定，为先用权抗辩明确了法律依据。基于原告指控被告实施的侵权行为发生时间，本案的审理适用 2013 年《商标法》。最高人民法院经过再审，明确赖特斯公司的在先使用抗辩成立。再审判决有效地保护了诚信经营带来的使用权益，是人民法院加强知识产权诉讼诚信体系建设的有益探索。①

b. 先用权的继承——“康齿宁”商标侵权案

案件名称：丹东康齿灵牙膏有限公司（以下简称“康齿灵公司”）与丹东康宁药业有限公司（以下简称“康宁药业公司”）、北京韩泉企业管理有限公司（以下简称“韩泉公司”）侵害商标权纠纷

基本信息：北京知识产权法院（2021）京 73 民终 712 号，2021 年 8 月 23 日

主要案情：康齿灵公司经核准取得了第 1688303 号、第 4030971 号和第 9341568 号“康齿灵”和第 25971430 号“新康齿灵”注册商标专用权。康齿灵公司认为康宁药业公司生产、韩泉公司销售的含漱液和牙膏类产品上使用“康齿宁”标识，侵害了其享有的“康齿灵”注册商标专用权，遂向北京市朝阳区人民法院提起诉讼。一审法院在审理中查明，1971 年丹东化学厂研发的中草药牙膏——康齿灵牙膏上市。康齿灵公司和康宁药业公司均由丹东化学厂改制而来。1999 年 1 月 15 日，丹东化学厂与康齿灵公司签订“租赁合同”。2002 年 4 月 25 日，丹东化学厂与康齿灵公司签订“终止丹东化学厂制药分厂租赁合同的协议”，约定丹东化学厂收回制药分厂后，

① 最高人民法院发布 2021 年中国法院 10 大知识产权案件和 50 件典型知识产权案例．（2022－04－21）［2022－04－22］. https：//www. court. gov. cn/xinshidai-xiangqing－355881. html.

不得生产牙膏产品或与其他厂家合作生产牙膏产品。2002 年 10 月 26 日，丹东化学厂与康宁药业公司签订“丹东化学厂制药分厂转制补充说明”，约定原制药分厂拥有的“康齿宁丁硼乳膏”品牌及专利权转归康宁药业公司所有。2003 年 12 月 30 日，丹东化学厂制药分厂改制更名为“丹东康宁药业有限公司”。

一审法院作出（2019）京 0105 民初 42374 号民事判决，认定康宁药业公司继承取得在漱口液上使用“康齿宁”标识的在先权利，在所有的被诉乳膏产品上使用“康齿宁”标识均构成对康齿灵公司注册商标专用权的侵犯。康齿灵公司、康宁药业公司不服一审判决，向北京知识产权法院提起上诉。二审法院判决驳回上诉，维持原判。

**主要争点**：康宁药业公司在涉案产品上使用“康齿宁”是否构成在先使用。

**裁判理由**：本案中丹东化学厂与康齿灵公司于 2002 年 4 月 25 日签订的“终止丹东化学厂制药分厂租赁合同的协议”约定“丹东化学厂收回制药分厂后，不得生产牙膏产品或与其他厂家合作生产牙膏产品”，由此可见，丹东化学厂自该协议签订之日起即不得再生产牙膏产品，故丹东化学厂制药分厂转制为康宁药业公司后，亦不享有在牙膏商品上使用“康齿宁”商标的在先权利。但该协议未禁止丹东化学厂生产漱口液产品，故“康齿宁”在漱口液产品上的在先权利可由康宁药业公司继承，康宁药业公司提交的证据可以证明其已经将“康齿宁”标识使用在漱口液商品上，康宁药业公司在原使用范围内于漱口水商品上使用“康齿宁”标识未侵害康齿灵公司的商标专用权。

**评　　论**：本案涉及先用权的继承使用问题。因“终止丹东化学厂制药分厂租赁合同的协议”中未禁止丹东化学厂生产漱口液产品，由丹东化学厂制药分厂转制而来的康宁药业公司相应地也继承了“康齿宁”在漱口液产品上的在先权利，故在原使用范围内于漱口水商品上使用“康齿宁”标识未侵害康齿灵公司的商标专用权。

### 3.2.4　商标侵权救济

#### 3.2.4.1　民事救济

a. 侵权获利的精细计算——“美可辛”商标侵权案

**案件名称**：美盛农资（北京）有限公司（以下简称“美盛北京公司”）与津港

美禾辛化肥（天津）有限公司（以下简称“津港美禾辛公司”）等侵害商标权及不正当竞争纠纷[①]

基本信息：山东省高级人民法院（2021）鲁民终1160号民事判决，2021年8月9日

主要案情：2010年，美盛公司注册了第6105335号“美可辛”商标，核定使用在第1类化学肥料、植物肥料等商品上。美盛北京公司经美盛公司授权许可使用“美可辛”商标并有权以自己的名义进行维权。2017年，津港美禾辛公司第18851559号“美禾辛”商标获得注册，核定使用在第1类土壤调节制剂、氮肥等商品上，此商标于2019年3月22日被国家知识产权原商标评审委员会宣告无效。美盛北京公司主张津港美禾辛公司等生产、销售的肥料产品上使用了与其注册商标近似的“美禾辛”商标及相似的包装、装潢，并将与其涉案商标近似的“美禾辛”文字作为企业字号使用，侵害其涉案商标专用权并构成不正当竞争，要求津港美禾辛公司停止侵权并以美盛北京公司提交的津港美禾辛公司侵权获利证据确定赔偿数额及合理开支共计1 030万元。一审法院判定津港美禾辛公司行为构成商标侵权，但不构成不正当竞争；在赔偿数额方面，综合津港美禾辛公司的主观过错、生产规模及市场占有率和“美可辛”商标的知名度、美盛北京公司因被侵权受到的实际损失及其为制止侵权行为所支付的合理开支等因素，依照《商标法》第63条第3款关于法定赔偿的规定，酌定津港美禾辛公司的侵权赔偿数额为150万元。美盛北京公司、津港美禾辛公司等提起上诉。二审法院认定津港美禾辛公司等构成商标侵权与不正当竞争，改判津港美禾辛公司赔偿美盛北京公司经济损失及合理开支共计1 030万元。

主要争点：美盛北京公司索赔1 030万元的诉讼请求是否应全额得到支持。

裁判理由：美盛公司系世界500强企业，涉案商标及包装、装潢具有较高的知名度和影响力。对此，津港美禾辛公司等均知晓，但仍将与“美可辛”商标近似的“美禾辛”文字注册为企业字号并申请注册商标，侵权的主观恶意明显。本案侵权后果严重、影响较大，侵权产品与农民利益密切相关，且因产品质量不合格多次受到行政处罚并被公

① 此案入选“2021年中国法院50件典型知识产权案例”。

示，容易导致消费者认为美盛北京公司的肥料产品亦存在质量问题，进而影响消费者对美盛北京公司肥料产品的购买选择。本案被诉侵权标识对侵权获利的贡献率相对较高。

综合考虑上述因素及美盛北京公司为证明津港美禾辛公司等侵权获利所提交的相关证据，二审法院认为：美盛北京公司已经尽力举证，津港美禾辛公司等虽主张其宣传的年销售量30万吨存在夸大，但根据诚实信用原则，企业夸大宣传获得额外利益的同时也应当承担由此带来的不利后果，且津港美禾辛公司等在本案中无正当理由拒绝提供与被诉侵权产品销售获利相关的财务账簿及资料，亦应当承担相应不利后果。美盛北京公司主张的侵权获利计算依据中除毛利润率8%没有合法依据外，其他并无明显不当，二审法院予以采纳。对于利润率，二审法院酌定净利润率为2%。由此可以计算出津港美禾辛公司等的侵权获利为每年666万元（每吨2 220元乘以净利润率2%乘以每年30万吨乘以知识产权贡献率50%），津港美禾辛公司等侵权时间长达5年，侵权获利达3 300多万元，远远超过美盛北京公司主张的1 000万元，故二审法院确定津港美禾辛公司等的赔偿数额为1 000万元。因本案计算的侵权获利已远超美盛北京公司主张的1 000万元，故无须再适用惩罚性赔偿方式确定赔偿数额。另外，美盛北京公司一审中已提交证据证明其因本案支出律师费30万元，要求津港美禾辛公司等予以赔偿的请求，法院予以支持。一审法院对美盛北京公司主张的侵权获利计算依据未进行详细审查即不予采信，直接适用法定赔偿方式确定本案赔偿数额缺乏事实依据，且所确定的赔偿数额与津港美禾辛公司等的侵权获利明显不符，二审法院依法予以纠正。

评　　论：我国《商标法》规定了侵害注册商标专用权的赔偿数额可按照权利人因被侵权所受到的实际损失、侵权人因侵权所获得的利益、参照该商标许可使用费的倍数合理确定；前述数额均难以确定的，人民法院可根据侵权行为的情节在以500万元为上限的法定赔偿之内酌定赔偿数额。在司法实践中，由于权利人对损害赔偿的举证难度大，加之受诉法院对此类证据的审核较为严格或适用较高的证明标准，故准确地确定权利人的实际损失或侵权人的侵权获利困难重重；涉案商标在绝大多数情形下并未许可他人使用，并无许可使用费可以参照，致使在相当大比例案件中法院通过法定赔偿酌定赔偿金额。法定赔偿虽然使商标权人获得一定赔偿，但赔偿数额是否足以弥补权利人的损失或在支付赔偿金后侵权人是否从侵权中获利并无肯定的答案。本案二审法院在确定侵权获利方面进行了积极探索，其综合考量的因素非常全面，计算方法较为精细、合理。尤其是在权利人已经尽力举证，主张的赔偿数额已有初步证据的情况下，侵权方拒绝提供与被诉侵权产品销售获利相关的财务账簿及资料，应依据《商标法》第 63 条第 2 款的规定对其举证妨碍行为承担相应的法律后果，包括由受诉法院参考权利人的主张和证据确定赔偿数额。本案二审法院便依照《商标法》的前述规定，全额支持了权利人的赔偿请求。

b. 惩罚性赔偿的适用——“惠氏”等商标侵权案

**案件名称：** 惠氏有限责任公司（以下简称“惠氏公司”）、惠氏（上海）贸易有限公司（以下简称“惠氏上海公司”）与原广州惠氏宝贝母婴用品有限公司（以下简称“广州惠氏公司”）、广州正爱日用品有限公司（以下简称“正爱公司”）等侵害商标权及不正当竞争纠纷[①]

**基本信息：** 浙江省高级人民法院（2021）浙民终 294 号，2021 年 4 月 26 日

**主要案情：** 惠氏公司是“惠氏”“Wyeth”等注册商标的权利人，其许可惠氏上海公司使用上述商标并进行维权。广州惠氏公司及正爱公司先后注册多件“惠氏”及“Wyeth”商标。北京市高级人民法院于 2018 年作出终审判决，确认广州惠氏公司名下的前述商标无效。广州惠氏公司等被告生产或销售使用了“Wyeth”“惠氏”“惠氏小狮子”标识的被诉侵权商品，在域名中使用“Wyeth”，并在宣传活动中使用“Wyeth”“惠氏”“惠氏小狮子”标识。惠氏公司、惠氏上海公司提起诉讼，诉讼请求包括按被告侵权获利的 3 倍计算惩罚性赔偿金额计 3 000 万元。一审法院认定被告行为构成商标侵权与不正当竞争，广州惠氏公司等在本案所涉侵权获利超过 1 000 万元，并按此数额的 3 倍计算惩罚性赔偿金额，一审法院对惠氏公司、惠氏上海公司主张的 3 000 万元经济赔偿及为制止侵权所支出的合理费用 55 万元予以支持。广州惠氏公司提起上诉，二审法院判决驳回

① 此案入选“2021 年中国法院 10 大知识产权案件”。

上诉、维持原判。

主要争点：惩罚性赔偿的适用以及赔偿数额的计算。

裁判理由：关于惩罚性赔偿的适用，二审法院认为：结合涉案商标的知名度和显著性，被告对惠氏公司、惠氏上海公司及涉案商标亦应知晓，但广州惠氏公司、正爱公司等申请、注册了大量含有“Wyeth”“惠氏”标识的注册商标，并持续多年在母婴商品上使用，足以证明其攀附惠氏公司涉案商标知名度的主观故意尤为明显，符合惩罚性赔偿适用的故意要件；广州惠氏公司、正爱公司均系以侵害知识产权为业，其侵权持续时间长、侵权获利极大，且被诉侵权行为亦对使用在婴幼儿食品上的涉案商标专用权造成了较大的损害，故被诉侵权行为符合惩罚性赔偿中“情节严重”的适用要件。

关于惩罚性赔偿数额的确定，二审法院认为：本案中存在两种计算侵权商品销售收入的途径，并以28.23%作为本案计算侵权获利时的利润率。根据两种途径计算的侵权商品销售收入以及利润率，确定本案惩罚性赔偿基数的区间为789.08万元（2 795.20万元×28.23%≈789.08万元）～5 193.19万元（18 396万元×28.23%≈5 193.19万元）。鉴于侵权人的主观恶意较为明显，侵权行为持续时间长达7年以上，给惠氏公司以及正常的市场秩序造成了极大损害，故确定以3倍作为惩罚性赔偿计算的倍数。惩罚性赔偿的基数和倍数数额应当分别计算，即最终确定的被诉侵权人承担的赔偿总额应为基数数额加上惩罚性赔偿数额之和，因法院确认以3倍作为惩罚性赔偿计算的倍数，故本案赔偿总额应为基数的4倍。据此，本案损害赔偿总额的区间为3 156.32万元（789.08万元×4=3 156.32万元）～20 772.76万元（5 193.19万元×4=20 772.76万元），该区间的下限已超出惠氏公司、惠氏上海公司关于损害赔偿的诉讼请求数额，故二审法院对惠氏公司、惠氏上海公司关于赔偿数额的诉讼请求予以全额支持，并对一审法院确定的赔偿数额予以维持。

评　　论：近年来，我国不断加大知识产权保护力度，提出构建以“补偿为主、惩罚为辅”的知识产权侵权损害赔偿机制。[①] 我国《商标法》

① 参见《关于加强知识产权审判领域改革创新若干问题的意见》（2018年2月）、《关于强化知识产权保护的意见》（2019年11月）、《法治中国建设规划（2020—2025年）》（2021年1月）等政策文件。

在 2019 年进行第四次修正时增设了惩罚性赔偿制度。本案中，受诉法院详尽分析了应适用惩罚性赔偿的具体理由，阐释了侵权人系“故意侵权”且“侵权情节严重”。此后，通过两种方法仔细计算了侵权产品的销售收入，确定了利润率，得出了侵权人的侵权获利空间，并以此作为惩罚性赔偿的基数。二审法院依据侵权的情节及其对权利人造成的损害等因素，确定了以赔偿基数的 3 倍计算惩罚性赔偿数额，并全额支持了权利人的损害赔偿请求。在惩罚性赔偿适用及数额计算方面，本案判决逻辑缜密、算法清晰，具有极强的说服力。本案通过依法判处惩罚性赔偿，显著提高侵权违法成本，让侵权者得不偿失，让权利人得到充分救济，让“侵犯知识产权就是盗取他人财产”的观念深入人心。[①]

c. 以许可使用费为惩罚性赔偿的计算基数——“皓月”商标侵权案

**案件名称：** 吉林省长春皓月清真肉业股份有限公司（以下简称“皓月公司”）与四平市铁西区亚萍牛羊肉摊床（以下简称“亚萍牛羊肉摊床”）、吉林省四平市双亿超市连锁有限公司（以下简称“双亿超市”）侵害商标权纠纷[②]

**基本信息：** 吉林省长春市中级人民法院（2021）吉 01 民初 1713 号，2021 年 9 月 30 日

**主要案情：** 皓月公司系第 3146267 号“皓月”及图注册商标权人。该商标核定使用在第 29 类肉等商品上。皓月公司与案外人签订“皓月农贸社区专卖店合同”，约定一年加盟费为 3 万元。皓月公司发现亚萍牛羊肉摊床店铺招牌使用“皓月分割肉”字样。亚萍牛羊肉摊床经营者系王某萍。王某萍同时是四平市其他两家肉店的经营者，该两店均在店铺招牌上使用“皓月分割肉”字样。王某萍陈述其与皓月公司沟通过加盟事宜，但一直未与皓月公司签订加盟合同。皓月公司起诉亚萍牛羊肉摊床侵害商标权，主张其商标使用费一年为 6 万元，亚萍牛羊肉摊床应按此商标使用费的 3 倍承担赔偿责任。一审法院判定亚萍牛羊肉摊床构成商标侵权，应按照商标许可使用费承

---

① 最高人民法院发布 2021 年中国法院 10 大知识产权案件和 50 件典型知识产权案例．(2022－04－21)［2022－04－22］．https：//www.court.gov.cn/xinshidai-xiangqing－355881.html.

② 此案入选“2021 年中国法院 50 件典型知识产权案例”。

担惩罚性赔偿责任 3 万元。亚萍牛羊肉摊床不服，上诉至吉林省高级人民法院。二审法院判决驳回上诉，维持原判。

主要争点：商标许可使用费及惩罚性赔偿数额的确定。

裁判理由：亚萍牛羊肉摊床侵害了皓月公司第 3146267 号注册商标专用权。亚萍牛羊肉摊床明知涉案商标享有较高的知名度和美誉度，仍在该店店招上使用“皓月”字样，主观恶意明显。亚萍牛羊肉摊床经营者在其他两个店铺实施同样的侵害皓月公司商标权的侵权行为，侵权行为范围较广、影响较大，属于情节严重情形。“皓月农贸社区专卖店合同”未直接规定商标许可使用费的数额，但是根据涉案合同约定，法院酌定商标许可使用费为 1 万元，并以 1 倍的商标许可使用费即 1 万元作为计算本案赔偿数额的基数。本案按照上述确定的赔偿基数的 2 倍确定惩罚性赔偿数额，对皓月公司主张的合理费用 2 498元予以保护，因此，实际赔偿总额共计 32 498 元（10 000 元＋10 000元×2＋2 498 元）。

评　　论：依照我国《商标法》第 63 条第 1 款的规定，侵害商标权的损害赔偿可以参照商标许可使用费的倍数合理确定，且由此确定的数额可以作为惩罚性赔偿的基数。商标许可使用费本身体现了涉案商标在许可时的市场价值。商标侵权本质为未经商标权人许可的商标使用行为。在商标权人采取商标许可而获得经济利益的经营模式下，商标侵权给其造成的直接损害恰为许可使用费的损失，故在此情形下，以许可使用费而非此费用的倍数作为惩罚性赔偿的基数更为公平。在本案中，受诉法院依据皓月公司的加盟合同，合理确定了涉案商标许可使用费，并以此计算出本案惩罚性赔偿数额，合理、合法地解决了当事人的争议。

d. 举证妨碍与侵权获利的精细计算——“蓝月亮”商标侵权案

案件名称：广州蓝月亮实业有限公司（以下简称“蓝月亮实业公司”）、蓝月亮（中国）有限公司（以下简称“蓝月亮中国公司”）与深圳金八马生活用纸有限公司（以下简称“金八马公司”）、深圳市蓝月亮纸业有限公司（以下简称“深圳蓝月亮公司”）、重庆理文卫生用纸制造有限公司（以下简称“理文公司”）、广州康诚商业有限公司（以下简称“康诚公司”）侵害商标权及不正当竞争纠纷

基本信息：广东省高级人民法院（2020）粤民终 2977 号，2021 年 8 月 5 日

**主要案情：** 蓝月亮实业公司是第 7613055 号“蓝月亮”及第 3208026 号“蓝月亮”注册商标的商标权人，并将该两商标普通许可给原告蓝月亮中国公司使用。蓝月亮实业公司、蓝月亮中国公司主张金八马公司、深圳蓝月亮公司在生产、销售、许诺销售的纸巾、卫生纸商品上使用与诉请保护商标第 7613055 号“蓝月亮”、第 3208026 号“蓝月亮”相近似的被诉“蓝月亮”“蓝月亮”“”商标标识，销售渠道涵盖天猫、京东、苏宁易购、1 号店等线上商城店铺及多个线下 KA 系统，构成商标侵权，以及深圳蓝月亮公司使用“蓝月亮”字号构成不正当竞争，请求判令金八马公司、深圳蓝月亮公司停止侵害、连带赔偿 1 000万元，理文公司作为代工者、康诚公司作为销售者承担相应的连带赔偿责任。一审法院判决深圳蓝月亮公司、金八马公司停止侵害涉案注册商标权，深圳蓝月亮公司停止使用“蓝月亮”字号，深圳蓝月亮公司、金八马公司共同赔偿经济损失及合理开支合计 1 000万元等。除康诚公司外的其他当事人均提起上诉。金八马公司、深圳蓝月亮公司上诉主张其不构成举证妨碍，一审法院判赔数额过高。广东省高级人民法院二审判决：驳回上诉，维持原判。

**主要争点：** 金八马公司、深圳蓝月亮公司是否构成举证妨碍；1 000 万元判赔数额是否过高。

**裁判理由：** 蓝月亮实业公司、蓝月亮中国公司主张以金八马公司、深圳蓝月亮公司的侵权获利计算赔偿数额，具体计算方法为：以目前收集到的线上销售数据为依据，推算线下销售数据与线上销售数据一致，计算出总销售额，再以同一行业的案外人维达国际控股有限公司、恒安国际集团有限公司的纸品产品毛利率、理文公司的毛利率和纯利率的中间值估算毛利率最低为 25%、纯利率最低为 19%，最后将含“蓝月亮”的被诉标识对其产品销售的贡献率估为 50%，计算出金八马公司、深圳蓝月亮公司销售被诉侵权产品所获毛利润和纯利润，两个利润均远超其主张的 1 000 万元赔偿数额。关于金八马公司、深圳蓝月亮公司是否构成举证妨碍，二审法院认为：蓝月亮实业公司、蓝月亮中国公司作为非生产纸巾、卫生纸产品的企业，对其提出的以侵权获利计算赔偿数额的主张，已穷尽举证手段。在此前提下，金八马公司、深圳蓝月亮公司作为掌握侵权获利直接证据的一方，应积极履行其举证证明责任，使相关事实得以查清。然而，金八马公司、深圳蓝月亮公司未依照一审法院要求提交证明利润率和线上、线下销售数据等的证据，反而委托审计机构作出一份事后形成的审计报告证明其存在亏损事实，未尽诚信举证义务。故此，认定金八马公司、深圳蓝月亮公司构成举证妨碍，并无不当。

关于侵权获利的计算，金八马公司、深圳蓝月亮公司由于举证妨碍，应承担侵权获利难以查清的法律责任。鉴于蓝月亮实业公司、蓝月亮中国公司就其主张的赔偿数额已经提供具体计算方式及酌定参考因素，并详细说明了计算方式的合理依据。在此前提下，可根据蓝月亮实业公司、蓝月亮中国公司的主张和提供的证据确定侵权获利。具体分析如下：（1）被诉侵权行为持续时间从 2016 年 7 月 7 日起至 2020 年 6 月止，共 4 年。（2）被诉侵权商品 4 年中线上、线下销售总金额约为 325 512 404 元。（3）以业界同行 19.1%纯利润率或 24.47%毛利率作为计算侵权获利的合理利润率，4 年所得纯利润亦高达62 172 869.2元或合理利润 79 652 885.3 元，远远超出蓝月亮实业公司、蓝月亮中国公司所主张的 1 000 万元赔偿数额。（4）考虑诉请保护商标及“蓝月亮”字号的知名度和影响力，以及品牌对纸巾、卫生纸等日常生活用品销售起较大作用，“蓝月亮”品牌 50%贡献率具有合理性。以 50%贡献率乘以上述所得利润计算金八马公司、深圳蓝月亮公司最终的侵权获利数额，已远远超出蓝月亮实业公司、蓝月亮中国公司所主张的 1 000 万元赔偿数额。

综上，一审法院在全面考虑各种因素的基础上全额支持蓝月亮实业公司、蓝月亮中国公司所主张的 1 000 万元赔偿数额，并无不当。

评　　论：本案在侵权者构成举证妨碍以及权利人已举证证明侵权者线上销售数据的前提下，探索性地推算线下销售数据与线上销售数据一致，计算出侵权期间的销售总数量；探索了以同一行业的案外人维达国际控股有限公司、恒安国际集团有限公司等的纸品毛利率和纯利率的中间值估算合理利润率，综合考量诉请保护商标的知名度和影响力以及被诉侵权商品销售易受品牌影响等因素确定诉请保护商标贡献率。本案对侵权获利进行了精细化计算，探索出合理利润率、商标贡献率的裁判规则，为同类案件的审理提供了参考路径。

### 3.2.4.2　行政救济

“明知或应知”的认定——“茶颜悦色”商标案

**案件名称**：湖南省长沙市雨花区市场监督管理局查处侵害“茶颜悦色”注册商标专用权案

**基本信息**：长沙市雨花区市场监督管理局，2021年5月14日

**主要案情**：诉争商标第15335343号“茶颜悦色”、第23460067号“”是湖南茶悦文化产业发展集团有限公司在第30类茶饮料等商品上的注册商标。2021年3月，上述商标权人向湖南省长沙市雨花区市场监督管理局投诉湖南高桥大市场露露商行销售侵害“茶颜悦色”“”注册商标专用权的商品。执法人员现场检查，发现当事人销售的两款奶茶产品使用“茶颜悦色”图文组合商标。长沙市雨花区市场监督管理局认定，当事人构成《商标法》第57条第3项规定的侵权行为，责令当事人立即停止侵权行为，并作出罚款30万元的行政处罚。

**主要争点**：销售侵权商品是否属于“明知或应知”的认定。

**裁判理由**：在案件查办过程中，当事人提供了证明其销售的商品具有合法来源的证据材料，但是，长沙市雨花区办案机关认为，当事人作为从业23年的食品批发商，与商标权人同处长沙，理应知晓“茶颜悦色”的知名度与影响力，且在连续两次收到权利人警告后仍未停止宣传及销售行为。当事人属于主观上明知应知，不符合销售商不知道是侵害注册商标专用权商品的免责要件。

**评　　论**：国家知识产权局2020年发布的《商标侵权判断标准》第27条规定：进货渠道不符合商业惯例且价格明显过低，拒不提供会计凭证或者会计凭证弄虚作假的，转移、销毁物证或者提供虚假证明、虚假情况的，受到处理后再犯的，以及“其他可以认定当事人明知或者应知的”情形，不属于《商标法》第60条第2款规定的“销售不知道是侵犯注册商标专用权的商品”。尽管当事人提供了证明其销售的商品具有合法来源的证据材料，但当地执法部门充分考虑相关侵权事实和情节，适用了该条的兜底条款，并对当事人处以非法经营额3倍的罚款。

#### 3.2.4.3 刑事救济

事后商标追认授权不能阻却违法性——“罗马仕”假冒注册商标案

**案件名称**：湖北拓步电子信息有限公司（以下简称“拓步公司”）、邱某冬、王某霞假冒注册商标案①

**基本信息**：深圳市南山区人民法院（2020）粤0305刑初779号，2021年5月

**主要案情**：雷某斌拥有第19836994号“ROMOSS”和第20463508号“罗马仕”注册商标，核定使用商品为国际分类第9类。2018年2月8日，雷某斌与深圳罗马仕科技有限公司（以下简称“深圳罗马仕公司”）签订“注册商标使用许可合同”，将上述商标许可给深圳罗马仕公司使用。2018年10月起，被告单位拓步公司在没有获得深圳罗马仕公司授权同意的情况下，将从其他渠道采购的充电宝电芯、主板、外壳、包装、胶棉、导线、螺丝钉、贴纸等组装成充电宝成品后，将“ROMOSS”“罗马仕”商标雕刻在组装的充电宝外壳上，并通过其控制的“乐柠数码专营店”和“罗马仕乐叮专卖店”两个天猫网店与罗马仕正品充电宝进行混同销售。被告人邱某冬系拓步公司的法人代表、实际控制人。被告人王某霞系拓步公司生产组长。2020年12月29日，被害单位深圳罗马仕公司出具“谅解书”和“对邱某冬涉假冒注册商标商品追加授权的情况说明”，对被告单位拓步公司及被告人邱某冬予以刑事谅解，并对本案已销售及被扣押的侵害罗马仕注册商标的产品追加罗马仕商标使用授权。

**主要争点**：事后商标追认授权能否阻却违法性。

**裁判理由**：受诉法院认为：被告单位拓步公司未经注册商标权利人的许可，在同一种商品上使用与其注册商标相同的商标，非法经营数额巨大，情节特别严重，其行为已构成假冒注册商标罪。假冒注册商标罪的认定应以犯罪行为发生时的事实作为认定基础。注册商标权利人在刑事追诉过程中出具的追加商标使用授权说明不能覆盖被告人先前的刑事犯罪事实，即事后商标追认授权不能阻却违法性。故判决拓步公司、邱某冬、王某霞犯假冒注册商标罪，分别判处拓步公司罚金100万元，邱某冬与王某霞有期徒刑并处罚金。

---

① 本案为2021年度深圳法院知识产权刑事典型案例。

评　　论：关于受害单位在刑事追诉过程中出具的追加商标使用授权说明能否覆盖先前的刑事犯罪事实，即事后商标追认授权能否阻却违法性，实务中存在不同的意见。本案判决清晰地表明了人民法院的态度，即商标追认授权不能阻却违法性，不影响对被告人先前的假冒注册商标行为的定性，但作为“被害人谅解”的情节，应在量刑时予以考虑。本案在正确认定商标追认授权性质的基础上，对各被告人按照各自的犯罪事实定罪量刑，既严厉打击了知识产权犯罪，维护了正常的营商环境，又充分体现了宽严相济的刑事政策，对类似案件的处理有一定的参考意义。

# 4. 著作权

## 4.1　法律与政策

### 4.1.1　法律、规范性文件与政策

a.《最高人民法院关于审理著作权民事纠纷案件适用法律若干问题的解释（2020 修正）》

**基本信息：** 最高人民法院法释〔2020〕19 号，2020 年 12 月 29 日发布，2021 年 1 月 1 日施行

**主要修改：** 为适应《民法典》的施行与《著作权法》《民事诉讼法》的修订而对此司法解释进行修改，并无实质内容变动。

b.《最高人民法院关于审理侵害信息网络传播权民事纠纷案件适用法律若干问题的规定》（2020 修正）

**基本信息：** 最高人民法院法释〔2020〕19 号，2020 年 12 月 29 日发布，2021 年 1 月 1 日施行

**主要修改：**（1）修改引言；（2）将第 13 条由“网络服务提供者接到权利人以书信、传真、电子邮件等方式提交的通知，未及时采取删除、屏蔽、断开链接等必要措施的，人民法院应当认定其明知相关侵害信息网络传播权行为”修改为“网络服务提供者接到权利人以书信、传真、电子邮件等方式提交的通知及构成侵权的初步证据，未及时

根据初步证据和服务类型采取必要措施的，人民法院应当认定其明知相关侵害信息网络传播权行为"，将网络服务提供者接到侵权通知或其他初步证据的范围予以总结，并将必要措施类型化；（3）将第14条由"人民法院认定网络服务提供者采取的删除、屏蔽、断开链接等必要措施是否及时，应当根据权利人提交通知的形式，通知的准确程度，采取措施的难易程度，网络服务的性质，所涉作品、表演、录音录像制品的类型、知名度、数量等因素综合判断"修改为"人民法院认定网络服务提供者转送通知、采取必要措施是否及时，应当根据权利人提交通知的形式，通知的准确程度，采取措施的难易程度，网络服务的性质，所涉作品、表演、录音录像制品的类型、知名度、数量等因素综合判断"，为网络服务提供者接到侵权通知后应当采取的行为增加了"转送通知"，并不再为必要措施列举具体类型。

c.《刑法修正案（十一）》

基本信息：中华人民共和国主席令第66号，2020年12月26日发布，2021年3月1日施行

相关修改：主要修改了《刑法》第217条、第218条关于侵犯著作权罪与销售侵权复制品罪的内容，涉及以下几点：（1）结合《著作权法》修订，完善措辞。（2）新增犯罪行为"通过信息网络向公众传播"。（3）新增侵犯表演者权的规定："未经表演者许可，复制发行录有其表演的录音录像制品，或者通过信息网络向公众传播其表演的。"（4）新增关于避开或破坏著作权或与著作权有关的权利技术保护措施的行为规定："未经著作权人或者与著作权有关的权利人许可，故意避开或者破坏权利人为其作品、录音录像制品等采取的保护著作权或者与著作权有关的权利的技术措施的。"（5）侵犯著作权罪取消"拘役"，严重情节的最高刑期由7年提升至10年。（6）对于销售侵权复制品罪，取消"拘役"，与违法所得数额巨大并列新增"有其他严重情节的"，最高刑期由3年提高到5年。

d.《著作权法》（2020修正）

基本信息：中华人民共和国主席令第62号，2020年11月11日发布，2021年

6月1日施行

主要修改：（1）增加惩罚性赔偿制度，法定赔偿上限提高到500万元，明确法定赔偿数额下限为500元；（2）规定视听作品，将电影作品和以类似摄制电影的方法创作的作品修改为视听作品；（3）对广播权进行合理扩张；（4）修改作品定义，开放作品类型；（5）增设了关于合作作品的著作权行使的规定，即“合作作品的著作权由合作作者通过协商一致行使；不能协商一致，又无正当理由的，任何一方不得阻止他方行使除转让、许可他人专有使用、出质以外的其他权利，但是所得收益应当合理分配给所有合作作者”；（6）规定演员职务表演权利归属，演员为完成本演出单位的演出任务进行的表演为职务表演；（7）明确著作权集体管理组织是非营利法人，规范管理，信息公开；（8）凸显对阅读障碍者的关爱，增加“以阅读障碍者能够感知的无障碍方式向其提供已经发表的作品”为合理使用的法定情形。

e.《全国人民代表大会常务委员会关于批准〈关于为盲人、视力障碍者或其他印刷品阅读障碍者获得已出版作品提供便利的马拉喀什条约〉的决定》

基本信息：第十三届全国人大常务委员会第三十一次会议，2021年10月23日批准，2022年5月5日生效

主要内容：作为迄今唯一的版权领域的人权条约，《马拉喀什条约》旨在通过为无障碍格式版的制作提供版权限制与例外，为无障碍格式版的跨境交换进口提供便利，解决无障碍格式版匮乏问题，保障阅读障碍者平等获取文化和教育的权利。该条约适用于以文字、符号、图示形式表现的文学艺术作品，受益人包括盲人、视力障碍者和其他印刷品阅读障碍者，受益人使用作品的无障碍格式版包括传统的盲文版、大字号版和有声读物。该条约还规定，缔约方应在其版权法中对复制权、发行权、信息网络传播权进行适当的限制，便于受益人制作和使用无障碍格式版，便于被授权实体以非营利方式为受益人制作和提供无障碍格式版；缔约方应允许为受益人跨境交换、进口合法制作的无障碍格式版；对技术措施的法律保护不得妨碍受益人享受条约规定的权利限制。

## 4.1.2 政策

a.《关于规范卡拉 OK 领域版权市场秩序的通知》

基本信息：国家版权局、文化和旅游部国版发〔2021〕1 号，2021 年 4 月 2 日发布、施行

主要内容：本通知发布了规范卡拉 OK 领域集体管理活动的 8 项措施：（1）坚持通过著作权集体管理解决卡拉 OK 领域版权问题；（2）坚持卡拉 OK 领域“二合一”版权许可机制；（3）坚持“先许可后使用”原则；（4）坚持协商合作优先机制；（5）坚持著作权集体管理信息公开透明；（6）坚持著作权集体管理组织非营利性原则；（7）坚持依法监管著作权集体管理组织；（8）坚持依法加强卡拉 OK 行业管理。

b.《关于加快推动区块链技术应用和产业发展的指导意见》

基本信息：工业和信息化部、中央网络安全和信息化委员会办公室工信部联信发〔2021〕62 号，2021 年 5 月 27 日发布、施行

主要内容：重点从标准体系、技术平台、质量品牌、网络安全、知识产权等方面，协同提升产业基础能力。具体包括：推动区块链标准化组织建设，建立区块链标准体系；加强重点领域技术攻关，构建区块链底层平台，打造区块链基础设施；鼓励企业加强质量管理，构建区块链产品和服务质量保障体系；加强区块链基础设施和服务安全防护能力建设；培育一批高价值专利、商标、软件著作权。

c.《国家版权局关于印发〈版权工作“十四五”规划〉的通知》

基本信息：国家版权局 国版发〔2021〕2 号，2021 年 12 月 24 日发布、施行

主要内容：（1）总结了“十四五”时期我国版权工作面临的形势和任务；（2）明确了“十四五”时期我国版权工作的指导思想、基本原则和发展目标；（3）提出了“十四五”时期我国版权工作的重要任务和主要措施，从进一步完善版权法律制度体系、版权行政保护体系、使用正版软件工作体系、版权社会服务体系、版权涉外工作体系、版权产业发展体系 6 个方面，提出推动新业态新领域版权保护、健全中国特色著作权集体管理制度、打造全国版权展会授权交易体系等 26

项重点任务，对全国版权工作进行了全面部署。

# 4.2 案　例

## 4.2.1 著作权的确认

### 4.2.1.1 作品类型

a. 游戏运行画面构成视听作品[①]——西瓜视频侵害《王者荣耀》著作权案

案件名称：深圳市腾讯计算机系统有限公司（以下简称“腾讯公司”）与运城市阳光文化传媒有限公司（以下简称“阳光公司”）、广州优视网络科技有限公司（以下简称“优视公司”）侵害作品信息网络传播权纠纷

基本信息：广州知识产权法院（2020）粤73民终574－589号，2021年3月23日

主要案情：腾讯公司系计算机软件《腾讯王者荣耀软件V1.1.8.1》（以下简称《王者荣耀》）的代理运营人，经许可获得软件的使用权以及独立维权的权利。腾讯公司发现西瓜视频未经许可发布了大量涉及《王者荣耀》游戏画面的视频，并将这些视频置于平台显著位置，为平台提供流量和收益，阳光公司系西瓜视频的开发者与西瓜视频网站的运营者，优视公司运营的pp助手为西瓜视频提供分发、下载服务。腾讯公司以阳光公司、优视公司侵害《王者荣耀》信息网络传播权以及不正当竞争行为为由，向广州互联网法院提起诉讼。阳光公司辩称，涉案游戏整体画面不属于作品，更不属于类电作品；即便构成作品，由于游戏画面系游戏用户操作形成，属于用户的独创性创作，因此游戏整体画面的著作权应当由玩家共同享有。一审法院作出（2019）粤0192民初1092－1102、1121－1125号民事判决，认定游戏整体画面属于类电作品，阳光公司侵害了腾讯公司对游戏整

① 《著作权法》2020年修改时，将“电影作品和以类似摄制电影的方法创作的作品”修改为“视听作品”。案例部分保留裁判书中的表述。

体画面的信息网络传播权，应承担停止侵害、赔偿损失的民事责任。阳光公司不服，向广州知识产权法院提起上诉。二审法院驳回上诉，维持原判。

主要争点：涉案游戏运行过程中形成的连续画面的性质及其权属。

裁判理由：一审法院认为，《王者荣耀》整体画面属于文学、艺术和科学领域内思想或者情感的表达，具有独创性，可以通过录制等方式复制，满足《著作权法实施条例》对作品要件的规定，属于受著作权法保护的作品。根据2010年《著作权法》第3条第9项规定的"法律、行政法规规定的其他作品"，法院无权创设作品类型。但是，随着科学技术的发展，司法机关应当按照著作权法的立法本意，遵循诚实信用和公平正义的原则，选择相对合适的法定作品类型予以保护。《伯尔尼公约》将类电作品描述为以类似电影的方法表现的作品（"assimilated works expressed by a process analogous to cinematography"），重点在于表现形式而非创作方法。《王者荣耀》游戏整体画面符合"由一系列有伴音或者无伴音的画面组成"的特征，宜认定为类电作品。关于阳光公司对"用户创造画面"的抗辩，一审法院未予采纳，认为用户在游戏过程中没有创作意图，并且游戏的整体画面始终不可脱离于游戏创作者的全部预设；如果认可该主张，可能导致游戏用户垄断其展示的操作技巧与战术的结果，且使游戏整体画面被切割为成千上万个新的独立作品，产生成千上万个著作权人，有悖于著作权法的立法精神。

二审法院认为，游戏系策划、美术、程序、音频等多人分工合作而成，与电影创作类似，属于多种作品的复合体；涉案连续画面体现了创作者的独特思想，具有独创性，并能以有形形式复制；故事情节不是电影及类电作品的判断要素；对电影及类电作品的界定应当回归"活动影像"（motion picture）本源，围绕是否具备"一系列有伴音或者无伴音的画面"这一核心特征进行判断。涉案游戏运行过程中形成的连续画面符合前述判断标准，因而可被认定为类电作品。

关于"用户创造画面"的主张，二审法院认为，在某些为玩家提供了创作工具、高自由度、一定创作空间的游戏中，应当考虑玩家在画面形成过程中的独创性贡献。但就本案而言，玩家仅仅调动游戏资源库的内容，连续画面的实质部分多为重复资源，没有超出游戏创作者的预设，因而不支持玩家享有著作权的主张。

二审法院同时澄清，游戏运行画面与根据运行画面创作的游戏视频是两个概念。如果视频制作者付出了一定的创作性劳动，游戏视频可能构成类电作品，但二次创作不得侵害原作品的著作权，应当取得原作品著作权人的许可。

评　　论：本案系国内首个认定多人在线竞技网络游戏（MOBA）短视频构成类电作品的判决，对游戏短视频的独创性认定、著作权归属等问题均做了厘清，同时对短视频平台是否构成直接或间接侵权做了有益的探索，从而为规范游戏录播短视频行业合理有序发展提供了司法指引。

b. 讲座类视频本身可能构成类电作品或录像制品——《易经的智慧》著作权案

案件名称：良心网文化传播有限公司（以下简称“良心网公司”）与北京百度网讯科技有限公司（以下简称“百度公司”）侵害作品信息网络传播权纠纷

基本信息：北京知识产权法院（2020）京73民终3213号，2021年4月29日

主要案情：良心网公司为系列讲座《易经的智慧》的策划、拍摄与后期制作者，经授权取得该系列讲座的独家信息网络传播权，有权以自身名义向侵权人主张权利。百度公司系百度视频手机客户端的运营者，在该客户端上向用户提供《易经的智慧》的观看服务。良心网公司以百度公司未经授权擅自在网络上传播其享有独家权利的作品为由，向北京互联网法院提起诉讼。一审法院作出（2019）京0491民初27158号民事判决，驳回良心网公司的全部诉讼请求。良心网公司不服，向北京知识产权法院提起上诉。二审法院驳回上诉，维持原判。

主要争点：《易经的智慧》系列讲座相关视频是类电作品，还是录音、录像制品。

裁判理由：类电作品的独创性主要并最终体现在画面与声音的衔接上，在其选取、编排等方面应当反映作者的构思与个性。在以机械方式录制讲座的过程中，仅对机位、场景、镜头等进行了简单的调整，后期制作也只是简单的拼接，故以机械方式录制的讲座属于创作度低、凭

借通常技能即可完成的成果，不宜被认定为类电作品，因此涉案视频认定为录音、录像制品。

权利人主张认定作品，应当提交存在创造性智力创作的证明。本案中良心网公司未举证证明其在涉案音像 DVD 的形成上存在独创性智力创作。

评　　论：本案对讲座类视频的作品定性做出明确判断。一般的讲座类视频中，主讲人或坐或立，常常处于一个固定位置进行讲演，镜头变换不频繁，也少有像电影等其他视听作品中存在的独特拍摄手法、光影变幻等独创性要素。两审法院均认定涉案视频系录像制品，符合公众的一般认知。同时，法院并未完全排除讲座类视频存在独创性的可能，只是要求主张构成视听作品的权利人承担相应的举证责任，为个案判定留下充足的空间。

c. 游戏内容中具有独创性的部分构成文字作品与美术作品——“率土模拟器”著作权案

案件名称：杭州网易雷火科技有限公司（以下简称“网易雷火公司”）与吕某尘、林某、千陌（杭州）科技有限责任公司（以下简称“千陌公司”）著作权及不正当竞争纠纷

基本信息：杭州市中级人民法院（2020）浙 01 民终 7422 号，2021 年 3 月 31 日

主要案情：网易雷火公司自主研发、运营策略类游戏《率土之滨》。吕某尘、林某、千陌公司开发运营“率土模拟器”，其中使用了《率土之滨》游戏中的武将战法文字内容、武将卡牌角色形象。网易雷火公司以吕某尘、林某、千陌公司的上述行为侵害其著作权、不正当竞争为由，向杭州互联网法院提起诉讼。一审法院作出（2019）浙 0192 民初 8128 号民事判决，认定“率土模拟器”对武将战法文字内容和武将卡牌角色形象的使用侵害了网易雷火公司的信息网络传播权，判令停止侵权并赔偿损失。原审双方均不服一审判决，向杭州市中级人民法院提起上诉。二审法院驳回上诉，维持原判。

主要争点：《率土之滨》武将战法文字内容是否构成著作权法意义上的文字作品。

裁判理由：判断请求保护的对象是否属于作品，应当先排除其中不受保护的思想部分，再过滤公有领域部分，最后对剩余部分判断是否符合作品

的独创性要求。在认定涉案游戏文字内容时，法院首先排除了概括性的游戏规则，其次将源于《三国演义》等文学作品以及相关史料的公有领域素材过滤，剩余部分是根据三国历史故事并结合三国类开荒战法游戏规则创作而成的，具有独创性，符合文字作品的要求。另外，网易雷火公司享有权利的卡牌角色形象符合著作权法意义上的美术作品的要求。被诉行为构成对武将战法文字作品、武将卡牌美术作品的侵害。千陌公司已举证证明三国类游戏中普遍存在涉案对战功能，该功能不应为网易雷火公司所独占，使用相同的对战功能不属于不正当竞争行为。

评　　论：本案系首例涉游戏模拟器侵权案，在游戏元素构成作品的认定标准、游戏功能及其商业模式的保护边界等方面进行了探索。受诉法院指出，具有独创性的游戏规则和构成美术作品的游戏角色形象应当属于著作权法的保护范围，但业界普遍使用的游戏规则不能为特定游戏所垄断。

d. 电视剧画面截图可以作为摄影作品受到保护——《亲爱的，热爱的》著作权案

案件名称：上海剧酷文化传播有限公司（以下简称“剧酷公司”）与广州佳和美首饰厂（以下简称“佳和美厂”）著作权权属、侵权纠纷

基本信息：广州知识产权法院（2021）粤73民终884号，2021年6月25日

主要案情：剧酷公司是电视剧《亲爱的，热爱的》的著作权人，其发现阿里巴巴网店佳和美厂出售的商品“跨境专供镀白金亲爱的，热爱的杨紫同款项链佟年字母h情人节礼物”使用了《亲爱的，热爱的》电视剧的截图后，向广东省广州市黄埔区人民法院提起诉讼，主张佳和美厂的行为侵害其对影视作品《亲爱的，热爱的》享有的著作权。一审法院作出（2020）粤0112民初3490号民事判决，判定佳和美厂构成侵害信息网络传播权行为。剧酷公司向广州知识产权法院提起上诉，请求改判支持其一审全部诉讼请求。二审法院变更了赔偿金额，驳回其他诉讼请求。

主要争点：电视剧画面截图可否作为摄影作品受到著作权法保护。

裁判理由：《著作权法实施条例》第4条第10项和第11项分别对摄影作品和电影作品、类电作品作出规定。就本案所涉《亲爱的，热爱的》电视剧的画面截图而言，电视剧作为一种以类似摄制电影的方法创作

的作品，其独创性固然体现在动态图像上，但动态图像在本质上是由逐帧静态图像构成。易言之，作为静态图像的涉案四张影视剧画面截图，虽不是由静态拍摄完成，但也体现了摄录者对构图、光线等创作要素的选择与安排，作为特定帧图像符合著作权法所要求的独创性，符合《著作权法》《著作权法实施条例》关于作品和摄影作品的构成要件的规定。基于此，剧酷公司主张权利的四张电视剧画面截图符合我国著作权法关于作品要件的规定，属于摄影作品。

评　　论：关于电视剧画面截图的作品类型，实践中一直存在争议。本案中，一审法院依照《著作权法》关于摄影作品的独创性的相关规定，认为电视剧画面截图本质上是逐帧静态图像，并且体现了摄录者对构图、光线等创作要素的选择与安排，属于摄影作品。但是在案情相似的另一个案件中，上海知识产权法院则明确电视剧画面截图不应属于摄影作品，可将其作为电影作品的一部分进行保护。[①]

相较而言，电视剧画面截图作为摄影作品保护更合适。对于作品的定性，应该从作品本身出发，将视听作品截图也视为视听作品的一部分进行保护并不符合公众的认知习惯。视听作品的实质在于通过动态的连续画面向公众提供审美价值，其独创性是高度综合的，不仅有光线构图的取舍安排，还有剧本创作、演员表演、影视配乐，等等。将电视剧画面截图作为摄影作品保护，既使创造性劳动成果受到了保护，也不会为权利人带来超出其创造性劳动价值的保护，不会给社会公众添加额外的负担或损及他人及社会公共利益。[②]

e. 以动态连续画面表达的延时摄影构成视听作品——《延时北京》案

案件名称：周某亚与央视国际网络有限公司（以下简称“央视国际公司”）侵害作品信息网络传播权纠纷

基本信息：北京知识产权法院（2021）京73民终595号，2021年9月12日

主要案情：周某亚于2014年拍摄制作并公开发表了延时摄影作品《延时北京》，于2018年9月发现央视国际公司在其制作的《梦在中国》系

---

① 沈阳隆科商贸有限公司与上海剧酷文化传播有限公司著作权权属、侵权纠纷案，上海知识产权法院（2021）沪73民终675号民事判决书。

② 新丽电视文化投资公司与扬州胜基商贸有限公司、浙江天猫网络有限公司侵害作品信息网络传播权纠纷案，浙江省杭州铁路运输法院（2017）浙8601民初2296号民事判决书。

列节目中使用了《延时北京》的部分内容，遂向北京互联网法院提起诉讼。在认定涉案作品类型时，一审法院认定《延时北京》构成视听作品。周某亚主张其付出了两次独创性劳动，故涉案作品应由摄影作品（内容）和视听作品（连续画面）共同构成，遂向北京知识产权法院提起上诉。二审法院驳回上诉，维持原判。

主要争点：延时摄影作品是视听作品，还是由摄影作品和视听作品共同构成。

裁判理由：鉴于涉案作品是以动态连续画面的呈现来表现北京城市风光，而非静止的摄影照片，故涉案作品属于视听作品，而非摄影作品。至于涉案作品是否由摄影作品和视听作品共同构成，著作权法保护的作品是具有独创性、可被客观感知的外在表达，作品的创作手法和创作方式不是著作权法保护的客体。如果在作品创作过程中使用的素材可以单独构成著作权法保护的作品，该素材的作者就可以单独主张权利。公众可感知到的延时摄影作品是具有美感的连续动态画面，而非静止的摄影照片，故延时摄影作品属于视听作品，不得主张其同时构成摄影作品。

评　　论：本案判决明确了延时摄影作品在著作权法意义上的类型定位。延时摄影是一种将时间压缩的拍摄技术，其拍摄的是一组照片或视频，后期通过照片串联或是视频抽帧，把几分钟、几小时甚至是几天、几年的过程压缩在一个较短的时间内，以视频的方式播放。延时摄影作品所呈现的表达，系具有美感的动态连续画面，而非静止的摄影照片，故延时摄影作品如果具有独创性，则应被作为视听作品予以保护。同时，作品的创作手法和创作方式不受著作权法保护，故延时摄影作品在著作权法意义上并非由摄影作品和视听作品共同构成。

f. 艺术性与实用性能够分离的服装构成美术作品——《圆梦舞曲》服装著作权案

案件名称：云创设计（深圳）集团有限公司（以下简称“云创设计公司”）与重庆卡诗兰服饰有限公司（以下简称“卡诗兰公司”）著作权权属、侵权纠纷

基本信息：重庆自由贸易试验区人民法院（2021）渝0192民初994号，2021年11月8日

主要案情：云创设计公司将名为《圆梦舞曲MC8922680044DR0》的作品进行

备案登记，作品包括女装太阳裙的设计手稿图、效果图、成衣图（见图 4－1），并在天猫网店发布“圆梦舞曲”服装销售信息（见图 4－2）。云创设计公司指控卡诗兰公司生产、销售的服装（见图 4－3）侵害其著作权。

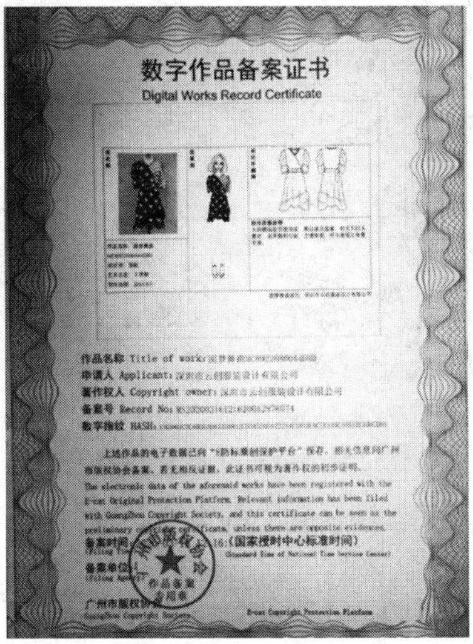


图 4－1　《圆梦舞曲》数字作品备案证书

图 4－2　“圆梦舞曲”服装正面图（左）及背面图

**主要争点：** 兼具实用功能与艺术美感的服装是否受著作权法保护。

**裁判理由：** 涉案服装是否具有独创性的艺术造型或艺术图案，其实用功能与艺术美感能否分离，是认定涉案服装能否受著作权法保护的关键。根

**图 4-3 被控侵权服装正面图(左)及背面图**

据现有证据，涉案服装系由云创设计公司独立完成；涉案服装独特的拼排组合体现出作者个性化的选择、设计、布局等创造性劳动，具有审美意义，具备美术作品的艺术创作高度；涉案服装的艺术美感主要体现在黑白波点图案、太阳裙版型、直线型拼接等设计上，改动上述设计，其实用功能并不会受到影响，实用功能与艺术美感能够进行分离并独立存在。综上，涉案服装作为兼具实用功能和审美意义的立体造型艺术作品，属于受著作权法保护的美术作品。

评　　论：服装是服装功能、服装材料和设计技法等的统一，兼具实用功能与艺术美感。关于实用艺术作品可否同时受著作权与外观设计专利权保护，采双重保护模式的法国提出著名的“艺术统一性”理论①，英国采取有条件的“工业版权”保护模式②，美国采取的“可分离性”标准在 *Star Athletica* 诉 *Varsity Brands* 案③中受到诸多质疑。我国学界存在择一保护说、双重保护说与折中说的观点分野。

最高人民法院 2021 年发布的第 157 号指导案例“左尚明舍公

① G. Finniss. The Theory of ‘Unity of Art’ and the Protection of Designs and Models in French Law. 46 Journal of the Patent Office Society 615 (1964): 618-619.

② 根据英国 1988 年《版权、设计及专利法案》(the Copyright, Designs and Patents Act 1988)，实用艺术作品可以作为工艺美术作品受版权法保护，享有生前及死后 70 年的保护期，但一旦进行工业化批量生产，则版权仅延续至其首次投入市场后的第 25 年。参见十二国著作权法．《十二国著作权法》翻译组，译．北京：清华大学出版社，2011：599.

③ *Star Athletica*, *L. L. C.* v. *Varsity Brands*, *IN. C*, *137 S. Ct.* 1002 (2017).

司诉中融公司、梦阳销售中心侵害著作权纠纷案”中明确以“分离原则”来处理实用艺术品的可版权性。艺术性与实用性能够分离包括物理上可分离和观念上可分离。“观念上可分离”的判断往往存在主观差异，涉案服装在本案中被认定艺术性与实用性可以分离，作为美术作品受到著作权法的保护，但在另一相近案件中，涉案服装被认定为不能构成美术作品，无法受到著作权法的保护。①

g. 实用艺术品作为美术作品受保护的要件——“音箱灯”案

**案件名称：**广州大川大丰电子科技有限公司（以下简称“大川大丰公司”）与佛山市佰彩电子有限公司（以下简称“佰彩公司”）、佛山市南海搏冠塑料制品有限公司（以下简称“搏冠公司”）、唐某兵侵害著作权纠纷

**基本信息：**广东省高级人民法院（2020）粤民终1281号，2021年6月10日

**主要案情：**大川大丰公司于2016年独立设计完成“LED蓝牙音箱冰桶灯”，同年6月委托搏冠公司生产涉案灯具。搏冠公司由于营业范围限制，将生产的灯具以佰彩公司名义与大川大丰公司合作从事定牌加工出口。搏冠公司与佰彩公司的办公地点为同一栋厂房，法定代表人均为唐某兵。2017年3月，大川大丰公司与搏冠公司终止合作，搏冠公司私下与大川大丰公司辞职员工合作，继续生产出口涉案灯具。大川大丰公司提起诉讼，主张佰彩公司、搏冠公司与唐某兵的行为构成著作权共同侵权。

广东省佛山市中级人民法院于2019年12月3日作出（2019）粤06民初132号民事判决：驳回大川大丰公司的诉讼请求。大川大丰公司不服，提起上诉。广东省高级人民法院二审判决：撤销一审判决，佰彩公司停止侵害，并赔偿大川大丰公司经济损失及合理维权费用共计50万元。

**主要争点：**涉案音箱灯是否属于我国著作权法所保护的美术作品。

**裁判理由：**一审法院认为：涉案音箱灯的主要部分为椭圆台体被等分的设计，相关要素已进入公共领域，不能体现作者对灯具的线条、形状及其组合的个性化表达，达不到最低限度的创造性的要求。涉案音箱灯

---

① 云创设计公司与弘薄雅公司著作权权属、侵权纠纷案，广州互联网法院（2021）粤0192民初14321-14322号民事判决书。

不是著作权法意义上的美术作品，不受著作权法的保护。

二审法院认为：首先，涉案音箱灯系实用艺术品，系在中华传统宫灯的基础上融入欧美时尚元素，具备美术作品的艺术创作高度，可以使一般公众将之视为艺术品。其次，涉案音箱灯的实用功能能够与艺术美感相分离，改动涉案音箱灯的造型设计后，其作为音箱、灯具、容器等的实用功能并不会受到影响，即涉案音箱灯的实用功能与艺术美感能够进行分离并独立存在。故涉案音箱灯系兼具实用功能和审美意义的立体造型的艺术作品，属于著作权法保护的美术作品。

评　　论：实用艺术品能否作为美术作品受到保护，在法律认定上是一个难点。一审判决认为涉案音箱灯不属于美术作品，二审法院则认为涉案音箱灯属于美术作品，并对于实用性与艺术性相分离的要件做了详细阐述。我们可以抽象出实用艺术品作为美术作品受保护的三个要件：首先，符合作品的一般构成要件，需要具有独创性；其次，符合美术作品的特殊构成要件，即具有一定的创造高度，具有艺术性；最后，实用性与艺术性能够分离并独立存在。

h. 开源代码软件著作权保护——Virtual APP 软件著作权案

案件名称：济宁市罗盒网络科技有限公司（以下简称“罗盒公司”）与广州市玩友网络科技有限公司（以下简称“玩友公司”）等侵害计算机软件著作权纠纷

基本信息：广州知识产权法院（2019）粤 73 知民初 207 号，2021 年 9 月 29 日

主要案情：罗盒公司公开了 Virtual APP 软件初始源代码并适用 GPLV3 开源许可协议。玩友公司开发了四款微信视频美颜相机 APP 并上传于各平台供用户下载，但并未提供源代码，用户免费试用半小时之后需支付会员费使用。罗盒公司认为四款被诉侵权软件中的沙盒分身功能与涉案软件构成实质性相似，玩友公司不提供开源代码且收取会员费的行为违反限制商业使用条款和 GPLV3 开源许可协议，侵害其涉案软件著作权，遂诉至广州知识产权法院。受诉法院认定侵权成立，判令玩友公司停止提供含有沙盒分身功能源代码的四款软件的下载、安装和运营服务，并赔偿罗盒公司经济损失及维权合理支出共计 50 万元。一审宣判后，双方当事人均未上诉。

主要争点：开源代码软件著作权的保护。

裁判理由：受诉法院认为，玩友公司收取会员费仅用于运营维护和技术支持，该行为不违反 GPLV3 开源许可协议的规定。被诉侵权软件中沙盒分身功能部分源代码和 Virtual APP 软件初始源代码构成相似。因玩友公司并未举证证明沙盒分身功能部分源代码是独立的，或在不同层级框架中适用不同开源授权许可协议，因此应公开整个被诉侵权软件的源代码。玩友公司未公开被诉侵权软件的源代码，违反了 GPLV3 开源许可协议的约定，获得的授权自动终止，玩友公司对涉案软件源代码的复制、发布行为因失去权利来源而构成侵权。

评　　论：本案被评选为“2021 年十大知识产权案件”之一。“本案是涉及开源代码软件著作权保护的新类型案件，法院对开源软件的诉讼主体资格、开源协议许可的撤销、限制商业使用条款等进行了积极探索。”

#### 4.2.1.2　版权性要件

a. 综艺节目的独创性认定——《中国好歌曲》著作权案

案件名称：南京市雨花台区米秀歌厅（以下简称“米秀歌厅”）与上海灿星文化传媒股份有限公司（以下简称“灿星公司”）侵害作品放映权纠纷

基本信息：江苏省南京市中级人民法院（2020）苏 01 民终 10961 号，2021 年 1 月 20 日

主要案情：灿星公司系综艺节目《中国好歌曲》的权利人，在发现米秀歌厅在其营业场所播放《中国好歌曲》的部分画面，并在曲库中为消费者提供节目部分歌曲及对应节目画面的点播服务后，以侵害其作品放映权为由向南京市雨花台区人民法院提起诉讼。米秀歌厅辩称涉案作品未达到类电作品所要求的创作高度，本质上属于录音录像制品。一审法院作出（2020）苏 0114 民初 2604 号民事判决，支持灿星公司的诉讼请求，认定涉案作品系类电作品，米秀歌厅未经权利人许可，复制、播放涉案作品，侵害了灿星公司的放映权，判令米秀歌厅停止侵害并赔偿损失。米秀歌厅不服，向江苏省南京市中级人民法院提起上诉。二审法院驳回上诉，维持原判。

主要争点：涉案综艺节目是否属于作品以及作品类型为何。

裁判理由：一审法院认为，录音录像制品是对表演的机械录制，不具有独创

性；而电影与类电作品具有独创性。本案涉案作品系《中国好歌曲》节目的片段节选，包含对文字、镜头、演唱、灯光等具有创造性的活动，表现了制作者的构思和个性思想，应当认定为构成类电作品。二审法院认同一审法院的意见。

评　　论：视听作品与录像制品的界分，始终是我国理论与实务界的一项难题。版权体系国家对作品独创性的要求不高，一般来说作品只要系创作者独立完成即可，因而录像制品也被视为作品；作者权体系国家对作品独创性提出极高的要求，作品必须达到呈现作者个性的高度，对不具有独创性的录像制品并非不保护，而是以其他方式处理，如德国法律规定录像制品的保护参照电影作品处理[①]，亦能解决实践中的问题。我国现行法律法规中对二者没有作出明确划分，实务中出现“独创性的有无”与“独创性的高低”之争。就这一问题，北京市高级人民法院认为独创性不存在高低，只能对有无进行判断。[②]《北京市高级人民法院关于审理涉及综艺节目著作权纠纷案件若干问题的解答》第 3 点指出：“综艺节目影像，系机械方式录制完成，在场景选择、机位设置、镜头切换上只进行了简单调整，或者在录制后对画面、声音进行了简单剪辑，认定为录像制品。”该解答试图为综艺节目影像设立一般性的参照标准，但本案两审法院均从个案处理出发，通过对具有独创性要点的总结，坚持涉案综艺节目影像属于视听作品。

b. 大纲的独创性认定——漫画《整容游戏》著作权案

案件名称：快看世界（北京）科技有限公司（以下简称“快看公司”）、金某奉与北京田宥盈文化传媒有限公司（以下简称“田宥盈公司”）、重庆天成合影视文化传媒有限公司（以下简称“天成合公司”）、重庆兴丽源科技有限公司（以下简称“兴丽源公司”）等著作权权属、侵权纠纷

基本信息：上海知识产权法院（2020）沪 73 民终 57 号，2021 年 4 月 16 日

主要案情：快看公司与金某奉系漫画《整容游戏》的共同著作权人。快看公司发现爱奇艺网站发布的网剧《欲望》与漫画《整容游戏》在剧情、

---

① 十二国著作权法.《十二国著作权法》翻译组，译.北京：清华大学出版社，2011：178.

② 央视国际公司与暴风公司侵害著作权纠纷案，北京市高级人民法院（2020）京民再 127 号民事判决；新浪公司与天盈九州公司侵犯著作权及不正当竞争纠纷案，（2020）京民再 128 号民事判决。

题材、故事背景、人物设定等方面大量相似，该网剧建立在剧本《欲·望》的基础上，系由田宥盈公司、兴丽源公司等投资拍摄。快看公司与金某奉以田宥盈公司、兴丽源公司等侵害其就漫画《整容游戏》享有的署名权、改编权与摄制权为由向上海市徐汇区人民法院提起诉讼。一审法院作出（2018）沪 0104 民初 242 号民事判决，认定两部作品不构成实质性相似，侵权不成立。快看公司不服，向上海知识产权法院提起上诉，主张一审法院比对方法有误，割裂了整体人物设置之间的逻辑关系。对于一审法院的比对方法和由于相似部分占比较小故不构成实质性相似的观点，二审法院不予认同，故撤销原判，并判令田宥盈公司、兴丽源公司停止侵害、消除影响并赔偿快看公司与金某奉损失。

主要争点：作品大纲内容的独创性高低；著作权侵权案件中实质性相似的比对方法。

裁判理由：对实质性相似的判断，一审法院从人物设置与人物关系、情节及其他方面进行了比对，认定两部作品在故事题材、主线以及部分情节上确有相似性，但相似部分在整体故事中占比较小，在具体人物设置、人物关系、情节设计与排布和推进上存在较大差异，不构成实质性相似，因此漫画《整容游戏》的署名权、改编权与摄制权并未受到侵害。

二审法院对一审法院未进行综合分析比对、着重比对不同之处的比对方法不予认同：在对双方作品进行实质性相似的比对时，应当采取整体综合比较的比对方法，而不应将作品分解之后分别比对；应当比对两者的相似之处，而不应比对两者的不同之处。二审法院对一审法院依据相似部分占比较小而认定不构成实质性相似的做法亦不予认同：相似内容的比重不是判断实质性相似的决定因素，即使该独创性部分在被控侵权作品中所占比重不大，但对作品具有一定程度的重要性，也可能构成对权利作品著作权的侵害。二审法院还认为，文学作品中的人物设置、人物关系及由此展开的情节推演、逻辑编排、故事主线是文学作品的框架性内容，即作品的大纲，大纲决定了作品的主要内容，大纲内容的独创性高低，对于整部作品文学艺术性程度的高低具有相当重要的作用。只要大纲内容足够具体，可以认定为受著作权法保护的表达。

在重申比对原则后，二审法院就本案的具体情况进行核查，认定两部作品的核心内容相同，被控侵权作品使用了权利作品的核心表达内容，构成侵权。

评　　论：实践中存在许多大纲相近的作品，使得“抄袭”“剽窃”等行为认定陷入这样一种困境：大纲抽象程度比较高，可能因为不够具体而不能被视为表达，从而无法得到著作权法的保护。本案为实践中大纲近似的作品争议提供了比较清晰的裁判思路。

c. 杂技作品的独创性认定——《俏花旦》著作权案

案件名称：中国杂技团有限公司（以下简称“中国杂技团”）与吴桥县桑园镇张硕杂技团（以下简称“张硕杂技团”）等著作权权属、侵权纠纷①

基本信息：北京知识产权法院（2019）京73民终2823号，2021年11月1日

主要案情：中国杂技团对《俏花旦-集体空竹》享有著作权，认为张硕杂技团表演的杂技节目《俏花旦》与《俏花旦-集体空竹》高度相似，侵害其著作权，遂向北京市西城区人民法院提起诉讼。一审法院认为，《俏花旦-集体空竹》构成我国著作权法意义上的杂技作品，张硕杂技团的演出行为构成侵害著作权，故判令其停止侵权、赔偿经济损失及合理支出并刊登声明、消除影响。张硕杂技团提起上诉。北京知识产权法院判决驳回上诉，维持原判。

主要争点：杂技作品的独创性认定。

裁判理由：杂技作品不保护技巧本身，通常也不保护特定的单个动作，而是保护连贯动作的编排设计。虽然《俏花旦-集体空竹》中的“抖空竹”技艺源自“王氏天桥杂技”，但涉案杂技作品中的诸多“抖空竹”动作额外融入了我国传统戏曲元素、舞蹈元素的动作乃至表情设计，在具体走位、连续动作的衔接和编排上亦存在个性化安排，使得相应连贯动作在展示高超身体技巧的同时传递着艺术美感，因此《俏花旦-集体空竹》构成著作权法规定的杂技作品。

评　　论：作为全国首例杂技作品著作权纠纷案，本案为杂技作品的独创性判定提供了很好的思路。杂技技艺历经传承，许多具体动作及其蕴含的技巧往往来自前人的传承，同时不可否认的是，后继者亦在持续地推陈出新，在原有基础上设计出新的动作，进行新的编排，产生

① 本案入选“2021年中国法院10大知识产权案件”。

新的独创性表达，因此，不能简单认定杂技作品中的具体动作、技巧均属于公有领域，进而认定其不具有独创性，否则，任何有着历史传承和演进脉络的艺术表现形式都可能因此被排除出著作权法的保护范围。在具体案件中，应当根据主张权利的客体的具体内容、各方关于公有领域内容的举证情况等对其是否具备独创性、可否受著作权法保护做具体判定。

d. 短视频模板作品独创性的判断标准——短视频模板案

案件名称：广东省深圳市脸萌科技有限公司（以下简称“脸萌公司”）、北京微播视界科技有限公司（以下简称“微播视界公司”）与杭州看影科技有限公司（以下简称“看影公司”）、杭州小影创新科技股份有限公司（以下简称“小影公司”）著作权侵权纠纷

基本信息：杭州互联网法院（2020）浙0192民初8001号，2021年4月16日

主要案情：微播视界公司、脸萌公司分别是剪映APP视频编辑软件的出品方和运营方。制作人“阿宝”在剪映APP上发布了“为爱充电”短视频模板后，微播视界公司、脸萌公司经授权取得相关著作权。看影公司、小影公司在运营的Tempo APP上上传了被控侵权短视频模板，以售卖给会员等方式收费。微播视界公司、脸萌公司主张看影公司、小影公司侵害其信息网络传播权、复制权、改编权及汇编权。看影公司、小影公司辩称：涉案短视频模板不具有独创性，不构成著作权法上的作品；两短视频模板中作为核心要素的人物不同，故两者不构成实质性相似。法院认定侵权成立，判决看影公司、小影公司立即停止侵权行为，赔偿经济损失及合理费用。一审宣判后，各方当事人均未上诉，一审判决已经生效。

主要争点：涉案短视频模板是否具有独创性，被控侵权短视频模板与涉案短视频模板是否构成实质性相似。

裁判理由：短视频模板本身属于短视频，其由创作者对图片、音乐、特效等各类元素进行编排形成短视频框架，并预留出可供用户进行替换的要素，方便用户替换后形成含有个人元素的短视频。立足于著作权人和社会公众之间利益平衡的考虑，在判断短视频模板是否具有独创性时，不宜采取过高的判断标准。一方面，短视频模板必须由作者独立创作完成，不能复制或剽窃他人作品；另一方面，短视频模板必须是作者创造性的智力成果，是作者思想或情感内容的表达，可

以体现作者的个性。具体而言，该模板应能较为完整地表达制作者的思想感情，时长较短不影响创作性的判定。

本案中，涉案短视频模板是一个有机统一的视听整体，其中包含了制作者多方面的智力劳动，制作者根据想要表达的思想主题，奠定风格基调，寻找合适的背景音乐、图片，再根据音乐的节奏点搭配不同的贴纸、特效、滤镜、动画等元素，并结合主观需要协调多种元素的排列方式、大小、顺序和持续时间，具有独特的选择、安排与设计，体现了制作者的个性化表达，因此涉案短视频模板满足著作权法的独创性要求，属于著作权法意义上的视听作品。

被控侵权短视频模板与涉案短视频模板相比，除可自由替换的两张人物图片外其他不可编辑部分的内容基本相同，而可任意替换的人物图片不是该短视频模板的核心要素，也并非该短视频模板的独创性所在，因两短视频模板在个性化的选择、设计与排列上相同，应认为两者在整体上构成实质性相似。

**评　　论：** 本案系首例侵害短视频模板著作权纠纷案，涉及短视频模板能否得到著作权法保护、给予何种程度保护等法律问题。本案充分考虑网络创新的需求和特点，以利益平衡为基点，合理确定短视频模板独创性的判断标准。主要考虑以下两个构成要件：一是短视频模板必须由作者独立创作完成，不能复制或剽窃他人作品；二是短视频模板必须是作者创造性的智力成果，是作者思想或情感内容的表达，可以体现作者的个性。

e. 文学作品独创性表达的认定——电视剧《温州一家人》署名权案

**案件名称：** 曲某琳与高某堂、中央电视台、山东影视传媒集团有限公司（以下简称“山东影视传媒集团”）、浙江广播电视集团、温州广播电视传媒集团、北京歌亮传媒有限公司（以下简称“歌亮公司”）著作权纠纷

**基本信息：** 北京知识产权法院（2019）京73民终1077号，2021年7月28日

**主要案情：** 高某堂是电视剧《温州一家人》的署名编剧，其提交了该剧手写的分集分场大纲，分集分场大纲包括6个故事共353个桥段，其中每个桥段均用简短的语言概括了故事内容。曲某琳主张本人在高某堂提供的素材及“讲戏”的基础上完成了具体文字表达，参与了涉案剧本的创作，与高某堂系合作创作的关系，其单独创作的部分系剧

中人物周某在法国、意大利及海湾地区创业和生活经历的部分。曲某琳向北京市海淀区人民法院起诉，请求责令高某堂以及其他《温州一家人》联合出品单位恢复其编剧署名权，并公开道歉。一审法院作出（2015）海民（知）初字第18256号民事判决，支持了曲某琳的上述两项诉讼请求。高某堂不服，提起上诉。北京知识产权法院二审判决：驳回上诉，维持原判。

主要争点：曲某琳是否为涉案电视剧的合作作者。

裁判理由：一审法院认为，虽然无论是剧本的整体创作思路的形成还是每一集的创作素材和撰写手法的确定均是在高某堂的指导下完成的，但一部用于拍摄的电视剧剧本，必然具备故事情节的叙述和表达的完整性。对同一份分集分场大纲，不同的作者显然会依据各自的视角创作出不同的内容，包括不同的场景描述、不同的人物对话等。一审法院认为，该部分内容已经构成独创性表达，依法应当受到著作权法保护。

二审法院进一步阐述，就文学作品而言，具体情节、人物设置、人物关系、语句和台词属于表达的范畴，如果其设置、编排、选择能够体现作者独特的智力判断和选择安排，则具有独创性，构成著作权法意义上的作品。本案中，曲某琳提交的剧本初稿1～5集（阿雨的故事）就属于这种情形，且该初稿的文字表达部分与涉案电视剧剧本的文字表达部分构成实质性相似，故曲某琳为涉案电视剧的合作作者。

评　　论：著作权法保护具有独创性的对思想的具体表达。如果一种独立完成的表达能够体现作者独特的智力判断和选择安排，即使其是作者在他人提供的素材或者“讲戏”的基础之上完成的，则其仍符合独创性要求，构成著作权法意义上的作品。

### 4.2.2 著作权的归属

a. 因年代久远缺乏直接证据的著作权归属确认——缝纫机头贴花案

案件名称：江苏东方轻工业品有限公司（以下简称“东方公司”）与钟某良著作权权属、侵权纠纷

基本信息：上海知识产权法院（2020）沪73民终376号，2021年1月20日

主要案情：涉案作品为天鹅牌家用缝纫机头贴花，于 1980 年创作完成，作为职务作品归属于中国轻工业品进出口总公司浙江省分公司所有，后归属于浙江东方集团公司所有。浙江东方集团公司将该贴花的著作权等权利转让给公司职工钟某良，钟某良于 2013 年补充进行著作权登记。

上海海关于 2018 年 11 月 22 日查获一批标有"SWAN 及天鹅图形"标识的家用缝纫机与包缝机。钟某良以涉案货物侵权为由，向上海市浦东新区人民法院提起诉讼。一审法院认定涉案贴花作品的权利人为钟某良，东方公司侵害了钟某良对其作品的复制权，应停止侵害并赔偿损失。东方公司不服，提起上诉。上海知识产权法院二审判决驳回上诉，维持原判。

主要争点：涉案贴花的著作权归属。

裁判理由：在涉案贴花著作权人的认定上，考虑到涉案作品创作于计划经济时代，那时相关著作权法律规定不全，应当综合历史、公平、当时的法律规定等多项因素，而不能机械套用现行法概念。由于年代久远、证据灭失，著作权流转文件难以提交属情有可原。结合相关商标权的流转情况，以及涉案贴花是与缝纫机头配套使用的事实来看，钟某良已经提交了充分的初步证据，而东方公司作为异议人，没有对其抗辩事由承担相应的举证责任，因此应当认定涉案作品著作权系钟某良享有。

二审法院认同一审法院基于特定时代背景、历史条件不对钟某良课以过高举证责任的理由，并通过相关的商标权流转情况确认涉案贴花系钟某良所有。

评　　论：因相关权利流转事实年代久远、证据灭失，法院并未对权利人设置过高的举证责任，而是结合当时的企业财产制度，并借助相关注册商标的使用与转让情况综合确认了涉案作品权属，对类案的处理具有参考价值。

b. 构成法人作品的关键在于创作代表法人意志——华东设计院工程设计图案

案件名称：华东建筑设计研究院有限公司（以下简称"华东设计院"）与上海都设营造建筑设计事务所有限公司（以下简称"都设公司"）、凌某戈、徐某、第三人武汉生态城碧桂园投资有限公司（以下简称"武

汉碧桂园公司”）侵害作品信息网络传播权和虚假宣传纠纷

基本信息：上海知识产权法院（2020）沪 73 民终 187 号，2021 年 1 月 28 日

主要案情：华东设计院系项目“武汉光谷希尔顿酒店”工程设计图的设计单位，该项目系第三人武汉碧桂园公司委托设计。华东设计院发现都设公司在其微信公众号“都设设计”、官方网站中使用华东设计院的工程设计图和建筑作品图片，凌某戈在其微信公众号“材料在线”中亦发布了华东设计院的工程设计图和建筑作品图片，图片中均署名“都设设计”。华东设计院以都设公司和凌某戈侵害其对涉案工程设计图、建筑作品享有的署名权、复制权、信息网络传播权以及虚假宣传为由，向上海市杨浦区人民法院提起诉讼。一审法院作出（2018）沪 0110 民初 16282 号民事判决，否定了侵害涉案作品著作权，以不正当竞争为由判令都设公司停止虚假宣传、消除影响并赔偿损失。华东设计院与都设公司均不服，提起上诉。华东设计院的上诉理由之一为整个设计过程均由该院技术委员会指导，故权利图纸属于法人作品。上海知识产权法院二审判决驳回上诉，维持原判。

主要争点：“武汉光谷希尔顿酒店”工程设计图属于法人作品还是特殊职务作品。

裁判理由：一审法院认为，涉案工程设计图系“主要是利用法人或者其他组织的物质技术条件创作，并由法人或者其他组织承担责任的工程设计图”，属于特殊职务作品，其署名权由制作该图纸的作者享有，华东设计院不享有署名权，更无署名权受到侵害的可能。对比被控侵权图纸与涉案工程设计图，两者框架存在相似之处，但细节上的线条不同，因而不构成侵权，但都设公司以误导公众的方式进行宣传，构成不正当竞争。

二审法院维持原判，但纠正了原审的部分法律适用错误，认为被控侵权图纸确与权利作品实质性相似。关于涉案作品是否属于特殊职务作品，二审法院认定涉案作品系委托设计作品，在每份施工图上均由相关人员签字，构成署名，华东设计院对外盖章，承担设计人责任，符合《著作权法》关于特殊职务作品的规定，署名权由作者享有。该院技术委员会的指导工作以及保证工程设计图纸满足相关设计要求，系在图纸的功能性、技术性的实用性层面把质量

关，而工程设计图在点、线、面以及几何图形安排上的科学之美还是由具体设计师完成，不体现法人意志，不能被认定为法人作品。

评　　论：特殊职务作品与法人作品有相同之处，也存在若干区别，如特殊职务作品只限于法律规定的特定作品（《著作权法》第18条），而法人作品不限制作品类型，等等。本案中确立了两者最重要的区别：法人作品体现单位意志；而就特殊职务作品而言，虽然员工可以利用本单位的物质技术条件，但在具体的点、线、面以及体现着科学之美的其他要素上仍然体现着创作者的个体意志。

另外，本案二审法院也强调：在对工程设计图进行实质性相似的比对中，应当以普通观察者的角度，从整体视觉效果上综合判断是否构成近似。

c. 权利人的举证责任——草庐公司著作权案

案件名称：汉华易美（天津）图像技术有限公司（以下简称“汉华易美公司”）与河南草庐蜂业有限公司（以下简称“草庐公司”）侵害作品信息网络传播权纠纷

基本信息：最高人民法院（2021）最高法民再355号，2021年12月20日

主要案情：微信公众号“草庐蜂蜜”内有4张涉案图片，图片上有“gettyimages”及“视觉中国”水印（见图4-4）。汉华易美公司经著作权人Getty公司授权，以草庐公司侵害其作品信息网络传播权为由提起诉讼。天津市第三中级人民法院作出（2019）津03知民初73号民事判决，认定汉华易美公司为涉案图片的著作权人，草庐公司构成侵权。草庐公司不服，提起上诉。天津市高级人民法院作出（2020）津民终311号民事判决，维持一审判决。草庐公司申请再审。最高人民法院再审认为，根据双方当事人提供的在案证据，无法认定Getty公司取得了涉案图片的著作权，遂撤销一、二审判决，驳回汉华易美公司的全部诉讼请求。

主要争点：汉华易美公司是否拥有涉案图片的著作权。

裁判理由：最高人民法院认为：涉案图片除有“gettyimages®”水印外，还有“DougalWaters”、“PaulBradbury”、“ImageSource”和“sdominick”水印，而且“gettyimages”之后紧接注册商标标志“®”，因此不能仅以此水印认定涉案图片的著作权属于Getty公司。汉华易美公司在一审、二审诉讼中提交了Getty公司出具的“授权确认

图 4-4　涉案图片

书”、网站权利声明等证据，但“授权确认书”只能证明 Getty 公司向汉华易美公司进行授权的事实，并非 Getty 公司对涉案图片享有著作权的证据；权利声明属于单方陈述，在缺乏其他证据印证的情况下，不能仅以权利声明确定著作权归属；最大像素格式数码文件、互联网端最大像素最高清晰度数码文件、连续拍摄的同组同题材其他画面等证据，虽然能够反映出作品创作过程，但是根据草庐公司在一审、二审期间提交的 Getty 公司的回复邮件等反驳证据，Getty 公司确认相关图片系由摄影师将自己的作品投稿给 Getty 公司代理销售，投稿的摄影师仍然保留图片的著作权。

虽然草庐公司提交的反驳证据尚不足以完全否定汉华易美公司相关证据的真实性，但是汉华易美公司尽管相较于草庐公司更有条件获取 Getty 公司取得涉案图片著作权的证据，却并未通过举证否定草庐公司反驳证据的证明力。根据双方当事人提供的在案证据，无法认定 Getty 公司取得了涉案图片的著作权。

评　　论：在作品或者制品上署名的自然人、法人或者其他组织被视为著作权、与著作权有关权益的权利人，但有相反证明的除外。在侵害著作权案件中，原告应提交充分证据，证明其为涉案作品的著作权人或有权提起诉讼的利害关系人。本案中，草庐公司提交的系列证据反驳了汉华易美公司是涉案作品的权利人或利害关系人，而汉华易美公司未能举出证据来否定草庐公司反驳证据的证明力，因此承担了不利后果。

### 4.2.3 著作权的行使

a. 著作权许可合同的解除——音集协与天合公司案

案件名称：中国音像著作权集体管理协会（以下简称“音集协”）与天合文化集团有限公司（以下简称“天合公司”）及其子公司合同纠纷

基本信息：北京知识产权法院（2018）京73民初904号，2021年7月29日

主要案情：音集协是我国唯一的音乐著作权集体管理组织，其于2007年与天合公司签订为期10年的“服务协议”，天合公司成为我国境内唯一的代收卡拉OK版权使用费的机构。音集协认为天合公司在履行合同期间存在严重的违约和侵权行为，于2018年7月24日向北京知识产权法院提起诉讼，请求解除双方之间的著作权许可合同。天合公司则提出反诉，请求法院判决继续履行许可合同。2021年7月29日，北京知识产权法院一审判决合同解除，天合公司支付拖欠的著作权许可使用费及利息等。

主要争点：涉案合同是否应当解除。

裁判理由：被告天合公司未兑现“三统一”的承诺构成违约，版权费未如期到达原告音集协账户的后果不能由原告承担，因此约定解除权的适用条件满足，原告享有约定解除权。同时，由于被告未兑现“三统一”的承诺给原告的著作权集体管理活动造成损害，以及被告在独家代理的活动中通过第三方截流版权费、收取使用费进入自己的账户或者直接收受现金等方式进行营利活动，给原告的著作权集体管理活动造成损害，足以造成卡拉OK经营市场的使用者及社会公众对原告从事著作权集体管理活动规范性的质疑，致使原告的合同目的无法实现，故原告有权行使法定解除权。综上，原告既可依合同约定行使解除权，也可依法律规定行使解除权。因原告已在诉状中明确提出解除涉案系列合同，故法院确认合同已解除。

评　　论：本案一审判决认定天合公司的行为构成违约，确认双方合同已解除。作为近年来关涉著作权集体管理组织的极具影响力的案件之一，本案不仅能够为与著作权集体管理有关的学术研究提供丰富的

实证资料，也能够引发业界对于我国著作权集体管理制度立法完善的深入思考。

b. 许可合同追认期间的效力认定——点唱著作权案

案件名称：苏某与荆门秀锦娱乐有限公司（以下简称“秀锦公司”）侵害著作权纠纷

基本信息：最高人民法院（2021）最高法民再 114 号，2021 年 12 月 28 日

主要案情：苏某系涉案 33 部音乐作品著作财产权利的合法继承人，主张秀锦公司未经许可，以营利为目的，通过点唱设备为消费者提供了涉案音乐作品的唱歌服务并收取费用，侵害了其享有的著作权。一审法院认定秀锦公司侵害了涉案音乐作品的表演权，应承担停止使用及赔偿损失的民事责任。秀锦公司提起上诉，理由是：秀锦公司于 2019 年 6 月 14 日与音著协、音集协签订著作权许可合同，音著协、音集协许可秀锦公司自 2018 年 5 月 28 日至 2019 年 12 月 31 日使用涉案作品，而苏某的取证时间为 2018 年 10 月 15 日，并未超出许可使用期间。二审法院对秀锦公司的上诉请求予以支持，认定秀锦公司有权使用涉案作品，并不构成侵权。苏某申请再审。最高人民法院再审认为二审判决的事实认定和适用法律错误，故予以撤销。

主要争点：许可合同追认期间的效力。

裁判理由：再审法院认为，依据著作权法的规定，作品许可使用期间可由订立合同的当事人自由协商确定。许可使用期间早于订立合同时间的追认行为也属当事人自由处分权利的行为，实践中权利人对使用行为表示追认的情况也十分常见，但是在权利人或利害关系人的追认与其他权利人的在先行为发生冲突，或者可能损害第三人利益时，追认期间的效力就需要区分情形予以认定。本案中，许可合同订立于 2019 年 6 月 14 日，对使用行为的许可追认至 2018 年 5 月；苏某对被诉侵权行为的取证时间为 2018 年 10 月，早于许可合同订立时间，晚于许可合同起算时间。因此，在苏某就被诉侵权行为取证时，秀锦公司尚未取得音著协、音集协的许可。在苏某与音著协、音集协均有权提起诉讼的情况下，音著协、音集协在后行使权利应当避免与苏某行使诉权相冲突，否则会导致苏某在原本能够获得胜诉的案件中面临败诉的风险。在苏某不认可追认期间的情况下，许可合同对合同订立日之前的期间的追认应当被认定为无效，秀锦公

司获得许可的期间应自2019年6月14日起计算，据此，秀锦公司在此之前的使用行为构成对苏某所有涉案作品著作权的侵害。2019年6月14日之后，秀锦公司使用涉案作品获得了音著协和音集协的许可，秀锦公司有权在许可期间使用涉案作品，故秀锦公司无须停止使用相关作品。

评　　论：在卡拉OK经营者使用音乐作品或视听作品被诉侵权的案件中，一般存在以下两种不同的情况：一是未获得权利人或者著作权集体管理组织的许可；二是获得了著作权集体管理组织的许可，但被诉侵权作品权利人并非著作权集体管理组织的会员。本案与上述常见情形不同，秀锦公司与音著协、音集协签订著作权许可合同，并对合同订立日之前期间的使用行为追认。在苏某不认可追认期间的情况下，许可合同对合同订立日之前的期间的追认被认定为无效，秀锦公司此前的使用行为构成对苏某所有涉案作品著作权的侵害。

## 4.2.4 著作权的限制

### 4.2.4.1 合理使用

为用户提供影视作品片段是否构成合理使用——“听音识剧”著作权案

案件名称：上海箫明企业发展有限公司（以下简称“箫明公司”）与西安佳韵社数字娱乐发行股份有限公司（以下简称“佳韵社公司”）侵害作品信息网络传播权纠纷

基本信息：北京知识产权法院（2020）京73民终1775号，2021年8月22日

主要案情：原告佳韵社公司是影视作品《我的团长我的团》的著作权人。被告箫明公司是飞幕APP的运营商，利用“听音识剧”功能向公众提供《我的团长我的团》片段的在线播放业务。原告向北京互联网法院提起诉讼，被告则辩称“听音识剧”功能对影视作品的片段化使用构成合理使用。一审法院作出（2020）京0491民初2769号民事判决，认定被告侵害了原告的信息网络传播权。被告不服，提起上诉。北京知识产权法院二审认为：飞幕APP的“听音识剧”功能对影视作品的使用构成合理使用，不侵害原审原告对涉案影视作品享有的信息网络传播权。二审法院撤销了一审判决，驳回原审原告

诉讼请求。

主要争点：“听音识剧”功能对影视作品的片段化使用是否构成合理使用。

裁判理由：飞幕 APP 的“听音识剧”功能对涉案作品的使用，包括两部分行为：一是以每分钟为单位对涉案作品进行切割剪辑，并将剪辑后的片段上传至服务器中，被告通过网络用户播放的声音，利用涉案 APP 的识别技术，从服务器中抓取并播放对应片段。一审法院认为，这种行为实质上已将涉案作品置于网络服务器中，供公众在其选定的时间和地点获得涉案作品，侵害了原告享有的信息网络传播权。二审法院则认为，“获得作品”一般是指公众至少能够相对完整地获知和感受到作者的思想感情和核心表达，所以认定被诉侵权人在提供作品至信息网络中后是否已使公众有了能够获得作品的可能性，需要结合作品性质和长度、涉案 APP 的提供方式和客观效果、对涉案作品潜在市场或价值的影响等因素进行个案判断。本案原审被告的使用行为是较为碎片化的片段性使用，并没有将连续的相对完整的涉案影视作品的剧情情节提供给网络用户，也难以让网络用户相对完整地感知作品传递的思想感情和艺术美感，难以满足网络用户获取作品的基本需求，几乎不可能使作品处于“被获得”的状态和结果，因此未对涉案作品产生实质性的利用和替代效果，也未对其市场价值和营销造成实质性的不利影响，故不构成侵权。

二是将抓取播放的片段发布于其 APP 中的不同栏目，向网络用户提供，供他人浏览观看。一审法院认为，这种行为使涉案作品的任何一个节点均可被识别并播放，显然不是为了介绍、简评所进行的适当引用，不构成合理使用。二审法院则认为，该行为构成为了介绍或简评适当引用作品的合理使用行为。结合前述认定，在被识别之前，涉案作品即使上传至网络服务器中也不会导致作品处于“被获得”的状态，不足以证明该行为对涉案作品产生了实质性的替代效果，故不构成侵权。

评　　论：在创新时代背景下，促进技术创新和商业发展逐渐成为法院考量和平衡的因素。对于被诉行为是否成立侵权的判断，仍须在相关法律法规框架之内，结合个案所涉及的具体行为和实际结果进行严格认定。

同时，本案也向从事类似业务的 APP 运营商敲响了警钟——创新行为固然值得鼓励，但若假借技术创新之名对作品进行不当使用，仍可能构成侵权，因此APP运营商在利用创新性技术向用户提供便捷优质的网络服务之时，应当以审慎严谨的态度尽到必要乃至更高的注意义务，避免出现对著作权人合法利益造成实质性损害的结果。毕竟，只有建立在尊重前人创作的基础上的合法传播，才真正有助于规范网络传播行为和推动文化产业有序发展。

#### 4.2.4.2 法定许可

网站登载作品不属于报刊转载法定许可——知网转载案

**案件名称**：赵某馨与《中国学术期刊（光盘版）》电子杂志社有限公司（以下简称“学术期刊公司”）侵害作品信息网络传播权纠纷

**基本信息**：北京知识产权法院（2021）京73民终838号，2021年5月26日

**主要案情**：原告赵某馨的作品《关于中国近代国民经济史的分期问题》发表于《学术月刊》1960年第4期。赵某馨向北京互联网法院提起诉讼，主张被告学术期刊公司将涉案作品收录到其数据库知网并提供付费浏览和下载的行为，侵害了其作品的信息网络传播权。学术期刊公司主张其取得杂志社授权，且网络转载系法定许可，不构成侵权。一审法院作出（2020）京0491民初25614号民事判决，认定被告构成侵权，赔偿原告经济损失及维权合理开支3 028元。双方均不服判决，提起上诉。北京知识产权法院二审判决驳回上诉，维持原判。

**主要争点**：学术期刊公司提供涉案作品网络阅览及下载服务是否适用法定许可。

**裁判理由**：涉案作品发表于《学术月刊》1960年第4期，学术期刊公司提交的学术期刊公司与《学术月刊》杂志社之间的协议书、2020年版的“投稿须知”等不足以证明学术期刊公司曾就使用涉案作品获得了赵某馨的许可。学术期刊公司在其经营的“中国知网”网站上登载涉案作品并允许网络用户下载的行为，不属于2010年《著作权法》第33条第2款、《最高人民法院关于审理著作权民事纠纷案件适用法律若干问题的解释》第17条规定的报刊转载法定许可。

学术期刊公司在其经营的“手机知网”软件上登载了赵某馨涉案作品并允许网络用户下载，使公众可以在个人选定的时间和地点获得该作品，已经构成对赵某馨作品之信息网络传播权的侵害。

**评　　论**：我国著作权法规定了“报刊转载法定许可”制度：在作品刊登后，

在著作权人没有声明不得转载、摘编的情况下，允许其他报刊无须获取授权即可转载、摘编刊登作品，但应当按照规定向著作权人支付报酬。该制度旨在通过鼓励报刊转载促进优秀作品的传播。首先，报刊转载法定许可的主体仅为“报刊”，而知网作为网络数据库，本质上为提供信息存储服务的网络平台，我国著作权法并未将法定许可扩张到网络环境。其次，报刊转载法定许可只适用于报刊之间的相互转载，并不适用于网络平台与报刊以及网络平台与网络平台之间的相互转载。网络转载仍应当取得权利人明确的许可。

## 4.2.5 侵害著作权的行为

### 4.2.5.1 侵害著作人身权

使用附条件免费商用软件时去除版权标识或链接信息侵犯了署名权——米拓建站软件案

案件名称：长沙米拓信息技术有限公司（以下简称“米拓公司”）与河南省工程建设协会（以下简称“工建协会”）侵害计算机软件著作权纠纷

基本信息：最高人民法院（2021）最高法知民终 1547 号，2021 年 11 月 15 日

主要案情：原告米拓公司对米拓企业建站系统享有著作权，该建站软件允许网络用户免费下载并进行商业使用，但在用户协议中明确要求用户在所建网站中保留米拓公司的版权标识和网站链接信息。因被告工建协会在下载使用该建站软件时未遵守用户协议的要求，米拓公司遂提起诉讼，指控被告侵害其对建站软件依法享有的署名权、修改权、保护作品完整权、复制权、信息网络传播权、获得报酬权等多项权利。河南省郑州市中级人民法院作出的（2021）豫 01 知民初 382 号民事判决，认定被告的行为仅侵害署名权，不构成对其他著作权权项的侵害。原告不服，提起上诉，主张用户违反用户协议中关于保留版权标识和网站链接信息的约定，即侵害其全部软件著作权。最高人民法院二审判决驳回上诉，维持原判。

主要争点：工建协会侵害涉案建站软件著作权具体权项的认定。

裁判理由：从合同条款解释的层面看，涉案软件的用户协议中的保留版权标识及网站链接信息的条款虽构成格式条款，但属于原告合法行使署名

权的行为，因此涉案软件的用户协议合法有效。用户接受用户协议后，可以免费下载、复制涉案建站软件并进行必要修改，以建设适合自己需求的网站；如果用户在免费使用软件时去除原告的版权标识和网站链接信息，则仅仅违反了用户协议中关于免费使用条件下须保留原告版权标识和网站链接信息的约定，即其下载、复制涉案建站软件并进行必要修改的行为仍在许可范围内，因此，被告仅构成对原告署名权的侵害，并未侵害其复制权、修改权等其他权利。

评　　论：计算机软件附条件免费商业使用属于软件研发企业探索出的新型经营模式。该模式在扩大互联网企业的产品影响力和市场占有率的同时，也为互联网用户增进了福祉。但是，免费许可使用并不意味着不加限制地使用，用户仍须受到双方之间用户许可协议的约束。本案提示网络用户在使用这些免费软件时，应当留意相应的授权许可范围，尊重著作权人的应有权利。违反协议中保留著作权标识以及相关信息条款的，属于侵害署名权的行为，需承担相应的民事责任。本案被评为“2021 年中国法院 50 件典型知识产权案例”之一。

#### 4.2.5.2　侵害著作财产权

##### a. 机舱内点歌的行为属性——风华秋实公司诉国航公司案

案件名称：上海风华秋实文化传媒有限公司（以下简称“风华秋实公司”）与中国国际航空股份有限公司（以下简称“国航公司”）著作权权属、侵权纠纷

基本信息：北京知识产权法院（2019）京 73 民终 3609 号，2021 年 3 月 25 日

主要案情：风华秋实公司系涉案专辑《Reloaded》中《有点儿意思》等 10 首歌曲的著作权人，也是涉案专辑 CD 出版物的制作方，享有录音制作者权。国航公司在其机舱服务器中通过局域网提供上述歌曲的点播服务，风华秋实公司以国航公司侵害其对涉案歌曲的复制权、信息网络传播权以及表演权为由提起诉讼。北京市东城区人民法院作出（2017）京 0101 民初 14118 号民事判决，仅认定国航公司侵害风华秋实公司对其录音制品享有的信息网络传播权，判令国航公司承担赔偿损失的民事责任。风华秋实公司不服，提起上诉。北京知识产权法院二审判决驳回上诉，维持原判。

主要争点：对机舱内点歌行为的认定。

裁判理由：国航公司将涉案音频文件上传至机舱服务器，属于将文件置于信息网络的行为，构成对信息网络传播权的侵害。拷贝行为已为信息网络传播行为所涵盖，不宜再认定为侵害复制权。点播服务是针对乘客个人提供，而非在机舱内公开播放，因而该行为不构成对表演权的侵害。

评　　论：对机舱歌曲点播服务的行为属性的认定，涉及表演权与信息网络传播权的适用情形区分：一般而言，表演权是现场向受众传播作品的权利，而信息网络传播权是以可交互的形式将作品置于信息网络中，使公众可以在其选定的时间或地点获得作品的权利。二者的核心区别就在于能否使受众自由选择获取作品的时间和场合。

本案亦存在另一个值得关注的细节：国航公司主张其已经与音著协签订许可使用协议，音著协许可其使用的作品包括音著协通过与海外同类协会签订相互代表协议所代表的音乐作品，但是国航公司未能提供有效证据证明涉案歌曲属于许可使用协议范围内的音乐作品。现今，音乐作品呈现出庞大的体量，并且仍在迅速扩张之中，被许可使用人需要明确地知悉哪些歌曲得到使用许可，以防在可能发生的诉讼中承担不利后果。

b. 改变排版规避平台技术审核的行为构成主观侵权故意——“三优亲子”转载案

案件名称：刘某与广东三优母婴健康教育技术有限公司（以下简称“三优公司”）侵害作品信息网络传播权纠纷

基本信息：广州互联网法院（2020）粤0192民初17922号，2021年3月26日

主要案情：刘某系微信公众号“牛油果的生活观”的运营者，于2019年7月5日发布了原创文章《婚姻的残酷真相：要么娘家有钱，要么自己有钱》。三优公司系公众号“三优亲子”的运营者，于2019年7月19日转载了涉案作品。刘某以三优公司违法转载并向公众传播涉案作品为由诉至法院。三优公司抗辩：转载经刘某开通白名单授权；且微信公众号平台有原创保护功能，如果未经授权将会以分享方式群发，而三优公司发布涉侵权文章并不属于分享样式。微信运营方腾讯公司复函称三优公司的公众号转载时不在刘某公众号的转载白名单内；因涉侵权文章系对权利文章内容进行了较多修改，包括图片替换、段落内容修改及排版变动等，故发布时系统没有进行撞库拦截。受诉法院认定三优公司侵害了刘某的信息网络传播权，需承担

损害赔偿责任。

主要争点：三优公司的行为是否构成对刘某文章信息网络传播权的侵害。

裁判理由：根据对腾讯公司原创保护功能的调查，三优公司在发布文章时，对涉案作品内容、排版等进行多处变动，导致涉侵权文章在发布时没有被系统拦截。另外，根据腾讯公司的调查结果，三优公司的公众号转载时不在刘某公众号的转载白名单内。据此认定，三优公司对涉案作品进行了内容、排版上的变更，属于对平台原创保护功能的规避，存在侵害他人著作权的故意，应当承担侵权责任。

评　　论：本案将通过“洗稿”和修改排版等措施规避平台技术审核的行为认定为故意侵权，并判处承担法律责任，对于惩戒侵权人规避技术审核，引导网络平台发挥知识产权创新治理的积极作用有示范意义。

c. 字体改编行为的认定——“新蒂下午茶体”著作权案

案件名称：北京子盟科技有限公司（以下简称“子盟公司”）与北京汉仪创新科技股份有限公司（以下简称“汉仪公司”）著作权权属、侵权纠纷

基本信息：北京知识产权法院（2020）京73民终1897号，2021年3月29日

主要案情：汉仪公司经原始著作权人授权，成为“新蒂下午茶体”等新蒂系列字体著作权的独占所有者。子盟公司曾与原始著作权人签署“新蒂字体授权使用合作协议”，就字体使用期间、使用范围作出约定。子盟公司在协议履行过程中，将“新蒂下午茶体”改编为“新蒂下午茶桃心体”“新蒂繁星下午茶体”“新蒂下午茶 music 体”“新蒂下午茶加粗体”（以下简称“被诉字体”），并在汉仪公司发送解除协议通知后，仍实施信息网络传播行为。汉仪公司以子盟公司侵害其对“新蒂下午茶体”享有的信息网络传播权、改编权以及不正当竞争为由，诉至北京市海淀区人民法院。一审法院认定子盟公司的行为侵害了汉仪公司对“新蒂下午茶体”享有的改编权和信息网络传播权。子盟公司不服，提起上诉。北京知识产权法院二审判决驳回上诉，维持原判。

主要争点：涉案行为是否侵害了“新蒂下午茶体”的改编权。

裁判理由：关于被诉字体是否构成对“新蒂下午茶体”的改编，将两方字体进行比对发现：被诉字体在笔法线条走向、粗细弯直程度、笔画轮廓等方面均与“新蒂下午茶体”基本一致，保留了“新蒂下午茶体”的原有书写风格；尽管汉字构造上的特点注定了字体美化空间较

小，但本案中对新要素（桃心、星星、音乐符号及五线谱）的添加集中于使用频率较高的单字上，尤其在日常具体应用场景下，更易呈现出新的视觉表达效果，已经能够达到突出独创性特点的结果。由此可见，被诉字体既保留了“新蒂下午茶体”的基本表达，又添加了新的表达风格，体现了设计者的独特风格，属于对原字体的改编行为。

评　　论：在字体的改编认定方面，本案提出一个具有参考意义的视角：在日常使用中的实际视觉效果。因为汉字本身的结构特点，笔画有特定的组合规律，想要在字体上增加创造性要素较为困难。本案中法院提出，尽管添加或更改特征的仅在所有字中占一小部分，但通过高频的使用仍能使文字整体产生独特的风格，故构成改编行为。

d. 以诚实信用原则保护在先权利——“葫芦娃”著作权案

案件名称：石家庄葫芦娃食品有限公司（以下简称“葫芦娃公司”）与上海美术电影制片厂（以下简称“美影厂”）著作权权属、侵权纠纷

基本信息：上海知识产权法院（2021）沪 73 民终 62 号，2021 年 4 月 6 日

主要案情：《葫芦兄弟》系列动画片由美影厂出品，美影厂享有除署名权之外的其他著作权。第 631343 号图文商标“葫芦娃”为案外人申请，1993 年 2 月 28 日经核准注册，2013 年 10 月 20 日被转让给葫芦娃公司的法定代表人贾某娟。美影厂发现葫芦娃公司在大量产品上使用了第 631343 号注册商标，并利用葫芦娃形象进行产品宣传，遂向上海市普陀区人民法院提起诉讼，主张葫芦娃公司的使用行为构成著作权侵权和不正当竞争。一审法院作出（2019）沪 0107 民初 20029 号民事判决，认定葫芦娃公司构成对美影厂享有的“葫芦娃”美术作品的信息网络传播权的侵害。葫芦娃公司不服，提起上诉。上海知识产权法院驳回上诉，维持原判。

主要争点：被诉侵权行为是否侵害了美影厂对“葫芦娃”享有的著作权。

裁判理由：一审法院认为，权利人行使权利不得侵害他人的合法权利，即便商标已经取得注册，也可能由于其使用侵害了他人的在先权利而被禁止使用。二审法院进一步认为：涉案商标注册人将与在先“葫芦娃”美术作品实质性相似的形象作为标识申请注册，现商标权人在《商标法》已明确规定了在先权利时受让，在宣传中虚构与美影厂存在合作关系，在注册、受让和使用中均违反了诚实信用原则，不

具有正当性，具有主观故意，因而，葫芦娃公司的相关上诉主张不能成立。

评　　论：注册商标不得侵害他人的在先权益。尽管本案中葫芦娃商标注册时《商标法》尚未规定不得侵害他人在先权利，但“葫芦娃”动画形象广为人知，影响较广，商标注册人的主观恶意明显，法院从诚实信用原则的角度分析了商标注册、受让和使用不得侵害他人在先权益的规则，对类似案件的处理具有参考意义。

e. 微信公众号提供链接转至其他网站构成网络服务提供行为——《缝纫机乐队》跳转链接案

案件名称：北京华视聚合文化传媒有限公司（以下简称“华视公司”）与福建思达云创品牌策划有限公司（以下简称“思达云创公司”）侵害作品信息网络传播权纠纷

基本信息：福建省高级人民法院（2021）闽民终502号，2021年5月14日

主要案情：华视公司经授权取得电影《缝纫机乐队》的经营、发行和销售相关权利。思达云创公司名下的微信公众号“花边吧”的导航栏设置了“电影＋福利”栏目，点击该栏目会跳转至“一号观影区”的文章页面中，点击文章中的“阅读原文”链接，就会进入名为“电影营”的影片播放平台，能够在该平台上观看电影《缝纫机乐队》。另查，在“电影营”网站中，也可以检索到《缝纫机乐队》影片并在线播放。华视公司以思达云创公司侵害其电影《缝纫机乐队》的信息网络传播权为由提起诉讼。福建省福州市中级人民法院作出（2020）闽01民初822号民事判决，认定思达云创公司帮助侵权成立。思达云创公司对一审判决不服，提起上诉。福建省高级人民法院二审判决撤销一审判决，驳回华视公司的全部诉讼请求。

主要争点：设置跳转链接的行为是否侵害涉案作品的信息网络传播权。

裁判理由：一审法院认为：思达云创公司在其微信公众号内明确告知用户进入“电影营”的方法，并就播放资源的具体细节进行提示，可见其知悉“电影营”平台内的视频播放情况；“电影营”平台向用户免费提供多部作品的在线播放服务，这些作品制作成本较高，通常不会免费在不知名平台上播放，因此这种免费服务属于侵权行为的可能性极高；平台内设有十余个播放源，有明显的聚合侵权播放源或对经授权的播放源进行技术破解的特征。上述行为应当为思达云创公

司所知，其仍通过提示语引导用户前往“电影营”平台，客观上帮助了侵权行为的扩大，间接侵害了涉案作品的信息网络传播权，构成帮助侵权行为。

二审法院将思达云创公司的被诉行为总结为“通过链接的方式，将手机用户由其经营的微信公众号‘花边吧’的导航栏和文章，逐步定向引流至‘电影营’微信公众号，再由手机用户在‘电影营’平台搜索具体的影片而实现涉案影片的在线播放服务”。其中，直接向网络用户提供内容的是“电影营”平台，思达云创公司经营的微信公众号仅为用户进入该平台提供链接通道，没有证据证明“电影营”与“花边吧”的经营主体之间存在关联，因此，思达云创公司的行为应属网络服务提供行为而非内容提供行为。

若要判断思达云创公司是否构成帮助侵权行为，应当先考察“电影营”平台的涉案行为是否构成侵权。根据二审查明的事实，“电影营”平台提供影片播放服务，其播放源均指向芒果 TV，该平台是通过深度链接的技术手段将芒果 TV 网站的涉案作品链接至其公众号，不构成对涉案电影作品信息网络传播权的直接侵害。芒果 TV 播放视频系正规行为，因此仅提供深度链接网络服务的行为不构成侵权，思达云创公司提供链接通道的行为亦不存在侵权的基础。因此，被诉行为不构成对涉案作品信息网络传播权的侵害。

评　　论：实践中存在许多为用户提供资源等服务的媒体或平台，通过网页链接跳转至其他页面提供内容的做法屡见不鲜。对于提供链接跳转至其他可能提供侵权内容的网站这一情形，其若非直接提供内容，也不能证明其与侵权者存在合意。排除直接侵权的可能时，应当考察链接指向的平台提供作品或音像制品的行为是否构成侵权，在此基础上才能对提供链接的行为进行定性。帮助侵权的前提是帮助的行为本身侵权，本案明确了这一考察顺序。提供链接本身不必然侵害权利人享有的著作权，但提供链接的主体有必要确认链接的指向是否合法，以避免潜在的间接侵权责任。

f. 不同类型作品的相似性比较——《五维记忆》剧本改编权案

**案件名称：**中影华腾（北京）影视文化有限公司（以下简称“中影华腾公司”）与杨某、北京光线影业有限公司（以下简称“光线公司”）、霍尔果斯可可豆动画影视有限公司（以下简称“可可豆公司”）、霍尔果斯彩条屋影业有限公司（以下简称“彩条屋公司”）、霍尔果斯十月文化传媒有限公司（以下简称“十月文化公司”）、北京彩条屋科技有限公司（以下简称“北京彩条屋公司”）侵害作品改编权纠纷

**基本信息：**北京知识产权法院（2019）京73民初1722号，2021年5月28日

**主要案情：**原告中影华腾公司是戏剧作品《五维记忆》的著作权人。被告杨某为电影《哪吒之魔童降世》（以下简称《哪吒》）的编剧和导演，被告光线公司、可可豆公司、彩条屋公司、十月文化公司、北京彩条屋公司为《哪吒》的出品方。中影华腾公司认为，《哪吒》在人物设定、故事情节、其他要素表达方面与《五维记忆》构成实质性近似（见图4-5、4-6），六被告在创作该电影的过程中亦具有实际接触《五维记忆》的可能性，六被告的行为侵害了原告的改编权。北京知识产权法院判决驳回了原告的全部诉讼请求。

图4-5 《五维记忆》（上）与《哪吒》的画面对比

**图 4-6 《五维记忆》(左) 与《哪吒》的海报对比**

主要争点：电影《哪吒》与戏剧《五维记忆》两个不同类型作品的相似性。

裁判理由：在对不同类型的作品进行著作权层面的相似性判断时，应当注意以下问题：第一，对于同一作品，不同受众基于个人独特的思想感情、生活经历、教育水平、立场观点等因素会产生不同的主观感受，该作品的创作者对于其作品也会有其个性化的理解。在对不同作品进行著作权层面的相似性比对时，应遵照主客观一致的标准。第二，不同形式的文学艺术作品给予受众主观感知的差异程度会有所差别，一般来说，以语言文字为主要表现形式的作品给予不同受众的主观感受的差异程度较小，而以音乐、图画、舞蹈等为主要表现形式的作品给予不同受众的主观感受的差异程度较大。综上，在对包含语言文字、音乐、图画、舞蹈等多种形式的不同作品进行著作权层面的相似性比对时，应当以外观主义为原则，以广大受众的一般感受为基础，而不能受创作者对于其作品的个性化理解的限制。遵循上述规则对电影《哪吒》与戏剧《五维记忆》进行著作权层面的相似性比对可以发现，两者未构成实质性相似，因此中影华腾公司的主张缺乏事实依据。

评　　论：认定是否构成侵害改编权的前提，是判断改编行为以及改编来源关系，即在先作品与在后作品之间在作品表达层面的创作来源与再创作的关系是否存在。侵害改编权的成立，不以作品体裁、类型的变化为要件，可以是相同类型作品的改编，也可以是不同类型作品之间的改编。本案强调在判断不同类型的作品是否构成实质性相似时，应采取外观主义的原则，以广大受众的一般感受为基础，而避免受创作者个性化理解的限制。

g. 美术作品实质性相似的比对方法——“皮皮虾吉祥物”案

案件名称：福建皮皮跳动科技有限公司（以下简称“皮皮跳动公司”）与北京爱奇艺科技有限公司（以下简称“爱奇艺公司”）、深圳市小果视讯有限公司（以下简称“小果公司”）侵害作品信息网络传播权纠纷

基本信息：福建省高级人民法院（2021）闽民终805号，2021年7月12日

主要案情：皮皮跳动公司是涉案作品“皮皮虾吉祥物”拟人卡通形象的著作权人。涉案作品以圆形头套以及红色连体衣构成作品的整体框架，在细节部分配以夸张大笑的嘴巴、简洁的眼睛和眉毛以及圆形头套上的一个表情，形成了“皮皮虾吉祥物”拟人卡通形象的完整造型。2020年4月10日，爱奇艺公司与小果公司在各自的微信公众号、APP以及网上商城进行的“电视果”宣传推广中使用了被诉作品。皮皮跳动公司起诉至福建省福州市中级人民法院，主张被诉作品与涉案作品在整体造型上构成近似（见图4-7），爱奇艺公司与小果公司涉嫌侵害自己就涉案作品享有的著作权。一审法院作出（2020）闽01民初1308号民事判决，判令两被告停止侵害和赔偿损失，驳回原告的其他诉讼请求。双方不服判决，提起上诉。福建省高级人民法院二审判决驳回上诉，维持原判。

图4-7　被诉侵权卡通形象（左）与涉案美术作品

主要争点：卡通形象的侵权比对方法。

裁判理由：皮皮跳动公司针对“皮皮虾吉祥物”整体卡通形象主张权利，并未单独主张眼睛或奸笑表情作品权利，即使涉案作品使用了部分公有领域的卡通形象元素，也不影响皮皮跳动公司就涉案作品整体享有著作权。在进行作品比对时，应当将涉案作品的系列美术作品作为一个整体看待，而非将某一形象单独与被诉作品进行比对。经过对

比可知，两作品在圆形头套的设计、头套与脸部的比例、头套与身体的比例等整体设计方面，以及对视觉效果有显著影响的面部五官造型的选择和排列的设计方面，构成实质性相似。

评　　论：本案是一起典型的美术作品著作权侵权纠纷。两作品在细节上存在差异，但是不影响其在整体上构成相似，而且即使细节上使用了公有领域的设计，只要美术作品在整体上体现了作者独特的选择、取舍和安排，形成独创性表达，其作者就享有著作权。他人作品中的表达与此种独创性表达实质性相似的，侵权成立。

h. 侵权判定中的实质性相似比对——“西湖牡丹”瓷器图案案

案件名称：深圳国瓷永丰源股份有限公司（以下简称“国瓷永丰源公司”）与景德镇智宇贸易有限公司（以下简称“智宇公司”）、景德镇市亿翔陶瓷厂（以下简称“亿翔厂”）著作权权属、侵权纠纷

基本信息：江西省景德镇市中级人民法院（2021）赣02知民初4号，2021年5月31日

主要案情：原告国瓷永丰源公司为“西湖牡丹系列花面1”“西湖牡丹S1602080MGZN000系列花面蓝色底”美术作品著作权人。被告一智宇公司在网店展示、销售与原告涉案美术作品近似的陶瓷制品，被告二亿翔厂代为开具发票。原告认为二被告涉嫌侵害著作权，提起诉讼。受诉法院认定被诉侵权产品上的图案与原告享有著作权的西湖牡丹花图案构成实质性相似且被告存在接触原告作品的可能性，侵权成立。

主要争点：常用瓷器图案实质性相似的比对标准。

裁判理由：在判断被告被诉侵权产品是否侵权时，首先应比对被诉侵权产品上的图案是否与原告西湖牡丹花的多幅图案构成实质性相似。鉴于牡丹花属于瓷器中常用的图案，所要比对的实质应为原、被告双方作品上的图案细节元素、颜色、立体层次以及整体布局是否构成实质性相似。经实物比对可知，被诉侵权产品为瓷器套具，图案以黄色花朵、棕色枝条、绿叶和山石为画面主题内容，原告涉案美术作品同样包括了黄色花朵、棕色枝条、绿叶和山石；两者花朵的花瓣层叠、花萼叶轮廓及伸展度，叶片的外形、纹理脉络、嵌合连接，枝条的延伸方向，以及枝、山石的造型均具有相似度。总体看两者在元素、整体构图、立体层次、色彩搭配上，足以让普通民众无法分

辨两者的区别，进而产生画面风格、整体观感相似的感受，误认为两者为同一人所创作生产。被诉侵权产品图案与原告享有著作权的作品构成实质性相似。

评　　论：本案判决为判断陶瓷产品是否受著作权法保护及如何对陶瓷作品进行侵权比对，提供了一定借鉴和参考。判断均采用通用图案的陶瓷作品是否构成实质性相似，可采用观众标准，即普通人仅通过对陶瓷作品的外形、题材、图案细节元素、颜色搭配、立体层次、结构符号、整体构图与布局等方面进行比对，是否无法分辨两者的区别。如果普通人具有两者画面风格相似、整体观感相似、被诉侵权作品抄袭或者利用了受著作权法保护的作品的外在表现形式的直观感受，则两者实质相似，相关作品构成侵权。

i.“接触＋实质性相似”的推定原则：相似点未能达到难以解释的巧合程度，不足以反向推定存在高概率的接触事实——《西虹市首富》剧本大纲案

案件名称：王某与彭某宇、闫某、林某宝、星空盛典影业（北京）有限公司（以下简称“星空盛典公司”）、西虹市影视文化（天津）有限公司（以下简称“西虹影视公司”）、北京开心麻花影业有限公司（以下简称“开心麻花公司”）著作权权属、侵权纠纷

基本信息：北京知识产权法院（2021）京73民终36号，2021年9月29日

主要案情：原告王某（笔名王某羽）对《财产继承者之“有钱了”》剧本大纲享有著作权，该剧本虽未公开发表，但曾为寻求投资人在小范围内传播。原告向北京市朝阳区人民法院提起诉讼，主张电影《西虹市首富》有12处情节在人物关系设置以及具体情节点的设置上与其创作的剧本大纲高度相似，构成对其剧本核心独创情节的剽窃，侵害其著作权。一审法院认为《西虹市首富》不构成侵权，判决驳回原告全部诉讼请求。原告不服，提起上诉。北京知识产权法院二审判决驳回上诉，维持原判。

主要争点：电影《西虹市首富》在人物设置及情节设定等方面是否构成对《财产继承者之“有钱了”》剧本大纲内容的抄袭。

裁判理由：判断一部作品是否构成对另一部作品的抄袭，一般情况下可以遵循“接触＋实质性相似”的判断原则进行推定。因“接触可能性”是一个概率事实，而作品内容的相似性亦有程度之分别，且“实质性

相似”在一定程度上会影响“接触”的概率，故对是否构成抄袭的推定应综合考虑上述二要素之间的结合。

首先，就“接触可能性”而言，在案证据不足以证明“直接接触”或“高接触概率”，但可以证明、原被告双方的社交范围存在交集。据此不能否认本案仍然存在接触的可能性，只是接触概率较低，仍需对作品内容的相似程度进行判断。除非内容的相似程度已达到难以合理解释为各自独立创作的程度，从而能反向推定接触概率较高，否则抄袭的主张不能成立。

其次，通过内容相似性的比对可知，涉案电影与涉案剧本大纲在“表达”层面构成相似的点有两个：一是私人演唱会的明星客串出演；二是为真爱放弃遗产并触发隐藏继承规则的反转结局设计。该相似点或可来源于社会现象、常用题材，或存在合理的改编理由，均未能达到难以解释的巧合程度，不足以反向推定存在高概率的接触事实，无法排除双方属于“各自独立完成的相似表达”之情形。

评　　论：本案细致阐释了如何根据在案证据适用“接触＋实质性相似”原则进而认定涉案作品是否构成抄袭。具言之，当“接触”的概率较高时，认定抄袭对作品内容相似的程度要求相对较低；当“接触”的概率较低时，则需要证明作品内容高度相似，或存在无法解释的相同独特性表达甚至相同的错误等情形，只有这样才足以推定抄袭行为的存在。

虽然本案中法院判决《西虹市首富》不构成侵权，但在影视作品版权纠纷日益增多的社会背景下，本案还是为出品方和剧本作者敲响了警钟：对出品方而言，应当从合法渠道获取作品，保证授权链条的完整性，还可在上映前采取适当的保护措施避免影视作品非法流出；对剧本作者来说，则可通过公开署名发表或者进行著作权登记等途径保护其著作权，同时应当在版权交易的过程中注意“留痕”（保留接触证明），以便在日后维权时构建完整的证据链条。[①]

*j. 游戏角色形象的实质性相似认定标准：普通观察者视角、“整体观感法”——《拳皇》人物形象案*

案件名称：乐玩新大地（北京）科技有限公司（以下简称“乐玩公司”）与合

① 吕可珂．“首富”抄袭“继承者”?《西虹市首富》被诉侵权案终审认定不侵权！.（2021－10－19）［2022－02－01］．http：//www.cnipr.com/sj/al/bq/202110/t20211019_245274.html.

肥鼎兴影视制作有限公司（以下简称“鼎兴公司”）侵害著作权及不正当竞争纠纷

基本信息：北京知识产权法院（2021）京73民终602号，2021年11月18日

主要案情：乐玩公司经日本SNK公司授权，享有《拳皇》游戏的著作权。因鼎兴公司在其制作、发行的电影《皇拳2017之京归来》中使用了《拳皇》中“草薙京”“八神庵”“神乐千鹤”等九个经典人物形象，乐玩公司将其诉至法院。一审法院认为，除涉案电影中人物形象“京”与游戏角色形象“草薙京”不构成实质性相似外，其余八个电影人物形象均与涉案游戏角色形象构成实质性相似，判决鼎兴公司侵害摄制权、信息网络传播权。鼎兴公司不服，认为涉案电影角色不受著作权法保护，提起上诉。北京知识产权法院二审判决驳回上诉，维持原判。

主要争点：涉案电影与涉案游戏的角色及形象特征是否构成实质性相似。

裁判理由：受诉法院经比对认为，涉案电影中的相应人物形象与涉案游戏中的八个游戏角色形象在整体造型、衣着的色彩搭配上，特别是在能体现角色形象诸多个性化的细节特征上具有高度相似性。尽管二者在个别细节方面有所不同，但这些少量的、非实质性的差异，并不能改变前者主要使用了后者作为美术作品所具有的独创性表达这一事实，亦不足以影响二者之间整体上构成实质性相似这一判断。在比较涉案电影与涉案游戏相应的角色形象特征时，应以普通观察者的角度对二者相应的角色形象特征表达进行整体认定和综合判断，而不能将各个组成要素简单割裂开来，分别独立进行比对。鼎兴公司关于涉案电影中人物形象的部分衣着特征属于公有领域表达的主张，属于将人物形象的特征进行割裂化对比，不予支持。

评　　论：是否构成实质性相似是认定涉案作品是否侵害著作权的核心要素之一，主要存在“整体观感法”[①] 和“抽象过滤分离法”[②] 两种判断方法，以及相应的普通观察者和专家视角之别，二者皆源于美国司法实践。其中，裁判标准的选择会受到涉案作品性质的影响。一般

① 整体观感法产生于 *Roth* 案。*Roth Greeting Cards* v.*United Card Co.*，429 F.2d 1106，1110（9th Cir. 1970）.

② 抽象过滤分离法在 *Nichols* 案中被首次提出。*Nichols* v.*Universal Pictures Co.*，45 F.2d 119，121（2nd Cir. 1930）.

而言，文艺作品更具审美价值，通常适于整体比对，以普通观察者的视角审度；科学作品因功能性更为突出，则往往仰仗专家对其进行抽象。在我国，游戏角色形象作为美术作品受著作权法保护，美术作品的审美价值往往存在于具有审美价值的线条勾勒、色彩搭配等设计和组合中，而这些组成要素往往不受著作权法保护。若将各个组成要素简单割裂开来，分别独立进行比对，则无法对涉案作品的独创性进行妥当评价，也无法对是否存在实质性相似作出准确认定，因此，不能“只见树木不见森林”，应当以普通观察者的视角对涉案电影与游戏中相应的角色及形象特征的表达进行整体认定和综合判断。

k. 游戏地图实质性相似的判定——《全民枪战》游戏地图案

案件名称：深圳市腾讯计算机系统有限公司（以下简称“腾讯公司”）与畅游云端（北京）科技有限公司（以下简称“畅游云端公司”）、英雄互娱科技股份有限公司（以下简称“英雄互娱公司”）、北京卓越晨星科技有限公司（以下简称“北京卓越晨星公司”）、四三九九网络股份有限公司（以下简称“四三九九公司”）著作权侵权及不正当竞争纠纷

基本信息：广东省高级人民法院（2020）粤民终763号，2021年11月28日

主要案情：游戏《穿越火线》的著作权人腾讯公司认为热门手游《全民枪战》中的多个游戏地图（见图4-8）、小地图的设计表达及多个枪械道具的美术形象以“换皮”[①] 方式抄袭自《穿越火线》，遂将《全民枪战》的开发者及运营方等多名被告起诉至广东省深圳市中级人民法院。一审法院认为游戏场景地图与相对应的游戏平面缩略图均属于著作权法意义上的图形作品，但游戏平面缩略图不能独立于游戏场景地图而受到著作权法保护。原、被告双方均不服，提起上诉。原审原告对法院关于图形作品的认定无异议，但主张对游戏平面缩略图给予单独的著作权法保护。原审被告则主张，游戏场景地图属于美术作品，但游戏平面缩略图不构成著作权法意义上的作品。二审法院认为：游戏地图为图形作品，游戏平面缩略图与游戏场景地图

① “换皮”通常指的是在后游戏仅仅更换了游戏画面、背景音乐等“皮肤”元素，而在游戏结构、玩法规则、数值策划、技能体系等“骨架”部分与在先游戏相同或者实质性相似，也就是所谓的游戏抄袭。

中相应构成元素一一对应，并无单独予以著作权法保护之必要。遂撤销一审判决，改判原审被告停止侵害涉案游戏地图复制权及信息网络传播权的行为，赔偿经济损失 2 500 余万元。

图 4-8 《全民枪战》游戏地图

主要争点：游戏地图在著作权法上的作品类型以及实质性相似的比对方法。

裁判理由：游戏行业俗称的“地图”并不等同于日常生活经验或地理学概念上的“地图”，亦不指代著作权法规定的地图作品，其作品类型应结合创作过程和核心表达等进行具体分析。本案中请求保护的游戏地图包含“游戏场景地图”（大地图）和“游戏平面缩略图”（小地图）。游戏场景地图中表达的实质特征在于由点、线、面和各种几何图形组成的空间布局结构，而非附着于游戏场景地图“白盒”之上的表皮美术效果，因此游戏场景地图宜被认定为图形作品而非美术作品。因游戏平面缩略图与游戏场景地图中相应构成元素一一对应，表达内容上的独创性也趋同，故在认定游戏场景地图可构成图形作品的情况下，游戏平面缩略图并无单独予以著作权法保护之必要。

关于游戏地图是否构成实质性相似：首先，须区分侵权比对的考虑要素。涉案游戏地图中的通用设计或在先设计、基于“必要场景”或“表达有限”情形下的设计、因 FOV 视角差异导致的画面差异及功能性机制的设计等不应被纳入侵权比对的考虑范围。其次，在确定侵权比对的具体方法时，不必注意每一个表达细节，而应着眼于两者“核心表达”的异同。由于游戏场景地图的整体是通过连续性动态画面的集合而呈现，且在具体侵权比对时难以穷尽每一帧画面，从必要性和可行性角度考虑，可以通过随机选取涉案两款游戏中若干对应位置区域的游戏场景局部画面，并结合游戏平面缩略图示意的游戏场景地图整体轮廓和基本布局结构，进行综合判断。本案中，经过对被诉侵权与请求保护的游戏地图的逐一比对，二审法院认定两地图构成实质性相似，判决被告侵害原告的复制权和信息网络传播权。

评　　论：游戏地图构建的虚拟空间在一定程度上是模拟现实世界的数字化表达。这种具体布局结构正是游戏研发人员对其设想的虚拟场景乃至虚拟世界的具体化创作。实践中，研发人员为早日推陈出“新”，往往直接对在先游戏的表层美术进行“换皮”，如此一来，游戏地图的主要空间布局结构便沦为抄袭“重灾区”。如不对此种“换皮”行为严加制止，长此以往，不仅玩家的游戏体验“换汤不换药”，还会阻遏游戏产业的持续创新，制约以虚拟现实技术为特征的新一代互联网的发展与繁荣。本案判决为法院审理游戏地图“换皮”侵权纠纷确立了严格保护、“不枉不纵”的价值导向，明确法官应根据著作权法的基本原理认定涉案游戏地图是否构成实质性相似，具有一定的示范意义。

1. 电影作品的署名人不当然享有改编权——《战狼》改编权案

案件名称：武汉传奇人影视艺术有限公司（以下简称“传奇人公司”）与北京登峰国际文化传播有限公司（以下简称“登峰公司”）侵害作品改编权及不正当竞争纠纷

基本信息：北京知识产权法院（2020）京73民终147号，2021年12月15日

主要案情：登峰公司等三方发起人共同出资制作了电影《战狼》，此后传奇人公司对该影片出资300万元，占有该片署名权及投资权益的20%。《战狼》公映后，登峰公司对《战狼》进行改编并以自己的名义向国家广播电视总局申请了片名为《战狼2》的电影拍摄备案，同时引入其他投资制作方参与电影《战狼2》的投资制作。传奇人公司主张其是电影《战狼》的著作权人之一，对“战狼”名称享有相关权益，以侵害作品改编权及不正当竞争为由提起诉讼。北京市海淀区人民法院作出（2017）京0108民初19356号民事判决，认定传奇人公司既非《战狼》电影作品的著作权人，亦不享有《战狼》电影名称的相关权益。传奇人公司不服，提起上诉。北京知识产权法院二审判决驳回上诉，维持原判。

主要争点：传奇人公司是否享有电影《战狼》的改编权。

裁判理由：依据著作权法的规定，判断电影作品著作权归属的逻辑应当是在有约定的情况下从其约定，在没有约定和相反证明的情况下著作权由制片者享有。本案中，《战狼》的出品人署名为天津春秋公司、登峰公司、原南京军区艺术中心、传奇人公司，而“联合投资合同书”“投资合作协议”“补充合同书”等协议已经明确约定《战狼》的著作权归属于天津春秋公司、登峰公司、原南京军区艺术中心，存在电影作品上的署名与当事人合同约定不符的情形，构成对署名的相反证明。传奇人公司主张其依据“投资合作协议”获得了《战狼》的版权收益，并享有该片相应的署名权，因此享有《战狼》的著作权。实际上，“版权收益”并非“版权”，而署名权仅为著作权权项之一，也不能替代全部著作权权项。综上，传奇人公司不是《战狼》电影作品的著作权人。

二审法院认同一审法院的观点。各投资、制作主体在电影《战狼》创作完成前，已就包括改编权在内的著作权归属进行了明确约定，并限制该合同外其他主体享有相应的著作权。传奇人公司知悉著作权归属约定且认可其仅享有署名权，其作为“出品公司”的署名未变更原有著作权权属约定，不能依据该署名认定其享有署名权以外的其他著作权。传奇人公司上诉要求缺乏权利基础。

评　　论：依照著作权法的规定，电影作品创作完成时，其著作权产生并归属于制片者。但是在实践中，电影作品的投资、制作主体通常在作品创作完成前甚至是投资、制作活动尚未正式开展时，已就包括著作权归属在内的投资合作具体事项签订协议。如果相关有效协议约定著作权全部或部分归属于特定主体，其他主体认可该权属安排，则应当优先依照约定确认著作权归属。在本案中，传奇人公司虽然依照约定享有人身权中的署名权，但其并不享有财产权中的改编权，故其指控登峰公司侵害改编权的主张不能成立。

m. 衍生作品独创性与侵害原作品著作权之关系——“奥特曼”形象案

案件名称：圆谷制作株式会社（以下简称“圆谷株式会社”）与广州蓝弧动画传媒有限公司（以下简称“蓝弧动画公司”）、广州蓝弧文化传播有限公司（以下简称“蓝弧文化公司”）、广州蓝奇文化传播有限公司（以下简称“蓝奇公司”）、乐视影业（北京）有限公司（以下简称

“乐视公司”）、上海聚力传媒技术有限公司（以下简称“聚力公司”）著作权侵权纠纷

基本信息：上海知识产权法院（2020）沪73民终544号，2021年12月31日

主要案情：原告圆谷株式会社是《奥特曼》《奥特曼归来》等系列奥特曼影视剧的著作权人，对剧中主角初代奥特曼、杰克奥特曼的形象享有著作权，被告蓝弧动画公司、蓝弧文化公司、蓝奇公司、乐视公司是电影《钢铁飞龙之再见奥特曼》的出品单位。原告认为涉案电影中的奥特曼形象与其创作的奥特曼形象高度相似，遂起诉至法院。上海市浦东新区人民法院作出（2018）沪0115民初14920号民事判决，认定被诉奥特曼形象系对初代奥特曼、杰克奥特曼形象的复制。原、被告双方均不服，分别提起上诉。原审原告认为，被诉奥特曼形象对原美术作品的改动系改编而非复制。二审法院判决驳回上诉，维持原判。

主要争点：著作权法意义上的复制行为和改编行为的界分。

裁判理由：本案争点涉及如何区分和界定著作权法意义上的复制行为和改编行为。这需要判断被诉行为人对原作品改动而产生的表达是否构成著作权法意义上的作品。首先，被诉奥特曼形象相较于初代奥特曼形象，仅在身材比例、肌肉线条、脸型、条纹设计上进行了改动，整体形象并未产生实质性变化，该改动属于轻微改动，行为人所作的增量表达并非创造性的劳动，没有创作出新的作品；其次，被诉奥特曼形象作品属于衍生作品，由于衍生作品的创作难度远低于原作品，对其是否具有独创性的判断还应予以特别考量。综上，被诉奥特曼形象相较于初代奥特曼形象不构成新的作品，被诉行为人对原作品进行的改动属于复制而非改编。

评　　论：衍生作品是在原作品的基础上进行的二度创作，其创作难度与原创作品不可等量齐观，对其独创性的判断也应予以特别考量——须体现作者个性化的取舍和安排，达到一定的创作高度。如果所声称的“衍生作品”独创性程度低，尚不构成一部新作品，则其为侵害原作品著作权的侵权作品。

n. 网络视频平台的注意义务——用户擅自播放电视节目《谢谢你来了》案

案件名称：重庆广电英度传媒有限责任公司（以下简称“广电英度公司”）与北京爱奇艺科技有限公司（以下简称“爱奇艺公司”）侵害作品信

息网络传播权纠纷

基本信息：重庆自由贸易试验区人民法院（2020）渝0192民初7216号，2021年3月24日

主要案情：《谢谢你来了》是重庆卫视推出的一档青春励志节目，多次获得全国性奖项，具有一定知名度。广电英度公司经授权取得该节目的独家信息网络传播权等权利。爱奇艺公司系爱奇艺网站经营者。昵称为“峰子创业”的用户在爱奇艺网站上传了电视节目《谢谢你来了20160713》，该节目播放时视频右上角有“iQIYI爱奇艺”水印，视频内容结束时显示“本栏目版权属于重庆广播电视集团（总台）未经授权不得擅自使用”。该用户发布了3 953个视频，涉及《门当户对》《凡人有喜》《谢谢你来了》等节目。广电英度公司认为爱奇艺公司与爱奇艺用户构成对涉案作品的直接共同侵权或教唆、帮助侵权，侵害其享有的信息网络传播权，要求爱奇艺公司停止侵权并赔偿损失。受诉法院判决爱奇艺公司赔偿广电英度公司经济损失及合理费用1 500元。

主要争点：爱奇艺公司是否构成帮助侵权。

裁判理由：网络视频平台的注意义务应当根据其经营模式、用户、上传作品的类别、审查的成本等予以调整，区分为一般的注意义务、更高的注意义务、事前审查义务。基于前述爱奇艺公司经营的平台为收费视频播放网站，上传用户为特殊“自媒体”用户，涉案作品为制作成本较高的电视综艺节目，涉案视频名称含有“重庆卫视”等明显的权属信息等多方面因素考量，爱奇艺公司应该履行更高的注意义务，但爱奇艺公司应知涉案侵权行为却未履行合理注意义务，导致侵权行为的发生，构成帮助侵权。

评　　论：本案是司法积极应对网络平台用户侵权泛滥的现象，排除传统“通知-删除”规则适用、准确界定网络视频平台注意义务的典型案例。本案系统分析了网络视频平台的注意义务考量因素，即：以提供影视作品为重要业务内容、存在付费播放模式、用户批量上传影视作品等情形的，网络服务提供者应承担较高的注意义务；存在与用户约定利益分成、内容审核、平台享有著作权等特殊内容，以及上传作品为长视频影视作品等情形的，平台应承担事前审查义务。本案确立了平台应承担的相应注意义务规则，以期遏制网络平台用户侵

权，促进互联网视频产业的健康有序发展。

#### 4.2.5.3 侵害著作权的抗辩

与演出组织的合同约定并不能使表演者免责——××卓玛《西海情歌》案

**案件名称：** 北京啊呀啦嗦音乐文化发展有限公司（以下简称“啊呀啦嗦公司”）与××卓玛、承德避暑山庄企业集团股份有限公司（以下简称“避暑山庄公司”）、第三人北京逸骏文化传媒有限公司（以下简称“逸骏公司”）侵害作品表演权纠纷

**基本信息：** 河北省高级人民法院（2021）冀知民终 51 号，2021 年 6 月 28 日

**主要案情：** 罗林享有歌曲《西海情歌》的著作权，授权啊呀啦嗦公司独家享有和管理《西海情歌》的全部著作权，并得以自己的名义追究侵权人的侵权责任。××卓玛在避暑山庄主办公司、逸骏公司承办的活动中演唱了涉案音乐作品《西海情歌》。啊呀啦嗦公司提起诉讼，主张××卓玛、避暑山庄公司侵害了《西海情歌》作品的表演权。河北省承德市中级人民法院作出（2020）冀 08 知民初 68 号民事判决，判令避暑山庄公司、××卓玛共同赔偿啊呀啦嗦公司经济损失及合理费用共计 10 万元。××卓玛不服，提起上诉。河北省高级人民法院二审判决驳回上诉，维持原判。

**主要争点：** ××卓玛与演出组织的合同约定是否可以使其免责。

**裁判理由：** 一审法院认为，避暑山庄公司是“山庄皇家窖藏 12 年中国皇家酒文化之夜”活动的组织者，××卓玛是涉案音乐作品的表演者。避暑山庄公司未就涉案音乐作品取得啊呀啦嗦公司的许可并支付报酬，××卓玛作为表演者在其自身和演出组织者均未经啊呀啦嗦公司许可并支付报酬的情况下，表演涉案音乐作品，避暑山庄公司和××卓玛的行为侵害了啊呀啦嗦公司对涉案作品的表演权，应对啊呀啦嗦公司的经济损失及为制止侵权支出的合理费用承担连带赔偿责任。

在有组织者组织的演出中，为了避免表演者个体分别寻求许可带来的不经济，并且便利著作权人主张权利，法律规定由演出组织者寻求著作权人许可并支付报酬，但该规定并未免除表演者对其演出作品获得授权的注意义务。本案中××卓玛演唱的歌曲系由其自行选定，在演出组织者和××卓玛本人均未获得著作权人授权的情

况下，二者的行为存在共同的过错，一审判决其共同承担连带责任，并无不当。

评　　论：我国著作权法规定表演者使用他人作品进行表演，应当取得著作权人的许可并支付报酬。即使表演者已经与演出组织者签订合同，规定由演出组织者获得授权，表演者也并不能因此而免责，未经授权演唱他人作品，仍然构成侵权，应承担相应的法律责任。

### 4.2.6　权利救济

#### 4.2.6.1　民事救济

a. 诉前行为保全；平台义务——《斗罗大陆》热播剧著作权案

案件名称：深圳市腾讯计算机系统有限公司（以下简称“腾讯公司”）、腾讯科技（北京）有限公司（以下简称“腾讯北京公司”）、重庆腾讯信息技术有限公司（以下简称“重庆腾讯公司”）与北京微播视界科技有限公司（以下简称“微播视界公司”）、重庆天极魅客科技有限公司（以下简称“重庆天极公司”）侵害著作权及不正当竞争案

基本信息：重庆市第一中级人民法院（2021）渝 01 行保 1 号，2021 年 6 月 4 日；重庆市第一中级人民法院（2021）渝 01 行保 1 号之一，2021 年 8 月 24 日

主要案情：申请人腾讯公司、腾讯北京公司、重庆腾讯公司对动漫作品《斗罗大陆》享有独占的信息网络传播权，该作品由腾讯视频独家播放。申请人发现抖音 APP 上有大量侵害《斗罗大陆》信息网络传播权的视频（见图 4-9）后，持续不断地向被申请人微播视界公司发送侵权告知函，涉及侵权链接超过 2.3 万条。然而抖音 APP 上仍然存在海量的《斗罗大陆》侵权视频，而且还在源源不断地被上传和传播。申请人向重庆市第一中级人民法院申请诉前行为保全，请求裁定被申请人微播视界公司立即删除抖音 APP 上部分账号中和抖音 APP 中的所有侵权视频，立即采取有效措施过滤和拦截用户上传和传播侵权视频，被申请人重庆天极公司立即停止在天极下载中心提供抖音 APP 的分发和下载服务。重庆市第一中级人民法院作出（2021）渝 01 行保 1 号民事裁定：被申请人微播

视界公司立即删除抖音 APP 上部分账号中和抖音 APP 中的所有侵权视频，立即采取有效措施过滤和拦截用户上传和传播侵权视频。该裁定作出后，被申请人提出了复议申请，理由之一为：原裁定要求架空了现行法律规定的平台规则，客观上亦无法执行。受诉法院作出复议裁定，驳回复议请求。

**图 4-9　相关被诉侵权视频**

**主要争点：** 原裁定要求是否符合平台规则，即关于平台“采取必要措施”义务的确认。

**裁判理由：** 受诉法院认为：《民法典》第 1195 条中规定，网络用户利用网络服务实施侵权行为的，权利人有权通知网络服务提供者采取删除、屏蔽、断开链接等必要措施。网络服务提供者接到通知后，应当及时将该通知转送相关网络用户，并根据构成侵权的初步证据和服务类型采取必要措施；未及时采取必要措施的，对损害的扩大部分与该网络用户承担连带责任。上述规定系现行“通知-删除”规则的法律依据。该规则系在特定技术条件之下，基于平衡权利人与平台之间的利益而制定。在此规则下，网络服务提供者对于网络用户利用其平台实施的侵权行为，只要在接到通知后采取了删除、屏蔽及断开链接等必要措施制止侵权行为，就可不承担赔偿责任，但需明确的是：首先，网络服务提供者不得利用该免责条款对明知或应知的网络用户侵权行为不予制止，继而损害权利人的利益；其次，在“通知-删除”规则下，网络服务提供者对于网络用户利用其平台实施的侵权行为并非只负删除义务，而是负有采取删除、屏蔽、断开链接等必要措施的义务。

至于必要措施的界定，则与技术发展密切相关。法院应考虑技术发展使平台发现侵权和避免侵权能力提升的现实，否则将会使权利人和网络服务提供者陷入“通知-删除-再通知-再删除”的无意义循环，使该规则成为网络服务提供者怠于履行保护权利人义务的护身符。基于此，必要措施的内容并非固定的、不变的、机械的，而是动态的、可变的与发展的，必须兼顾技术发展现状及当事人之间利益格局的变化。为了防止侵权行为的继续和侵害后果的扩大，在新的技术出现且该新技术可能实现的情况下，应当将新的技术纳入必要措施范畴。过滤和拦截侵权视频技术系现有技术，微播视界公司亦具备过滤和拦截侵权视频的能力，且其未提供证据证明其使用该技术的成本无法承受，因此，裁定微播视界公司“立即采取有效措施过滤和拦截用户上传和传播侵害《斗罗大陆》动漫作品信息网络传播权的视频”并无不当。

鉴于“必要措施”的内容是动态的、与技术发展相适用的，随着新技术的出现，“必要措施”必然具有新的内容，因此，法院不可能明确所有“必要措施”的种类，不可能也无必要去具体界定过滤和拦截的具体技术。原裁定的实质意义在于在现有技术条件下，微播视界公司应当在其能力范围之内采取其能够采取的技术措施以制止侵权行为的继续。同时法院考虑到技术本身的局限，原裁定对过滤和拦截侵权视频的要求是采取“有效措施过滤和拦截”而并非“过滤和拦截所有侵权视频”，强调其在执行程序中需向人民法院证明的是其已经采取了过滤和拦截措施以及该措施的有效性，而非实现了百分之百的过滤和拦截。原裁定被申请人主张原裁定有误的理由不成立。

评　　论：本案申请人提请的行为保全是请求法院责令被申请人“作出一定行为”，即过滤和拦截侵权视频。网络服务提供者如本案的微播视界公司是否应实施特定行为，取决于其是否负有此种义务。受诉法院依据《民法典》第1195条规定的“采取必要措施”，对网络服务提供者的义务进行了充分分析。本案是全国首例支持著作权人要求短视频平台采取过滤、拦截等措施阻止侵权视频上传的行为保全裁定，在“通知-删除”规则下对平台义务进行了清晰的界定。

b. 诉中行为保全；惩罚性赔偿——千尺雪公司侵害“小黄人”著作权案

案件名称：环球影画（上海）商贸有限公司（以下简称“环球影画公司”）与

沧州千尺雪食品有限公司（以下简称“千尺雪公司”）、景某江、景某松、旺仔饮料（广州）集团有限公司（以下简称“旺仔公司”）、广东泰牛维他命饮料有限公司、无锡味能食品有限公司侵害著作权纠纷

基本信息：江苏省高级人民法院（2020）苏知终60号，2021年8月22日

主要案情：环球公司对“小黄人”系列电影及卡通形象享有著作权，授权原告环球影画公司在中国非独占性地行使该著作权。千尺雪公司等六名被告在未取得授权的情况下，大量生产、销售外观印有“小黄人”卡通形象的饮品，并通过全国性展销会及线上食品招商网站进行推广和销售，被诉侵权产品仅在3个月内单品销量超过25万件，销售额突破1 500万元，对原告作为合法授权商的生产经营造成了严重影响。原告提起诉讼，并在立案后申请行为保全。一审法院判决被告立即停止侵权行为，承担2倍的惩罚性赔偿。被告不服，提起上诉。江苏省高级人民法院二审判决驳回上诉，维持原判。

主要争点：是否同意原告的行为保全申请，是否适用惩罚性赔偿。

裁判理由：关于颁发诉中禁令的裁定，受诉法院主要是基于两方面因素的考量：一是为尽快禁止侵权行为，保护消费者和其他相关公众免遭被诉侵权产品混淆误导；二是被诉侵权产品没有质量保证，不但影响“小黄人”卡通形象的美誉度，而且可能给消费者健康带来隐患，造成无法弥补的损失。

关于惩罚性赔偿的适用，首先，被告侵权情节严重，被诉侵权产品销售规模庞大，经销商覆盖范围极广；其次，被告侵权恶意明显，故意利用涉案美术作品的艺术价值及知名度宣传、推广被诉侵权产品；最后，涉案美术作品“小黄人”卡通形象具有极高知名度，其衍生产品涉及多个行业，开发衍生产品经济价值大，据此，受诉法院最终判决被告承担2倍的惩罚性赔偿。

评　　论：在本案中，经原告申请，受诉法院采取了诉中行为保全措施，是国内首个针对卡通形象及衍生品许可领域的行为禁令[①]。受诉法院在审查诉中行为保全申请时，不仅考量了被控侵权行为给“小黄人”

① 2021年江苏法院知识产权司法保护状况通报．（2022-04-25）［2022-04-26］．www.jsfy.gov.cn/article/91305.html.

卡通形象的美誉度造成的损害，而且考量了被控侵权产品可能对消费者健康带来的隐患，即充分考虑了行为保全作出与否对社会公共利益造成的影响。

本案中，由于被告侵权恶意明显，侵权情节严重，满足了惩罚性赔偿的适用要件，故受诉法院还判令其承担基础赔偿数额 2 倍的惩罚性赔偿。

c. 网络直播表演平台民事责任的认定——斗鱼直播《小跳蛙》案

案件名称：武汉斗鱼网络科技有限公司（以下简称“斗鱼公司”）与北京麒麟童文化传播有限责任公司（以下简称“麒麟童公司”）侵害作品著作权纠纷

基本信息：北京知识产权法院（2020）京 73 民终 2905 号，2021 年 7 月 20 日

主要案情：麒麟童公司合法取得了歌曲《小跳蛙》在全世界范围内的著作财产权。“冯提莫”等 12 名主播共计 59 次在斗鱼公司运营的直播间中演唱《小跳蛙》，接受粉丝巨额打赏礼物；直播完毕后，直播视频在互联网传播，供所有用户点击、浏览、播放、分享、下载。麒麟童公司提起诉讼，主张斗鱼公司与其主播在直播活动中，擅自以营利为目的多次演唱涉案歌曲，严重侵害了麒麟童公司对歌曲依法享有的词曲著作权之表演权以及《著作权法》第 10 条第 1 款第 17 项规定的其他权利（“其他权利”）。北京互联网法院作出（2019）京 0491 民初 23408 号民事判决，判令斗鱼公司赔偿经济损失 37 400 元和律师费 12 000 元。斗鱼公司不服判决，提起上诉。北京知识产权法院二审判决撤销一审判决，改判斗鱼公司赔偿经济损失 29 000 元及律师费 12 000 元，驳回上诉人和被上诉人的其他诉讼请求。

主要争点：斗鱼公司的被诉直播行为是否侵害了麒麟童公司对涉案作品的著作权。

裁判理由：一审法院认为：虽然斗鱼公司通过平台指引的方式公示了预防侵权的措施和侵权投诉的渠道，但对于瞬时发生的直播侵权行为，事后侵权投诉难以发挥制止侵权的作用。鉴于涉案直播行为比普通用户分享行为呈现更强的营利性，存在更大的侵权可能性，且斗鱼公司对直播内容有直接经济获益，应对侵权行为具备相匹配的认知能力和信息管理能力。斗鱼公司在应当意识到涉案直播行为存在较大侵权可能性的情况下，未采取与其获益相匹配的预防侵权措施，对涉

案侵权行为主观上属于应知，构成侵权，应承担相应的民事责任。

二审法院则认为：网络直播平台的服务方式多种多样，应当根据网络直播平台的服务类型确定其性质和法律责任。本案中，麒麟童公司主张斗鱼公司构成侵权的三种行为：(1) 网络主播在斗鱼平台直播时形成被诉侵权视频；(2) 被诉侵权视频的存储及播放平台虽非斗鱼平台，但被诉侵权视频带有“斗鱼”水印或“斗鱼”房间号；(3) 斗鱼公司签约主播在斗鱼平台及其他网络平台直播形成被诉侵权视频。针对前两种被诉侵权行为，斗鱼公司作为网络服务提供者，对主播的直播行为没有直接的控制力和决定权，应当适用一般注意义务，鉴于斗鱼公司对网络主播的侵权行为不具有明知或应知的过错，不应当承担间接侵权的法律责任；针对第三种被诉侵权行为，因斗鱼公司与签约主播系劳动关系或者具有特殊的收益分成约定，故斗鱼公司应当承担直接侵权的法律责任。

评　　论：一审法院结合斗鱼公司提供服务的性质及引发侵权可能性的大小、应负的注意义务、对可能存在侵权行为应具备的认知能力和管理能力，以及是否积极采取了预防侵权的合理措施等因素予以综合评判。二审法院基于更加审慎的态度，为兼顾新兴产业形态的发展，认为需要具体划分平台在不同具体情形中的法律性质和注意义务来确定责任。

网络直播平台作为网络服务提供者，其注意义务的设定一般应当考虑以下因素：控制能力、直接获得的经济利益、平台干预、合理措施、合格通知、作品的类型和知名度。

#### 4.2.6.2 行政救济

擅自将知名动画形象用于连锁门店装修侵害著作权

案件名称：某公司未经著作权人许可复制其作品行政查处案

基本信息：北京市文化市场行政执法总队（京）文执罚〔2021〕第500010号，2021年4月7日

主要案情：尼维瑟城电影制片厂有限责任公司（UNIVERSAL CITY STUDIOS LLC，又译为环球影业有限责任公司，以下简称“环球公司”）和梦工场动画影片公司向北京市文化市场行政执法总队举报，某文化公司未经授权，擅自将其享有著作权的“小黄人”及“功夫

熊猫”美术作品作为其经营的连锁KTV门店内部装修使用，请求责令停止侵权行为，追究侵权责任。经查，某文化公司于2016年9月至2021年3月期间，未经著作权人环球公司、梦工场动画影片公司许可，复制著作权人的“小黄人”系列美术作品、“功夫熊猫”系列美术作品作为其经营性场所——KTV门店内部装修使用，无违法经营额，无违法所得。北京市文化市场行政执法总队对当事人作出罚款人民币25万元的行政处罚。

处罚理由：本案中，该文化公司未经著作权人许可，复制著作权人的“小黄人”系列美术作品、“功夫熊猫”系列美术作品的行为构成著作权侵权。依据2010年《著作权法》第48条第1项、《著作权法实施条例》第36条“有著作权法第四十八条所列侵权行为，同时损害社会公共利益，非法经营额5万元以上的，著作权行政管理部门可处非法经营额1倍以上5倍以下的罚款；没有非法经营额或者非法经营额5万元以下的，著作权行政管理部门根据情节轻重，可处25万元以下的罚款”的规定，并参照《北京市文化市场综合执法行政处罚裁量基准》，对当事人作出行政处罚如下：罚款人民币25万元。

评　　论：知识产权作为环球影城的基础运营路径，是其主要营利来源。此案的高效及时查办，对侵害环球公司卡通形象著作权的行为及其他此类行为产生震慑作用，再次彰显了我国依法严格保护知识产权的坚定立场和鲜明态度。①

#### 4.2.6.3　刑事救济

a. 网络著作权犯罪中刑事推定规则——“人人影视字幕组”侵犯著作权罪案

案件名称：梁某平、王某航等15人侵犯著作权罪案②

基本信息：上海市第三中级人民法院（2021）沪03刑初101号，2021年11月22日

主要案情：被告人梁某平自2018年起先后成立武汉链世界公司、武汉快译星

---

① 池梦蕊．北京市文化市场综合执法总队对某公司侵犯环球影业著作权案给予高限处罚．(2021-04-15)[2022-01-10]．http://bj.people.com.cn/n2/2021/0415/c82846-34677548.html.

② 本案入选2021年中国法院10大知识产权案件。

公司，指使被告人王某航聘用被告人万某军等人作为技术、运营人员，开发、运营“人人影视字幕组”网站（见图 4－10）及不同客户端；被告人梁某平又聘用被告人谢某洪等人，从境外网站下载未经授权的影视作品，翻译、制作、上传至相关服务器，通过所经营的“人人影视字幕组”网站及相关客户端向用户提供免费在线观看和下载服务。经鉴定及审计，“人人影视字幕组”网站及相关客户端内共有未经授权影视作品 32 824 部，会员数量共计 683 万余人，各渠道非法经营数额总计 1 200 余万元。上海市第三中级人民法院、上海市杨浦区人民法院认为，被告人梁某平、王某航等 15 名被告人结伙，以营利为目的，未经著作权人许可，复制发行他人作品，属于有其他特别严重情节，其行为均已构成侵犯著作权罪。上海市第三中级人民法院判处主犯梁某平有期徒刑 3 年 6 个月，并处罚金；上海市杨浦区人民法院判处被告人王某航等 14 名从犯 1 年 6 个月至 3 年不等的有期徒刑，适用缓刑，并处罚金。一审判决后，15 名被告人均未上诉。

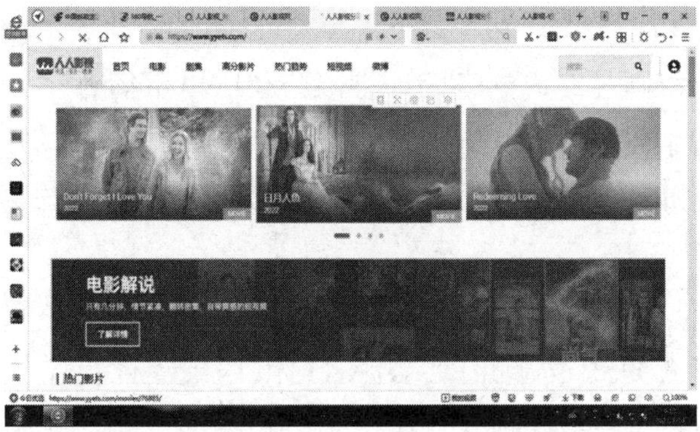


**图 4－10 “人人影视字幕组”网站截图**

**主要争点：**作品众多且权利人分散，如何认定“未经著作权人许可”。

**裁判理由：**《最高人民法院、最高人民检察院关于办理侵犯知识产权刑事案件具体应用法律若干问题的解释（三）》第 2 条规定，在涉案作品、录音制品种类众多且权利人分散的案件中，有证据证明涉案复制品系非法出版、复制发行，且出版者、复制发行者不能提供获得著作权人、录音制作者许可的相关证据材料的，可以认定为《刑法》第 217 条规定的“未经著作权人许可”“未经录音制作者许可。”本案中，首先，国家广播电视总局媒体融合发展司出具的“信息网络传播视听节目许可证”持证机构目录证实，“人人影视字幕组”网站及客户端不具备信息网络传播视听节目许可；其次，证人证言、中国版权保护中心版权鉴定委员会出具的鉴定报告、韩国著作权委员会（海外著作权认证机构）北京代表处出具的报告书以及美国电影协会北京代表处出具的证明材料等证据，证实涉案影视作品未经著作权人授权，且与著作权人作品实质性相同的事实；最后，被告人梁某平无法提供其获得著作权人许可的相关证据材料，且对涉案影视作品均未获得授权供认不讳。被告人梁某平以营利为目的，未经著作权人许可，复制发行他人作品，属于有其他特别严重情节，其行为已构成侵犯著作权罪，依法应予惩处。

评　　论：本案的重要意义在于：本案中涉案影视作品众多且权利人分散，判决阐述了如何认定“未经授权”及未经授权影视作品的数量等法律适用问题，有力打击了侵犯著作权的犯罪行为；依法追究组织者及主要参与者的刑事责任，贯彻了宽严相济的刑事政策。

b. 通过认定侵犯著作权罪对集成电路及固化于其中的计算机程序予以充分保护——国芯侵犯著作权罪案

案件名称：上海国芯集成电路设计有限公司（以下简称“国芯公司”）、许某、陶某侵犯著作权罪案①

基本信息：江苏省南京市中级人民法院（2021）苏01刑终716号，2021年10月28日

主要案情：南京沁恒微电子股份有限公司（以下简称“沁恒公司”）享有《沁恒微USB转串并口芯片CH340内置固件程序软件V3.0》计算机软件著作权，该软件应用于公司拳头产品CH340芯片中。该芯片市场占有份额巨大。国芯公司总经理许某在明知国芯公司未获得沁恒公司授权许可的情况下，决定反向破解CH340芯片并进行生产、销售。2016年9月至2019年12月，国芯公司生产并销售的侵权芯片有830余万个，非法经营数额达730余万元。国芯公司销售人员陶某明知是侵权芯片，仍对外销售780余万个，金额达680余万元。经鉴定，侵权芯片中的固化二进制代码与沁恒公司上述计算机软件源代码经编译转换生成的固化二进制代码相同。南京市雨花台

① 本案入选2021年中国法院50件典型知识产权案例。

区人民法院一审判决被告单位国芯公司及被告人许某、陶某的行为均已构成侵犯著作权罪，判处国芯公司罚金人民币 400 万元，许某有期徒刑 4 年并处罚金人民币 36 万元，陶某有期徒刑 3 年 2 个月并处罚金人民币 10 万元，扣押在案侵权产品予以没收。国芯公司、许某、陶某提出上诉，上诉理由之一为以侵权芯片产品整体销售价格作为犯罪金额认定，缺乏事实依据。二审法院裁定：驳回上诉，维持原判。

**主要争点：**（1）国芯公司、许某、陶某的行为是否构成侵犯著作权罪；（2）是否应以侵权芯片产品整体销售价格作为犯罪金额。

**裁判理由：**一审法院认为：被告单位国芯公司以营利为目的，未经著作权人沁恒公司许可，复制发行其计算机软件作品，且有其他特别严重情节；被告人许某系单位犯罪中负直接责任的主管人员，被告人陶某系单位犯罪中其他直接责任人员。被告单位国芯公司及被告人许某、陶某的行为均已构成侵犯著作权罪。关于是否应以侵权芯片产品整体销售价格作为犯罪金额，一审法院认为：被侵权芯片 ROM 区软件著作权与该芯片的集成电路布图设计一并构成案涉 CH340 芯片的核心技术，且不应被区分对待。根据国芯公司开具的增值税专用发票记录，认定国芯公司销售侵犯沁恒公司著作权的 GC9034 芯片 830 余万个，非法经营数额人民币 730 余万元，符合《最高人民法院、最高人民检察院关于办理侵犯知识产权刑事案件具体应用法律若干问题的解释》第 12 条关于非法经营数额的规定。二审法院认为：国芯公司实施的侵犯著作权的非法经营数额已经远远超过 25 万元，复制发行的侵权芯片数量亦远远超过 5 000 份，属于《最高人民法院、最高人民检察院关于办理侵犯知识产权刑事案件具体应用法律若干问题的解释》第 5 条第 2 款规定的“有其他特别严重情节”。二审法院对一审法院未适用该司法解释第 5 条第 2 款第 2 项，予以纠正。

**评　　论：**本案属于保护计算机软件著作权的新型案例。以二进制代码形式固化至芯片内的代码化指令序列属于计算机软件，应受著作权法与刑法的保护。未经软件著作权人许可，反向破解、抄袭著作权芯片，并进行生产、销售，非法经营数额巨大，情节特别严重，达到追诉标准的，构成侵犯著作权罪，依法应承担刑事法律责任。

# 5. 反不正当竞争

## 5.1 法律、规范性文件与政策

### 5.1.1 法律与规范性文件

a.《最高人民法院关于审理不正当竞争民事案件应用法律若干问题的解释（2020 修正）》

基本信息：最高人民法院法释〔2020〕19 号，2020 年 12 月 29 日发布，2021 年 1 月 1 日施行

主要内容：将依照的法律由《民法通则》修改为《民法典》。

b.《最高人民法院关于审理涉及计算机网络域名民事纠纷案件适用法律若干问题的解释（2020 修正）》

基本信息：最高人民法院法释〔2020〕19 号，2020 年 12 月 29 日发布，2021 年 1 月 1 日施行

主要内容：根据《民法典》及《民事诉讼法》最新条文对原解释进行修正，此外还新增惩罚性赔偿的规定："侵权人故意侵权且情节严重，原告有权向人民法院请求惩罚性赔偿。"

c.《关于修改〈民事案件案由规定〉的决定》(2020)

基本信息：最高人民法院法〔2020〕346 号，2020 年 12 月 29 日发布，2021 年 1 月 1 日施行

主要内容：根据《反不正当竞争法》的规定，在三级案由“仿冒纠纷”项下，变更“擅自使用知名商品特有名称、包装、装潢纠纷”为“擅自使用与他人有一定影响的商品名称、包装、装潢等相同或者近似的标识纠纷”，变更“擅自使用他人企业名称、姓名纠纷”为“擅自使用他人有一定影响的企业名称、社会组织名称、姓名纠纷”；删去“伪造、冒用产品质量标志纠纷”“伪造产地纠纷”；增加“擅自使用他人有一定影响的域名主体部分、网站名称、网页纠纷”。新增三级案由“网络不正当竞争纠纷”。

d.《企业名称登记管理规定（2020修订）》

基本信息：国务院令第734号，2020年12月28日发布，2021年3月1日施行

主要内容：增加或者细化了企业名称不得有的情形：损害国家尊严或者利益，损害社会公共利益或者妨碍社会公共秩序，使用或者变相使用政党、党政军机关、群团组织名称及其简称、特定称谓和部队番号，使用外国国家（地区）、国际组织名称及其通用简称、特定称谓，含有淫秽、色情、赌博、迷信、恐怖、暴力的内容，含有民族、种族、宗教、性别歧视的内容，违背公序良俗或者可能有其他不良影响（第11条）。该规定明确企业名称可以成为反不正当竞争法规制的对象：利用企业名称实施不正当竞争等行为的，依照有关法律、行政法规的规定处理（第22条）；使用企业名称应当遵守法律法规，诚实守信，不得损害他人合法权益（第23条第1款）。

e.《网络交易监督管理办法》

基本信息：国家市场监督管理总局令第37号，2021年3月15日发布，2021年5月1日施行

主要内容：该办法一方面规定网络交易经营者不得违反反不正当竞争法，实施不正当竞争行为，对网络交易经营者的行为作出规制；另一方面规定了市场监督管理者的义务：对在履行职责过程中获取的个人信息、隐私、商业秘密等进行保护。

f.《网络直播营销管理办法（试行）》

基本信息：国家互联网信息办公室、公安部、商务部、文化和旅游部、国家税务总局、国家市场监督管理总局、国家广播电视总局国信办发文〔2021〕5号，2021年4月16日发布，2021年5月25日施行

主要内容：该办法要求，直播营销平台不得为直播间运营者、直播营销人员虚假或者引人误解的商业宣传提供帮助、便利条件。直播间运营者、直播营销人员从事网络营销活动不得发布虚假或者引人误解的信息，欺骗、误导用户；不得以删除、屏蔽不利评价等方式欺骗、误导用户；不得营销侵犯知识产权的商品；不得通过虚构或者篡改交易、关注度、浏览量、点赞量等方式进行数据流量造假；等等。

g.《市场监督管理严重违法失信名单管理办法》

基本信息：国家市场监督管理总局令第 44 号，2021 年 7 月 30 日发布，2021 年 9 月 1 日施行

主要内容：根据该办法第 2 条和第 9 条的规定，当事人违反法律、行政法规，实施侵犯商业秘密、商业诋毁、组织虚假交易等严重破坏公平竞争秩序的不正当竞争行为，性质恶劣、情节严重、社会危害较大，受到市场监督管理部门较重行政处罚的，由市场监督管理部门依照本办法规定列入严重违法失信名单。

h.《数据安全法》

基本信息：全国人大常委会中华人民共和国主席令第 84 号，2021 年 6 月 10 日发布，2021 年 9 月 1 日施行

主要内容：本法为数据安全领域立法。开展数据处理活动，应当遵守法律、法规，尊重社会公德和伦理，遵守商业道德和职业道德，诚实守信，履行数据安全保护义务，承担社会责任，不得危害国家安全、公共利益，不得损害个人、组织的合法权益。本法也规定了国家机关对履行职责过程中获取的商业秘密予以保密的义务。

### 5.1.2 政策

a.《建设高标准市场体系行动方案》

基本信息：中共中央办公厅、国务院办公厅，2021 年 1 月 31 日发布

主要内容：该方案要求加强和改进反垄断与反不正当竞争执法，特别是对平台经济、共享经济等新业态领域进行反垄断和反不正当竞争规制；推进实施《审理侵犯商业秘密民事案件适用法律若干问题的规定》。

b.《市场监管总局办公厅关于坚决清理整治知名医院被冒牌问题的通知》

基本信息：国家市场监督管理总局市监注发〔2021〕7 号，2021 年 2 月 8 日

发布

主要内容：该通知要求：全面清理含有知名医院字号的市场主体，逐一核查，未办理医疗机构许可证或者证照不一致的，一律责令变更名称；严厉打击医疗领域不正当竞争行为，重点打击仿冒混淆、虚假宣传等不正当竞争行为，对企业名称违反《反不正当竞争法》第6条的，责令其及时办理名称变更登记；对使用知名医院商标、字号等商业标识引人误认的，集中部署查处。

c.《国民经济和社会发展第十四个五年规划和2035年远景目标纲要》

基本信息：2021年3月11日第十三届全国人民代表大会第四次会议通过

主要内容：该纲要明确要构建与数字经济发展相适应的政策法规体系，依法依规加强互联网平台经济监管，打击垄断和不正当竞争行为；要加大反垄断和反不正当竞争执法司法力度，防止资本无序扩张；要规范收入分配秩序，遏制以垄断和不正当竞争行为获取收入。

d.《2021年政务公开工作要点》

基本信息：国务院办公厅国办发〔2021〕12号，2021年4月9日发布

主要内容：该要点要求做好市场规则标准和监管执法信息公开，2021年要加强反垄断与反不正当竞争执法信息公开，一视同仁公正监管，营造诚信守法的市场环境。

e.《法治政府建设实施纲要（2021—2025年）》

基本信息：中国共产党中央委员会、国务院，2021年8月11日发布、施行

主要内容：该纲要强调要持续优化法治营商环境，加强和改进反垄断与反不正当竞争执法，强化公平竞争审查制度刚性约束，及时清理废除妨碍统一市场和公平竞争的各种规定和做法，推动形成统一开放、竞争有序、制度完备、治理完善的高标准市场体系。在依法保护国家安全、商业秘密、自然人隐私和个人信息的同时，推进政府和公共服务机构数据开放共享。

f.《“十四五”利用外资发展规划》

基本信息：商务部，2021年10月12日发布、施行

主要内容：“十四五”期间要加大反垄断和反不正当竞争执法力度，防止资本无序扩张，加强外商投资国家安全审查制度与反垄断和反不正当竞争审查等工作的协调联动；加大商业秘密保护力度。

g.《“十四五”市场监管现代化规划》

基本信息：国务院国发〔2021〕30号，2021年12月14日发布、施行

主要内容：明确“十四五”期间要加强市场秩序综合治理，营造公平竞争环境。一方面，要统筹提升反垄断和反不正当竞争监管能力：一是要完善反垄断和反不正当竞争规则，梳理与《反不正当竞争法》存在交叉重叠的法律法规，厘清相关法律法规之间的关系，完善配套实施细则；二是要健全市场状况评估机制，以竞争状况评估为基础完善执法重点引导机制，提高垄断和不正当竞争风险监测预警能力；三是提高竞争执法水平，加强平台经济、科技创新、民生保障、信息安全等重点领域执法。另一方面，要统筹优化线上线下市场竞争生态：一是要完善线上市场监管体系；二是要引导平台经济公平有序竞争，加强反垄断和反不正当竞争协同，统筹运用电子商务法、广告法、价格法等，依法查处“二选一”、歧视性待遇、大数据杀熟等垄断和不正当竞争行为；三是要加大线上线下一体化监管力度；四是要加强新行业新业态新模式市场秩序监管，研究制定新型不正当竞争行为的认定条件、判定标准、处罚梯度，出台相关执法指南；五是要有效遏制假冒伪劣乱象。从各个方面加强对不正当竞争行为的打击，营造公平竞争环境。

h.《法治市场监管建设实施纲要（2021－2025年）》

基本信息：国家市场监督管理总局国市监法发〔2021〕80号，2021年12月20日发布、施行

主要内容：提出了2021年到2025年间的法治市场监管建设的目标和要求。在反不正当竞争领域：一是要加强反垄断和反不正当竞争等方面立法；二是要加强和改进反垄断和反不正当竞争执法，坚决惩治损害营商环境的垄断和不正当竞争行为；三是要加强对反垄断、反不正当竞争、打击侵犯知识产权等技术性、专业性较强案件的指导。在商业秘密方面，2021—2025年，不仅要加强对商业秘密的保护，还要在保护商业秘密的同时，推进市场监管领域政务数据向社会有序开放。

i.《关于推动平台经济规范健康持续发展的若干意见》

基本信息：国家发展和改革委员会、国家市场监督管理总局、中央网络安全和

信息化委员会办公室、工业和信息化部、人力资源和社会保障部、农业农村部、商务部、中国人民银行、国家税务总局，发改高技〔2021〕1872 号，2021 年 12 月 24 日发布、施行

主要内容：该意见为推动平台经济规范健康发展提出一系列要求、措施。针对不正当竞争行为提出：(1) 完善治理规则，制定出台禁止网络不正当竞争行为的规定；(2) 健全制度规范，建立健全平台经济公平竞争监管制度；(3) 完善竞争监管执法，依法查处平台经济领域垄断和不正当竞争等行为；(4) 加强金融领域监管，依法治理支付过程中的排他或“二选一”行为；(5) 降低平台经济参与者成本，引导平台服务公平合理收费；(6) 提升全球化发展水平，积极参与反不正当竞争国际协调。同时，在严格保护算法等商业秘密的前提下，支持第三方机构开展算法评估，引导平台企业提升算法透明度与可解释性，促进算法公平。

## 5.2 案例

### 5.2.1 不正当竞争行为

#### 5.2.1.1 “一般条款”“互联网专条”的适用

a. 浏览器“边播边录”“一键分享”功能不适用技术中立——录播分成案

案件名称：北京奇虎科技有限公司（以下简称“奇虎公司”）与北京爱奇艺科技有限公司（以下简称“爱奇艺公司”）著作权权属、侵权纠纷

基本信息：北京知识产权法院（2021）京 73 民终 496 号，2021 年 11 月 11 日

主要案情：奇虎公司开发的 360 浏览器具有“边播边录”“一键分享”功能。互联网用户通过 360 浏览器访问爱奇艺公司的爱奇艺网站时，可利用 360 浏览器的功能，边观看边录制和保存爱奇艺网站的内容（见图 5-1）。录制完成后，浏览器还明确提示用户，分享到指定平台可以获得分成收入（见图 5-2）。爱奇艺公司诉称，奇虎公司的行为构成不正当竞争行为。

北京市西城区人民法院作出（2020）京 0102 民初 17017 号民

图 5-1 360 浏览器边播边录制功能

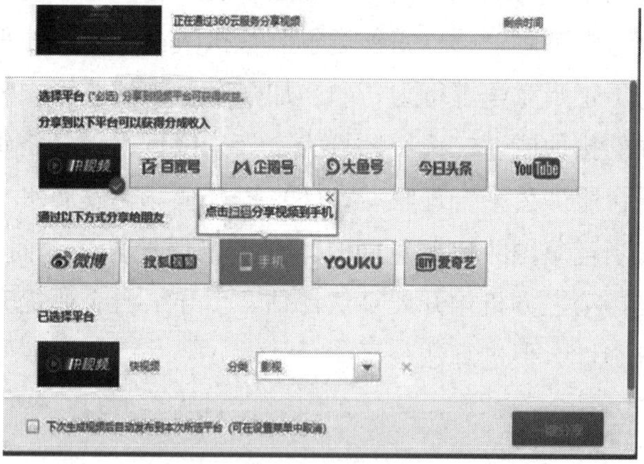


图 5-2 360 浏览器分享收成功能

事判决，认定 360 浏览器“边播边录”“一键分享”功能不当干扰了爱奇艺公司的商业模式，构成不正当竞争，应当消除影响、赔偿损失。奇虎公司提起上诉，主张其技术中立，不构成不正当竞争。北京知识产权法院二审判决：驳回上诉，维持原判。

**主要争点：** 浏览器“边播边录”“一键分享”功能是否适用技术中立免责。

**裁判理由：** 奇虎公司的 360 浏览器提供的“边播边录”功能可以将爱奇艺网站的视频下载，并通过“一键分享”功能将爱奇艺公司享有独家信息网络传播权的视频分享至其他视频网站或门户网站，客观上造成爱奇艺公司独有的视频流传于互联网，造成爱奇艺公司用户的流失和收入的减损。此外，在用户观看爱奇艺视频时，360 浏览器主动弹出“边播边录”及“一键分享”提示，并明显提示“用户分享到以下平台可以获得分成收入”，此功能具有明显的指向性，不符合技术中立的条件。“边播边录”“一键分享”功能对用户存在诱导性，破坏了爱奇艺公司合法提供的网络服务的正常运行，损害了良好的市场竞争秩序，符合《反不正当竞争法》第 12 条第 2 款第 4 项规定之情形，构成不正当竞争行为。一审法院适用法律有误，但不影响本案行为的定性。

评　　论：技术是中立的，但技术若被运用帮助他人从事违法行为，弱化其他经营者的竞争优势，损害合法有序的市场竞争秩序，就丧失了中立性。

本案也进一步阐明了《反不正当竞争法》一般条款与“互联网专条”兜底条款之间的适用关系：涉案行为已符合《反不正当竞争法》第 12 条第 2 款第 4 项规定之情形，构成不正当竞争行为的，不再适用《反不正当竞争法》第 2 条。具体条款优于一般条款，“互联网专条”在处理互联网领域的不正当竞争纠纷中应优先适用。

b. 在竞争对手网站中插入插件进行比价不具正当性——“省钱招”插件案

案件名称：魔方网聘（北京）科技有限公司（以下简称“魔方网聘公司”）与北京网聘咨询有限公司（以下简称“网聘公司”）、北京智联三珂人才服务有限公司（以下简称“智联三珂公司”）不正当竞争纠纷

基本信息：北京知识产权法院（2021）京 73 民终 1092 号，2021 年 7 月 29 日

主要案情：智联三珂公司、网聘公司通过“智联招聘”网站提供人力资源服务，收集求职者简历并将其有偿提供给相关企业。魔方网聘公司在经营中向用户提供“省钱招”插件，该插件经用户下载安装后在“智联招聘”网站插入比价窗口链接，用更低价格诱导用户点击链接跳转至魔方网聘公司的网站，还读取用户从“智联招聘”上下载的简历信息，以更低价格供其他用户下载。网聘公司、智联三珂公司将魔方网聘公司诉至法院，认为其行为构成不正当竞争。北京市朝阳区人民法院作出的（2019）京 0105 民初 22451 号民事判决，认定该行为构成不正当竞争。魔方网聘公司不服，提起上诉，认为其乃经用户许可授权获得用户其他来源的简历资源。北京知识产权法院二审判决驳回上诉，维持原判。

主要争点：魔方网聘公司插入链接进行比价并获取用户简历资源的行为应适用《反不正当竞争法》第 12 条第 2 款第 1 项还是第 4 项兜底条款。

裁判理由：魔方网聘公司通过“省钱招”截取智联三珂公司与网聘公司的用户资源、简历资源以形成自己的竞争优势，具有不正当性。因魔方网聘公司的行为并未强行插入链接或强制跳转，而是在用户安装其插件后通过比价的方式诱导用户点击跳转，故不符合《反不正当竞争法》第 12 条第 2 款第 1 项的规定；但由于该行为违背了诚信原则和商业道德，故应适用该条兜底条款，即“其他妨碍、破坏其他经

营者合法提供的网络产品或者服务正常运行的行为”的规定。一审法院法律适用不当，但本案定性不变。

评　　论：本案重点在于《反不正当竞争法》第12条第2款第1项与第4项的适用条件。第1项适用的情形为未经经营者同意，插入链接、强制跳转，该种行为主要表现为在他人的网站页面上强行实现自己的意志和操作指令。本案插件需经用户下载安装并注册后才能使用，魔方网聘公司提供该插件的行为有别于经营者主动强制插入链接的行为，故不适用《反不正当竞争法》第12条第2款第1项。本案行为虽不具备强制性，但违反诚信原则和商业道德，仍落入第4项（“互联网专条”兜底条款）的规制范畴。

c. 直播平台对直播数据整体享有权益——抓取抖音直播数据案

案件名称：北京微播视界科技有限公司（以下简称“微播公司”）与上海六界信息技术有限公司（以下简称“六界公司”）等不正当竞争纠纷

基本信息：浙江省杭州市余杭区人民法院（2021）浙0110民初2914号，2021年12月21日

主要案情：六界公司利用技术手段抓取“抖音”直播间数据，包括主播直播数据、用户打赏记录、主播打赏收益相关数据等（见图5-3、5-4），并向其运营的“小葫芦”网站用户有偿提供。微播公司认为六界公司侵犯其对直播数据享有的权益，构成不正当竞争，向法院提起诉讼。受诉法院认定，微播公司为适格诉讼主体，六界公司的行为构成不正当竞争，判令其停止侵权、消除影响、赔偿损失。

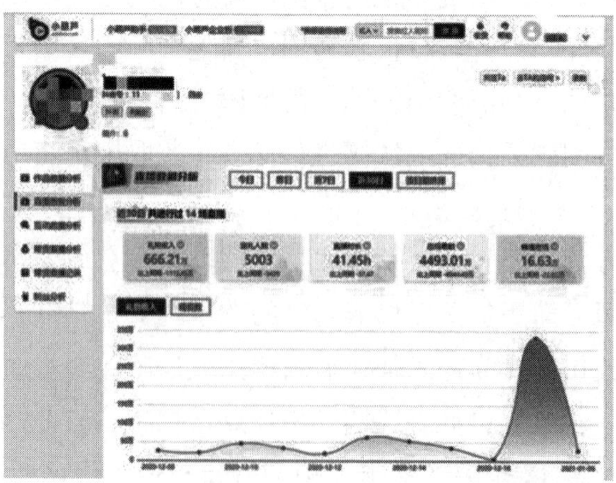

**图5-3　被抓取的“抖音”直播间主播直播数据**

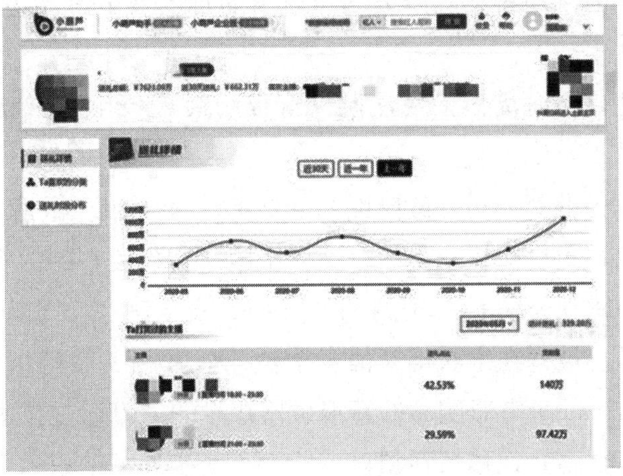


**图 5-4　被抓取的“抖音”直播间用户打赏数据**

主要争点：微播公司对直播数据是否享有权益；六界公司抓取、售卖直播数据的行为是否构成不正当竞争。

裁判理由：尽管单一直播所产生的数据权益归属于具体用户，但微播公司为直播数据投入大量成本，这些数据有助于其商业决策，直播数据作为整体能够为微播公司带来竞争优势，因此微播公司对于直播数据的整体享有权益。六界公司的数据抓取行为令原本无法通过自然人为方式获取的数据能够通过公开途径获取，容易破坏用户黏性，损害了微播公司的竞争优势，侵犯了主播和打赏用户的个人信息权利，扰乱了市场竞争秩序，违反了《反不正当竞争法》第 12 条第 2 款第 4 项规定，构成不正当竞争。

评　　论：目前，尽管数据的商业价值得到广泛承认，但数据权属仍存在一定争论。本案受诉法院在肯定涉案数据商业价值的基础上，进一步认定直播平台就直播数据整体享有合法权益，由此带来的商业价值和竞争利益应该得到法律保护。本案判决反映了司法实践中较为普遍的观点，即对于平台运营方基于用户同意合法取得并付出大量成本经营积累形成的、体现一定竞争优势的数据，应当在反不正当竞争法上给予财产权益保护。在数据权利尚无明确法律规定的情况下，这种判决思路对指引企业数据经营行为、规范数据流通秩序均具有现实意义。

d. 自媒体平台内容移植构成不正当竞争——移植微博内容案

案件名称：北京微梦创科网络技术有限公司（以下简称“微梦公司”）与北京

字节跳动科技有限公司（以下简称“字节跳动公司”）不正当竞争纠纷

基本信息：北京市海淀区人民法院（2017）京 0108 民初 24530 号，2021 年 5 月 17 日

主要案情：原告微梦公司是微博网和 iOS 版、安卓版“微博”APP 的运营者，通过用户协议获得商业性使用微博用户发布的内容的授权。被告字节跳动公司是头条网和 iOS 版、安卓版“今日头条”APP 的运营者。被告在未获得新浪微博授权以及相关微博用户授权的情形下，将 125 个有影响力的新浪微博账号的内容通过技术手段抓取或者人工复制方式移植到相对应的 126 个今日头条账号中。原告诉称被告的该行为构成不正当竞争。北京市海淀区人民法院一审判令被告停止涉案不正当竞争行为，并消除影响、赔偿损失。

主要争点：微博内容是否属于反不正当竞争法保护的合法权益，字节跳动公司的内容移植行为是否构成不正当竞争。

裁判理由：微梦公司运营的新浪微博为用户提供平台服务，用户发布的内容并非单纯由用户生成，在微博内容的生成过程中，新浪微博提供了一系列额外服务和帮助，这些内容上附加了微梦公司投入的资源和服务，增加了消费者的福利，构成竞争性权益，应属于《反不正当竞争法》第 2 条所保护的合法权益。

在判断字节跳动公司涉案行为是否构成不正当竞争行为时，应从该行为的实质性替代效果和不正当性两方面考量。在实质性替代效果方面，就本案中的移植内容及其所涉及的用户、流量等市场资源和商业利益而言，微梦公司的新浪微博产品和字节跳动公司的今日头条产品存在直接竞争关系，字节跳动公司的行为会导致今日头条在涉案范围内对新浪微博产生实质性替代效果。在不正当性方面，受诉法院从行为是否获得合法授权、对双方利益的影响、对用户利益的影响和对消费者利益的影响四个方面进行分析。字节跳动公司的行为缺乏合法授权，不当损害了微梦公司的合法权益，扰乱了市场竞争秩序，还将损害消费者的长远利益，故被诉行为违反了《反不正当竞争法》第 2 条，构成不正当竞争。

评　　论：本案涉及对用户微博内容属性的认定。一般而言，微博作为社交平台，微博内容会被认定为著作权保护的对象。但微博在向用户提供

基础平台服务之外，为微博内容的生成提供的其他独特的服务、资源是其竞争优势的来源，法院认可其构成反不正当竞争法所保护的竞争权益。

对“内容移植”是否属于不正当竞争行为，本案受诉法院从行为是否产生实质性代替效果和行为的不正当性两方面进行判断。在对后者的判断中，本案受诉法院从涉案行为的合法性、涉案行为对当事人利益的影响以及涉案行为对消费者和市场秩序的影响三个维度进行判断，综合考虑了行为性质、损害和因果关系等多重因素。为适用一般条款解释新类型不正当竞争行为提供了可借鉴的标准。

e. 数据抓取的正当性边界——蚁坊抓取微博数据案

案件名称：北京微梦创科网络技术有限公司（以下简称“微梦公司”）与湖南蚁坊软件股份有限公司（以下简称“蚁坊公司”）不正当竞争纠纷

基本信息：北京知识产权法院（2019）京73民终3789号，2021年2月2日

主要案情：微梦公司是微博平台的运营方，蚁坊公司是鹰击系统的运营者。微梦公司主张蚁坊公司通过非法手段抓取、存储微博平台后端数据，在鹰击系统中展示这些数据并基于此加工整理形成数据分析报告的四项行为违反了《反不正当竞争法》第12条、第2条的规定，构成不正当竞争。北京市海淀区人民法院作出（2018）京0108民初28643号民事判决，认定蚁坊公司的行为构成不正当竞争行为。蚁坊公司不服，提起上诉。北京知识产权法院二审维持原判。蚁坊公司提起再审申请，北京市高级人民法院作出（2021）京民申5573号民事裁定书，驳回再审申请。

主要争点：微梦公司与蚁坊公司是否存在竞争关系，被诉行为是否构成不正当竞争。

裁判理由：在现代市场竞争中，除了同业竞争，竞争也包括经营者之间争夺同一经营资源或者交易机会的情形，一方经营者为了提高自己的交易能力而直接侵占或损害另一方经营者的合法权益，即便双方并非同业竞争者，仍然构成竞争关系。本案中，微梦公司和蚁坊公司的经营资源都包括微博平台数据，经营利益存在“此消彼长”的关系，两者构成竞争关系。

微博平台数据分为公开和非公开数据：对于公开数据，可以通过网络爬虫等自动化程序获取并进行二次利用；对于非公开数据，

只有在采取合法正当手段的情况下方可获取。本案中，在双方当事人不存在合作关系，且蚁坊公司不能证明采用的技术手段具备合法正当性的情况下，能够合理推定蚁坊公司利用技术手段破坏或绕开了微梦公司所设定的访问权限，从而获取微博平台非公开数据。蚁坊公司获取、存储、展示和使用微博平台数据的行为，干扰了微博平台的正常运行，给微梦公司增加了经营成本，并影响微梦公司获得相关收益，构成《反不正当竞争法》第 12 条规定的不正当竞争行为。

评　　论：受诉法院认为，只要经营者之间竞争同一交易机会或者交易资源就存在竞争关系。这一解释是符合当今市场经济发展状况的解释。

本案进一步明确数据抓取行为的正当性边界：在没有获得许可的情况下，经营者通过技术手段抓取和存储设置了访问权限的非公开数据的行为不具有正当性。

f. 强制“二选一”构成不正当竞争——外卖平台“二选一”案

案件名称：北京三快科技有限公司（以下简称“三快公司”）与上海拉扎斯信息科技有限公司（以下简称“拉扎斯公司”）不正当竞争纠纷

基本信息：浙江省高级人民法院（2021）浙民终 601 号，2021 年 12 月 8 日

主要案情：拉扎斯公司和三快公司分别为“饿了么”平台、“美团外卖”平台的运营者。三快公司金华分公司通过调整收费优惠比例的方式，诱使商户与“美团外卖”平台开展独家经营活动；通过强制关停商户在“美团外卖”平台上的网店的方式，迫使商家、商户终止与“饿了么”平台等同行业竞争方合作。拉扎斯公司认为上述行为构成不正当竞争。金华市中级人民法院判定被诉行为构成不正当竞争。三快公司不服，提起上诉。浙江省高级人民法院驳回上诉，维持原判。

主要争点：被诉“二选一”行为是否构成不正当竞争。

裁判理由：网络平台经营者为获取独家交易机会，综合运用调整收费优惠比例以及不允许附加服务、不签协议、强制关停店铺等惩罚性手段，诱导、强迫平台内商户不与其他平台合作，该行为违反了诚实信用原则和互联网领域商业道德，剥夺了平台内商户的自由选择权和自主交易权，侵害了其他经营者和消费者的合法权益，减损了社会福利，破坏了开放、共享、公平、有序的互联网竞争秩序，构成《反

不正当竞争法》第2条所规制的不正当竞争行为。

评　　论：网络平台“二选一”行为既与反垄断法中的排他性交易相关，也可能构成不正当竞争行为。本案为全国首例网络平台“二选一”不正当竞争案，引起了社会关注和热议。本案判决从《反不正当竞争法》第2条一般条款的适用要件出发，从经营者、平台商户、消费者等多元主体的利益角度明确了外卖平台强制“二选一”行为的不正当竞争属性，对于规范互联网行业竞争秩序，遏制互联网平台恶性竞争，维护健康营商环境起到了积极作用。

g. 提供用户裂变增长服务构成不正当竞争——用户裂变服务案

案件名称：原告腾讯科技（深圳）有限公司（以下简称“腾讯科技公司”）、深圳市腾讯计算机系统有限公司（以下简称“腾讯计算机公司”）、广州腾讯科技有限公司（以下简称“广州腾讯公司”）与被告南京考拉网络科技有限公司（“考拉公司”）不正当竞争纠纷

基本信息：江苏省南京市中级人民法院（2020）苏01民初3184号，2021年5月17日

主要案情：原告腾讯科技公司等为“微信”应用软件的开发运营者。被告考拉公司通过运营的网站以及“小裂变”公众号等，针对微信平台的公众号、小程序、社群、个人号等，帮助客户实现诱导性分享涨粉、突破群发限制、突破添加好友人数限制、拦截潜在投诉等功能。腾讯科技公司等认为其行为损害了微信用户正当获取信息的自由选择权，干扰了微信平台服务的正常运行，损害了腾讯科技公司等的商业利益和竞争优势，构成不正当竞争。南京市中级人民法院一审认定被告的行为构成不正当竞争，判令其停止侵权、消除影响、赔偿损失及合理费用500万元。

主要争点：被告考拉公司提供用户裂变增长服务的行为是否构成不正当竞争。

裁判理由：被告提供诱导分享工具帮助客户实现诱导性分享涨粉的行为，影响了平台信息的真实性，干扰了平台中的公平竞争环境，在影响平台体验的同时也必然造成其用户及经营者资源的流失，进而削弱了微信平台的竞争优势。同时，被告的行为也损害了微信平台的用户及经营者正当获取信息的自由选择权，不当占用了平台中的用户流量资源，干扰了平台的正常运行。被告的行为符合《反不正当竞争法》第12条第2款第4项规定，构成不正当竞争。

评　　论：本案为全国首例关于微信诱导分享专用工具不正当竞争的案件。在网络平台中，用户对信息的分享应当基于信息本身的价值。诱导分享实际上扰乱了平台的生态秩序和正常运行，并损害了广大互联网用户、经营者正当获取信息的自由选择权。无论从平台良好生态构建的角度还是从用户个人权益保护的角度，此类行为均应当受到规制。

h. 安全软件在软件安装时不当弹窗及限制功能构成不正当竞争——猎豹浏览器弹窗案

案件名称：北京金山安全软件有限公司（以下简称“金山公司”）、北京猎豹网络科技有限公司（以下简称“猎豹网络公司”）与上海二三四五移动科技有限公司（以下简称“二三四五移动公司”）、上海二三四五网络科技有限公司（以下简称“二三四五网络公司”）不正当竞争纠纷

基本信息：北京知识产权法院（2021）京73民终911号，2021年10月17日

主要案情：金山公司及猎豹网络公司为猎豹浏览器的开发运营者，二三四五移动公司及二三四五网络公司为《2345安全卫士》软件的开发运营者。用户在下载、安装猎豹浏览器时，《2345安全卫士》软件出现弹窗，提示有软件正在捆绑安装并建议用户阻止安装该软件（见图5-5、5-6）。此外，《2345安全卫士》将猎豹浏览器安全中心默认勾选列为加速项、优化项（见图5-7、5-8），如用户不取消该默认选项并点击“一键加速”“立即优化”，将禁止猎豹浏览器开机启动并关闭猎豹浏览器安全中心的服务和功能。

一审法院认定被诉行为构成不正当竞争。金山公司、猎豹网络公司、二三四五移动公司不服一审判决，提起上诉。北京知识产权法院二审判决驳回上诉，维持原判。

主要争点：被诉弹窗及限制功能的行为是否构成不正当竞争。

裁判理由：二三四五移动公司和二三四五网络公司利用其安全软件的功能，在同等情况下区别对待猎豹浏览器，将猎豹浏览器安全中心默认勾选或列为加速项、优化项，违反了该类软件的中立性原则，滥用安全软件的功能及权限致使猎豹浏览器在接受用户选择时处于劣势地位，误导了用户并分流了猎豹浏览器的潜在用户，损害了其经营者的权益。《2345安全卫士》软件针对猎豹浏览器的弹窗信息缺乏事

实依据，损害了该浏览器及其运营者的商业声誉，构成不正当竞争行为。

图 5 - 5 《2345 安全卫士》的“捆绑安装”弹窗提示

图 5 - 6 《2345 安全卫士》的“后台自动安装”弹窗提示

图 5 - 7 《2345 安全卫士》默认勾选加速项

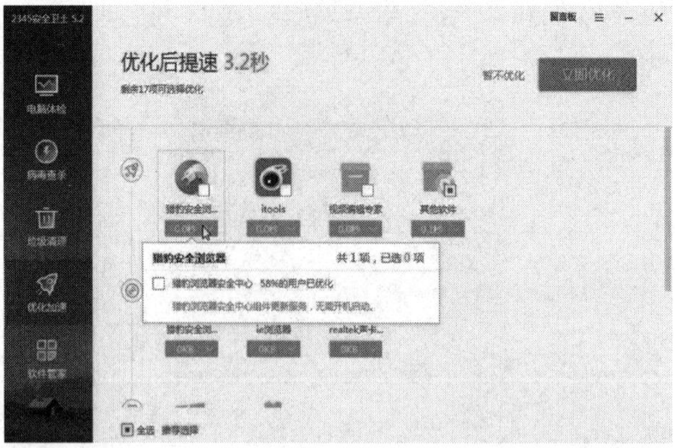


**图 5-8 《2345 安全卫士》默认勾选优化项**

评　　论：安全类软件在各类计算机软件中充当了评价者的角色，合理提示和必要干预是安全类软件实现其特定功能的方式，但其功能的实现应基于真实情况及风险，且遵循中立性原则、最小干预和必要原则。本案进一步明晰了安全类软件正常行使功能的行为与不正当竞争行为之间的界限，对于规制安全类软件不正当竞争行为具有一定借鉴价值。

i. 直播浏览器盗播体育赛事节目构成不正当竞争——直播浏览器盗播案

案件名称：新传在线（北京）信息技术有限公司（以下简称“新传在线公司”）、盛力世家（上海）体育文化发展有限公司（以下简称“盛力世家公司”）与央视国际网络有限公司（以下简称“央视国际公司”）不正当竞争纠纷

基本信息：北京知识产权法院（2019）京 73 民终 2989 号，2021 年 9 月 22 日

主要案情：央视国际公司经授权获得了在中国境内通过信息网络独家提供里约奥运会赛事节目的权利。新传在线公司和盛力世家公司共同经营“直播 TV”网站及直播浏览器，在其网站设置“奥运（Rio2016）”专题，对里约奥运会赛事节目的链接进行排列、整理等并增加主播“陪伴式”直播，以“嵌套”的方式呈现央视国际公司转播里约奥运会赛事节目的内容（见图 5-9），并借此牟利。央视国际公司认为新传在线公司和盛力世家公司的行为构成不正当竞争，诉至法院。

北京市东城区人民法院作出（2016）京 0101 民初 22016 号民事判决，认定新传在线公司、盛力世家公司的行为系不合理借用央

图 5-9　直播浏览器上的节目直播及主播解说互动

视国际公司的竞争优势为自己谋取交易机会，违反诚信原则，依《反不正当竞争法》第 2 条构成不正当竞争行为。新传在线公司、盛力世家公司不服，提起上诉。北京知识产权法院二审判决驳回上诉，维持原判。

主要争点：使用奥运会赛事节目资源运营涉案网站及涉案直播浏览器的被诉行为是否构成不正当竞争。

裁判理由：被诉行为不当干扰了央视国际公司里约奥运会赛事节目的正常播放，损害了该公司授权许可他人播放节目的交易机会和可得利益，并可能破坏体育赛事转播行业生态，损害消费者的长远利益。被诉行为的本质为未经授权、未支付对价、不当利用央视国际公司独家奥运会赛事节目资源，为其运营的涉案网站和涉案直播浏览器吸引用户，以此获得商业利益，违反了诚实信用原则和商业道德，故上述行为违反了《反不正当竞争法》第 2 条的规定，构成不正当竞争。

评　　论：体育赛事直播节目的司法保护可以从著作权法及反不正当竞争法出发。前者主要从作品要件、作品类型、权利范围及被诉行为等角度分析，后者则从获得授权一方商业模式、竞争优势的保护以及被诉行为是否违反诚信原则与商业道德角度予以考量。本案对于保护奥运会赛事节目版权及相关合法权益具有借鉴意义。

j. 利用 robots 协议限制网络机器人抓取或具正当性——robots 协议限制抓取案

案件名称：北京微梦创科网络技术有限公司（以下简称“微梦公司”）与北京字节跳动科技有限公司（以下简称“字节跳动公司”）不正当竞争纠纷

基本信息：北京市高级人民法院（2021）京民终 281 号，2021 年 10 月 8 日

主要案情：字节跳动公司为“今日头条”的开发运营者，“Toutiaospider”网络机器人可实现网页信息自动抓取，字节跳动公司曾将该网络机器人抓取的内容用于“微头条”产品。微梦公司在其运营的“m. weibo. cn”（微博）网站 robots 协议中以文字宣示的方式单方限制字节跳动公司网络机器人抓取该网站上的相关页面（见图 5-10)。字节跳动公司起诉微梦公司的行为构成不正当竞争。北京知识产权法院作出（2017）京 73 民初 2020 号民事判决，认定被诉行为损害了网络用户的选择权，破坏了网络市场竞争秩序，违背了公平、开放和促进信息自由流动的原则，构成不正当竞争。微梦公司不服一审判决，提起上诉。北京市高级人民法院二审撤销原审判决，驳回字节跳动公司的诉讼请求。

（2017）京长安内经证字第 36959 号公证书显示，微梦创科公司在 m.weibo.com 网站的 robots.txt。文件中声明如下内容（简称涉案声明）：

User-agent:ToutiaoSpider

Disallow:/

User-agent:*

Disallow:*gsid=*

**图 5-10　微博网站 robots 协议之单方文字宣示**

主要争点：利用 robots 协议限制网络机器人抓取内容是否具有正当性。

裁判理由：二审法院认为，对于以 robots 协议限制网络机器人抓取的行为，不应进行绝对化的合法性判断，应结合当事方的经营领域和经营内容、网络机器人的应用场景等因素进行判断。随着搜索技术和网络应用的发展，网络机器人的适用场景已从通用搜索引擎领域扩展到非搜索引擎的其他各种场景。搜索引擎可以给被搜网站带来流量和利益，而非搜索引擎的网络机器人往往不能给被搜网站带来流量，反而可能带走被搜网站的流量。由于非搜索引擎场景应用的网络机器人已经不像搜索引擎那样当然地对公众利益以及互联网的互联、互通、共享、开放的精神产生影响，因此在对这些网络机器人通过 robots 协议进行限制时，不宜当然地借用对于搜索引擎进行限制的规则，即《互联网搜索引擎服务自律公约》仅作为搜索引擎服务行

业的商业道德，而不能成为互联网行业通行的商业道德。在不损害消费者利益、公共利益及竞争秩序的情况下，网站经营者利用robots协议限制个别网络机器人的抓取是经营自主权的体现，并不违反商业道德。

本案中，被诉行为未损害消费者利益，消费者依然可以通过微博网站或搜索引擎检索获取网站用户发布的内容；字节跳动公司在其网站明示认可其他网站经营者根据robots协议拒绝抓取，且robots协议本身并不具有强制禁止访问的效果，因此字节跳动公司未遭受实际损害；由于其他网络机器人依然可以抓取微博内容，故不会出现信息孤岛现象，也无损互联网互联、互通、共享、开放的精神。综上，本案被诉行为应被认定为行使企业自主经营权的正当行为，不构成不正当竞争行为。

评　论：二审判决首次区分了搜索引擎应用场景和非搜索引擎应用场景下robots协议的设置规则，指出不同应用场景下的网络机器人对于网站合法权益、公众利益、互联网互联互通精神的不同影响，明确《互联网搜索引擎服务自律公约》不能成为互联网行业通行的商业道德，同时结合搜索引擎和非搜索引擎两个侧面，确立了robots协议对于网络机器人限制行为正当性的评价标准。反不正当竞争法不是权益保护法，其在对互联网行业的竞争行为进行规制时不应过多考虑静态利益和商业成果，而应立足于竞争手段的正当性和竞争机制的健全性，更应考虑市场竞争的根本目标。不应将网站经营者通过robots协议限制其他网站网络机器人抓取的行为，作为一种互联网经营模式进行绝对化的合法性判断，而应结合robots协议设置方与被限制方所处的经营领域和经营内容，被限制的网络机器人应用场景，robots协议的设置对其他经营者、消费者以及竞争秩序的影响等多种因素进行综合判断。

二审判决进一步指出，在不损害消费者利益、公共利益、竞争秩序的情况下，相关限制即使在客观上会造成对某个或某些经营者的“歧视”，也应当得到允许。这一标准跨越了互联网行业细分领域的差异，以更为宏观的视角平衡了互联网企业合法权益、公众利益，以及互联、互通、共享、开放的互联网精神等多种法益之间的关系，为网站提供了更为全面、合理的robots协议设置准则，也体现和响应了互联网行业新技术发展带来的规制需求。同时，这一标准也更加符合反不正当竞争法的规制范式。在市场经济中，经营者享有充分的经营自主权，在未扰乱市场竞争秩序、未损害公共利益的前提下，并无帮助其他经营者的法律义务。robots 协议由此摆脱了“不得限制主体、只能限制范围”的规则困惑，回归了原本的行业与市场规则，将在数字经济时代发挥新的重要作用。[①]

k. 关键词隐性使用不构成不正当竞争——鸿云关键词案

案件名称：上海鸿云软件科技有限公司（以下简称“鸿云公司”）与同创蓝天投资管理（北京）有限公司（以下简称“同创蓝天公司”）等不正当竞争纠纷

基本信息：上海市浦东新区人民法院（2020）沪 0115 民初 3814 号，2021 年 4 月 27 日

主要案情：在原告鸿云公司使用百度搜索引擎搜索其企业名称时，搜索结果的页面中显示了被告同创蓝天公司的推广链接，点击该链接即进入被告公司的网站。搜索结果中，原告官网链接位居第一位，被告链接位于第一页最后一位。原告认为被告的行为是利用原告 URL 作为关键词在百度搜索引擎中进行推广，使得搜索原告企业名称的潜在客户同时可能点击进入被告推广链接，该行为恶意抢占原告客户资源，属于不正当竞争行为，遂诉至法院。上海市浦东新区人民法院判决驳回原告诉讼请求。

主要争点：被告利用他人 URL 作为关键词设置自己公司的推广链接是否具有不正当性。

裁判理由：虽然被告以原告 URL 为关键词设立了推广链接，但原告网站的链接依然位于搜索结果第一位，被告行为并未减少原告潜在客户通过搜索原告名称获得其链接的机会，并不必然导致原告交易机会的丧失。此外，被告所展示的推广链接被明确标识为广告，其推广内容均未使用原告的任何商业标识，因此消费者产生混淆的可能性极低。相反，广告信息所展现的多种选择可帮助消费者进行比较和决策。被诉行为体现了付费搜索广告服务提供商与广告商之间形成的信息交换，这种交换是以“竞争对手的目标消费者群体的信息”为

① 张喆，郭凌云．数字经济时代 Robots 协议再思考．微信公众号“CIPMAGAZINE”，2021-12-27.

客体的交易。识别那些对其竞争对手产品有明显兴趣的消费者并尝试说服其改变消费选择是一种重要的商业竞争手段，被告这一对关键词的使用行为并不违反诚信原则和商业道德。

评　　论：对关键词的使用是隐性的还是显性的，直接关系判断搜索推广是善意的还是非善意的。关键词隐性使用是指广告主将他人的商业标识设置为触发广告的关键词，但在由关键词触发的广告内容中并不展示他人的商业标识；关键词显性使用是指广告主不仅将他人的商业标识设置为触发广告的关键词，还在关键词触发的广告内容中直接展示他人的商业标识。在关键词隐性使用的场景中，广告主意在向特定的消费群体精准投放推广信息，但同时并无搭便车、使消费者产生混淆的意图。但关键词显性使用具有强烈的搭便车意图，极易使相关公众产生混淆，对此种行为应予限制。[①] 在本案中，相关推广链接位于页面的最后一条，被清楚标明为广告，且推广链接的标题、描述及链接的网站中均不涉及原告的商业标识，此种隐性使用不会对经营者或消费者权益造成侵害，也不会扰乱市场秩序，因此应被视为一种正当的市场竞争行为，为其提供合理、有序的生存空间。

### 1. 仿制服装款式的行为受一般条款规制——绫致服装被仿制案

案件名称：绫致时装（天津）有限公司（以下简称“绫致公司”）与浙江淘宝网络有限公司、上海地晴服饰有限公司（以下简称“地晴公司”）不正当竞争纠纷

基本信息：浙江省杭州市余杭区人民法院（2020）浙 0110 民初 11687 号，2021 年 4 月 22 日

主要案情：原告绫致公司系服装品牌“ONLY”“VERO MODA”（见图 5－11）的经营者和两商标的被许可使用人，在淘宝网上设有上述服装品牌的旗舰店。原告的上述品牌已获得了较高的知名度和市场占有率。被告地晴公司多年来复制、模仿原告服装款式，并在其淘宝店“八怡官方直销店”和其微信“Florence-axr”上长期宣传、销售。原告诉至法院，主张被告的行为利用了其在服装行业的知名度和影响

① 何煜炜．案例解析：上海市浦东新区人民法院（2020）沪 0115 民初 3814 号．百度互联网法律与政策观察，2021（07）.

力，引人混淆误认，构成不正当竞争。杭州市余杭区人民法院判令被告停止侵权并赔偿原告民事损失。

图 5－11　涉案服装品牌

**主要争点**：仿制服装款式是否属于《反不正当竞争法》第 2 条规定的不正当竞争行为。

**裁判理由**：被诉行为属于《反不正当竞争法》第 2 条规定的不正当竞争行为，即适用《反不正当竞争法》一般性条款的条件包括：（1）被诉行为本身不属于《反不正当竞争法》明确列举的不正当竞争行为；（2）经营者的合法权益受损；（3）被诉行为违反了诚实信用原则和商业道德而具有不正当性。

本案中，被诉行为不属于《反不正当竞争法》所明确列举的不正当竞争行为。关于原告合法权益是否受损，被告仿制原告服装并低价销售，明显挤占了原告的交易机会，损害了原告的合法权益。关于被诉行为是否违反诚实信用原则和商业道德而具有不正当性，新颖的服装款式是经营者投入大量的成本所产生的成果，能为经营者带来竞争优势，仿制行为借由他人品牌、产品所积累的商誉而获得利润，具有攀附他人品牌、产品商誉，攫取他人劳动成果不劳而获的故意，破坏了市场创新激励机制，扰乱了市场竞争秩序，违反了诚实信用原则和商业道德，构成不正当竞争。

**评　　论**：服装款式是服装行业的重要经营资源，新颖好看的服装款式能给经营者带来不小的竞争优势。基于原告的诉由，本案没有从服装款式是否为作品、其设计人是否享有著作权入手，而是从反不正当竞争的角度对仿版现象进行规制，为服装行业保护服装款式提供了新思路。

不正当竞争行为判断模式与知识产权侵权判断模式不同：知识产权侵权判断模式是权利侵害式，即未经许可使用某类权利且无免责事由的，构成侵权；而对不正当竞争行为的判断更多是对于行为正当性的判断，所涉法益仅是考量的因素之一，故此，对不正当竞争行为的判断无须受到知识产权权利侵害式侵权判断范式和思维的限制。如果系以特别应受谴责的方式损害受保护的利益——即使该利益尚未达到权利的属性，也应当认定构成不正当竞争。[①]

m. 提供屏蔽广告软件的行为构成不正当竞争（“互联网专条”可适用于帮助侵权行为）——爱奇艺被屏蔽广告案

**案件名称：** 北京爱奇艺科技有限公司（以下简称“爱奇艺公司”）与深圳市博盛景数码科技有限公司（以下简称“博盛景公司”）不正当竞争纠纷

**基本信息：** 北京知识产权法院（2021）京73民终2826号，2021年9月27日

**主要案情：** 爱奇艺网提供视频播放服务，用户在爱奇艺网观看免费视频时需要先观看贴片广告，VIP或者付费会员用户则可以观看没有广告的视频内容。“蝴蝶精灵”软件（见图5-12）利用技术手段破坏了上述视频服务的正常运行，用户安装该软件并充值后，使用该软件进入爱奇艺网即可免除贴片广告的观看，并可观看原本需要付费或购买VIP会员才可以观看的视频。博盛景公司明知上述软件的广告屏蔽功能，仍然购买上述软件的会员激活码并向其店铺消费者提供。爱奇艺公司诉至法院，主张博盛景公司的行为构成不正当竞争。北京市海淀区人民法院作出（2020）京0108民初41170号民事判决，认定被诉行为属于《反不正当竞争法》第12条第2款第4项规定的不正当竞争行为。博盛景公司提起上诉，北京知识产权法院二审维持原判。

**图5-12　涉案“蝴蝶精灵”软件**

**主要争点：**“互联网专条”是否规制帮助侵权行为。

① 绫致公司与幻蝶雾语服装店侵害商标权及不正当竞争纠纷案，河北省高级人民法院（2021）冀知民终294号民事判决书。

裁判理由：一审法院认为被告博盛景公司虽然并非涉案软件开发者，但其与该案外人存在合作等特定关系，其行为属于《反不正当竞争法》第 12 条第 2 款第 4 项规定的不正当竞争行为，应当承担相关法律责任。

二审法院从案涉利益是否受保护和博盛景公司的行为是否不正当两方面进行了进一步说理。首先，爱奇艺网的“免费视频＋广告”“付费＋免除广告”的经营模式使得经营者爱奇艺公司、用户和广告商之间形成了有序的利益分配与循环，并逐步形成了正常的市场竞争秩序，这种竞争秩序和正当权益应受保护。其次，博盛景公司明知案涉软件的广告屏蔽功能，仍主动向用户宣传提供，客观上有宣传提供的行为，主观上具有通过这种行为攫取不正当利益的故意。博盛景公司的行为实质上属于损害其他经营者正当利益来获利的行为。博盛景公司是否开发涉案软件不影响其行为的实施，也不影响对其行为性质的认定。一审法院认定无误。

评　　论：本案的特殊之处在于，博盛景公司并没有直接利用技术手段实施不正当竞争行为。涉案软件属于妨碍、破坏其他经营者产品和服务正常运行的技术手段，但博盛景公司并非涉案软件的设计人，也并没有利用涉案软件实施妨碍、破坏爱奇艺公司产品服务的正常运行。如何认定博盛景公司这种帮助侵权的行为，有赖于对法律的解释。本案一审法院和二审法院均将博盛景公司的行为判定为“互联网专条”规定的不正当竞争行为，使“互联网专条”不局限于经营者自己开发、使用技术手段，经营者对技术手段的开发者、使用者的帮助、宣传也构成本条规定的不正当竞争行为。这属于对“经营者不得利用技术手段”的扩大解释。其对《反不正当竞争法》第 1 条规定行为的帮助实施行为作出了规制，维护了爱奇艺公司的合法权益、消费者的正当利益，也更好地保护了市场公平竞争秩序。本案的处理彰显了法律适用的填补漏洞之功能。

#### 5.2.1.2　商业外观[①]

a. 作品名称构成有一定影响的商品名称的判定——“喜剧之王”案

案件名称：广州正凯文化传播有限公司（以下简称“正凯公司”）、李某持与星

---

① 本报告所称的商业外观是指有一定影响的商品名称、包装装潢及企业名称、域名等。

辉海外有限公司（以下简称“星辉公司”）不正当竞争纠纷

基本信息：广州知识产权法院（2020）粤73民终2289号，2021年6月28日

主要案情：周星驰导演及主演的知名喜剧电影《喜剧之王》于1999年在香港上映。该电影另一导演李某持和正凯公司于2018年筹拍电视剧《喜剧之王2018》，同时宣传其改编自电影《喜剧之王》。电影《喜剧之王》的著作权人星辉公司诉至法院，主张李某持和正凯公司存在仿冒混淆有一定影响的商品名称以及虚假宣传的不正当竞争行为，请求赔礼道歉和赔偿损失。

广东省广州市天河区人民法院作出（2018）粤0106民初19119号民事判决，认定李某持和正凯公司的行为构成仿冒混淆有一定影响的商品名称与虚假宣传两项不正当竞争行为。李某持和正凯公司不服，提起上诉。广州知识产权法院二审判决驳回上诉，维持原判。

主要争点：“喜剧之王”是否构成有一定影响的商品名称。

裁判理由：保护有一定影响的商品名称，即保护商品名称识别商品来源的功能，因此对于商品名称是否有一定影响的审查应参照商标法对商标显著性的审查因素进行综合考量。由于电影相较于普通商品具有特殊性，在审查其名称是否有一定影响时，至少应考虑电影的上映区域及票房、电影上映前后的宣传力度、电影从银幕下架后在其他渠道的销售及播放量、相关媒体和公众对电影的报道与讨论，以及其他证明电影有持续影响力的因素。同时，考虑到涉案电影未在内地上映，还需认定其知名度跨地区的传播情况。综合考虑以上因素，“喜剧之王”应被认定为有一定影响的商品名称。

评　　论：对视听作品名称的保护路径主要有三：其一，著作权中的修改权和保护作品完整权；其二，视为一种具有识别功能的商品化权；其三，反不正当竞争法的仿冒混淆条款。本案采纳了第三种路径。本案在审理过程中结合电影作品传播特点归纳出有一定影响的视听作品名称知名度审查的特殊因素，为相关案件提供了有益的参考。

b. 含注册商标之商品包装装潢权益归属——红牛包装装潢案

案件名称：红牛维他命饮料有限公司（以下简称“红牛公司”）与眉山市万佳来鹤商贸有限公司（以下简称“万佳来鹤公司”）、四川富顺天菊食品饮料有限公司（以下简称“富顺天菊公司”）、南岸区兴久源酒水

经营部（以下简称“兴久源经营部”）及第三人天丝医药保健有限公司（以下简称“天丝医药公司”）擅自使用知名商品特有名称、包装、装潢纠纷

基本信息：重庆市高级人民法院（2019）渝民终 2155 号，2021 年 9 月 14 日

主要案情：红牛公司委托代理人在兴久源经营部公证购买了“Thailand Red Bull 维生素能量饮料”一件，该商品罐体及包装上注明“运营商为万佳来鹤公司、生产商为富顺天菊公司”。红牛公司认为，该商品之包装装潢与红牛公司的产品红牛维生素功能饮料之包装装潢十分相似，遂提起诉讼，主张原审被告侵犯其对涉案产品包装装潢的合法权益，要求被告停止侵权。由于涉案产品包装装潢中含有天丝医药公司的注册商标“RedBull 红牛及图”，天丝医药公司为本案第三人。重庆市第五中级人民法院作出（2018）渝 05 民初 4029 号民事判决，认定红牛公司对涉案包装、装潢享有合法权益。重庆市高级人民法院二审判决撤销一审判决，认定涉案包装为相关产品通用包装，涉案装潢权益为天丝医药公司所有，驳回红牛公司的全部诉讼请求。

主要争点：含有涉案商标的涉案包装、装潢的权益归属。

裁判理由：一审法院认为，本案中涉案包装、装潢经过红牛公司 20 余年的使用已经通过设计者、使用者的主观意愿，与涉案商标成为一个整体，除去涉案商标判断涉案包装、装潢的做法割裂了包装、装潢的整体性。除涉案商标外，涉案包装、装潢的其他特征所指向的内容及其排列组合均由红牛公司自主设计；天丝医药公司曾经也将涉案商标许可给原告红牛公司使用，尽管如今已经不在许可期间内，但涉案商标构成涉案包装、装潢整体不可分割的一部分，涉案包装、装潢也已经与消费者建立了稳定的识别联系。天丝医药公司对涉案商标的权利和红牛公司对涉案包装、装潢的权益不能比较先后顺序，解决两者之间的冲突也要在考虑当事人之间的利益平衡之外，考虑稳定市场秩序和兼顾社会公众利益。此外，解决冲突也需要由当事人协商或者由有权机构裁决，并相应地需要过渡期，且包装、装潢的知名度越高，过渡期应该越长。综上，一审法院认为红牛公司对红牛维生素功能饮料的包装、装潢享有合法的权益。

二审法院对涉案产品的包装权益和装潢权益分别作了评价。对

于涉案包装权益，根据中华人民共和国相关国家标准，涉案包装的罐体设计、开盖结构、罐底和罐盖的设计均为相关商品所通用，红牛公司对其不享有权益。对于涉案装潢权益，从是否存在对涉案装潢的权益约定、第三人天丝医药公司是否先于红牛公司使用了涉案装潢、已有判决对涉案装潢权益认定的影响等方面进行了确定。第一，原审原告红牛公司和第三人天丝医药公司虽然曾签订了红牛系列商标许可使用合同，但合同并未对涉案装潢的权益归属作出约定。第二，本案现有证据表明，天丝医药公司在红牛公司之前已经实际使用了与涉案装潢极为相似的装潢。第三，红牛公司主张（2007）粤高法民三终字第 199 号民事判决认定了涉案装潢为其涉案产品的特有装潢，但这一判决作出时间在红牛公司和天丝医药公司的商标许可使用合同存续期间，红牛公司作为该案适格当事人的身份也来源于天丝医药公司对其的明确授权，这并不意味着天丝医药公司放弃了与涉案产品有关的知识产权，故红牛公司的这一主张并不成立。因此，在红牛系列商标许可使用合同中并未对涉案装潢的权益归属作出约定的情况下，涉案装潢的权益应归属于天丝医药公司。一审法院认为涉案装潢权益应由红牛公司享有的认定，缺乏事实与法律依据，予以纠正。

评　　论：本案的核心问题在于对含有他人所有商标的包装、装潢权益的归属之判断。这一问题涉及商标权和商品包装、装潢权益的冲突问题，本案为这一问题的解决提供了思路。

在此之前，需要明确的是，对于含有商标的商品包装、装潢权益判断，应当从整体和部分两方面进行。整体判断是指对包含商标的商品包装、装潢进行整体的观察比对。部分判断则是说商标并不是商品包装、装潢不可分割的一部分，存在商标权和去除商标元素后的商品包装、装潢权益归属不同的情形，因此还应当对去除商标元素后的商品包装、装潢进行部分判断。

在判断时，首先，商标和商品包装、装潢都具有区分商品来源之目的，在商品包装、装潢中使用商标需要获得商标所有人的许可。若双方之间存在许可使用合同，并在合同中约定了商品包装、装潢的归属，则可依据双方约定进行判断。其次，考察商标所有人是否在先使用商品包装、装潢。若存在在先使用之情形，则商品包装、装潢权益归属于商标所有人。最后，如果不存在商标许可使用合同，也无在先使用情形，商品包装、装潢权益也不当然属于商标所有人，而应当对去除商标元素后的商品包装、装潢进行判断。

c. 产品包装外观设计专利到期后仍可受竞争法保护——“美好时光海苔”特有包装案

案件名称：晋江力绿食品有限公司（以下简称“力绿公司”）与广东喜之郎集团有限公司（以下简称“喜之郎公司”）、深圳市人人乐商业有限公司擅自使用有一定影响商品特有包装、装潢纠纷

基本信息：广东省深圳市中级人民法院（2021）粤03民终9665号，2021年5月17日

主要案情：原告喜之郎公司持有“美好时光”商标，其“美好时光海苔”商品包装曾获得外观设计专利授权，现已过期。被告力绿公司在其产品“禧禧海苔”上使用了与上述包装装潢相同的设计（见图5-13）。喜之郎公司以力绿公司的行为构成不正当竞争起诉。一审认定被告违反《反不正当竞争法》第6条第1项规定，构成对原告的不正当竞争，判决被告立即停止使用涉案包装装潢，赔偿原告60 000元。二审维持原判。

图5-13　涉案包装装潢

主要争点：被诉行为是否构成擅自使用有一定影响商品的包装、装潢的不正当竞争行为。

裁判理由：《反不正当竞争法》第 6 条中的“有一定影响”，应当是指商品在中国境内具有一定的市场知名度，为相关公众所知悉。在判断时，应综合考量商品的销售时间、销售区域、销售额和销售对象以及其作为知名商品的受保护情况。据此，本案原告商品的包装装潢属于有一定影响的商品包装装潢。

原告商品包装的外观设计专利过期不代表其商品包装不再受保护，不代表其他市场主体可以随意攀附其商誉。力绿公司在其商品上使用与喜之郎公司包装装潢相近似的包装，容易导致相关公众误认、混淆，构成擅自使用有一定影响商品的包装、装潢的不正当竞争行为。

评　　论：现有司法解释未对“有一定影响的商品名称、包装、装潢”的认定作出明确规定，本案对《反不正当竞争法》第 6 条“有一定影响”的解释体现了司法实践的主流做法：参照适用 2017 年修改前的《反不正当竞争法》对“知名商品特有商品包装、装潢”的认定标准。

本案涉案包装、装潢同时获得外观设计专利，外观设计专利的过期并不影响其受反不正当竞争法的保护，即获得外观设计专利的商品包装、装潢可以获得专利法和反不正当竞争法的双重保护。运用反不正当竞争法对过期专利的保护体现了《反不正当竞争法》与授权性知识产权法律的衔接保护作用，同时也展现了《反不正当竞争法》与其他知识产权法律保护模式之差异。原则上，当外观设计专利过期后，外观设计进入公有领域，任何人都有使用自由。但这种自由是有限制的，如果允许其他主体将该具有较高市场知名度的商品外观用在自己的商品上，将导致对他人商誉的攀附、损害他人的合法权益，那么这种行为就应当受到反不正当竞争法的规制。①

d. APP 装潢混淆行为的判定——“新氧”APP 装潢案

案件名称：北京新氧科技有限公司（以下简称“新氧公司”）与北京完美创意科技有限公司（以下简称“完美公司”）等不正当竞争纠纷

基本信息：北京市朝阳区人民法院（2020）京 0105 民初 68166 号，2021 年 4

① 《深圳知识产权法庭发布 2021 年十宗反不正当竞争典型案例》典型案例之二“典型意义”。

月 30 日

主要案情：原告新氧公司经营新氧网、“新氧医美”APP、“新氧-美容微整形”APP，向公众提供美容整形信息和交流服务。其 APP 最早于 2015 年 4 月开始使用图 5-14 左侧图标，并对此进行了长期、大规模的宣传。被告完美公司主营业务亦为通过其“更美”APP 提供在线医疗整形美容信息交流。在新氧公司使用上述 APP 装潢后，“更美”APP 开始使用图 5-14 右侧图标，同样进行了大量宣传。新氧公司诉至法院，主张被告完美公司的上述行为构成《反不正当竞争法》第 6 条规定的不正当竞争行为。北京市朝阳区人民法院认为被告的行为构成《反不正当竞争法》第 6 条第 1 项规定的不正当竞争行为，判令其承担停止侵害、消除影响的民事责任，并赔偿原告经济损失 50 万元。

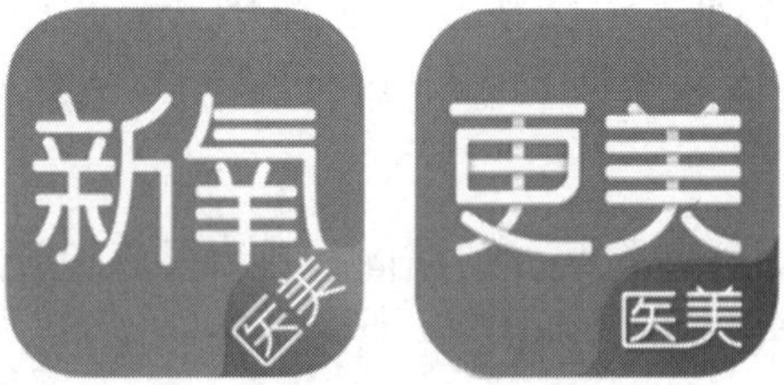


**图 5-14　涉案 APP 装潢对比图**

主要争点：涉案 APP 装潢是否属于反不正当竞争法保护的有一定影响的装潢。

裁判理由：涉案 APP 图标是否属于反不正当竞争法保护的有一定影响的装潢。首先，需要判断 APP 图标是否属于装潢。在一般情况下，只要装饰外部可视并能美化商品，就属于装潢。APP 图标与传统商品装潢存在一定差异，但其具有特定的商业外观，并可以美化商品、区别来源，仍属于装潢。其次，反不正当竞争法保护装潢的本质在于其区别性特征。装潢只有具备区别来源的作用才能受到《反不正当竞争法》保护。在判断装潢是否能区别来源时，应从其设计本身、使用宣传情况等综合考虑。据此，本案证据表明，涉案装潢能够与新氧公司、“新氧”APP 建立稳定对应联系，具有识别服务来源特征，受到反不正当竞争法保护。

评　　论：本案为国内首例 APP 装潢不正当竞争案件。APP 在当今已经成为一种十分普遍的产品或者服务提供方式，别出心裁的 APP 设计会为经营者带来巨大的流量和利益，而在 APP 图标与产品或者服务建立长期稳定的对应关系后，APP 图标就具备了显著特征，可以作为具有显著特征的商业标志受到保护。本案将 APP 图标认定为商品装潢，通过反不正当竞争法给予其保护，一方面是对经营者投入 APP 图标中的资源、宣传、心血之认可，另一方面也能对 APP 市场的竞争作出积极正面的引导，有利于经营者的公平竞争，对 APP 图标的保护具有参考意义。

e. 企业对其字号汉语拼音的正当使用——lugong 案

案件名称：广西柳工机械股份有限公司（以下简称“柳工公司”）与山东鲁工机械有限公司（以下简称“鲁工公司”）侵害商标权及不正当竞争纠纷

基本信息：山东省高级人民法院（2021）鲁民终 1243 号，2021 年 8 月 24 日

主要案情：鲁工公司自 2004 年起持续使用“鲁工”字号，同时将该字号的汉语拼音“lugong”作为企业英文字号登记备案并用于官网域名“lugong. net”中。柳工公司诉至法院，认为鲁工公司的行为侵害了柳工公司“liugong”字号，构成商标侵权和不正当竞争行为，要求其停止使用并注销与“liugong”域名相近的网络域名。

山东省青岛市中级人民法院作出（2020）鲁 02 民初 1035 号民事判决，认定鲁工公司的行为构成商标侵权，但不构成不正当竞争。柳工公司不服，提起上诉。山东省高级人民法院二审认定不构成不正当竞争。

主要争点：鲁工公司使用其字号汉语拼音的行为是否具有正当性。

裁判理由：柳工公司的英文字号“liugong”具有较高知名度，属于受反不正当竞争法保护的企业名称。但是，权利的保护有一定边界，不得损害其他市场主体的合法利益。本案中，“lugong”和“liugong”虽具有近似性，但鲁工公司使用其“鲁工”字号的中文拼音“lugong”正当且合理。由于“鲁工”字号和“柳工”字号不相同也不近似，如禁止鲁工公司将其中文字号的拼音作为字号使用，将不适当地扩大柳工公司企业字号的保护范围，损害鲁工公司的合法权益，因此，该行为不构成不正当竞争。

评　　论：本案涉及对字号汉语拼音使用的正当性问题，实质上涉及包含相同符号的商标与商号之间的联系和冲突。本案对经营者对其字号享有的权益范围进行了界定，明确要求不得影响他人对字号的正常使

用。在某种意义上，本案对字号汉语拼音使用的讨论与商标法上对商标符号的正当使用的讨论具有相似性，有助于进一步把握商号的性质以及商标与商号之间的关系。

f. 相同企业字号善意共存的判定——“开心果”案

案件名称：浙江开心果网络科技有限公司（以下简称“浙江开心果公司”）与开心果网络科技有限公司（以下简称“开心果网络公司”）不正当竞争纠纷

基本信息：上海市徐汇区人民法院（2020）沪0104民初15970号，2021年11月26日

主要案情：原告浙江开心果公司成立于2015年，是一家提供互联网数据专业服务的商业机构，在经营中持续使用“开心果”字号。被告开心果网络公司于2019年成立，主营电信业务、网络科技等，是一家提供网络购物服务的电商平台，注册并使用“开心果”作为企业字号。原告认为，双方所营业务高度重合，而被告在经营活动中大量使用与原告字号相同的“开心果”字号以及含有“开心果”内容的标识，构成《反不正当竞争法》第6条规定的仿冒混淆行为。上海市徐汇区人民法院一审判定被诉行为不构成不正当竞争。

主要争点：被告使用与原告相同的字号是否构成仿冒。

裁判理由：仿冒条款中的“擅自”要件要求实施者有傍附他人既有竞争优势的故意，不能仅以“产生混淆之虞”为理由主张仿冒。考察被告对其字号的初始选择和后续使用中的过程性证据可见，被告注册使用“开心果”字号不具有恶意。此外，“开心果”一词本身并非臆造词，显著性不强，而原告对该字号的使用方式多种多样且各有差异，因此“开心果”字号并未与原告建立起稳定的指向性关联。原告企业名称中明确标有所属地域，原告主动抛弃所属地域标注，突出使用“开心果（网络）”指代自身，并非规范使用其企业名称的方式，是一种自甘风险的商业选择。考虑到“开心果”字号尚未与原告建立稳定指向性联系，被告作为注册成立在后但主观上善意的一方，不负有主动避让的义务。

评　　论：本案充分体现了反不正当竞争法对竞争权益的弹性保护，通过法律适用划清市场主体的利益界限，有利于提升竞争效能，优化营商法治环境。本案判决通过揭示“善意共存亦为公平竞争的应有之义”

这一核心价值结论，就如何在维护市场竞争秩序、依法保护经营者合法竞争权益与稳定市场现有格局、提升市场效率之间做出平衡与取舍，给出了符合竞争本质内在逻辑的答案。①

g. 对老字号的承继及对已停止使用老字号的保护——西四包子铺案

案件名称：北京海缘阁餐饮管理有限公司（以下简称“海缘阁公司”）与北京京饮华天二友居餐饮管理公司（以下简称“二友居公司”）不正当竞争纠纷

基本信息：北京知识产权法院（2020）京 73 民终 3501 号，2021 年 3 月 1 日

主要案情：二友居便饭铺于 20 世纪 60 年代更名为西四包子铺，是一家北京老字号风味餐厅，更名后即持续以西四包子铺作为店铺招牌对外经营。2001 年 7 月，西四包子铺因体制改革被注销，停止营业，其债权债务由二友居公司的母公司华天集团负责。2015 年 3 月，华天集团授权其全资子公司二友居公司重新恢复“西四包子铺”品牌的经营开发工作。2019 年，二友居公司发现海缘阁公司在北京西四大街同样经营一家“西四包子铺”店铺，并在牌匾上标明“记忆里的北京味”（见图 5－15）。二友居公司诉至法院，主张海缘阁公司的行为构成不正当竞争。北京市西城区人民法院作出（2019）京 0102 民初 28394 号民事判决，认定被诉行为构成不正当竞争。海缘阁公司不服，提起上诉。北京知识产权法院二审判决驳回上诉，维持原判。

**图 5－15　海缘阁公司西四包子铺店面**

① 两“开心果”公司因仿冒纠纷闹得“不开心”. 微信公众号“上海徐汇法院”，2022－02－08.

**主要争点：** 海缘阁公司的行为是否构成不正当竞争。

**裁判理由：** 从历史沿革看，华天集团与“西四包子铺”品牌有明确的传承关系和历史渊源。受反不正当竞争法保护的企业名称不同于一般意义的人身权，本质上是一种财产权益，“西四包子铺”字号所产生的相关权益也应由华天集团承继。虽然华天集团在较长时间内未继续经营该字号，但在案证据显示该字号所享有的历史商誉、知名度以及潜在的商业价值仍持续存在，应被保护。海缘阁公司作为同地区同行业经营者，理应知悉并合理避让老字号“西四包子铺”，却在西四包子铺原址附近开设了主营包子销售、字号相同的店铺，其行为明显具有承袭老字号商誉的不正当意图，引起相关公众混淆误认，构成不正当竞争行为。

**评　　论：** 本案涉及老字号保护实践中的两个重要问题：其一，老字号及其相关权益是否可被承继；其二，在老字号已有较长时间未被使用的情况下，是否还应当对其予以保护。就第一个问题而言，老字号历史悠久，在其发展历程中实际经营主体极有可能发生变动，在后主体承继在先主体的债权债务时也理应承继其字号的相关权益。尽管《民法典》将企业名称权作为法人人格权进行保护，但正如本案二审判决指出，反不正当竞争法下的企业名称或字号不同于一般意义的人身权，其在本质上发挥着商业标识的作用，具有财产权益的属性，因此可以被承继。

关于第二个问题，根据《反不正当竞争法》第6条的规定，构成混淆行为的，要求企业名称或字号具有一定影响。不能简单和绝对地以停止使用来判断“一定影响”的有无和程度，归根到底，老字号是否存在一定影响应结合相关公众能否将其与特定市场主体联系起来，他人使用能否导致相关公众混淆误认，他人使用是否违反诚实信用原则、是否具有恶意误导获取不正当利益等因素综合做出判断。[①] 本案中，西四包子铺作为老字号，即便在一定时期内未被实际经营使用，其在历史上积累的商誉和知名度依然可能存在；同时，海缘阁公司的行为也明显体现出攀附老字号商誉的意图，因

① 卢敏，黄义彪．《反不正当竞争法》对已停止使用企业字号的特别保护．微信公众号“知产力”，2021-03-17.

此，已停止使用的老字号仍可得到保护。

#### 5.2.1.3　误导

为刷量服务提供交易平台构成帮助他人虚假宣传——微信刷量案

案件名称：深圳市腾讯计算机系统有限公司、腾讯科技（深圳）有限公司（以下简称“腾讯公司”）与哈尔滨祈福科技有限公司（以下简称“祈福公司”）等不正当竞争纠纷

基本信息：上海市浦东新区人民法院（2020）沪0115民初15598号，2021年7月15日

主要案情：腾讯公司通过提供微信公众号广告服务实现流量资源的变现，同时将部分广告收益支付给公众号运营者。祈福公司经营的蚂蚁平台的主营业务包括为网络用户之间的刷量交易提供服务平台，微信公众号运营者可在该平台上发布有偿刷单任务。腾讯公司诉称：祈福公司的行为违反了《反不正当竞争法》第8条第2款关于不得帮助他人虚假宣传的规定。上海市浦东新区人民法院一审认定侵权成立。

主要争点：被诉行为是否构成帮助他人进行虚假宣传的不正当竞争。

裁判理由：首先，微信公众号运营者的广告刷量行为本身构成虚假宣传行为。相关微信公众号运营者通过“雇佣点击/诱导点击”的广告刷量行为虚构访问数据，并从中赚取微信平台的广告分成与发布任务成本之间的差价牟利的行为，侵害了微信用户、广告商和腾讯公司等市场主体的合法权益，破坏了公平的市场竞争秩序，构成虚假宣传不正当竞争行为。

其次，祈福公司的被诉行为构成帮助他人进行虚假宣传的不正当竞争行为。祈福公司经营的蚂蚁平台虽不直接从事刷量活动，但为此类活动提供了机会、场所，撮合交易，并向发单用户和接单用户收取一定比例服务费或提现手续费，以此实现营利，属于帮助他人进行虚假宣传的不正当竞争行为。

评　　论：对于广告刷量行为，过去的司法实践将其纳入《反不正当竞争法》第2条一般条款的规制范围。本案对一般条款的适用保持了审慎态度，而是适用第8条的“虚假宣传”条款。广告刷量行为本质上仍是虚构访问数据，营造相关文章内容优质、广告关注度高的假象，从而吸引更多消费者与广告投资商，因此符合虚假宣传的构成要

件。《反不正当竞争法》第 8 条第 2 款规定了帮助进行虚假宣传的行为，本案中祈福公司为虚假宣传的发单、接单交易提供中介，构成帮助他人进行虚假宣传的行为。本案有助于拓展对“虚假宣传”条款适用情形的认识。

#### 5.2.1.4 商业诋毁

a. 广告评测构成商业诋毁的认定——面包评测视频案

**案件名称：**新疆雪山果园食品有限公司（以下简称“雪山果园公司”）、西安彩虹星球文化科技有限公司（以下简称“彩虹星球公司”）商业诋毁纠纷

**基本信息：**陕西省高级人民法院（2021）陕民终 392 号，2021 年 8 月 31 日

**主要案情：**雪山果园公司和彩虹星球公司均为面包生产公司。彩虹星球公司在其抖音账号中发布短视频，对雪山果园公司的商品和自己的商品进行评测对比，指称雪山果园公司商品用料不足、原料质量不高、生产过程中使用化学药水等。雪山果园公司诉称：该视频对其构成商业诋毁，彩虹星球公司行为构成不正当竞争。西安市中级人民法院作出（2020）陕 01 知民初 2309 号民事判决认定彩虹星球公司实施了损害雪山果园公司商业信誉、商品声誉的诋毁行为，应承担停止侵害、赔礼道歉、赔偿损失的责任。彩虹星球公司提起上诉，陕西省高级人民法院二审维持原判。

**主要争点：**被诉行为是否构成商业诋毁。

**裁判理由：**彩虹星球公司评测的标准和方法不严谨、不科学、不客观，结果的中立性、公正性也存在偏差，其评测行为损害了雪山果园公司商品的声誉，破坏了公平竞争、规范有序的市场秩序，违反了诚实信用原则、商业道德伦理，属于《反不正当竞争法》第 11 条规定的商业诋毁行为。

**评　　论：**作为如今常见的短视频带货形式和宣传方式，评测类视频属于比较广告。比较广告本身具有比较针对的特性，应当更加注重遵循全面公允、客观真实的基本原则和一般商业道德，避免损害他人商誉。

本案强调了发布评测类视频者的谨慎注意义务，有助于规范经营者的发布行为，进而保障消费者权益，维护其他经营者合法权益，维护公平竞争秩序。

b. 第三方评测构成商业诋毁的认定——小米产品评测案

案件名称：小米科技有限责任公司（以下简称“小米公司”）与重庆天极魅客科技有限公司（以下简称“天极公司”）不正当竞争纠纷

基本信息：重庆市第一中级人民法院（2020）渝01民初755号，2021年8月12日

主要案情：原告小米公司是家用电器生产、制造、销售商。被告天极公司是“天极网”的开办者，该网站提供各类电子产品的资讯、导购、互动等服务，包括对电子产品进行评测。2020年6月9日，被告在直播中对原告某系列电视（见图5-16）进行了开机评测、画质评测，以及透光孔、电源电路PCB板、MOS管散热片、PCB层数电器元件检测，并对原告商品的上述性能作出负面评价。原告认为涉案评测选择错误对比对象、采取不当实验方法、设置不公平的比较环境，损害其商业信誉和商品声誉，故提起诉讼。重庆市第一中级人民法院认定被诉行为构成商业诋毁。

小米电视4A 50英寸　　小米电视4C 32英寸　　小米电视4C 40英寸

**图5-16　部分涉案商品**

主要争点：被诉行为是否构成商业诋毁。

裁判理由：判断被告行为是否构成商业诋毁，关键在于判断其是否编造、传播虚假或者误导性信息，并对竞争对手商誉造成损害。判定虚假信息或者误导性信息，需要结合实际情况和日常经验，以一般公众注意力为标准，判断该信息是否足以使相关公众对相关商品产生误解。本案被告对原告商品的透光孔评测、电源电路PCB板评测、MOS管散热片评测和PCB层数评测具有误导性，损害了原告商誉，被告行为构成《反不正当竞争法》第11条规定的商业诋毁。

评　　论：在竞争关系不再局限于同业竞争者的今天，专业评测方的客户群体和所评测产品的客户群体可能高度重合，专业评测方和被评测产品的经营者构成竞争关系。这要求评测方在评测中遵守诚实信用原则，不攀附他人商誉，不损害他人的合法经营权益。

c. 声明函构成商业诋毁的认定——妇炎清案

案件名称：贵州长生药业有限责任公司（以下简称“长生公司”）与贵州双升制药有限公司（以下简称“双升公司”）商业诋毁纠纷

基本信息：贵州省高级人民法院（2021）黔民终144号，2021年3月16日

主要案情：双升公司和长生公司均为“百草妇炎清栓”药品生产商，长生公司同时获得了“治疗妇科疾病的栓剂及其制备工艺”专利的授权。长生公司认为双升公司侵害其专利权，向双升公司的合作方金灵公司发送“法律告知函”，致其与双升公司暂停合作；长生公司还发布“声明函”（未说明受函对象），表示其为“百草妇炎清栓”药品唯一的受法律保护的生产厂家，双升公司围绕此药品开展的所有商业活动均构成对其专利权的侵害。双升公司认为长生公司的行为构成商业诋毁，向人民法院起诉。贵州省贵阳市中级人民法院作出（2020）黔01民初1054号民事判决，认定长生公司的行为已构成商业诋毁。长生公司提起上诉，贵州省高级人民法院二审维持原判。

主要争点：长生公司发送“法律告知函”“声明函”的行为是否构成商业诋毁。

裁判理由：长生公司与双升公司具有同业竞争关系。长生公司发送“法律告知函”“声明函”的行为存在编造、传播虚假或者误导性信息的情形：内容不客观、不全面，具有误导性；措辞不当，超出自行维权合理界限；发送范围超出必要限度；对未有定论事实采取已有定论评价方式不当。长生公司的行为明显带有主观故意性。长生公司前述虚假的未经定性论断、误导性信息损害了双升公司的商业信誉、商品声誉。据此，应当认定长生公司向双升公司之生产合作伙伴发送“法律告知函”“声明函”的行为构成商业诋毁。

评　　论：向侵权方发“法律告知函”“声明函”是常见的私力维权手段，法律函件和私力维权行为本身应当谨慎、合理，遵守商业道德和法律规定，不应当超出法律容忍的限度。私力维权中超过合理范围的不当、过当行为会受到法律的规制。若法律函件存在虚假失真的描述、没有依据的论断，且造成他人合法经营所获得的权益、声誉受损，就落入反不正当竞争法所规定的商业诋毁的规制范围。

### 5.2.1.5 商业秘密

#### 5.2.1.5.1 商业秘密的构成

a. 客户名单构成经营秘密的判定——京联公司商业秘密案

案件名称：张某华、北京义成天佑电气有限公司（以下简称“义成公司”）与北京京联正泰机电设备销售有限公司（以下简称“京联公司”）侵害商业秘密纠纷

基本信息：北京知识产权法院（2021）京73民终916号，2021年9月15日

主要案情：张某华在京联公司工作期间与公司签署了保守商业秘密、遵守竞业限制的承诺书等文件，承诺书的保密范围包括公司的客户名单、营销计划、采购资料、定价政策等。后张某华发起成立义成公司，该公司在经营范围上与京联公司相同。在某次商业报价中，义成公司提供的报价单所列商品规格、型号、数量均与京联公司的相同，仅报价较低。另外，在义成公司成立后，京联公司的18家客户的业务转移到义成公司处。京联公司主张义成公司、张某华侵害其商业秘密，提起诉讼。一审判决两被告停止侵害原告客户名单的行为，赔偿原告经济损失、维权合理支出等。义成公司、张某华不服，提起上诉，二审法院维持原判。

主要争点：客户名单是否构成经营秘密。

裁判理由：对商业秘密的认定应考量“不为公众知悉”、“具有商业价值”和“采取相应保密措施”三个要件。涉案客户名单不仅包含了客户的基本信息，还包含了客户采购意向、交易习惯、产品规格需求等信息。这些信息能够创造商业价值，体现经营者的经营策略，需要经营者付出长期努力；同时这些信息不能从公开领域获得，京联公司与员工签订保密承诺书等行为可以证明其对这些信息采取了保密措施，因此，涉案客户名单属于反不正当竞争法所保护的商业秘密中的经营秘密。

评　　论：本案的典型之处在于对商业秘密的解释适用。商业秘密具备三个要件：不为公众知悉、具有商业价值、采取相应保密措施。其中对是否“具有商业价值”的判断是本案所涉及的客户名单能否构成商业秘密的重点。涉案客户名单不仅包括客户名称、联系方式等基本信

息，还包括客户的交易习惯、采购意向、产品规格需求等信息。后者的获取建立在经营者长期经营、与他人交易合作的基础之上，需要经营者经营资源、智慧的投入，其使经营者能够更好地与客户合作，为经营者带来商业利益，因而可以认定包含后一类信息的客户名单具有商业价值，属于商业秘密。

b. 单个零部件的秘密性与组合而成的技术方案的秘密性无必然联系——水泵技术方案案

案件名称：南方中金环境股份有限公司（以下简称“中金公司”）与浙江南元泵业有限公司（以下简称“南元公司”）、赵某高等侵害商业秘密纠纷

基本信息：浙江省杭州市中级人民法院（2020）浙01民初287号，2021年8月26日

主要案情：原告中金公司是各种泵类产品的研发、生产、销售商，业已研发、设计出各种泵类产品图纸，并采取制定员工手册、签署保密协议、技术软件加密等保密措施。被告赵某高、吴某忠、金某明、姚某保均为中金公司前员工，在离职后先后加入被告南元公司工作。之后，原告中金公司发现被告南元公司生产的立式多级离心泵与其某款产品基本相同（见图5-17），以侵害商业秘密为由将上述几人与南元公司起诉至法院。浙江省杭州市中级人民法院判决被告南元公司停止侵害原告商业秘密，赔偿原告经济损失以及维权费用110万元。

图5-17　涉案CDL32系列水泵产品

主要争点：涉案技术信息是否构成商业秘密。

裁判理由：涉案技术图纸承载的技术方案系由已经为公众所知悉的单个零部件组合而成，但零部件信息为公共领域知识不影响整体技术方案的秘密性。涉案技术信息是否构成商业秘密需要单独进行判断。

首先，涉案技术信息可为水泵所用，能为原告带来商业价值；其次，由单个零部件组合而成的整体技术方案不为公众所知，也不能通过反向工程获得，原告也为这些信息采取了相应的保密措施，故涉案技术信息构成商业秘密。被告南元公司的技术图纸所承载的技术信息与原告的商业秘密实质性相同，构成侵权。原告未能举证证明其余四被告非法获取并披露其商业秘密，其余被告不构成侵权。

评　　论：在分析涉案技术信息是否属于技术秘密时，本案强调了单独分析判断的原则，指出单个零部件的秘密性和由其组合而成的技术方案的秘密性没有必然联系，单个零部件属于公共领域的知识，不影响整体技术方案构成商业秘密。此外，本案涉及对产品技术图纸所承载的尺寸公差、形位公差、粗糙度、图样画法、局部放大视图、明细表内容、尺寸标法和技术要求等技术信息是否不为公众所知悉的具体认定，现有判例对此鲜有涉及，而这些认定关系到涉案行业技术秘密认定的方法和标准，本案判决可以为此提供可资借鉴的裁判思路。①

c. 后台文件构成商业秘密的认定——理正公司商业秘密案

案件名称：北京理正软件股份有限公司（以下简称“理正公司”）与北京大成华智软件技术有限公司（以下简称“大成公司”）侵害商业秘密纠纷

基本信息：最高人民法院（2020）最高法知民终1101号，2021年2月3日

主要案情：理正公司自主开发《理正建设企业管理信息系统》软件，并获得著作权。何某亮、刘某刚、臧某杰三人曾为理正公司员工，并与理正公司签订了保密协议。三人离职后，先后进入大成公司工作。之后林同棪国际工程咨询（中国）有限公司（以下简称“林同棪公司”）

① 《浙江法院八大商业秘密司法保护典型案例》之典型案例一.（2021-12-27）[2021-04-20]. http://mp.weixin.qq.com/s/rYbFGwrTeLsnTYRLZPNtlA.

与大成公司合作开发软件，上述三人参与其中。研发完成的林同棪公司软件与理正公司软件在数据表、存储过程/函数文件方面构成多处实质相同和相似。在上述三人被刑事判决判处侵犯商业秘密罪后，理正公司以侵犯商业秘密为由提起民事诉讼。北京知识产权法院作出（2017）京73民初18号民事判决，判令大成公司停止侵权、赔偿损失。理正公司提起上诉，要求支持其全部诉讼请求。最高人民法院二审维持原判。

主要争点：涉案软件内容是否构成商业秘密。

裁判理由：一审法院认为：对涉案软件内容是否属于商业秘密的判定包括对其内容属性的判断、非公知性和保密性的判断，以及商业秘密价值和实用性的判断。首先，涉案软件内容为软件的数据库表和存储过程/函数文件，属于技术信息；其次，相关证据可以证明原告理正公司对涉案数据库表和存储过程/函数文件采取了保密措施，且这些信息并不为公众所知；最后，不同数据库表和存储过程/函数文件会呈现不同的数据库结构，而数据库结构会影响软件的质量，软件质量直接影响企业的商业价值和竞争优势，因此涉案软件内容构成商业秘密。

评　　论：本案涉及新类型商业秘密的认定。对于涉案软件后台文件（数据库表和存储过程/函数文件）是否属于商业秘密，本案从其内容属性以及非公知性、保密性、商业秘密价值与实用性三个商业秘密要件方面进行判断。在此过程中，受诉法院明确指出后台文件（数据库表和存储过程/函数文件）属于技术信息，涉案技术信息不为公众所知悉，并且涉案信息关系到软件的质量，能为经营者带来商业价值，将涉案数据库表和存储过程/函数文件认定为商业秘密。对于软件行业，本案意味着软件不但整体可以作为作品受到著作权法的保护，其后台文件、代码等组成部分还可以作为反不正当竞争法保护的对象，即软件可以得到著作权法和反不正当竞争法的双重保护。

d. 对“相应的保密措施”的认定——零极公司商业秘密案

案件名称：北京零极中盛科技有限公司（以下简称“零极公司”）与周某等侵害技术秘密纠纷

基本信息：最高人民法院（2021）最高法知民终1440号，2021年11月1日主要案情：零极公司是集成电路研发、生产商。周某等自然人曾经是零极公司员工，离职后进入鼎源公司工作。零极公司发现鼎源公司生产的模块电源产品与其自主研发生产的模块电源产品实质相同，遂以周某等侵害其技术秘密提起诉讼。北京知识产权法院作出（2018）京 73 民初 1065 号民事判决，认定涉案技术信息不构成商业秘密，驳回零极公司的诉讼请求。零极公司提起上诉，最高人民法院二审维持原判。

主要争点：涉案技术信息是否属于商业秘密。

裁判理由：对商业秘密的判定需要考虑“不为公众知悉”“具有商业价值”“采取相应的保密措施”三方面要件。一审法院认为涉案技术信息具有商业价值，零极公司采取了保密措施，但涉案技术信息属于公开信息，因此涉案技术信息不构成商业秘密。

二审法院认为涉案技术信息具有商业价值，但零极公司并未采取相应的保密措施，且涉案技术信息为公开信息，因此涉案技术信息不属于商业秘密。首先，涉案产品为市场流通产品，零极公司要实现保密目的，需要采取的保密措施应当能对抗第三人的反向工程。零极公司对涉案技术信息采取签订保密协议、制定技术图纸管理规范等对内保密措施，并未对市场上流通的产品采取保密措施，故不属于“采取相应的保密措施”。其次，“不为公众知悉”的判断主体是所属领域相关人员，判断标准包括不能“普遍知悉”和不能“容易获得”，判断的时间点是被侵权行为发生时。零极公司产品不满足不能“容易获得”，因此涉案技术信息不构成商业秘密。

评　　论：本案涉及对商业秘密认定中“采取相应的保密措施”要件的适用。二审法院认为，“采取相应的保密措施”不仅要求权利人采取了一定的保密措施，还要求其保密措施达到“相应”的程度。当涉案技术信息承载于在市场上流通的外部载体时，涉案技术信息就存在通过反向工程被获取的风险，权利人采取的保密措施要能够对抗他人的反向工程，而不仅仅是在公司内部与员工签订保密协议。可见，“采取相应的保密措施”要求权利人采取保密措施时全面考虑技术信息、经营信息可能被获取的途径，采取的措施应能足以应付这些可能的风险。

5.2.1.5.2 侵犯商业秘密行为的判定

a. 以其他不正当手段侵犯商业秘密行为的认定——英格索兰公司技术秘密案

案件名称：英格索兰工业美国公司（以下简称“英格索兰公司”）与孙某煜侵害技术秘密纠纷

基本信息：最高人民法院（2020）最高法知民终 1276 号，2021 年 1 月 13 日

主要案情：孙某煜是英格索兰公司的员工，双方在劳动合同中约定职工对有关公司或者和公司有关联的任何业务实体的生产、管理程序等信息严格保密，并且未经公司事先书面同意，不得披露任何上述信息。同时双方约定合同终止后，职工应立即归还其拥有的全部公司备忘录、客户名单、电脑光盘、公司图纸等资料。之后孙某煜多次下载英格索兰公司含有商业秘密的图纸，并将图纸转移到外接存储设备上。英格索兰公司以孙某煜侵犯其商业秘密为由提起诉讼。上海知识产权法院作出（2018）沪 73 民初 879 号民事判决，判决孙某煜不得披露、使用或允许他人使用涉案商业秘密，提交存储有涉案商业秘密的载体，赔偿英格索兰公司合理维权费用。孙某煜提起上诉，最高人民法院认为孙某煜的上诉请求不能成立，予以驳回。

主要争点：孙某煜的行为是否构成侵犯技术秘密的行为。

裁判理由：孙某煜未经公司许可擅自将含有涉案技术秘密的图纸转移至非公司所有和控制的外接存储设备上，使涉案技术秘密面临被披露和使用的风险，且孙某煜对该转存行为也未能作出合理解释，其行为构成《反不正当竞争法》第 9 条禁止的以其他不正当手段获取权利人的商业秘密的侵犯商业秘密行为，应承担相应的民事责任。

评　　论：本案涉案行为系员工将公司商业秘密转移到外接存储设备中，不属于《反不正当竞争法》第 9 条明确列举的侵犯商业秘密的行为，但又具有两方面的违法性：使涉案商业秘密面临被披露和使用的风险，违反公司规定和职业道德。由此可见，对侵犯商业秘密行为的认定并不要求行为对权利人的权益产生了现实、实际的损害，只要权利人的合法权益有受损之风险，该行为即属于侵犯商业秘密的行为。本案对“以其他不正当手段”的解释和适用，对于适用《反不正当竞争法》第 9 条规制新型侵犯商业秘密的行为具有参考意义。

b. 离职员工在涉嫌侵犯商业秘密纠纷中的举证责任分配——恒实公司商业秘密案

案件名称：深圳恒实琥珀珠宝有限公司（以下简称“恒实公司”）与郭某鹏侵害商业秘密纠纷

基本信息：广东省深圳市中级人民法院（2020）粤03民终25614号，2021年2月19日

主要案情：郭某鹏曾经是恒实公司的员工，双方签订有保密协议。郭某鹏在离职后，仍然通过其掌握的客户信息向恒实公司的客户推荐商品。恒实公司认为相关信息是区别于公知信息的特殊信息，郭某鹏侵犯了其商业秘密。深圳市罗湖区人民法院作出（2020）粤0303民初21439号民事判决，判决郭某鹏停止侵权行为并赔偿经济损失。恒实公司上诉，广东省深圳市中级人民法院二审驳回上诉，维持原判。

主要争点：郭某鹏是否侵害恒实公司商业秘密。

裁判理由：恒实公司根据郭某鹏利用微信账号与4名客户的微信聊天记录，主张郭某鹏使用客户手机号码添加客户微信，违反保密协议，使用了恒实公司的商业秘密。因郭某鹏对添加微信的过程不予说明，对如何添加微信的事实亦不提交证据证明，恒实公司据此主张郭某鹏系使用客户的手机号码添加微信，符合证据规则。郭某鹏违反劳动合同约定的保密义务，使用恒实公司客户的手机号码、微信号等经营信息联系客户，侵害了恒实公司的商业秘密。

评　　论：本案的典型意义在于对双方当事人举证责任的分配。人民法院审理离职员工违反保密协议、使用原公司客户信息侵害商业秘密案件，应立足案件的特点和实际，在不违反法定证据规则的前提下，通过举证责任的转移、分配、免除，适度减轻权利人的举证负担，切实加大对商业秘密的保护力度。对于被诉侵权人为原告前员工的案件，应尽量适用《反不正当竞争法》第9条第1款第3项“违反保密义务或者违反权利人有关保守商业秘密的要求，披露、使用或者允许他人使用其所掌握的商业秘密”，免除适用其他项规定中原告对被告使用不正当手段获取商业秘密等事项的举证责任，以减轻原

告的举证负担。[①]

c. 举证责任转移的适用

案件名称：优铠（上海）机械有限公司（以下简称“优铠公司”）与路启公司、曹某等侵犯技术秘密案

基本信息：最高人民法院（2019）最高法知民终7号，2021年4月22日

主要案情：优铠公司是国内第一家优选锯生产商（其优选锯产品见图5-18）。曹某、李某、周某曾在优铠公司任职，并能接触到技术图纸、供应商资料、设备软件程序等，熟知优铠公司的技术秘密。后三人设立路启公司，并从优铠公司离职。之后路启公司制造、销售的优选锯采用与优铠公司“边测量边锯切”技术相同的技术方案。鲁丽公司则在明知路启公司的产品是使用优铠公司的技术秘密生产的情况下，仍然购买、使用路启公司产品。优铠公司认为上述行为严重侵犯其合法权益，故提起诉讼。上海知识产权法院作出（2017）沪73民初716号民事判决，判决驳回优铠公司诉讼请求。优铠公司不服，提起上诉。最高人民法院二审判决路启公司停止侵犯涉案技术秘密，赔偿经济损失和合理开支。

**图5-18 优铠公司优选锯产品**

主要争点：路启公司是否存在侵权行为。

裁判理由：二审法院认为，判定被诉行为是否构成侵犯商业秘密行为，关键在于被诉侵权产品是否采用了与优铠公司涉案技术秘密相同或者实质相同的技术信息。优铠公司已尽到相应举证责任，可以认定路启公司的F308、H18优选锯使用的技术信息与优铠公司“边测量边锯切的设计”的技术秘密构成实质相同具有“高度盖然性”，应当由

① 《深圳知识产权法庭发布2021年十宗反不正当竞争典型案例》典型案例之六“典型意义”，深圳市中级人民法院，2021-08-04. https://mp.weixin.qq.com/s/Fqnkv5eVTvxlEzlWu_36UA.

路启公司举证证明其使用的技术方案与优铠公司的技术秘密不同，而路启公司没有提出实质性抗辩和有力证据，因此路启公司的行为构成侵犯他人商业秘密。

评　　论：本案的典型意义在于，最高人民法院通过具体案例明确了当事人双方的举证义务。本案涉案技术秘密是一种加工流程工艺，商业秘密权利人在证明侵权的过程中，往往仅能够发现或证明被控侵权人产品的效果或性能，而无法证明被控侵权人的加工过程，要求权利人提供被控侵权人使用相同或类似工艺的证据无疑存在实质性困难。有学者认为，最高人民法院采取了举证责任倒置规则，实现了当事人双方之间举证责任的合理分配，避免了权利人承担过重的举证负担，有效保护了权利人的合法权利，为技术秘密侵权纠纷案件的审理提供了裁判指引。[①] 本案为最高人民法院十大反不正当竞争和反垄断典型案例之一。

5.2.1.5.3　商业秘密的许可

许可合同效力的判定——江苏中关村公司与斯太尔公司技术秘密许可合同案

案件名称：江苏中关村科技产业园控股集团有限公司（以下简称“江苏中关村公司”）、斯太尔动力（江苏）投资有限公司与斯太尔动力（常州）发动机有限公司、斯太尔动力股份有限公司（以下统称“斯太尔公司”）技术秘密许可使用合同纠纷

基本信息：最高人民法院（2021）最高法知民终 809 号，2021 年 7 月 7 日

主要案情：江苏中关村公司与斯太尔公司于 2016 年签订招商引资合同，根据当地政策，斯太尔公司可因此获得 2 亿元综合奖励。2016 年年末，双方签订技术许可合同，斯太尔公司将关于柴油发动机的全部商业秘密和核心技术授权给江苏中关村公司，许可使用费为 2 亿元。之后，江苏中关村公司向斯太尔公司转账共计 2 亿元，江苏中关村公司接收了斯太尔公司的全部技术资料但未实际使用。2017 年 4 月，双方又签订技术回购协议。2017 年 10 月，斯太尔公司根据该协议向江苏中关村公司开出 2 亿元转账支票。但由于斯太尔公司被证监会启动调查，江苏中关村公司未能使用上述支票。（本案法律关系

① 马一德．解读“优选锯”侵害技术秘密纠纷案．微信公众号“人民法院报”，2021 - 09 - 28.

图见图 5-19）后江苏中关村公司以其与斯太尔公司之间的技术许可合同是为招商引资需要签订，并非双方真实意思表示，应为无效为由，向法院起诉请求斯太尔公司返还 2 亿元许可使用费。江苏省高级人民法院作出（2018）苏民初 12 号民事判决，认定涉案合同无效，斯太尔公司返还江苏中关村公司 2 亿元，江苏中关村公司返还相关技术资料。江苏中关村公司等提起上诉，最高人民法院二审维持原判。

主要争点：涉案技术许可合同是否无效。

裁判理由：判定双方当事人签订合同时是否存在虚假意思表示，需要通过“三步法”予以认定：第一步判定主给付义务的真实情况，若主给付义务不具备特定类型合同项下主给付义务的特征，可以初步认定存在虚假意思表示；第二步是在第一步的前提下判定双方订立合同前后的情况和履约行为等，从而进一步判断双方的真实意图；第三步是综合全案情况判断上述两步的认定结果能否相互吻合并排除合理怀疑，最终即可认定双方是否以虚假意思表示订立合同。

第一步，涉案技术许可合同主给付义务不具备一般技术许可合同中许可方自由支配许可费、被许可方依约使用技术的基本特征，可以初步认定双方具有虚假意思表示；第二步，根据案情可认定双方真实意图是获得政府奖励的 2 亿元招商奖励金；第三步，综合全案案情，前两步认定结果吻合且能够排除合理怀疑，因此，双方订立合同时存在虚假意思表示。

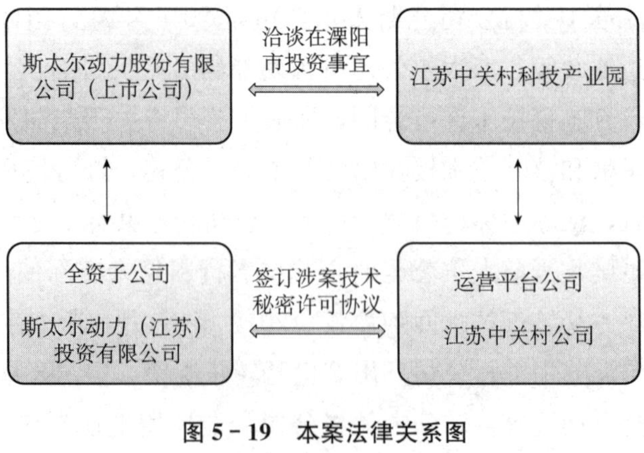


**图 5-19　本案法律关系图**

图片来源：最高人民法院知识产权法庭。

评　　论：就技术许可合同效力的认定，本案采用了“三步法”，对合同签订时双方是否存在虚假意思作出了合理的认定。“三步法”的判断方法综合考虑了特定类型合同的特点、双方当事人订立合同的真实情况以及全案情况，在对虚假意思的判断中达到了全面严密的程度，并具有可操作性，为虚假意思的判断提供了合理路径。

## 5.2.2 不正当竞争行为的法律责任

### 5.2.2.1 民事责任

a. 停止侵害法律责任的适用——瑞昌公司商业秘密案

案件名称：洛阳瑞昌环境工程有限公司（以下简称“瑞昌公司”）与洛阳明远石化技术有限公司（以下简称“明远公司”）、程某锋等商业秘密纠纷

基本信息：最高人民法院（2020）最高法知民终 726 号，2021 年 9 月 8 日

主要案情：被告程某锋、李某伟等自然人曾经在瑞昌公司工作，并签订了保密协议，离职后进入明远公司工作。瑞昌公司认为，上述自然人在明远公司工作期间披露、使用并允许明远公司使用瑞昌公司经营秘密，明远公司等还以申请专利的方式公开了瑞昌公司有关燃烧器的技术秘密，上述行为侵犯了其经营秘密和技术秘密，故诉至法院。河南省郑州市中级人民法院作出（2018）豫 01 民初 2272 号民事判决，判决明远公司停止侵害瑞昌公司经营秘密，并赔偿经济损失。当事人均提起上诉。最高人民法院撤销一审判决，判令明远公司等停止侵害瑞昌公司技术秘密并赔偿经济损失。

主要争点：明远公司等是否还应当承担停止侵害经营秘密的责任。

裁判理由：二审法院指出：原审被告侵害了瑞昌公司的经营秘密，均应依法承担停止侵害的民事责任。基于如下三项考量因素在本案中判决明远公司等承担停止侵害责任已经失去必要性和时效性：第一，程某锋等六人与瑞昌公司签订的“保密协议”明确约定离职后承担保密义务的期限为自离职之日起计算 5 年。该六人中最后从瑞昌公司离职的田某某离职时间为 2016 年 7 月，至今已超过 5 年，因此六人承担保密义务的期限均已届满。第二，根据客户信息的特点，随着时

间的推移和市场供需关系的变化，客户信息的价值和带来的竞争优势会逐渐减弱。如果长期禁止其他经营主体进入市场，不利于建立平等、公平、有序的市场环境。第三，本案中通过判令明远公司等侵权人支付赔偿金额已经足以弥补瑞昌公司因经营秘密被侵害造成的经济损失。

评　　论：本案的焦点在于是否对经营秘密适用停止侵害责任。二审法院指出，此责任的适用必须综合考虑必要性和时效性。本案为商业秘密侵权案件停止侵害责任的适用提供了借鉴。

b. 侵犯商业秘密案件赔偿数额的确定——香兰素案

案件名称：嘉兴市中华化工有限责任公司（以下简称“嘉兴中华化工”）等与王龙集团有限公司（以下简称“王龙公司”）等侵害技术秘密纠纷

基本信息：最高人民法院（2020）最高法知民终 1667 号，2021 年 2 月 19 日

主要案情：嘉兴中华化工、上海欣晨公司共同研发出合成香料香兰素的新型生产工艺，嘉兴中华化工凭借此工艺占有了全球香兰素市场约 60%的份额。王龙公司等从嘉兴中华化工的前员工傅某祥处获知嘉兴中华化工的香兰素生产工艺，并挖走嘉兴中华化工多名相关员工，在短时间内争夺嘉兴中华化工客户，并占有全球香兰素市场 10%左右份额。嘉兴中华化工等遂诉至法院。浙江省高级人民法院于 2020 年 4 月 24 日作出（2018）浙民初 25 号民事判决，判决王龙公司等停止侵害、赔偿经济损失 350 万元。双方当事人均提起上诉。最高人民法院二审认为，根据权利人提供的经济损失数据，综合考虑涉案技术秘密商业价值大、侵权情节恶劣、被告拒不执行人民法院行为保全裁定等因素，改判王龙公司及其法定代表人等连带赔偿 1.59 亿元。

主要争点：损害赔偿责任及赔偿数额的确定。

裁判理由：嘉兴中华化工等主张根据涉案技术秘密被侵害给其造成的损失确定赔偿数额，并提供了三种计算方式：按营业利润计算为 116 804 409 元，按销售利润计算为 155 829 455.20 元，按价格侵蚀计算为 790 814 699 元。其中第一、二种计算方式采用的证据真实可靠，计算出的赔偿数额均有一定合理性；第三种方式的相关数据和计算方法之准确性存在多种因素限制，仅作参考。一审法院以证据不足以证明原告实际损失为由，适用法定赔偿计算赔偿数额，事实认定

和适用法律均有错误。

在确定本案赔偿数额时，最高人民法院考虑了如下因素：(1) 被诉侵权人非法获取涉案技术秘密的手段恶劣；(2) 被诉侵权人非法获取及使用的涉案技术秘密数量较多；(3) 被诉侵权人具有侵害涉案技术秘密的恶意； (4) 涉案技术秘密具有较高的商业价值；(5) 部分被诉侵权人系以侵权为业的公司；(6) 被诉侵权人侵害涉案技术秘密的行为对全球市场造成严重冲击；(7) 被诉侵权人拒绝提交侵权产品销售数量等证据，存在举证妨碍、不诚信诉讼等情节；(8) 被诉侵权人拒不执行原审法院的生效行为保全裁定，被诉侵权行为一直在持续。从查明的事实来看，涉案侵权行为本可适用惩罚性赔偿，但因当事人的诉讼请求及新旧法律适用衔接的原因，方不宜适用惩罚性赔偿。综合前述八项因素，最高人民法院决定按照香兰素产品的销售利润计算本案侵权损害赔偿数额。由于被诉侵权人拒不提交与侵权行为有关的账簿和资料，无法直接依据其实际销售香兰素产品的数据计算其销售利润，为严厉惩处恶意侵害技术秘密的行为，充分保护技术秘密权利人的合法利益，最高人民法院以嘉兴中华化工香兰素产品在2011年至2017年期间的销售利润率计算出本案的损害赔偿数额为155 829 455.20元，故改判被诉侵权人赔偿经济损失155 829 455.20元、合理维权费用3 492 216元，共计159 321 671.20元。

评　　论：本案被选为2021年中国法院十大知识产权案件之一。作为人民法院生效判决确定赔偿数额最高的侵害商业秘密案件，本案对于在侵害技术秘密案件中确定损害赔偿数额具有参考意义。

本案二审法院在确定侵权损害赔偿数额时，明确了8项考量因素，依法全面客观准确地计算出商业秘密侵权对于权利人商业秘密市场价值的损害。本案二审判决的侵权损害赔偿数额较高，推进了民事侵权救济与刑事犯罪责任追究的衔接，彰显了我国严格依法保护知识产权、严厉打击侵权行为的鲜明司法态度。

#### 5.2.2.2　行政责任

不当谋取交易机会或竞争优势受行政处罚

**案件名称：**唯品会（中国）有限公司（以下简称“唯品会”）不正当竞争案

基本信息：国家市场监督管理总局国市监处〔2021〕3号，2021年2月8日

主要案情：2020年8月至12月，唯品会开发并使用巡检系统，获得同时在该公司及其他公司上架销售的品牌经营者信息，即利用供应商平台系统、智能化组网引擎、运营中台等提供的技术手段，通过影响用户选择及限流、屏蔽、商品下架等方式，减少品牌经营者的消费注意、流量和交易机会，进而限制品牌经营者的销售渠道。

处罚理由：唯品会的上述行为利用技术手段，通过影响用户选择的方式，妨碍、破坏了品牌经营者及其他经营者合法提供的网络产品和服务的正常运行，违背了自愿、平等、公平、诚信原则，扰乱了公平竞争的市场秩序。根据《反不正当竞争法》第12条第2款第4项，唯品会的此种行为构成不正当竞争。国家市场监督管理总局根据《反不正当竞争法》第24条的规定对其进行处罚，罚款300万元。

评　　论：本案中，唯品会为应对相同业务领域的竞争者带来的挑战采取了“二选一”的限制性措施，国家市场监督管理总局接到举报后对此事展开调查并最终对唯品会进行顶格罚款。[①] 互联网平台领域的“二选一”行为时有发生，本案的“二选一”行为更为隐蔽，互联网专条兜底条款在本案中再次展现出其生命力与回应力。同时，国家市场监督管理总局所施加的顶格行政处罚体现了执法部门规范互联网经济秩序、反不正当竞争及反垄断的决心。

#### 5.2.2.3 刑事责任

侵犯商业秘密刑事与民事责任的认定——音王商业秘密案

案件名称：音王电声股份有限公司（以下简称“音王公司”）与惠州市辉特电子科技有限公司（以下简称“辉特公司”）等侵害商业秘密纠纷

基本信息：浙江省宁波市中级人民法院（2021）浙02刑初35号（2021）浙02刑初36号，2021年4月22日；（2021）浙02民初1093号，2021年10月25日

主要案情：音王公司是数字调音台（见图5-20）等专业音响和音视频系列集成设备的生产企业，享有“卡迪克调音台三项技术信息”“最佳的

① 唯品会被罚300万，为啥按反不正当竞争处罚，而非反垄断？. 微信公众号“LegalExecutiveBoard”，2021-02-09.

压缩器”等技术秘密。自然人郑某、丘某等曾是音王公司员工，通过非法复制等手段获取了涉案技术秘密的源代码、资料等，在辉特公司成立后，郑某等加入辉特公司，利用涉案技术秘密生产调音台等，给音王公司造成重大经济损失。音王公司以其商业秘密被侵害为由向法院提起诉讼。

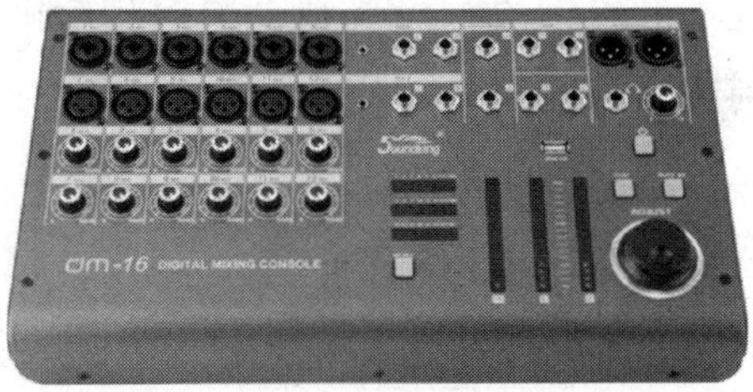


**图 5-20　音王公司的数字调音台产品**

主要争点：自然人被告人的刑事责任，辉特公司是否承担惩罚性赔偿责任。

裁判理由：被告人郑某、丘某违反保密义务及权利人有关保守商业秘密的要求，使用权利人的商业秘密，又用不正当手段获取权利人的商业秘密，给权利人造成的损失分别达 273.43 万元、91.43 万元，分别属于造成特别严重后果、造成重大损失；被告人文某、贺某违反保密义务及权利人有关保守商业秘密的要求，使用权利人的商业秘密，给权利人造成损失达 91.43 万元，属于造成重大损失。四名被告人的行为均已构成侵犯商业秘密罪。综合相关情节，四名被告分别被判处有期徒刑 1 年至 4 年，缓刑 6 个月至 2 年不等，并处罚金 10 万元至 200 万元不等。

被告辉特公司自成立以来便以生产侵权产品为业，主观恶意明显，销售数量较大、销售范围较广，而涉案自然人被告人已经因为侵害商业秘密的行为受到刑事处理。据此认定被告辉特公司侵权情节特别严重，可适用惩罚性赔偿确定赔偿金额。根据《最高人民法院关于审理侵犯商业秘密民事案件适用法律若干问题的规定》第 23 条的规定、《最高人民法院关于审理侵害知识产权民事案件适用惩罚性赔偿的解释》第 6 条的规定，以音王公司的损失 91.43 万元作为赔偿数额的基数，以基数的 4 倍确定赔偿金额为 365.72 万元。

评　　论：本案属于典型的商业秘密犯罪案例。本案刑事判决明确了在新旧刑事法律及其司法解释并存情况下的法律适用的方法。确立了“违约型”和“侵权型”侵犯商业秘密行为模式的区分标准，具有较强的可操作性，对类案的处理具有一定的借鉴意义。①

本案的民事判决则涉及惩罚性赔偿的适用。民事判决以刑事判决结果为依据，证明了涉案民事侵权行为情节之严重，在此基础上，以当事人实际损失为基数计算得出惩罚性赔偿数额。这一民事判决体现了刑事判决和民事判决的相互衔接，有利于民事判决结果和刑事判决结果的统一对应。

① 《浙江法院八大商业秘密司法保护典型案例》之典型案例六，浙江省高级人民法院，2021-12-27.

# 6. 反垄断

## 6.1 法律、规范性文件与政策

### 6.1.1 法律与规范性文件

a.《最高人民法院关于审理因垄断行为引发的民事纠纷案件应用法律若干问题的规定（2020 修正）》

基本信息：最高人民法院法释〔2020〕19 号，2020 年 12 月 29 日发布，2021 年 1 月 1 日施行

主要内容：依据《民法典》进行适应性的修改。

b.《最高人民法院关于垄断行政案件管辖问题的通知》

基本信息：最高人民法院法〔2021〕136 号，2021 年 6 月 2 日发布，2021 年 6 月 10 日施行

主要内容：对国务院反垄断执法机构涉及反垄断的行政行为依法提起诉讼的第一审行政案件，由北京知识产权法院管辖。对省、自治区、直辖市人民政府反垄断执法机构涉及反垄断的行政行为或者省、自治区、直辖市人民政府所作反垄断行政复议决定依法提起诉讼的第一审行政案件，由省、自治区、直辖市人民政府所在地具有垄断民事案件管辖权的中级人民法院管辖、知识产权审判部门审理；设立知识产权法院的，由其管辖。高级人民法院依照行政诉讼法有关规定管辖本通知第一、二条所称第一审行政案件的，由知识产权审判部门审

理。不服本通知所称第一审行政案件判决、裁定而提起上诉的案件，由最高人民法院知识产权法庭审理。本通知施行前已受理、未审结的垄断行政案件，由审理法院继续审理；本通知施行以后受理的垄断第一审行政案件，按本通知执行。

c.《国务院反垄断委员会关于平台经济领域的反垄断指南》

基本信息：国务院反垄断委员会国反垄发〔2021〕1号，2021年2月7日发布、施行

主要内容：该指南以《反垄断法》为依据，结构上也与之高度契合，由总则、垄断协议、滥用市场支配地位、经营者集中、滥用行政权力排除限制竞争和附则等六章组成。

该指南对平台经济领域的协同行为以及经营者集中的认定予以细化，明确了相关行为是否构成垄断行为的判断标准："二选一"可能构成滥用市场支配地位限定交易行为，"大数据杀熟"可能构成滥用市场支配地位差别待遇行为。另外，该指南进一步细化认定平台经济领域经营者具有市场支配地位的考虑因素，包括市场份额以及相关市场竞争状况、控制市场的能力、财力和技术条件以及依赖程度等。①

d.《网络交易监督管理办法》

基本信息：国家市场监督管理总局　国家市场监督管理总局令第37号，2021年3月15日发布，2021年5月1日施行

主要内容：该办法在反垄断方面的亮点在于规制平台强制"二选一"问题。平台实施的限制行为隐蔽性强，给监管执法增加了难度。为此，该办法第32条规定平台不得通过搜索降权、下架商品、限制经营、屏蔽店铺、提高服务收费等方式，禁止或者限制平台内经营者自主选择在多个平台开展经营活动，或者利用不正当手段限制其仅在特定平台开展经营活动；禁止或者限制平台内经营者自主选择快递物流等交易辅助服务提供者；不得实施其他干涉平台内经营者自主经营的行为。这些规定对有效保障平台内经营者和消费者合法权益、维

① 官方解读：《平台经济领域反垄断指南》（附答记者问）（2021-02-08）［2021-03-01］. https：//new. qq. com/omn/20210208/20210208A0BPGM00. html.

护平台经济良好竞争秩序、促进平台经济健康发展均具有重要意义。①

e.《公平竞争审查制度实施细则》

基本信息：国家市场监督管理总局、国家发展和改革委员会、财政部、商务部、司法部国市监反垄规〔2021〕2号，2021年6月29日发布、施行

主要修改：与《公平竞争审查制度实施细则（暂行）》相比，本实施细则对总则、审查机制和程序、审查标准、例外规定、第三方评估、监督与责任追究以及附则进行了修订。审查标准是该实施细则的核心，本次修改重点完善和细化审查标准的内容和表现形式，具体包括市场准入和退出标准、商品和要素自由流动标准、影响生产经营成本标准以及影响生产经营行为标准，更高的审查标准是该实施细则的亮点之一。另外，该实施细则也以专章形式对公平竞争审查第三方评估作出规定，与《公平竞争审查第三方评估实施指南》做好衔接。②

f.《国务院反垄断委员会关于原料药领域的反垄断指南》

基本信息：国务院反垄断委员会国反垄发〔2021〕3号，2021年11月15日发布、施行

主要内容：本指南着眼于我国原料药领域发展现状、市场竞争状况和经营行为特点，在深入总结《反垄断法》实施以来我国原料药领域反垄断执法经验基础上，制定符合现阶段反垄断实践要求的原料药领域监管规则。本指南与《反垄断法》在结构方面紧密衔接，主要规定了五个方面的内容，具体包括总则、垄断协议、滥用市场支配地位、经营者集中，以及滥用行政权力排除、限制竞争。其中，在相关市场界定方面，本指南明确一种原料药一般构成单独的相关商品市场，且有可能根据具体情况作进一步细分，具有替代关系的不同种类原料药可能构成同一相关商品市场。在垄断协议方面，将经营者独立的价格跟随行为排除在协同行为之外，明确通过联合生产、联合采购、联合销售等协议商定产销数量、价格和区域等的行为，以及与其他经营者达成不生产或不销售并给予补偿的协议的行为，等等。

---

① 市场监管总局网监司负责人就《网络交易监督管理办法》答记者问．(2021－03－15)［2021－04－26］. https://www.samr.gov.cn/xw/zj/202103/t20210315_326927.html.

② 《公平竞争审查制度实施细则》解读．(2021－07－08)［2021－08－02］. https://gkml.samr.gov.cn/nsjg/xwxcs/202107/t20210708_332427.html.

可能构成垄断协议行为。

g.《企业境外反垄断合规指引》

基本信息：国家市场监督管理总局国市监反垄发〔2021〕72 号，2021 年 11 月 15 日发布、施行

主要内容：该指引引导企业建立和加强境外反垄断合规管理制度，从总体要求、境外反垄断合规管理制度、境外反垄断合规风险重点、境外反垄断合规风险的管理和防范等方面为企业建立境外反垄断合规制度和防范风险提供制度框架和基本要求。在境外反垄断合规风险重点部分，概述了多个司法辖区对垄断行为的认定、反垄断调查及应对、企业的合法权利、可能产生的不利后果等内容，为企业提供了全面参考。

### 6.1.2 政策

a.《国民经济和社会发展第十四个五年规划和 2035 年远景目标纲要》

基本信息：第十三届全国人民代表大会第四次会议，2021 年 3 月 11 日批准

相关内容：坚持鼓励竞争、反对垄断，完善竞争政策框架，构建覆盖事前、事中、事后全环节的竞争政策实施机制。统筹做好增量审查与存量清理，强化公平竞争审查制度的刚性约束，完善公平竞争审查细则，持续清理废除妨碍全国统一市场和公平竞争的规定及做法。完善市场竞争状况评估制度，建立投诉举报和处理回应机制。加大反垄断和反不正当竞争执法司法力度，防止资本无序扩张。推进能源、铁路、电信、公用事业等行业竞争性环节市场化改革，放开竞争性业务准入，进一步引入市场竞争机制，加强对自然垄断业务的监管。依法依规加强互联网平台经济监管，明确平台企业定位和监管规则，完善垄断认定法律规范，打击垄断和不正当竞争行为。

b.《2021 年政务公开工作要点》

基本信息：国务院办公厅国办发〔2021〕12 号，2021 年 4 月 9 日发布、施行

相关内容：做好市场规则标准和监管执法信息公开。加强反垄断与反不正当竞争执法信息公开工作，一视同仁公正监管，营造诚信守法的市场环境，有效维护人民群众利益。

# 6.2 案例

## 6.2.1 垄断协议

a. 行业协会组织行为的认定——上海市旅游行业协会垄断协议案

案件名称：上海市旅游行业协会组织上海浦江游览有限公司等游船公司达成并实施垄断协议案

基本信息：上海市市场监督管理局沪市监反垄处〔2020〕3202001 号，2020 年 10 月 15 日处罚，2021 年 1 月 29 日公告

主要案情：自 2011 年以来，上海市旅游行业协会下属水上旅游分会组织具有竞争关系的游船经营人多次召开总经理会议，以签署“自律公约”的形式协商固定或者变更“经典游”服务价格，并通过组建公共票务销售平台（票务中心）统一代理各游船经营人的船票销售，实施统一定价。自 2013 年以来，上海市旅游行业协会下属水上旅游分会组织具有竞争关系的游船经营人多次协商，以签署“自律公约”的形式固定或者变更“特色游”服务价格，并限制提供“特色游”服务的船舶数量。上海市旅游行业协会辩称其没有发挥“组织”作用，违法行为系由上海市交通委员会主导，其不应当受到惩罚。上海市市场监督管理局对上海市旅游行业协会处以 20 万元罚款。

主要争点：如何界定行业协会在达成垄断协议中的组织作用。

处理理由：上海市市场监督管理局认为，只要行业协会在垄断协议达成与实施的过程中发挥了积极作用，就足以依法认定行业协会的“组织”行为。虽然违法行为一定程度上受到上海市交通委员会影响，但上海市旅游行业协会下属水上旅游分会在“经典游”“特色游”客船游览服务价格协议的达成和实施过程中发挥了积极的组织作用，通过召集会议、发布通知、起草制定文件等方式组织游船经营人达成了“经典游”“特色游”客船游览服务价格协议。另外，上海市旅游行业协会下属水上旅游分会通过牵头组建销售平台、组织开展特色航班评审、对违反“特色游”自律公约价格要求的游船经营人给予停航等处罚的方式保障了“经典游”“特色游”客船游览服务价格协

议的执行。

鉴于上海市旅游行业协会违法行为一定程度上是为满足行政主管部门要求所致，并综合考虑当事人违法行为的性质、程度和持续时间等因素，依据2007年《反垄断法》第46条第3款、第49条的规定，决定对其处人民币20万元罚款。

评　　论：本案明确了行政机关在达成垄断协议中的参与行为不能阻却行业协会组织并保障协议达成与实施行为的违法性。换言之，只要行业协会在垄断协议达成与实施的过程中发挥了积极作用，就足以依法认定行业协会的"组织"行为。但在决定判罚金额时，市场监督管理部门将行政机关的作用作为考量因素之一。

b. 纵向垄断协议的构成要件——扬子江药业垄断协议案

案件名称：扬子江药业公司实施垄断协议案

基本信息：国家市场监督管理总局国市监处〔2021〕29号，2021年4月15日

主要案情：2015年至2019年间，扬子江药业公司在全国范围内（不含港澳台地区）与一级经销商、二级经销商、连锁型药店、其他零售药店等交易当事人通过签署合作协议、下发调价函、口头通知等方式达成固定和限制价格的垄断协议，并通过制定规则、强化考核监督、惩罚乱价经销商、委托中介机构维价等方式强化协议的实施。扬子江药业公司辩称，"排除、限制竞争"是纵向价格垄断协议的构成要件，其产品市场份额较低，相关行为不会产生排除、限制竞争的影响。国家市场监督管理总局对扬子江药业公司处以7.64亿元罚款。

主要争点："排除、限制竞争"是否为纵向垄断协议的构成要件。

处理理由：国家市场监督管理总局认为：经营者与交易相对人达成固定转售价格和限定最低转售价格协议的目的就是消除竞争，具有排除、限制竞争的效果，对此类协议的适用原则依法为原则禁止加例外豁免。只要在外观上满足《反垄断法》中纵向垄断协议的构成要件，就无须另外证明具有排除、限制竞争的效果。

药品零售市场集中度较低、竞争激烈，零售终端服务具有同质化特点，鉴于扬子江药业公司是国内医药生产的龙头企业，经销商对扬子江药业公司重点产品具有一定依赖性，对其固定和限制价格的行为议价能力不足。此外，扬子江药业公司通过限制销售区域、严禁不同销售区域窜货、违约惩罚等措施进一步加强了其协议条款

的强制性和惩罚性，使得经销商只能遵守其产品价格要求。以上的垄断行为不仅严重排除、限制了竞争，而且直接或间接提高了相关产品价格，导致零售价格以及医院价格没有降到其应降到的竞争水平价格，损害了消费者的利益。

评　　论：在判断“排除、限制竞争”是否为纵向垄断协议的构成要件时，司法机关与执法机关采取不同的审查原则，这一不同的审查思路也在“海南裕泰科技饲料有限公司诉海南省物价局行政处罚再审案”中为最高人民法院所肯认[①]；在 2013 年的锐邦诉强生案[②]中，上海市高级人民法院认为“限制最低转售价格协议必须具有排除、限制竞争效果才能被认定为垄断协议”，这一审判思路之后逐渐为各法院所采用，成为审理同类纠纷的主要原则；但执法机关则采取“原则禁止加例外豁免”的认定标准，即只要满足《反垄断法》中纵向垄断协议的构成要件，就无须另外证明具有排除、限制竞争的效果。

此次对扬子江药业公司处以 7.64 亿元的罚款据悉是《反垄断法》实施以来医药领域开出的最高金额的反垄断罚单。[③] 国家市场监督管理总局在处罚公告中指出，药品价格关系国计民生，涉及减轻群众就医负担、增进民生福祉等重大问题。2021 年 11 月 15 日，《国务院反垄断委员会关于原料药领域的反垄断指南》正式生效，反映出国家正逐步加大对医药行业的反垄断执法力度，这也对医药企业的合规建设提出了更高要求。

c. 横向垄断协议的认定——醋酸氟轻松原料药垄断协议案

案件名称：天药药业公司等三家企业达成并实施垄断协议案

基本信息：天津市市场监督管理委员会津市监垄处〔2021〕1、2、3 号，2021 年 4 月 25 日

主要案情：天药药业公司、太平洋化学制药公司是目前国内仅有的两家能够生

---

① 在（2018）最高法行申 4675 号民事判决书中，最高人民法院认为：“在行政诉讼中对反垄断机构执法中认定纵向垄断协议行为合法性的判断标准，与民事诉讼中对纵向垄断协议的审查标准存在明显的差别。”其指出，虽然达成但未实施垄断协议的行为不会构成“排除、限制竞争”的效果，但如果该协议一旦实施则必然构成“排除、限制竞争”的效果，也就是未实施的协议仍然具有“排除、限制竞争”的可能性，因此反垄断执法机构有权依据 2007 年《反垄断法》第 46 条的规定进行处罚，无须对该协议是否符合“排除、限制竞争”这一构成要件承担举证责任。

② 上海市高级人民法院（2012）沪高民三（知）终字第 63 号民事判决书。

③ 黄莉玲，李玲．扬子江药业被罚 7.6 亿背后：垄断终由患者买单！将加强执法．（2021-04-15）[2021-05-08]. https://www.163.com/dy/article/G7L9GFDO05129QAF.html.

产醋酸氟轻松原料药的企业，并从事国内醋酸氟轻松原料药销售，富海通医药公司是进口醋酸氟轻松原料药的经销商。三家企业自2008年起先后达成了相关协议：2008年天药药业公司与太平洋化学制药公司通过达成“关于醋酸氟轻松市场划分及价格调整会谈备忘录”的形式对醋酸氟轻松原料药市场进行划分，并约定醋酸氟轻松原料药的价格不得低于9万元/公斤。2016年天药药业公司与太平洋化学制药公司商定以独家总经销的形式共同包销安信医药公司的进口醋酸氟轻松原料药货源，并将价格提高到15万元/公斤。2018年天药药业公司、太平洋化学制药公司与富海通医药公司多次进行会谈，达成合作备忘录，将对外报价提到20万元/公斤。天药药业公司、太平洋化学制药公司、富海通医药公司分别被处以44 022 561.20元、5 213 538.13元、1 542 090.49元的罚款。

主要争点：三家企业是否构成横向垄断。

处理理由：天药药业公司、太平洋化学制药公司是目前国内仅有的两家能够生产醋酸氟轻松原料药的企业，富海通医药公司具有进口醋酸氟轻松原料药的经销权，三家公司均直接从事醋酸氟轻松原料药的市场销售。鉴于国内醋酸氟轻松原料药的制剂客户相对稳定，且三家公司均在全国范围内向醋酸氟轻松原料药的制剂客户进行销售，三家企业具有直接竞争关系。

三家企业多次以协议形式对醋酸氟轻松原料药的销售市场进行划分，并变更、固定醋酸氟轻松原料药的价格，排除、限制了醋酸氟轻松原料药销售领域的竞争，违反了2007年《反垄断法》第13条第1款第1项、第3项的规定，属于具有竞争关系的经营者达成并实施“固定或者变更商品价格”“分割销售市场或者原材料采购市场”垄断协议的行为。

评　　论：本案违法持续时间久、影响大、判罚数额巨大，系医药行业尤其是原料药领域的重大反垄断案件。由于原料药准入门槛高、市场需求大，原料药行业内部很难形成充分竞争，极易形成行业垄断。国家发展和改革委员会此前公布的数据显示，在我国1 500多种化学原料药中，50种原料药仅1家企业取得审批资格可以生产，44种原料药仅2家企业可以生产，40种原料药仅3家企业可以生产。[①]

---

① 张雪．老牌药企天药股份被开罚单　医药行业持续遭反垄断监管．(2021-04-29)[2021-06-25]. http://finance.china.com.cn/industry/medicine/20210429/5562028.shtml.

《国务院反垄断委员会关于原料药领域的反垄断指南》已于2021年11月15日发布、施行。本案警示医药企业尤其是原料药企业注意反垄断风险，合法合规经营。

d. 豁免事由的认定、涉垄断协议合同的效力认定——路桥驾校横向垄断协议案

案件名称：台州市路桥吉利机动车驾驶培训有限公司（以下简称“吉利公司”）、台州市路桥区承融驾驶员培训有限公司（以下简称“承融公司”）与台州市路桥区东港汽车驾驶培训学校（以下简称“东港公司”）等横向垄断协议纠纷[①]

基本信息：最高人民法院（2021）最高法知民终1722号，2021年12月22日

主要案情：本案涉及吉利公司、承融公司、东港公司等十五家浙江省台州市路桥区的驾驶培训机构。该十五家驾驶培训机构于2018年9月27日签订联营协议，约定共同出资组建新驾培服务管理公司（以下简称“联营公司”），并由联营公司对路桥区范围内的驾培行业进行统一收费、管理及规定违约责任，并于同日签订自律公约，约定驾校学费、教练员工资等。自2018年11月起，涉案十五家驾驶培训机构原先分散的辅助性服务，如报名、体检、制卡、理论学习培训、模拟器学习培训等，均由第三人浙东公司统一在同一现场处理。吉利公司、承融公司于2019年6月21日实际退出联营公司经营管理与服务，于2019年9月10日向宁波市中级人民法院提起诉讼，请求法院确认联营协议及自律公约无效。一审法院判决：确认联营协议及自律公约涉案条款构成固定价格、限制商品产销量、分割市场的横向垄断协议，相关条款无效；驳回吉利公司、承融公司其他诉讼请求。吉利公司、承融公司提起上诉，请求确认联营协议中股本结构条款无效。最高人民法院二审判决：吉利公司、承融公司上诉理由成立，涉案合作联营协议及自律公约全部无效。

主要争点：涉及垄断协议的合同是否应当被认定为无效。

裁判理由：首先，合同中涉垄断协议的内容无效；其次，鉴于十五家驾驶培训机构签署联营协议及自律公约的动因、目的、主要内容和实际履行等情况，股本结构条款没有单独有效的意义与价值，故一并被认定

① 本案被收入《最高人民法院知识产权法庭裁判要旨摘要（2021）》。

为无效。

反垄断法的目的是预防和制止排除、限制竞争的行为，维护市场竞争机制，提高经济效率，从整体上提高产品质量和降低价格，为消费者提供价廉物美的商品或者服务，使消费者获得福利，维护社会公共利益。正是因为反垄断涉及国家整体经济运行效率和社会公共利益，故原则上应当将反垄断法关于禁止垄断行为的规定作为效力性强制性规定。为此，《最高人民法院关于审理因垄断行为引发的民事纠纷案件应用法律若干问题的规定》（2020 年修正）第 15 条规定："被诉合同内容、行业协会的章程等违反反垄断法或者其他法律、行政法规的强制性规定的，人民法院应当依法认定其无效。但是，该强制性规定不导致该民事法律行为无效的除外。"本案中联营协议及自律公约中有关涉案十五家驾驶培训机构固定收费 3 670 元、限制十五家驾驶培训机构之间教练车辆及教练人员流动等条款属于法律禁止的横向垄断协议。

判断合同或者合同条款是否因违反反垄断法而无效时，还应该考虑消除和降低垄断行为风险的需要，这样有利于实现反垄断法预防和制止垄断行为的立法目的。首先，综观涉案十五家驾驶培训机构签订联营协议及自律公约的动因、目的、主要内容和实际履行等情况，联营协议第 3 条关于股本结构的条款并无独立有效的意义和价值。该十五家驾驶培训机构本为处于激烈竞争中的经营者，其以"防止恶性竞争"等为由，共同协商设立联营公司固定价格、限制数量等，其行为的实质和目的主要在于合谋排除、限制竞争（进行横向垄断）；而涉案十五家驾驶培训机构在联营协议第 3 条中约定各自出资共同设立联营公司，是其实施上述横向垄断协议、实现市场垄断目的的主要手段。从浙东公司作为联营公司根据联营协议所承担的管理职能、设立后实际从事的业务看，其是涉案十五家驾驶培训机构实施横向垄断协议的中枢和关键环节。除此之外，难以看出联营协议第 3 条关于注册资本与股本结构的约定在协议各方（涉案十五家驾驶培训机构）之间还有其他独立存在的意义和价值。其次，为预防和制止涉案垄断行为之目的，联营协议第 3 条关于股本结构的条款亦应被认定为无效。如果认定联营协议第 3 条仍然有效而继续约束各方，则实际上为被诉的其余十三家驾驶培训机构保留了信息沟通、协调一致行动的渠道，存在未来再次实施横向垄断协议的风险和可能，不利于预防和制止涉案垄断行为，故联营协议第3条是与联营协议及自律公约中有关横向垄断协议的条款密不可分而无独立存在意义的条款。为消除有关经营者再次实施横向垄断协议的风险，联营协议第3条应当随同有关横向垄断协议条款一并被认定为无效。

评　　论：本案提炼出垄断协议豁免的证明责任问题与涉垄断协议的合同效力问题的裁判要旨。

在垄断协议豁免的证明责任上，被诉垄断协议实施者主张涉案协议具有2007年《反垄断法》第15条第1款第1项至第5项情形，不构成垄断协议的，应当提供充分证据证明：该协议具有前述五项法定情形所称积极的竞争效果或者经济社会效果；该协议为实现上述效果所必需，因而不会严重限制相关市场的竞争；该协议能够使消费者分享由此产生的利益。被诉垄断协议实施者不能仅仅依赖一般性推测或者抽象推定有关积极的竞争效果或者经济社会效果，而应当提供证据证明有关效果是具体的、现实的。

在涉垄断协议的合同效力上，反垄断涉及国家整体经济运行效率和社会公共利益，反垄断法关于禁止横向垄断协议行为的规定原则上属于效力性强制性规定，违反该规定的合同条款应属无效。为降低和消除经营者继续实施垄断协议行为的风险，实现反垄断法预防和制止垄断行为的立法目的，与横向垄断协议条款具有紧密关系、与之脱离即不再具有独立存在意义的合同条款，以及实质上服务于横向垄断协议行为实施的合同条款，亦应属无效。

e. “药品专利反向支付协议”的反垄断审查——阿斯利康与奥赛康发明专利纠纷

案件名称：阿斯利康有限公司（以下简称“阿斯利康公司”）与江苏奥赛康药业有限公司（以下简称“奥赛康公司”）侵害发明专利权纠纷

基本信息：最高人民法院（2021）最高法知民终388号，2021年12月17日

主要案情：涉案专利系专利号为01806315.2、名称为“基于环丙基稠合的吡咯烷二肽基肽酶IV抑制剂及其制备方法、用途”的发明专利，由原权利人布里斯托尔-迈尔斯斯奎布公司（Bristol-MyersSquibb Company，以下简称“BMS公司”）转让给阿斯利康公司。奥赛康公司

系案外人威凯尔医药公司（以下简称“Vcare公司”）的关联方。

2012年1月4日，Vcare公司与BMS公司签订了“和解协议”，主要内容是Vcare公司承诺不挑战涉案药品专利权的有效性，BMS公司及继受专利权人（在本案中阿斯利康公司即为该继受专利权人）承诺不追究Vcare公司及其关联方（在本案中奥赛康公司即为该关联方）于2016年1月1日后实施涉案专利行为的侵权责任。

2016年1月1日后，奥赛康公司制造、销售、许诺销售涉案专利产品，阿斯利康公司于2021年1月6日提起专利侵权之诉。一审法院认定被诉侵权药品落入保护范围，但是根据2008年《专利法》第69条第5项的规定，奥赛康公司在就涉案两种药物向国家药品监督管理部门申报并获得注册批件的过程中，制造、使用被诉侵权药品的行为不构成对涉案专利权的侵害；根据Vcare公司与BMS公司签订的“和解协议”，奥赛康公司作为Vcare公司的关联方在2016年1月1日后制造、销售、许诺销售涉案沙格列汀片的行为亦不构成对涉案专利权的侵害，故驳回原告阿斯利康公司的诉讼请求。阿斯利康公司不服一审判决，提起上诉，又在二审期间提出撤回上诉的请求。最高人民法院经审查予以准许。

主要争点：涉案“和解协议”是否属于药品专利反向支付协议，以及对之进行反垄断审查的必要性。

裁判理由：在涉及药品专利权利人和仿制药申请人的药品专利案件中，作为当事人主张权利或和解依据或者作为法院裁判依据的有关协议或者合同，包括当事人申请撤回起诉或者上诉的和解协议，或者申请撤回上诉情形下作为一审裁判依据的合同，具有所谓的“药品专利反向支付协议”外观的，受诉法院一般应当对有关协议或者合同是否违反反垄断法进行一定程度的审查。因是否违反反垄断法的判断具有很强的专业性和高度的复杂性，故对于非垄断案由案件中当事人申请撤回起诉或者上诉时垄断违法事由的审查，一般仅限于初步审查。

在当事人申请撤回起诉或者上诉的案件中，经初步审查，和解协议或者涉案合同未明显涉嫌违反反垄断法或者即使涉嫌违反反垄断法但无须作出进一步审查和处理的，如亦不存在其他依法不应予以准许的情形，则可以准许撤回起诉或者上诉；经初步审查，和解协议或者涉案合同涉嫌违反反垄断法的，应当视情形依法作出相应处理，包括可以根据个案情况准许撤回起诉或者上诉，或者不准许撤回起诉或者上诉并继续审理，也可以在必要时向反垄断执法机构移送涉嫌违法线索。

所谓的“药品专利反向支付协议”，是指药品专利权利人承诺给予仿制药申请人直接或者间接的利益补偿（包括减少仿制药申请人不利益等变相补偿），仿制药申请人承诺不挑战该药品相关专利权的有效性或者延迟进入该专利药品相关市场的协议。该类协议的安排一般较为特殊，也往往较为隐蔽，可能会产生排除、限制竞争的效果，有可能构成反垄断法规制的垄断协议。

对于以不挑战专利权有效性为目的的“药品专利反向支付协议”是否涉嫌构成反垄断法规制的垄断协议的判断，核心在于其是否涉嫌排除、限制相关市场的竞争。对此，一般可以通过比较签订并履行有关协议的实际情形和未签订、未履行有关协议的假定情形，重点考察在仿制药申请人未撤回其无效宣告请求的情况下，药品相关专利权因该无效宣告请求归于无效的可能性，进而以此为基础分析对于相关市场而言有关协议是否以及在多大程度上造成了竞争损害。

其中，如仿制药申请人未撤回其无效宣告请求，专利权因之归于无效的可能性就是首要问题。原则上，专利权利人为使仿制药申请人撤回无效宣告请求，无正当理由给予高额利益补偿的，可以作为认定专利权因仿制药申请人提出的无效宣告请求归于无效的可能性较大的一个重要考量因素，同时一般还要对假定仿制药申请人未撤回其无效宣告请求情况下相关审查结果进行预测判断。有关协议的竞争损害，一般应当主要考察其是否实质延长了专利权利人的市场独占时间，是否实质延缓或者排除了实际的和潜在的仿制药申请人的市场进入。

如果专利权因该无效宣告请求归于无效的可能性较小，那么有关协议的签订和履行对于相关市场上专利权人的市场独占和仿制药申请人的市场进入一般不会产生实质影响，进而可以初步认定其对于相关市场具有排除、限制竞争效果的可能性较小，一般不会构成反垄断法所规制的垄断协议。如果专利权因该无效宣告请求归于无效的可能性较大，那么应当进一步考察有关协议的竞争损害：如果有关协议的签订和履行实质延长了专利权利人的市场独占时间，或者实质延缓、排除了实际的和潜在的仿制药申请人的市场进入，且缺乏正当理由，则一般可以认定该协议具有排除、限制相关市场竞争效果的可能性较大，其涉嫌构成反垄断法所规制的垄断协议。

本案中，涉案"和解协议"的主要内容是，Vcare公司承诺不挑战涉案药品专利权的有效性、BMS公司及继受专利权人（在本案中为阿斯利康公司）承诺不追究Vcare公司及其关联方（在本案中为奥赛康公司）于2016年1月1日后实施涉案专利行为的侵权责任。该协议基本符合所谓的"药品专利反向支付协议"的外观。

考虑到涉案专利保护期已经届满，有关可能构成的垄断违法状态已不复存在，涉案药品相关市场的进入已不存在基于涉案专利权的障碍，本案已无进一步查明涉案"和解协议"是否确定涉嫌违反反垄断法的必要性和紧迫性；同时，作为涉案"和解协议"签署方当事人的BMS公司和Vcare公司并未参与本案诉讼，本案中也缺乏涉案无效宣告请求审查程序中的相关证据，根据现有证据，本案中尚难以认定BMS公司允许Vcare公司及其关联方提前进入涉案专利药品相关市场是否具有除撤回无效宣告请求之外的正当理由和涉案专利权因Vcare公司的无效宣告请求被宣告无效的可能性，相应也尚不具备进一步查明涉案"和解协议"是否确定涉嫌违反反垄断法的条件，因此，最高人民法院不再对此作进一步审查和处理。

评　　论：美国1984年通过的《药品价格竞争和专利期补偿法案》（Hatch-Waxman法案）给予仿制药企业更加优惠的药品上市审判规则，即简略新药申请（abbreviated new drug application，ANDA），规定一旦通过审批，药品专利即宣告无效。[①] 在该法案的压力之下，大量原研药企业开始通过巨额支付和解协议要求仿制药企业延期申请上市，以维护其市场利益。在中国，虽然没有该等规定，但由于原研药企业与仿制药企业之间存在市场利益冲突，如果轻易挑起争

① 陈武．美国药品专利诉讼中的反向支付协议：以Cardizem CD及Valley Drug案为研究进路．知识产权，2007（4）：82-87.

端，就容易导致两败俱伤的局面——原研药企业的相关专利可能在仿制药企业的穷追猛打之下面临被无效的风险，而仿制药在研发、生产、投入市场的过程中也容易被原研药企业指控侵权，因此“药品专利反向支付协议”逐渐在中国得到应用。原研药企业为了维持市场独占地位，追求垄断利润，通过向仿制药企业支付巨额费用，让其承诺不挑战该药品相关专利权的有效性或者延迟进入相关市场，与仿制药企业签订的客观上具有反竞争效果的平行和解协议，也即“药品专利反向支付协议”①。

毫无疑问，“药品专利反向支付协议”涉及反垄断法在药品专利领域的应用。但是在中国，此等案例相对比较少见，成熟的司法经验不多，即便是在美国也有本身违法规则、合理规则、专利范围测试规则、快速审查规则等四种不同的反垄断审查规则。②

本案二审法院明确指出：在非反垄断案由的案件中，人民法院也应当对“药品专利反向支付协议”进行一定程度的反垄断审查，但仅限于初步审查，未明显涉嫌违反反垄断法或者即使涉嫌违反反垄断法但无须作出进一步审查和处理的，如亦不存在其他依法不应予以准许的情形，则可以准许撤回起诉或者上诉。对于以不挑战专利权有效性为目的的“药品专利反向支付协议”是否涉嫌构成反垄断法规制的垄断协议的判断，核心在于其是否涉嫌排除、限制相关市场的竞争。具体而言，一般可以通过比较签订并履行有关协议的实际情形和未签订、未履行有关协议的假定情形，重点考察在仿制药申请人未撤回其无效宣告请求的情况下，药品相关专利权因该无效宣告请求归于无效的可能性，进而以此为基础分析对于相关市场而言有关协议是否以及在多大程度上造成了竞争损害。法院还进一步说明了药品相关专利权因该无效宣告请求归于无效的可能性大小的判断方法，以及对应的反垄断初步审查结论，为“药品专利反向支付协议”的反垄断初步审查提供了清晰的指引。本案入选了《最高人民法院知识产权法庭裁判要旨摘要（2021）》。

---

① 陈兵．美国药品领域反向支付的反垄断司法经验解读与启示：以反垄断审查规则为线索．上海财经大学学报，2018，20（5）：123－138.

② 同①.

### 6.2.2 滥用市场支配地位

a. 市场支配地位与“二选一”行为违法性的认定——阿里巴巴垄断案

案件名称：阿里巴巴集团控股有限公司（以下简称“阿里巴巴”）在中国境内网络零售平台服务市场垄断案

基本信息：国家市场监督管理总局国市监处〔2021〕28号，2021年4月10日

主要案情：自2015年以来，阿里巴巴为限制其他竞争性平台发展，维持、巩固自身市场地位，实施“二选一”行为，通过禁止平台内经营者在其他竞争性平台开店和参加其他竞争性平台促销活动等方式，限定平台内经营者只能与阿里巴巴进行交易，并以减少促销活动资源支持、取消促销活动参加资格、实施搜索降权、取消平台内经营者在阿里巴巴平台上的其他重大权益为惩罚措施，以给予平台内经营者独特资源为激励措施，保障“二选一”行为的落实。国家市场监督管理总局认定，阿里巴巴滥用其在中国境内网络零售平台服务市场的支配地位，禁止平台内经营者在其他竞争性平台开店或者参加促销活动，排除、限制了相关市场竞争，侵害了平台内经营者的合法权益，损害了消费者利益，阻碍了平台经济创新发展，且不具有正当理由，构成2007年《反垄断法》第17条第1款第4项禁止的“没有正当理由，限定交易相对人只能与其进行交易”的滥用市场支配地位行为，并对阿里巴巴处以其2019年度中国境内销售额4%的罚款，计182.28亿元。

主要争点：阿里巴巴是否具有市场支配地位，“二选一”行为是否具有违法性。

处理理由：阿里巴巴提出其不具有市场支配地位。对此，国家市场监督管理总局认为：(1) 从平台服务收入情况与平台商品交易额看，阿里巴巴占有的市场份额超过50%；(2) 从中国境内网络零售平台服务市场的HHI指数看，相关市场高度集中，竞争者数量较少；(3) 从控制服务价格的能力、控制平台内经营者获得流量的能力、控制平台内经营者销售渠道的能力看，阿里巴巴具有很强的市场控制能力；(4) 阿里巴巴具有雄厚的财力和先进的技术条件；(5) 阿里巴巴对平台内经营者具有很强的网络效应和锁定效应，其平台是品牌形象展示的重要渠道，且平台内经营者从阿里巴巴平台转换到其他

平台的成本很高；(6) 相关市场进入难度大；(7) 阿里巴巴在物流、支付、云计算等领域进行了生态化布局，在关联市场具有显著优势。综上，国家市场监督管理总局认定阿里巴巴具有市场支配地位。

阿里巴巴认为签订“二选一”合作协议为平台内经营者出于自愿，系以给予平台内经营者独特资源作为对价，属于激励性措施，具有正当理由。国家市场监督管理总局认为，调查显示大部分平台内经营者往往倾向于在多个平台同时开设店铺、销售商品，签订相关协议并非出于自愿。此外，部分平台内经营者并未因执行阿里巴巴“二选一”的口头要求而获得对价，取消对价只是阿里巴巴对平台内经营者进行处罚的手段之一。且阿里巴巴采取的激励性措施，可以通过多种方式得到回报，实施“二选一”行为并不是必须选择。阿里巴巴的行为排除、限制了中国境内网络零售平台服务市场竞争，损害了平台内经营者的利益，阻碍了资源优化配置，限制了平台经济创新发展，损害了消费者利益。

评　　论：“二选一”是平台利用优势地位和经营者对其的依赖性，强迫经营者在平台间进行选择的不正当行为。2021 年 2 月 7 日出台的《国务院反垄断委员会关于平台经济领域的反垄断指南》已将“二选一”行为明确作为判断是否属于限定交易行为的考虑因素之一。阿里巴巴作为中国互联网巨头之一，本次被处以巨额行政罚款，引起了社会的广泛关注。2021 年 4 月《人民日报》在对本案的评论中阐明：“垄断是市场经济的大敌，平台经济的规范健康持续发展，尤其离不开公平竞争的环境。滥用市场支配地位的垄断行为，排除、限制了相关市场竞争，侵害了平台内商家的合法权益，阻碍了平台经济创新发展和生产要素自由流动，损害了消费者权益。没有公平竞争的良好生态，平台经济就会失去创新发展的强大活力。”[①] 此次处罚是监管部门强化反垄断和防止资本无序扩张的具体举措，对规范平台经济、整顿市场无序行为起到了重要的作用。

b. “二选一”行为违法性的认定——美团滥用市场支配地位案

案件名称：美团“二选一”滥用市场支配地位案

---

① 人民日报：推动平台经济规范健康持续发展．(2021－04－10) [2021－07－20]. https: //baijiahao. baidu. com/s? id＝1696613260911342309&wfr＝spider&for＝pc.

基本信息：国家市场监督管理总局国市监处〔2021〕74 号，2021 年 10 月 8 日

主要案情：2018 年以来，美团为阻碍其他竞争性平台发展，进一步提升、维持、巩固自身市场地位，滥用其在中国境内网络餐饮外卖平台服务市场的支配地位，系统、全面实施“二选一”行为，阻碍平台内经营者与其他竞争性平台合作，限定平台内经营者只能与美团进行交易，并以多种措施保障行为实施：一是采取多种手段促使平台内经营者签订独家合作协议，包括制定实施以差别费率为核心的独家合作政策，通过对非独家合作经营者拖延上线等方式迫使餐饮经营者签订独家合作协议；二是通过多种方式系统推进“二选一”行为落实，包括将餐饮经营者签订、履行独家合作协议情况纳入员工考核指标，在特定时段、特定地域强力推进“二选一”，加强员工关于“二选一”的培训和指导，强化对代理商、合作商的管控；三是采取多种措施有效保障“二选一”要求落实，包括开发大数据系统对平台内经营者上线竞争性平台进行自动监测和处罚，综合采取多种惩罚性措施迫使平台内经营者停止与其他竞争性平台合作，以及向独家合作经营者收取保证金，等等。通过上述措施，美团有效迫使平台内经营者执行“二选一”要求，不在其他竞争性平台开展经营活动，从而有效锁定了网络餐饮外卖平台服务市场的商家侧供给。国家市场监督管理总局认定美团构成《反垄断法》第 17 条第 1 款第 4 项禁止的“没有正当理由，限定交易相对人只能与其进行交易”滥用市场支配地位行为，责令其停止违法行为，退还“二选一”保证金 12.89 亿元，并处以其 2020 年销售额的 3%计 34.42 亿元罚款，同时发出行政指导书，要求美团全面整改。

主要争点：美团对平台内经营者实施“二选一”的行为是否构成滥用市场支配地位。

处理理由：本案相关市场被界定为中国境内网络餐饮外卖平台服务市场。依据美团的市场份额、相关市场集中程度、市场控制能力、相关市场进入难度等，市场监督管理总局认定美团在相关市场具有支配地位。美团滥用在中国境内网络餐饮外卖平台服务市场的支配地位，限制平台内经营者与其他竞争性平台合作，形成锁定效应，减少自身竞争压力，不当巩固并强化自身市场力量，排除、限制了相关市场竞争，损害了平台内经营者和消费者利益，削弱了网络餐饮外卖平台

经营者的创新动力和发展活力，阻碍了平台经济规范、有序、创新、健康发展。美团的行为违反《反垄断法》第 17 条第 1 款第 4 项的规定，构成滥用市场支配地位行为。

评　　论：近几年我国巨型平台企业因“二选一”行为频频被指控涉嫌垄断，在社会上引发了较大反响，也引起了监管领域执法机构的重视。2021 年 2 月 7 日，国务院反垄断委员会发布《关于平台经济领域的反垄断指南》，将平台实施“二选一”的行为作为判断平台经济领域经营者是否存在限定交易行为，进而构成滥用市场支配地位行为的依据。本案是该指南发布后平台经济领域反垄断的典型案例。

反垄断执法机构通过本案进一步明确了平台反垄断监管规则的适用，充分体现了数字化时代反垄断监管执法的特点和思路。本案中执法机构创新性地构建了以平台功能—市场类型—用户群体（服务对象）为逻辑主线的相关市场分析框架。而在分析排除、限制竞争影响时，将“阻碍平台经济创新发展”作为一个独立的竞争分析要素专门进行阐释，表明执法机构将对创新的影响作为平台经济领域垄断案件反竞争效果分析中的重要部分，充分体现了执法的前瞻性和促进高质量发展的目的性。[①]

本案作为阿里巴巴垄断案后又一例平台经济领域“二选一”行为垄断案，充分展示了国家强化平台经济反垄断监管执法的坚定决心，体现了执法机构对所有市场主体一视同仁、平等对待，公平公正开展反垄断执法的监管原则。[②]

c. 相关市场的界定——食派士滥用市场支配地位案

案件名称：食派士公司滥用市场支配地位案

基本信息：上海市市场监督管理局沪市监反垄处〔2020〕06201901001 号，2020 年 12 月 25 日处罚，2021 年 4 月 14 日公告

主要案情：食派士公司为互联网餐饮外送平台，主要向用户提供英语餐饮外送服务资源信息以及餐饮外送服务，经营模式为通过网页、手机 APP

① 詹昊．安拓行业报告 2021：反垄断执法重点案例介绍及点评．微信公众号“商业合规观察”，2022 - 01 - 03.

② 经济日报独家解读美团垄断案：避免平台经济陷入低水平竞争循环．（2021 - 10 - 08）［2021 - 10 - 10］. https：//www.samr.gov.cn/xw/mtjj/202110/t20211008_335384.html.

"食派士"（Sherpa's）等互联网媒介连接用户与线下餐饮企业，并提供服务。2017 年 1 月至 2019 年 10 月期间，食派士公司利用其在上海市提供英文服务的在线餐饮外送平台服务市场的支配地位，对平台内合作餐厅商户提出"二选一"要求，与所有合作餐厅商户签订含有"排他性送餐权条款"规定的合作协议，并通过制定实施"独家送餐权计划"等形式，要求合作餐厅商户立即停止与其他竞争对手平台合作，否则从食派士平台下架该商户餐厅。上海市市场监督管理局认为，食派士公司利用在上海市提供英文服务的在线餐饮外送平台服务市场的支配地位，实施了限定交易的行为，锁定了相关市场内大量合作餐厅商户资源，严重削弱了竞争对手的竞争能力，在相关市场产生了排除、限制竞争效果，且没有正当理由，违反了 2007 年《反垄断法》第 17 条第 1 款第 4 项的规定。

主要争点：如何界定相关市场。

处理理由：相关市场是指经营者在一定时期内就特定商品或者服务（以下统称为商品）进行竞争的商品范围和地域范围。国务院反垄断委员会《关于相关市场界定的指南》规定，相关市场范围的大小主要取决于商品（地域）的可替代程度。相关商品市场，是根据商品的特性、用途及价格等因素，由需求者认为具有较为紧密替代关系的一组或一类商品所构成的市场。相关地域市场，是指需求者获取具有较为紧密替代关系的商品的地理区域。在界定相关市场时，可以基于商品的特征、用途、价格等因素进行需求替代分析，必要时进行供给替代分析。在经营者竞争的市场范围不够清晰或不易确定时，可以按照"假定垄断者测试"的分析思路来界定相关市场。

上海市市场监督管理局结合有关行业经营模式、竞争特点，从食派士公司提供服务的性质、功能、价格等方面进行需求替代分析，辅以供给替代分析，并围绕该市场的需求特性与收费模式开展了"假定垄断者测试"，将本案相关地域市场界定为中国上海市，相关商品市场界定为提供英文服务的在线餐饮外送平台服务市场。

评　　论：本案在界定相关市场时采用了"替代分析"的定性分析与"假定垄断者测试"的定量分析相结合的方法。"假定垄断者测试"以往主要用在传统行业中，在 2013 年的 3Q 大战中广东省高级人民法院创造性地将其应用到互联网领域。[①] 本案作为“假定垄断者测试”在行政执法中的应用，分析客观、理据翔实，这一处罚决定书在社会上也备受关注，被称为一篇“堪比论文”的决定书[②]，体现出中国反垄断执法正向更为专业化的方向发展。

此外，就本案而言，涉案平台虽看似“小众”，但其受到上海市市场监督管理局的反垄断处罚，亦说明对于一些在区域性细分领域可能具有较强优势的平台企业而言，仍然需要高度警惕包括独家业务安排在内的反垄断风险。[③]

d. 公用事业领域不公平高价以及附加其他不合理交易条件行为的认定——港华公司滥用市场支配地位案

**案件名称：** 宜兴港华燃气有限公司（以下简称“港华公司”）滥用市场支配地位案

**基本信息：** 江苏省市场监督管理局苏市监反垄断案〔2021〕4 号，2021 年 11 月 17 日

**主要案情：** 港华公司利用其在宜兴市政府所辖行政区域内管道天然气供应及管道设施安装服务的市场支配地位，通过向居民用户收取高额采暖增容费、在非居民用户燃气管道安装工程上收取不公平高价实施了不公平高价销售商品的行为，通过合同条款实施了限定交易以及交易时附加其他不合理条件的行为。具体包括：(1) 以不公平高价销售商品，向居民用户收取高额采暖增容费、在非居民用户燃气管道安装工程上收取不公平高价；(2) 无正当理由限定交易相对人只能与其进行交易，通过合同约定并设定追溯优惠、照付不议条款等惩罚性措施限定交易相对人只能与其进行交易；(3) 无正当理由在交易时附加其他不合理条件，限定用户预付款金额并设定罚则。江苏省市场监督管理局认定港华公司的行为构成滥用市场支配地位实施不公平高价行为、限定交易行为以及在交易时附加其他不合理的交易

---

① 3Q 诉讼大战复盘“假定垄断者测试”争议点．(2013-03-29)［2021-06-02］. https://business.sohu.com/20130329/n370830827.shtml.

② 上海这份行政处罚书火了，网友惊叹“教科书般的法律文书”. (2021-04-14)［2021-04-26］. https://baijiahao.baidu.com/s?id=1696981982590400829&wfr=spider&for=pc.

③ 2021 年上半年反垄断执法热点问题回顾及下半年度反垄断合规展望．(2021-05-27)［2021-06-12］. http://www.ipforefront.com/m_article_show.asp?id=909&BigClass=%E8%A7%82%E7%82%B9.

条件的行为，决定责令港华公司停止违法行为，没收违法所得5 585 780元，并处其2018年度销售额2%的罚款34 856 440元，合计40 442 220元。

主要争点：港华公司的行为是否构成滥用市场支配地位。

处理理由：本案相关市场界定为宜兴市政府所辖行政区域内管道天然气供应及管道设施安装服务。通过对市场份额及相关市场竞争状况、市场控制能力、其他经营者对其依赖程度、财力和技术条件、市场进入难易程度可以判断，港华公司在相关市场内具有市场支配地位。

港华公司向居民用户收取高额采暖增容费、在非居民用户燃气管道安装工程上收取不公平高价的行为，提高了消费者边际支出，降低了消费者剩余，同时使港华公司在管道天然气供应及管道设施安装服务市场的盈利能力及市场势力得到增强，影响市场中资源的有效配置，具有反竞争效果。该行为违反了2007年《反垄断法》第17条第1款中“禁止具有市场支配地位的经营者从事下列滥用市场支配地位的行为：（一）以不公平的高价销售商品或者以不公平的低价购买商品”之规定，构成滥用其市场支配地位实施不公平高价行为。港华公司通过合同约定并设定追溯优惠、照付不议条款等惩罚性措施，限定交易相对人只能与其进行交易，具有明显的排除、限制竞争的效果。该行为违反了2007年《反垄断法》第17条第1款中“禁止具有市场支配地位的经营者从事下列滥用市场支配地位的行为：……（四）没有正当理由，限定交易相对人只能与其进行交易或者只能与其指定的经营者进行交易”之规定，构成滥用市场支配地位实施限定交易的行为。港华公司限定用户预付款金额并设定罚则的行为，扰乱了市场竞争秩序，对相关市场产生了明显的排除、限制竞争效果。该行为违反了2007年《反垄断法》第17条第1款中“禁止具有市场支配地位的经营者从事下列滥用市场支配地位的行为：……（五）没有正当理由搭售商品，或者在交易时附加其他不合理的交易条件”之规定，构成滥用市场支配地位实施不公平高价行为。

评　　论：本案涉及公用事业领域不公平高价以及附加其他不合理交易条件行为的认定。管道燃气行业属于具有普遍服务属性的公用事业领域，此类企业因为特许经营而天然具有市场支配地位。该案中港华公司在相关市场占有100%的市场份额，其交易价格及交易条件是单方面制定的，不反映市场竞争，也不是市场调节、双方协商的结果。本案也为公用企业规范经营提供了清晰明确的行为指引，有助于此类企业在提供服务时避免滥用其市场支配地位，损害市场竞争。

e. 医药领域不公平高价以及附加其他不合理交易条件行为的认定——宁卫医药公司滥用市场支配地位案

案件名称：南京宁卫医药有限公司（以下简称“宁卫医药公司”）滥用市场支配地位案

基本信息：上海市市场监督管理局沪市监反垄处〔2021〕3220190101511号，2021年11月17日

主要案情：宁卫医药公司自2018年3月至2019年12月，独占新华联生产的氯解磷定原料药，在中国境内氯解磷定原料药销售市场占有100%的市场份额。该公司滥用市场支配地位，实施了以不公平的高价销售氯解磷定原料药以及附加不合理交易条件的垄断行为。上海市市场监督管理局责令宁卫医药公司停止违法行为；没收违法所得2 547 169.81元，并处其2019年度销售额4%的罚款4 036 538.44元，合计6 583 708.25元。

主要争点：宁卫医药公司的行为是否构成滥用市场支配地位。

处理理由：结合本案涉及商品的性质、用途以及行业竞争状况等因素，上海市市场监督管理局将本案相关市场界定为中国境内氯解磷定原料药销售市场。综合考虑宁卫医药公司与原料药生产企业签订的独家经销协议、控制销售市场的能力、制剂生产企业的依赖程度以及其他经营者进入相关市场的难度等，上海市市场监督管理局认定宁卫医药公司在中国境内氯解磷定原料药销售市场具有支配地位。宁卫医药公司的行为违反了2007年《反垄断法》第17条第1款第1项和第5项“禁止具有市场支配地位的经营者从事下列滥用市场支配地位的行为：（一）以不公平的高价销售商品或者以不公平的低价购买商品；……（五）没有正当理由搭售商品，或者在交易时附加其他不合理的交易条件”的规定，构成滥用市场支配地位以不公平的高价销售商品、附加不合理交易条件的违法行为。

评　　论：本案是国家反垄断局成立后公布的医药领域“第一罚”。2021年11月15日发布的《国务院反垄断委员会关于原料药领域的反垄断指

南》，为原料药领域的执法提供了更为具体的依据。本案显示出执法机构对医药领域的关注度及监管广度都有所提高。在当前原料药审批制度以及原料药生产的特性影响下，原料药的生产环节高度集中，原料药的分销渠道易被控制；而在一个高集中度的市场上，经营者天然地倾向于实施垄断行为，获取高额垄断利润。

f. 滥用知识产权行为的认定——日立金属滥用市场支配地位案

案件名称：宁波科田磁业有限公司（以下简称“科田公司”）诉日立金属株式会社（以下简称“日立金属”）滥用市场支配地位案

基本信息：浙江省宁波市中级人民法院（2014）浙甬知初字第579号，2021年4月23日

主要案情：科田公司为一家专业从事烧结钕铁硼永磁材料研究、生产、应用开发的高新技术企业，2013年8月其与中北通磁公司等6家企业共同成立了“稀土永磁产业技术创新战略联盟”（以下简称“联盟”）。日立金属通过并购、研发等方式共拥有烧结钕铁硼相关专利600余项，其中中国专利90项。2014年3—5月，联盟就烧结钕铁硼专利许可事项与日立金属谈判，日立金属律师多次称日立金属不打算许可。2014年6月20日，日立金属提供一份关于联盟技术细节的问题清单，要求联盟一一回复，联盟认为问题涉及生产工艺核心技术，表示如日立金属愿意许可，联盟可进行完整回复，日立金属表示不愿意许可。2014年12月11日，科田公司提起诉讼，指控日立金属滥用市场支配地位。2015年2月13日，科田公司电邮日立金属希望继续商议专利许可事宜。2015年2月18日，日立金属电邮表示因科田公司未就专利许可提出明确、具体要求，无法答复。2015年3月9日，科田公司再次电邮日立金属要求其在7日内明确回复是否愿意提供许可清单，否则视为拒绝。日立金属回复认为科田公司在双方未进入交易磋商阶段就提起相关专利诉讼，违反诚实信用原则，无法回复函件。2021年4月23日，宁波市中级人民法院作出一审判决，认定日立金属具有市场支配地位，其拒绝许可相关知识产权的行为实质性地限制或排除了下游市场的竞争，构成2007年《反垄断法》第17条规定的滥用市场支配地位的拒绝交易行为；判令日立金属停止针对科田公司实施的拒绝交易的垄断民事侵权行为，赔偿科田公司经济损失490万元。

**主要争点：** 日立金属是否构成滥用知识产权行为。

**裁判理由：** 2007 年《反垄断法》第 55 条规定：经营者依照有关知识产权的法律、行政法规规定行使知识产权的行为，不适用本法；但是，经营者滥用知识产权，排除、限制竞争的行为，适用本法。在反垄断法下审查滥用知识产权行为，应注意以下三点：首先，反垄断法作为维护市场竞争机制的法律，适用对象是经济活动中的垄断行为，行使知识产权所产生的经济活动也依法属于反垄断法的审查对象。当经营者在经济活动中行使知识产权的行为违反反垄断法，具有排除、限制竞争的效果，就属于反垄断法所称的滥用知识产权。其次，经营者滥用知识产权，排除、限制竞争的行为不是一种独立的垄断行为。根据《国家市场监督管理总局关于禁止滥用知识产权排除、限制竞争行为的规定》（2020 修订）（以下简称《禁止滥用知识产权规定》）第 3 条第 1 款规定，滥用知识产权排除、限制竞争行为是经营者违反反垄断法的规定行使知识产权，实施垄断协议、滥用市场支配地位等垄断行为。涉及知识产权的行为与其他形式垄断行为应适用相同的判断原则与分析框架。最后，反垄断与保护知识产权具有共同的目标，即保护竞争和激励创新，提高经济运行效率，维护消费者利益和社会公共利益，二者相互协调，又在一定程度上存在冲突，表现为：一方面，反垄断法保护经营者就其知识产权享有的独占权利，经营者依照有关知识产权的法律、行政法规规定行使知识产权的行为不属于反垄断法的规制对象；另一方面，知识产权的行使不能突破反垄断法的边界和底线，经营者滥用知识产权排除、限制竞争的行为应受到反垄断法的规制。

综合日立金属的经营状况、控制能力、排除能力、商品特性、商品的需求替代分析等因素，并引入必需设施理论，受诉法院认为日立金属在相关市场中具有市场支配地位。虽拒绝交易也是经营者行使知识产权的一种表现形式，但具有市场支配地位的经营者没有正当理由拒绝许可知识产权，产生排除、竞争限制效果的可依法被认定为滥用市场支配地位。本案中，科田公司明确向日立金属表达了给予专利许可的要求，但日立金属未在合理期限内给予许可意见，也未开出具体价格，并未表现出公平及合理的交易外观，已实质性地不当阻碍科田公司进入相关市场，进而实质性地限制或排除科田公司在下游市场的竞争；此外，日立金属在未予对等许可承诺的情况下要求科田公司无条件以清单形式提供大量可直接转为涉案应用的生产技术细节信息，将其作为拒绝交易的延伸性行为，严重损害了竞争者的创新能力，抑制了竞争者参与上游技术市场的有效竞争。依据《禁止滥用知识产权规定》第 10 条，具有市场支配地位的经营者没有正当理由，不得在行使知识产权的过程中，实施附加"禁止交易相对人对其知识产权的有效性提出质疑"等不合理限制条件的行为，排除、限制竞争。日立金属对科田公司的"不质疑要求"将会向市场经营者释放出"凡是对日立金属知识产权有效性提出质疑的经营者，都将因此被排除在专利授权可能名单之外"的恐吓信号，直接不利于技术创新，也对相关市场竞争产生了实质性的排除、限制影响。

除上述理由外，鉴于日立金属并未举证证明其存在拒绝交易的正当理由，法院认定日立金属的行为构成 2007 年《反垄断法》第 17 条规定的滥用市场支配地位的拒绝交易行为。

评　　论：本案所涉法律问题较为复杂，历经 7 年多时间的审理，受诉法院在 2021 年作出了一审判决。本案涉及在反垄断法的框架下对于滥用知识产权行为的审查。在一审判决中，法院认定日立金属的相关非标准必要专利在技术上具有不可替代性，构成了反垄断法范畴内的必需设施。[①] 这是国内非标准必要专利拒绝许可垄断第一案，也是国内首例明确引入必需设施理论分析知识产权反垄断问题的司法案件。日立金属不服一审判决，上诉至最高人民法院。考虑到司法实践中必需设施理论适用的普遍严格性，此案的最终判决结果将举足轻重，因为这关系到专利法与反垄断法的界限问题，关乎广大非标准必要专利权人的切身利益。[②]

---

① 王炎，张健，姜萌，等．汉坤知苑｜回顾与展望——中国专利诉讼实践的发展及趋势．（2022-01-27）[2022-01-31]. https://www.zhichanli.com/p/485708993.

② 詹昊，宋迎．2021 年中国反垄断年度盘点与展望｜威科先行．（2021-12-30） [2021-12-31]. https://mp.weixin.qq.com/s/i9qBNlCFOJYXVUrJFeKYiQ.

### 6.2.3 经营者集中

a. 境外设立合营企业反垄断审查——滴滴软银合营案

案件名称：滴滴移动私人有限公司（以下简称“滴滴移动公司”）与软银股份有限公司（以下简称“软银股份公司”）设立合营企业未依法申报违法实施经营者集中案

基本信息：国家市场监督管理总局国市监处〔2021〕18号，2021年3月12日

主要案情：2018年5月25日，滴滴移动公司与软银股份公司签署股东协议，在日本设立合营企业，滴滴移动公司和软银股份公司分别持股50%，共同控制合营企业。2018年6月29日，合营企业取得营业执照。据审查，滴滴移动公司与软银股份公司2018年的营业额已经达到《国务院关于经营者集中申报标准的规定》第3条规定的申报标准，属于应当申报的情形，但该合营企业取得营业执照前未向国家市场监督管理总局申报。国家市场监督管理总局认为，以境外设立合营企业方式进行的经营者集中属于反垄断审查范围，滴滴移动公司与软银股份公司被分别处以50万元罚款。

主要争点：以境外设立合营企业方式进行的经营者集中是否属于反垄断审查范围。

处理理由：滴滴移动公司与软银股份公司在日本设立合营企业并共同控制公司的行为属于经营者集中且已达到申报标准，但在企业取得营业执照前，并未向国家市场监督管理总局申报，构成未依法申报违法实施的经营者集中。

评　　论：本案涉及新加坡滴滴移动公司与日本软银股份公司在中国境外（日本）以设立合营企业方式进行的经营者集中。《反垄断法》第2条规定，中华人民共和国境外的垄断行为，对境内市场竞争产生排除、限制影响的，适用本法。即使经营者不在中国境内设立运营实体，亦未在中国境内开展业务，但并不意味着其产品或服务完全不会进入中国境内市场，因此，只要构成经营者集中，无论是否在中国境内设立实体或开展业务，在满足申报标准后就应该递交经营者集中申报。

b. 股权收购中控制权取得的认定——领健公司增资案

案件名称：上海汉涛信息咨询有限公司（以下简称“汉涛公司”）收购上海领

健信息技术有限公司(以下简称"领健公司")股权未依法申报违法实施经营者集中案

基本信息:国家市场监督管理总局国市监处〔2021〕33号,2021年4月28日

主要案情:汉涛公司为收购方,领健公司为被收购方。2018年8月7日,汉涛公司、领健公司以及领健公司的原股东签署"上海领健信息技术有限公司之B+轮投资增资协议",汉涛公司认购领健公司新增注册资本,获得对应6.67%股权,并取得对领健公司的控制权。2018年9月3日,领健公司完成股权变更登记。据审查,汉涛公司与领健公司2017年度的营业额达到《国务院关于经营者集中申报标准的规定》第3条规定的申报标准,属于应当申报的情形,但直至2018年9月3日领健公司完成股权变更登记,汉涛公司并未向国家市场监督管理总局申报。国家市场监督管理总局认为,少数股权仍会触发反垄断审查,对汉涛公司处以50万元罚款。

主要争点:少数股权收购是否会触发经营者集中的反垄断审查。

处理理由:汉涛公司在B+轮投资中收购了领健公司6.67%的股权,取得对领健公司的控制权,且达到申报标准。但在完成股权变更之前未向国家市场监督管理总局申报,构成未依法申报违法实施的经营者集中。

评　　论:本案属于少数股权收购的情形,虽汉涛公司仅取得领健公司6.67%的股权,但由于汉涛公司具有关键事项否决权等,汉涛公司被认定为取得了对领健公司的控制权。此前已有多起涉及少数股权的收购被执法机关认定为取得控制权的交易,本案更是创造了收购股权占比的新低。本案意味着控制权的认定除考虑法律因素外同样需要考虑事实因素,除股权占比外,关键事项决定权的有无也将影响控制权的认定。

c. 固态硬盘领域排除、限制竞争效果的认定——SK海力士收购案

案件名称:附加限制性条件批准SK海力士株式会社(以下简称"SK海力士")收购英特尔公司部分业务案

基本信息:国家市场监督管理总局《关于附加限制性条件批准SK海力士株式会社收购英特尔公司部分业务案反垄断审查决定的公告》,2021年12月19日

主要案情:收购方SK海力士主要从事内存、固态硬盘和图像传感器的相关业

务。目标业务系英特尔公司存储业务的一部分，最终控制人英特尔公司主要从事 NAND 闪存、固态硬盘的相关业务。2020 年 10 月 19 日，交易各方签署协议。集中完成后，SK 海力士单独控制目标业务。国家市场监督管理总局根据申报方提交的附加限制性条件承诺方案，决定附加限制性条件批准此项集中。限制性条件包括：(1) 不得以不合理的价格向中国境内市场供应 PCIe 企业级固态硬盘产品和 SATA 企业级固态硬盘产品；(2) 在生效日起 5 年内持续扩大 PCIe 企业级固态硬盘产品和 SATA 企业级固态硬盘产品的产量；(3) 应依据公平、合理、无歧视原则向中国境内市场继续供应所有产品；(4) 不得强制或者变相强制中国境内市场的客户从 SK 海力士或 SK 海力士控制的任何公司排他性地采购产品；不得将 PCIe 企业级固态硬盘产品与其他产品，SATA 企业级固态硬盘产品与其他产品强制搭售或捆绑销售；(5) 帮助一个第三方竞争者进入 PCIe 企业级固态硬盘和 SATA 企业级固态硬盘市场；(6) 不得在销售价格、产量或销量方面与其在中国的主要竞争对手达成任何排除或限制竞争的书面或口头协议、决定或进行其他协同行为（包括默示协同）。

主要争点：SK 海力士的收购行为是否具有排除、限制竞争的效果。

处理理由：国家市场监督管理总局根据 2007 年《反垄断法》第 27 条规定，从参与集中的经营者在相关市场的市场份额及其对市场的控制力、相关市场的市场集中度、集中对下游用户企业和其他有关经营者的影响等方面，深入分析了此项经营者集中对市场竞争的影响，认为此项集中对全球和中国境内 PCIe 企业级固态硬盘市场、SATA 企业级固态硬盘市场具有或可能具有排除、限制竞争效果：集中后实体在 CPU、GPU 加速器、FPGA 市场具有排除、限制竞争的能力、动机和效果，并且相关市场进入壁垒高，短期内难以出现新的有效竞争者对集中后实体形成有效竞争约束。

在审查过程中，国家市场监督管理总局将本案具有或可能具有排除、限制竞争效果的审查意见及时告知申报方，并与申报方就如何减少此项经营者集中对竞争产生的不利影响等有关问题进行了多轮商谈。对申报方提交的限制性条件承诺，国家市场监督管理总局按照《经营者集中审查暂行规定》，重点从限制性条件的有效性、可行性和及时性方面进行了评估。经评估，国家市场监督管理总局认为，申报方于 2022 年 1 月 13 日提交的附加限制性条件承诺方案可以减少此项经营者集中对竞争造成的不利影响。

评　　论：本案为 2021 年国家市场监督管理总局附条件批准的四件经营者集中案件之一，涉及的市场领域为全球和中国境内 PCIe 企业级固态硬盘市场、SATA 企业级固态硬盘市场。在审查中国家市场监督管理总局延续了注重市场结构分析的一贯思路，同时其竞争分析也趋于精细化，使用了更多量化的标准。在本案的救济条件中，国家市场监督管理总局要求交易后实体帮助一个第三方竞争者进入相关市场，这也是根据公开信息查询到的第一次在案件的决定书中以救济条件的形式要求交易后实体帮助第三方企业进入相关市场。①

① 回顾中国反垄断 2021：凝练规律，把握脉搏．公众号“金杜研究院”，2022-01-13.

# 附录　2021年我国知识产权和竞争法领域相关数据[①]

## 一、知识产权相关数据

### (一) 专利

1. 申请量

2021年，我国发明专利申请158.6万件，同比增长5.9%。其中，国内发明专利申请142.8万件，占总量的90.0%，同比增长6.2%；国外在华发明专利申请15.8万件，占总量的10.0%，同比增长3.6%。国内发明专利申请中，职务申请131.4万件，占92.0%，同比增长8.2%。国内发明专利申请中企业占比66.8%，同比增长6.1%。

2021年，我国实用新型专利申请285.2万件，同比下降2.5%；外观设计专利申请80.6万件，同比增长4.6%。

2. 授权量

2021年，我国授权发明专利69.6万件，同比增长31.3%。其中，国内发明专利授权58.6万件，占比84.2%；国外在华发明专利授权11.0万件，同比增长23.0%。国内发明专利授权中，职务发明专利授权56.5万件，占96.4%，同比增

① 本附录数据除另行标注外，均来源于《国家知识产权局2021年度报告》。

长 33.3%；非职务发明专利授权 2.1 万件，占 3.6%，同比增长 23.0%。国内发明专利授权量排名前 3 位的企业依次为：华为技术有限公司（7 629 件）、腾讯科技（深圳）有限公司（4 537 件）、OPPO 广东移动通信有限公司（4 204 件）。

2021 年，我国授权实用新型专利 312.0 万件，同比增长 31.2%；授权外观设计专利 78.6 万件，同比增长 7.3%。

3. 有效发明专利拥有量

截至 2021 年年底，已授权并维持有效的发明专利拥有量为 359.7 万件，同比增长 17.6%。其中，国内发明专利拥有量 277.3 万件，占比 77.1%，同比增长 21.7%；国外在华发明专利拥有量为 82.4 万件，占比 22.9%，同比增长 5.8%。我国国内（不含港澳台地区）每万人口高价值发明专利拥有量达 7.5 件。

4. PCT 国际专利申请

2021 年，我国受理 PCT 国际专利申请 7.3 万件，同比增长 1.5%。其中，6.8 万件来自国内，同比增长 2.1%。自 1994 年起累计受理 PCT 国际专利申请 52.1 万件。2021 年收到进入中国国家阶段的 PCT 国际申请 10.7 万件，同比增长 6.3%，其中发明专利申请 10.6 万件，实用新型专利申请 916 件。自 1994 年起收到进入中国国家阶段的 PCT 国际申请累计 141.9 万件。

5. 专利审查、复审与无效

2021 年，我国审结发明专利申请 126.6 万件。受理三种专利优先审查案件 7.7 万件，其中发明专利申请 7.4 万件，同比增长 31.5%。高价值发明专利审查周期压缩至 13.3 个月，提前完成国务院深化“放管服”改革任务目标，发明专利平均审查周期压缩至 18.5 个月。开展长周期案件专项清理工作，全年审结长周期案件 21.7 万件。专利审查质量用户满意度指数为 85.7%，连续 12 年保持在满意区间。

2021 年，共受理专利复审请求 7.6 万件，同比增长 39.2%；结案 5.4 万件，同比增长 12.4%。复审请求的结案周期平均为 16.4 个月。审结的发明专利复审案件中，撤销驳回（包括前置撤销驳回、合议审查撤销驳回）占 47.2%，维持驳回和其他方式（包括驳回请求、视为驳回、复审请求人主动撤回）结案占 52.8%。

2021 年，共受理专利无效宣告请求 7 628 件，同比增长 23.5%；结案 7 065 件，同比下降 1.1%。专利无效宣告请求的结案周期平均为 5.8 个月。审结的发明专利无效案件中，全部无效占 24.7%、部分无效占 15.0%、专利权维持（包括维持有效、驳回请求、视为撤回、无效请求人主动撤回）占60.4%。审结的实用新型专利无效案件中，全部无效占42.0%、部分无效占17.8%、专利权维持占40.2%；审结的外观设计专利无效案件中，全部无效占49.9%、部分无效占0.9%、专利权维持占49.1%。

自1985年以来，累计受理专利复审请求40.1万件，结案32.0万件。累计受理专利无效宣告请求7.5万件，结案7.0万件。

#### 6. 其他

世界知识产权组织有关报告及数据显示，世界知识产权组织发布的《2021年全球创新指数报告》中，中国排名位居全球第12位，连续9年稳步提升。

2021年，严厉打击非正常专利申请行为，分四批通报非正常专利申请81.5万件，前三批撤回率97%。

### （二）商标

#### 1. 申请量

2021年，我国商标注册申请量为945.1万件。其中，国内商标申请919.3万件，占比97.3%，同比增长0.8%；国外在华商标申请25.8万件，占比2.7%，同比增长11.6%。在全年商标注册申请中，服务商标的注册申请量322.0万件，占比34.1%，同比增长7.3%。

#### 2. 注册量

2021年，我国商标注册量为773.9万件，同比增长34.3%。其中，国内商标注册754.5万件，占比97.5%，同比增长35.3%；国外在华商标注册19.4万件，占比2.5%，同比增长5.2%。

2021年，我国商标注册审查签发量中初步审定占56.9%，部分驳回占15.2%，驳回占27.8%。

#### 3. 有效注册商标量

截至2021年年底，我国有效商标注册量达3 724.0万件，同比增长23.4%。其中，国内有效注册商标3 532.3万件，占比94.9%，同比增长24.4%；国外在华有效注册商标191.7万件，占比5.1%，同比增长7.7%。

4. 马德里商标国际注册申请

2021 年，我国申请人提交马德里商标国际注册申请 5 928 件。截至 2021 年年底，我国申请人马德里商标国际注册累计有效量达 4.9 万件。我国申请人马德里商标国际注册申请的平均形式审查周期缩短至 2 个月。

2021 年，收到外国申请人指定中国的马德里商标国际注册领土延伸申请 2.7 万件。指定中国的马德里商标国际注册领土延伸申请审查周期缩短至 4 个月，国际转让、变更、续展审查周期缩短至 1 个月。

5. 审查、异议和评审

2021 年，完成商标注册审查 1 056.8 万件，同比增长 20.3%。商标注册申请平均审查周期稳定在 4 个月，一般情形商标注册周期压缩至 7 个月。

2021 年，受理商标异议申请 17.6 万件，同比增长 31.1%；完成异议审查 16.4 万件，同比增长 10.1%；异议平均审查周期压缩至 11 个月。2021 年审结的商标异议案件中，异议成立占 38.6%，部分成立占 10.4%，不成立占 51.0%。

2021 年，受理各类商标评审案件申请 47.3 万件，同比增长 28.8%。其中，受理驳回复审申请 38.3 万件，受理涉及双方当事人的复杂案件申请 9.0 万件。审理裁定各类评审案件 38.3 万件，其中裁定驳回复审案件 30.8 万件，裁定涉及双方当事人的复杂案件 7.4 万件。

6. 其他

2021 年，全面取消商标申请环节资助奖励，严厉打击恶意商标注册申请行为，2021 年共享地方转交涉嫌重大不良影响及恶意商标注册案件线索 1 062 条，立案查处 53 件，作出行政处罚 33 件。

## （三）著作权

2021 年全国著作权登记总量达 6 264 378 件，同比增长 24.30%。2021 年全国共完成作品著作权登记 3 983 943 件，同比增长 20.13%；共完成计算机软件著作权登记 2 280 063 件，同比增长 32.34%。

2021 年全国共完成著作权质权登记 372 件，同比下降 3.13%。其中计算机软件著作权质权登记 340 件，同比增长 3.98%；作品（除计算机软件外）著作权质权登记32件，同比下降43.86%。[①]

## （四）地理标志

2021年，我国受理地理标志产品保护申请22个，批准保护地理标志产品99个，核准使用地理标志产品专用标志市场主体7 677家。截至2021年年底，累计批准地理标志产品2 490个，核准地理标志专用标志市场主体1.7万家。

2021年，新核准注册地理标志商标477件。截至2021年年底，累计注册地理标志商标6562件，其中外国申请人注册地理标志商标215件。已注册的地理标志商标中，用于第31类（农产品、新鲜水果蔬菜等）商品的数量最多，共3 346件，占比51.0%；其次分别是用于第29类（肉、鱼、蛋、奶等）产品1 178件、用于第30类（咖啡、茶、米、蜂蜜等）产品1 107件，分别占比18.0%和16.9%。

## （五）集成电路布图设计

2021年，收到集成电路布图设计登记申请2.0万件，同比增长41.6%；予以登记公告并发证1.3万件，同比增长11.6%。自2001年10月1日《集成电路布图设计保护条例》实施以来，共收到集成电路布图设计登记申请6.6万件，予以登记公告并发证5.2万件。

截至2021年年底，累计受理24件集成电路布图设计撤销案，其中当年受理4件；累计审结18件。

## （六）植物新品种

2021年，我国农业植物新品种权申请量超过9 700件，授权3 218件。自1999年实行植物新品种保护制度以来，我国农业植物新品种权申请总量已经突破5万件，目前已授权近2万件。2017年至2021年的申请量连续五年位居世界第一。[②]

---

① 国家版权局关于2021年全国著作权登记情况的通报（国版发函〔2022〕6号）.（2022-03-23）. https://www.ncac.gov.cn/chinacopyright/contents/12228/356060.shtml.

② 我国农业植物新品种权申请量超5万件 连续五年位居世界第一.（2022-03-29）. http://www.moa.gov.cn/ztzl/ymksn/rmrbbd/202203/t20220329_6394495.htm.

## (七) 司法、行政执法与刑事保护

### 1. 司法[①]

2021 年，中国法院新收各类知识产权案件 642 968 件，审结 601 544 件（含旧存，下同），同比分别上升 22.33%和 14.71%。其中，最高人民法院新收知识产权民事案件 4 243 件，审结 3 557 件，同比分别上升 22.28%和 9.11%。地方各级人民法院新收知识产权民事一审案件 550 263 件，审结 515 861 件，同比分别上升 24.12%和 16.52%。其中，新收专利案件 31 618 件，同比上升 10.98%；商标案件 124 716 件，同比上升 59.62%；著作权案件 360 489 件，同比上升 14.99%；技术合同案件 4 015 件，同比上升 22.52%；竞争类案件 8 419 件，同比上升 78.26%；其他知识产权民事纠纷件 21 006 件，同比上升 38.01%。地方各级人民法院新收知识产权民事二审案件 49 084 件，审结 45 468 件，同比分别上升 14.22%和 4.50%。

最高人民法院新收知识产权行政案件 2 852 件，审结 2 487 件，比 2020 年分别上升 49.40%和 43.34%。地方各级人民法院新收知识产权行政一审案件 20 563 件，审结 19 342 件，同比分别上升 11.37%和 7.80%。其中，新收专利案 1 810 件，同比上升 27.73%；商标案件 18 734 件，同比上升 9.97%；著作权案件 19 件，同比增加 7 件。地方各级人民法院新收知识产权行政二审案件 8 215 件，审结 7 418 件，同比分别上升 34.85%和 19.97%。其中，维持原判 5 636 件，改判 1 597 件，发回重审 1 件，撤诉 145 件，驳回起诉 11 件，其他 28 件。

地方各级人民法院新收侵犯知识产权刑事一审案件 6 276 件，审结 6 046 件，同比分别上升 13.20%和 9.53%。其中，新收侵犯注册商标类刑事案件 5 869 件，同比上升 12.80%；侵犯著作权类刑事案件 333 件，同比上升 9.54%。在审结的侵犯知识产权刑事一审案件中，假冒注册商标刑事案件 2 558 件，同比上升 13.19%；销售假冒注册商标的商品刑事案件 2 623 件，同比上升 3.76%；非法制造、销售非法制造的注册商标标识刑事案件 476 件，同比上升 20.51%；侵犯著作权刑事案件 313 件，同比上升 14.65%；销售侵权复制品刑事案件 15 件，同比减少 2 件；侵犯商业秘密刑事案件 61 件，同比增加 16 件。地方各级人民法院新收涉知识产权的刑事二审案件 1 050 件，审结 997 件，同比分别上升 20.83%和 16.74%。

---

① 中国法院知识产权司法保护状况（2021）.（2022－04－21）. https://www.court.gov.cn/zixun-xiangqing－355841.html.

2. 行政执法

2021年，国家版权局、国家网信办等查办侵权盗版案件2 957件，删除侵权盗版链接119.7万条，关闭侵权盗版网站、APP 1 066个，查处网络侵权案件1 031件，其中刑事案件135件、涉案金额7.11亿元。农业农村部查处种业违法案件8 000余件。国家市场监督管理总局查处网络销售侵权假冒伪劣商品案件1 215件，删除侵权文档14万余项，查处专利、商标等领域违法案件5.01万件。国家知识产权局处理专利侵权纠纷行政裁决案件4.98万件，受理知识产权纠纷调解案件6.48万件，打击非正常专利申请和商标恶意注册申请行为，向地方通报非正常专利申请81.5万件，打击恶意商标注册申请48.2万件。新建25家知识产权保护中心和快速维权中心，累计设立22家国家海外知识产权纠纷应对指导中心地方分中心。①

2021年，全国海关共采取知识产权保护措施8.4万次，实际扣留进出口侵权嫌疑货物7.92万批、7 180.28万件；全年共受理知识产权海关保护备案申请20 133件，审核通过备案申请17 667件，其中国内权利人备案数量为11 738件。② 查处了各类垄断案件176件，审结了经营者集中案件727件；查处不正当竞争案件8 563件，价格违法案件4.5万件。全面落实公平竞争审查制度，审查新出台的政策文件24.4万件，清理存量政策文件44.2万件，纠正和废止政策文件1.12万件。

3. 刑事保护

2021年，公安机关依法严打侵犯知识产权和制售假冒伪劣商品犯罪，破获刑事案件1.8万起，受理各级行政执法部门移送涉嫌侵权假冒犯罪案件4 700余起，较去年同期分别上升12%和24%。其中，破获盗版《你好，李焕英》《长津湖》等优秀院线电影案件560余起，破获利用网购模式进行欺诈式售假犯罪案件1 300余起。③

2021年，全国检察机关共批准逮捕侵犯知识产权犯罪7 800余人，同比上升9.20%；起诉1.4万余人，同比上升15.40%；受理涉知识产权民事生效裁判、调

---

① 中国知识产权保护与营商环境新进展报告（2021）.（2022-04-22）. https：//www. samr. gov. cn/xw/zj/202204/t20220425_343933. html；国家知识产权局2021年度报告.（2022-06-01）. https：//www. cnipa. gov. cn/col/col2925/index. html.

② 2021年中国海关知识产权保护状况.（2022-04-24）. https：//baijiahao. baidu. com/s? id=1730794978568800376&wfr=spider&for=pc.

③ 打击侵权假冒犯罪这一年：破获刑事案件1.8万起.（2022-01-05）. https：//www. mps. gov. cn/n2254098/n4904352/c8306236/content. html.

解书监督案件同比增加 3 倍。[①]

## (八)运用

2021 年，我国知识产权质押融资金额 3 098 亿元，同比增长 42.10%；质押项目 1.7 万笔，同比增长 41.40%。其中，专利质押融资金额 2 199 亿元，同比增长 41.10%；商标质押融资金额 899 亿元，同比增长 44.50%。

2021 年，全国共完成著作权质权登记 372 件，同比下降 3.13%。其中计算机软件著作权质权登记 340 件，同比增长 3.98%；作品（除计算机软件外）著作权质权登记 32 件，同比下降 43.86%。[②]

世界知识产权组织发布的《2021 年全球创新指数报告》显示，中国排名第 12 位，较 2020 年上升 2 位。中国欧盟商会发布的《商业信心调查 2021》显示，半数以上受访企业认为中国知识产权执法力度“足够好”[③]。

# 二、竞争法领域相关数据

## (一)司法保护

2021 年，全国地方人民法院新收知识产权民事一审案件中竞争类案件 8 419 件，占比 1.53%，同比增长 78.26%。[④]

## (二)行政执法[⑤]

全年查处各类垄断案件 175 件，同比增长 61.5%，罚没金额 235.92 亿元。其

① 2021 年，全国检察机关共批准逮捕侵犯知识产权犯罪 7 800 余人．(2022－03－04)．https：//www.spp.gov.cn/spp/zdgz/202203/t20220304_546917.shtml.

② 国家版权局关于 2021 年全国著作权登记情况的通报．(2022－03－23) https：//www.ncac.gov.cn/chinacopyright/contents/12228/356060.shtml.

③ 中国知识产权保护与营商环境新进展报告 (2021)．(2022－04－22)．https：//www.samr.gov.cn/xw/zj/202204/t20220425_343933.html.

④ 中国法院知识产权司法保护状况 (2021)．(2022－04－21)．https：//www.court.gov.cn/zixun-xiangqing－355841.html.

⑤ 中国反垄断执法年度报告 (2021)．(2022－06－08)．https：//www.samr.gov.cn/xw/zj/202206/P020220608430645470953.pdf.

中，垄断协议案件 11 件，滥用市场支配地位案件 11 件，公开处罚违法实施经营者集中案件 107 件，滥用行政权力排除、限制竞争案件 46 件。审查增量政策措施 24.4 万件，清理各类存量政策措施 44.2 万件，纠正废止违反公平竞争审查标准的政策措施 1.1 万件，从源头规范行政行为。

1. 垄断协议案件

2021 年办结的 11 件垄断协议案件涉及 1 个行业协会、43 家企业，主要分布在医药、建材、燃气等民生领域；9 件涉及横向垄断协议（其中 1 件涉及固定商品价格行为，8 件同时涉及固定商品价格、划分市场等行为），2 件涉及纵向垄断协议（均涉及固定转售商品价格和限定转售商品最低价格行为）。

2. 滥用市场支配地位案件

2021 年，查处滥用市场支配地位案件 11 件，罚没金额 218.47 亿元。从执法主体来看，国家市场监督管理总局查办 3 件（占 27%），省级反垄断执法机构查办 8 件（占 73%）。从行业分布来看，药品、供水、供气等民生领域案件 7 件（占 64%），平台经济领域案件 3 件（占 27%），能源领域案件 1 件（占 9%）。从违法行为类型来看，涉及不公平高价行为 3 件（占 27%），拒绝交易行为 1 件（占 9%），限定交易行为 3 件（占 27%），附加不合理条件行为 4 件（占 37%）。

3. 违法实施经营者集中案件

2021 年，收到经营者集中申报 824 件，审结 727 件，同比分别增长 58.5% 和 52.9%，其中禁止 1 件，附加限制性条件批准 4 件，当事方放弃交易 2 件，涉及互联网、半导体、高端装备制造和民生等领域。核查涉嫌未依法申报线索千余个，对近 200 起案件立案调查，对 107 起未依法申报案件公开作出行政处罚，涉及多个行业、各类市场主体。

4. 滥用行政权力排除、限制竞争

2021 年，共调查滥用行政权力排除、限制竞争案件 80 件，办结 46 件。

**图书在版编目（CIP）数据**

中国知识产权报告．2021／张广良主编．--北京：中国人民大学出版社，2023.2
ISBN 978-7-300-31476-1

Ⅰ.①中… Ⅱ.①张… Ⅲ.①知识产权-研究报告-中国-2021 Ⅳ.①D923.404

中国国家版本馆 CIP 数据核字（2023）第 025179 号

**中国知识产权报告（2021）**
主　编　张广良
Zhongguo Zhishichanquan Baogao（2021）

| | | | |
|---|---|---|---|
| **出版发行** | 中国人民大学出版社 | | |
| **社　　址** | 北京中关村大街 31 号 | **邮政编码** | 100080 |
| **电　　话** | 010－62511242（总编室） | | 010－62511770（质管部） |
| | 010－82501766（邮购部） | | 010－62514148（门市部） |
| | 010－62515195（发行公司） | | 010－62515275（盗版举报） |
| **网　　址** | http://www.crup.com.cn | | |
| **经　　销** | 新华书店 | | |
| **印　　刷** | 北京宏伟双华印刷有限公司 | | |
| **规　　格** | 185 mm×260 mm　16 开本 | **版　　次** | 2023 年 2 月第 1 版 |
| **印　　张** | 21 插页 1 | **印　　次** | 2023 年 2 月第 1 次印刷 |
| **字　　数** | 364 000 | **定　　价** | 98.00 元 |